IMPERIUM

Herausgegeben
von Hans-Christian Huf

IMPERIUM

Vom Aufstieg und Fall großer Reiche

Herausgegeben
von Hans-Christian Huf

Econ

Econ Verlag
Econ ist ein Verlag der
Ullstein Buchverlage GmbH

1. Auflage 2004
ISBN 3-430-14877-4

Lektorat und Redaktion:
Heike Gronemeier
Buchgestaltung und Layout:
Büro Jorge Schmidt, München
Repro: Franzis print & media, München
Druck und Bindearbeiten:
Offizin Andersen Nexö, Leipzig

Inhalt

Imperium – Vom Aufstieg und Fall großer Reiche

Naturgewalten, Kriege, Dekadenz – viele Theorien zum Untergang großer Reiche entspringen unserem Bedürfnis, Geschichte verständlich zu machen.

Auf Glanz und Gloria folgten in der Geschichte oft Elend und Untergang.

»Sic transit gloria mundi« –
»So vergeht der Ruhm der Welt«

Vielleicht ist es die beunruhigende Gewissheit, dass alles Menschenwerk einmal sein Ende findet, vielleicht ist es auch die Hoffnung, dem unvermeidlichen Niedergang der eigenen Welt Einhalt gebieten zu können.

Immer wieder haben sich Schriftsteller, Philosophen, Historiker und Analytiker jeder Art dem Untergang großer Reiche gewidmet, haben versucht, Faktoren zu isolieren, Lehren zu ziehen und zu verstehen. Alle möglichen und unmöglichen Erklärungen hat man im Laufe der Zeit vorgetragen: religiöse Auseinandersetzungen, militärische Niederlagen, Überexpansion, Krankheiten und innere Schwäche. Manche sahen im Niedergang menschlicher Macht moralische Kräfte wirken, betrachteten den Fall der Weltreiche als notwendiges Korrektiv oder gar göttliche Einwirkung. Einige sahen die Abfolge von Aufstieg und Fall der großen Reiche als unausweichlichen Zyklus, ähnlich den Zyklen von Werden und Vergehen in der Natur. Andere wiederum glaubten, letztlich sei nur die Unfähigkeit ihrer Herrscher schuld am Untergang der großen Reiche.

Als der britische Privatgelehrte und Historiker Edward Gibbons 1788 sein großes Werk *History of the Decline and Fall of the Roman Empire* nach jahrelanger Arbeit fertig gestellt hatte, konnte er nicht ahnen, welche Folgen seine Arbeit haben sollte. Mit seiner Geschichte vom Niedergang und Fall des Römischen Reiches hatte er nicht nur ein großes literarisches Werk geschaffen, sondern auch ein Thema geprägt, das sich in der Folgezeit auf ungeahnte Weise verselbständigte. Zwar hatte Gibbons seine Sicht der römischen Geschichte als Verfallsgeschichte nicht erfunden, denn schon die Schriftsteller der klassischen Antike hatten ähnliche Ideen vorgetragen. Die Renaissance hatte sie wieder aufgegriffen und der französische Philosoph Montesquieu daraus im selben Jahrhundert seine »Considérations sur les causes de la grandeur des Romains et leur décadence«, seine Gedanken über die Gründe der Größe und der Dekadenz der Römer entwickelt. Aber erst durch das epochale Werk des Engländers wirkte diese Vorstellung auf eine breitere Öffentlichkeit, und seine ebenso gelehrten wie ironischen Untersuchungen wurden zum Bestseller. Nicht ganz zweihundert Jahre später, 1984, zählte der deutsche Althistoriker Alexander Demandt 500 Theorien zum Untergang des Römischen Reiches, die er unter 210 Oberbegriffen zusammenfasste, darunter »Aberglaube«, »Führungsschwäche«, »Bodenerschöpfung«, »Duckmäuserei«, »Homosexualität«, »Inflation«, »Quecksilberschäden«, »Kulturneurose«, »Resignation«, »Schlemmerei«, »Umweltzerstörung« und »Zweifrontenkrieg«. Es gibt jedoch in der Historie keine letztgültigen Erklärungen, nur mehr oder weniger fundierte Meinungen, Thesen und Vorschläge. So ist Geschichte weitgehend der Versuch einer Rekonstruktion.

Wie schwierig die Analyse eines konkreten Untergangsgeschehens ist, wurde durch die jüngste Vergangenheit eindrucksvoll demonstriert. Als sich der amerikanische Historiker Paul Kennedy 1987 in seinem gleichnamigen Buch mit Aufstieg und Fall der großen Mächte beschäftigte, erregte er vor allem durch seine Schlussfolgerungen erhebliches Aufsehen. Ganz unverhohlen hatte er aus der Analyse der Vergangenheit Lehren für Gegenwart und Zukunft gezogen. Zwei Jahre später sah die Welt vollkommen anders aus, als er sie in seinem Buch skizziert hatte. Paul Kennedy war von der Geschichte überholt worden. Zwar hatte er eine Schwächung des sowjetischen Imperiums festgestellt; dass aber die Sowjetunion mit all ihren Satellitenstaaten in kürzester Zeit zusammenbrechen würde, das hatte der Historiker nicht vorhergesagt. Sein Buch bleibt trotzdem bemerkenswert – und sei es nur, um zu demonstrieren, dass auch allergrößte Gelehrsamkeit nicht vor falschen Voraussagen schützt. Mit dem Kollaps des sowjetischen Imperiums verschwindet 1989 der »Eiserne Vorhang« zwischen Ost und West. Der zweite Staat auf deutschem Boden wurde zum ersten »Opfer« der neuen Weltordnung. Ebenso schnell wie unerwartet zerfiel die Deutsche Demokratische Republik ohne große Gegenwehr. Zwar war die DDR bei beileibe kein Weltreich, aber doch ein eigenständiger Staat mit immerhin vierzig Jahren Geschichte. Die eindrucksvollen Bilder aus jenen Tagen sind allen unvergesslich, die sie gesehen haben: Die großen Demonstrationszüge der Bürgerbewegung, die verunsicherten Grenzposten, die »Mauerspechte«, die mit ihren kleinen Hämmern auf den mächtigen »antifaschistischen Schutzwall« einschlugen. Kommentatoren im Westen wollten darin einen »Sieg« des kapitalistischen Systems sehen. Viele Deutsche meinten, letzten Endes seien Persönlichkeit und Politik des damaligen Kreml-Chefs Michail Gorbatschow dafür verantwortlich gewesen und initiierten eine beispiellose Verehrung des Staatsmannes, den die populären Medien bald nur noch »Gorbi« nannten. Manche Mitglieder des SED-Politbüros, selbst am Untergang tatkräftig beteiligt, sahen dagegen eine unpersönliche und nicht näher bestimmte Veränderung der Weltläufe am Werk. Mit dem Ende des Kalten Krieges sei eben auch das Ende des alten Systems gekommen. Andere, darunter viele Anhänger eines »kritischen Sozialismus«, die eigentlich an die sozialistische Idee glaubten, nicht aber an ihre Verwirklichung in der DDR, suchten zur Erklärung des jähen Endes nach Systemfehlern. So schrieb etwa der große Sozialhistoriker Jürgen Kuczynski: »Die Deutsche Demokratische Republik ist nicht durch den Sieg der kapitalistischen Bundesrepublik über sie untergegangen, sondern aufgrund der Nichtbewältigung innerer Widersprüche ihres Systems.« Man sieht, an theoretischen Ansätzen zur Erklärung des weltgeschichtlichen Phänomens mangelt es nicht.

Francis Fukuyama, ein hoher Beamter im amerikanischen Außenministerium, interpretierte den Zusammenbruch der kommunistischen Gesellschaft gar als »Ende der Geschichte«: Der liberale Rechtsstaat habe sich endgültig gegen seine größten Herausforderer und vermeintlichen Überwinder, Faschismus und Bolschewismus, bewährt. Die Weltgeschichte scheine am Ziel angelangt zu sein. Aber gibt es ein Ende der Geschichte? Gibt es eine universalgeschichtliche Entwicklung des Fortschritts wie in der Naturwissenschaft? Oder ist der Mensch ein irrendes, irrationales Wesen, das immer wieder in alte Schemata und überwunden geglaubte Zustände zurückfällt? Trifft am Ende Nietzsches Vorwurf zu, Historie sei Karneval, nichts als ein Fundus von Kostümen?

Es scheint den Theoretikern und Akteuren so zu gehen wie jenem famosen Hosenfabrikanten Cäsar Rupf in Friedrich Dürrenmatts Theaterstück *Romulus der Große*. »Nur Rom in Hosen wird dem Ansturm der Germanen gewachsen sein!«, postuliert der angesichts des unmittelbar bevorstehenden Untergangs des Römischen Reiches. Von der Warte des Hosenfabrikanten aus ist Rom schlicht an einem Mangel an Hosen zu Grunde gegangen. Solche analytischen Kurzschlüsse kennt auch der Historiker: Das eigene Interesse bestimmt die Fragen an das historische Geschehen – und damit in gewissem Maß auch die Ergebnisse der Analyse. Und doch halten wir den Rückblick auf das längst oder unlängst Vergangene für gesichert, ruhend auf dem, was an Zeugnissen, Quellen und Spuren aus dem Fortlauf der Generationen übrig geblieben ist.

Wenn wir uns also trotzdem an ein Thema wagen, das einerseits an einem Übermaß an möglichen Erklärungen krankt (wie im Fall Rom), und andererseits wegen des Eigeninteresses der Betrachter so schwer objektiv zu betrachten ist (wie im Fall der DDR), dann deshalb, weil wenige historische Themen die Menschen so unmittelbar ansprechen. Der Untergang eines Weltreichs verdichtet in seiner dramatischen Geschichte die unendliche Komplexität historischer Prozesse auf wenige Entscheidungssituationen. An seinem Beispiel lässt sich in dramatischer Verkürzung vieles darstellen, was Reiz und Schwierigkeit der Geschichtsbetrachtung ausmacht. Herrscher kommen und gehen, Kriege werden geführt und unter entsetzlichen Verlusten gewonnen oder verloren. Umweltfaktoren lassen Häfen verlanden und blühende Kulturen verdorren. Größe und Bedeutungslosigkeit, Macht und Ohnmacht, Glanz und Elend liegen ganz dicht beieinander. Vor allem aber zeigt die Analyse des Untergangs der großen Reiche, welch entscheidende Rolle der historische Zufall, die Unvorhersehbarkeit und menschliche Fehlbarkeit spielen. Schon deshalb gleicht kein Fall dem anderen.

In *Imperium – Vom Aufstieg und Fall großer Reiche* diskutieren wir ganz unterschiedliche Szenarien, die in ihrer Summe einen Einblick geben, warum Reiche oft, wie ein Organismus, wachsen und gedeihen, um dann zu vergehen. Das antike persische Großreich etwa sei nach nur zweihundert Jahren voller Glanz und siegreicher Kriege durch den Angriff eines einzigen Eroberers zugrunde gegangen, Karthago am Großmachtstreben eines einzigen Mannes. Das Imperium Romanorum, für Jahrhunderte ein Weltreich, habe lange in einem Zustand des allmählichen Verfalls gelebt, bis es sich seiner vielen Feinde in einer veränderten Welt nicht mehr erwehren konnte. Und das ewige Ägypten, das über Jahrtausende eine scheinbar unveränderliche Erfolgsgeschichte schrieb, sei erst mit dem Tod seiner letzten autonomen Herrscherin in die Bedeutungslosigkeit gestürzt. Gängige Begründungen für den Fall der hier porträtierten Reiche. Doch mit solchen Thesen kommen wir häufig nur unserem Bedürfnis nach, Geschichte verständlich zu machen. Historiker haben zwar den Anspruch, zu ergründen was geschehen ist, aber viel mehr noch »erfinden« sie Geschichte. Denn immer sind es Bruchstücke, die gefunden und dann in einem häufig willkürlichen Akt zusammengefügt werden. »Ich weiß, dass ich nichts weiß« gilt auch heute noch vielfach für den historischen Spurensucher. Immerhin gibt es unterschiedliche Grade des Nichtwissens, ein »Mehr« und ein »Weniger« an offenen Fragen.

Wir können keine endgültigen Antworten bieten, aber wir wollen zeigen, wie Geschichte geschrieben wird, wollen verschiedene Theorien vorstellen, ihrer Be- oder Entkräftung folgen. Wir wollen Interesse für die komplizierten Prozesse der Geschichte wecken, zum Nachdenken und Nachlesen anregen. Denn geht Geschichte uns alle an: Nur wenn wir wissen, wo wir herkommen, können wir erahnen, wohin wir gehen werden. Und so vielleicht doch die eine oder andere Lehre aus den Lektionen der Vergangenheit ziehen.

HANS-CHRISTIAN HUF

Tod am Nil – Macht und Ohnmacht der Pharaonen

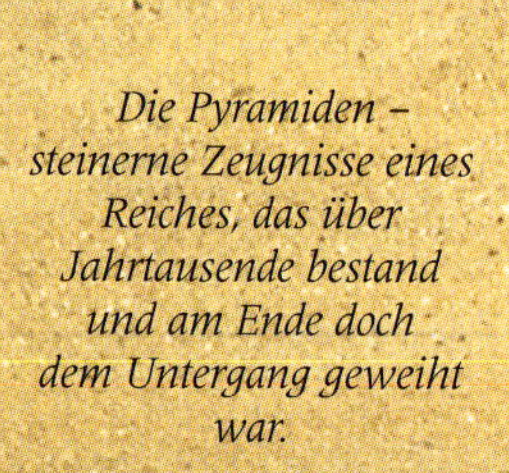

Die Pyramiden – steinerne Zeugnisse eines Reiches, das über Jahrtausende bestand und am Ende doch dem Untergang geweiht war.

In der Seeschlacht bei Actium entscheidet sich das Schicksal von Kleopatra und Marcus Antonius.

»Rom, das niemals zugab eine Nation oder ein Volk zu fürchten, fürchtete in seiner Zeit zwei menschliche Wesen; eines davon war Hannibal, und das zweite eine Frau.«

WILLIAM W. TARN

Am 2. September des Jahres 31 v. Chr. treffen an der Westküste Griechenlands bei Actium zwei gewaltige Heere aufeinander. Es ist die alles entscheidende Schlacht zwischen den beiden führenden Weltreichen ihrer Zeit – die Schlacht zwischen Rom und Ägypten, zwischen dem römischen Feldherrn Oktavian und dem Heerführer Marcus Antonius, jenes Römers, an dessen Seite die ägyptische Königin Kleopatra kämpft.

In dieser Schlacht geht es nicht nur um Sieg oder Niederlage. In dieser Schlacht geht es um das Erbe Caesars – um die Macht in Rom, die Freiheit Ägyptens und letztendlich um nichts geringeres als die Herrschaft über die damals bekannte Welt. Doch mit Kleopatras überraschendem Rückzug aus der Schlacht von Actium wird auch der Untergang des Pharaonenreiches besiegelt. Ein Wendepunkt in der langen Geschichte der ägyptischen Herrscher.

Kein Reich der Welt bestand länger als das der Pharaonen. Unter ihrer Führung wird das Land zum Inbegriff für Reichtum und

Frieden – ein Land, in dem Milch und Honig fließen. Die Regenten können dank reicher Bodenschätze aus dem Vollen schöpfen. Sie lassen sich von ihrem wohlgenährten Volk prächtige Grabmäler und himmelstürmende Monumente errichten, um den Göttern nah zu sein, ja, um selbst göttlich zu werden. Ihre Namen stehen für beispiellose Macht, ihre kolossalen Abbilder künden vom unerschütterlichen Glauben an das ewige Bestehen des eigenen Imperiums. Eine endlose Zahl von Herrschergenerationen huldigt den immer gleichen Göttern und prunkt mit Gold und Edelsteinen. Phantastische Weltwunder wie die gewaltigen Pyramiden von Gizeh oder der berühmte Leuchtturm von Alexandria zeugen von der Einmaligkeit Ägyptens, das in seiner Herrlichkeit über Jahrtausende strahlt. Nichts scheint das Fortbestehen des Imperiums bedrohen zu können – und doch geht es nach 3000 Jahren unter.

Die Geburt einer Weltmacht

Das Reich der Pharaonen war in vielerlei Hinsicht einzigartig. Allein durch seine geographische Lage blieb es jahrhundertelang von Angriffen verschont. Kaum einem Feind war es möglich, die natürlichen Barrieren zu überwinden: im Norden das Mittelmeer, im Westen die Libysche Wüste und dahinter die sich über Tausende von Kilometern erstreckende Sahara; im Süden das schmale Niltal, um-

Ägypten, ein Land in dem Milch und Honig fließen. Der Nil ist hier Quell allen Lebens.

Der fruchtbare Nilschlamm garantierte schon im Alten Ägypten reiche Ernten.

geben von der Wüste des Sudan, im Osten nur felsige Einöde und das Rote Meer. Ein Weltreich, ohne dass es fremde Reiche erobern musste, eine großartige Zivilisation, die länger Bestand hatte, als jede andere vorher oder nachher.

Der Grundstein für dieses gewaltige Reich wurde bereits im vierten Jahrtausend vor Christus durch die Vereinigung zweier sehr unterschiedlicher Länder gelegt: Ober- und Unterägypten. Während das Leben in Unterägypten geprägt war durch den immer wiederkehrenden Kreislauf des Säens und Erntens – vor allem im Norden erstreckte sich eine schier unerschöpfliche Kornkammer vom heutigen Kairo über das Gebiet des Nildeltas bis zur Küste des Mittelmeers –, lebte im südlich gelegenen Oberägypten ein Volk von Jägern auf einem schmalen grünen Band inmitten der feindlichen Wüste. Von ihnen ging, vermutlich aufgrund der schlechteren Versorgungslage, schließlich die erste »Reichseinigung« aus. Während der gesamten 3000-jährigen Geschichte des Alten Ägypten wird von nun an der offizielle Titel der Pharaonen »König von Ober- und Unterägypten« und »Herr der beiden Länder« lauten.

Eine der königlichen Hauptaufgaben war es, die ständige »Vereinigung der beiden Länder« sicherzustellen, dafür zu sorgen, dass die Menschen der beiden Landesteile friedlich miteinander lebten und die Gesetze der Maat einhielten. Maat ist der Dreh- und Angelpunkt der altägyptischen Welt. Die Ordnung, die kein Mensch und auch kein Gott ändern kann, die allumfassende Wahrheit, die ewig währt und unwandelbar ist. Die wichtigsten Gesetze dieser Wahrheit sind schnell aufgezählt: Nur in Ägypten herrscht Maat, der Rest der Welt ist Chaos; der Pharao, als Stellvertreter der Götter auf Erden, ist der Garant dieser Weltordnung. Er opfert den Göttern, besiegt alle Feinde und verhindert damit, dass auch Ägypten ins Chaos stürzt. Die Rolle des Königs ist dabei fest umrissen: »Zwar heißt es vom König ›Will er, so tut er‹, doch sein Wille ist an die Maat, an Wahrheit, Ordnung und Gerechtigkeit gebunden. Sein ›Wollensspielraum‹ war in signifikanter Weise eingeschränkt«, beschreibt der langjährige Ordinarius des Heidelberger Instituts für Ägyptologie, Jan Assmann, das besondere Abhängigkeitsverhältnis des Pharaos von der Maat.

Der König war der Mittelpunkt des altägyptischen Kosmos, Garant des Wohlstands, Besitzer allen Landes und aller Reichtümer. Die gesamte Bevölkerung hatte ihr Leben in seinen Dienst zu stellen – so wollte es die Maat. Und mehr noch, seit Beginn der ägyptischen Geschichte gab es ein religiöses System, das besagte: Der König ist ein Gott. Er regiert das Land stellvertretend für die Götter und wurde dabei selbst zum Gott auf Erden. Für Jan Assmann ist diese enge Beziehung zwischen König und Göttern ein wesentliches Kriterium der ägyptischen Staatsordnung, denn sie war ausschlaggebend für die Rechtmäßigkeit des Herrschaftsanspruchs: »Man muss sich das wie ein Stundenglas vorstellen«, ergänzt Kent Weeks. »Der obere Teil war gefüllt mit den ägyptischen Göttern, der untere Teil mit dem ägyptischen Volk. Die Verengung in der Mitte war der Pharao. Jegliche Kommunikation zwischen den beiden Teilen geschah durch ihn. Jeder, der einen Wunsch an die Götter richten wollte, wandte sich an den Pharao. Und wenn die Götter den Menschen eine Botschaft kundtun wollten, dann geschah auch das durch den Herrscher.«

Die Stellung des Königs als Regent im Diesseits und Mittler zwischen den Welten gründet sich auf eine Legende: Der Gott Osiris, verheiratet mit seiner Schwester Isis, herrschte einst gütig über Ägypten. Sein neidischer Bruder, der böse Seth, ermordete den König. Isis holte mit Hilfe ihrer Zauberkräfte ihren Gemahl für kurze Zeit ins Leben zurück. So konnten sie noch ein gemeinsames Kind zeugen: den Gott Horus, der später, als Erwachsener, seinen Onkel Seth zum Kampf fordert und besiegt. Dadurch wird Horus zum König der Lebenden, sein Vater Osiris aber gilt fortan als Herrscher der Unterwelt. »Das Markenzeichen des ägyptischen Staates war von der ersten Dynastie an die Auffassung, der König sei eine Inkarnation des Gottes Horus, dessen heiliges Tier der Falke ist«, erklärt der amerikanische Ägyptologe Mark Lehner den Zusammenhang zwischen der Mythologie und dem ägyptischen Staat. Der Pharao übernimmt auf der Erde die Rolle des Gottes Horus, befolgt die Gesetze der Maat, bekämpft das Böse und schützt das Land vor fremden Mächten.

Mythologische Szene im Tempel von Dendera: Osiris begattet seine Schwester Isis.

Die ersten Pharaonen

Wem als Erstes die Rolle des Stellvertreters der Götter auf Erden zuteil wurde, darüber berichtet der ägyptische Geschichtsschreiber Manetho: Um 3100 v. Chr. habe der sagenhafte oberägyptische König Menes das Nildelta erobert und die 1. Dynastie der Pharaonen gegründet. Ob es diesen ersten Reichseiniger auch tatsächlich gegeben hat, ist umstritten. Möglicherweise vereinten sich im kulturellen Gedächtnis mehrere Herrscher zum Mythos Menes. Als mögliche Kandidaten werden in der neueren Forschung zwei Regenten genannt. Zum einen der Gründer der 1. Dynastie, ein Pharao mit dem streitbaren Namen Hor-Aha, was so viel wie »kämpfender Falke« bedeutet, und zum anderen Pharao Narmer, der »wütende Wels«. Beide ließen ihre Gräber im oberägyptischen Abydos – neben Hierankonpolis eine der ersten größeren Ortschaften des Reiches – anlegen.

Dieses Zeremonialgefäß aus Alabaster stellt die Vereinigung der beiden Herrscherthrone Ober- und Unterägyptens dar.

Die ersten Königsgräber waren kaum mehr als mit Ziegeln eingefasste Gruben, die allerdings innerhalb weniger Generationen zu Jenseitspalästen mutierten. Während Narmers letzte Ruhestätte nur gut hundert Quadratmeter groß war, hatte das Grabmahl des Königs Chasechemui aus der 2. Dynastie zu Beginn des dritten Jahrtausends vor Christus bereits das zehnfache Ausmaß. Die Innenausstattung ist vergleichsweise bescheiden. Der Bestattungsraum ist lediglich mit Holzpaneelen getäfelt, und an der Erdoberfläche deuten nur eine Schrifttafel und ein Sandhügel auf die darunter liegende Grabkammer hin. Auffallend sind jedoch die unzähligen Nebengräber, die um die Anlagen der frühen Herrscher gruppiert sind. So stieß man etwa bei der letzten Ruhestätte Hor-Ahas auf 36 solch kleiner Gräber. Bei seinen Nachfolgern Djer und Den geht die Zahl sogar in die hunderte. Diese seltsame Häufung im Umkreis der frühen Königsbestattungen ließ die Ausgräber an rituelle Menschenopfer denken. Diener und Dienerinnen, ja vielleicht sogar Ehefrauen und andere Familienmitglieder könnten getötet worden sein, um dem verstorbenen Herrscher auch nach seinem Tod zur Verfügung zu stehen. Doch diese Sitte wurde anscheinend schnell wieder aufgegeben. Schon in der 2. Dynastie sind die Gefährten für das Jenseits aus Holz geschnitzt oder aus Ton geformt. Ob sterbensunwillige Verwandte rebellierten oder ob die »Ressourcen« an fähigem Dienstpersonal selbst am Pharaonenhof zu beschränkt waren, wird so lange ein dunkles Geheimnis der Geschichte bleiben, bis neue Erkenntnisse gewonnen werden. Eine Möglichkeit, die man in Ägypten nie außer Acht lassen sollte, denn man vermutet, dass immer noch mehr als sechzig Prozent der »Zeugen der Vergangenheit« verborgen unter der ägyptischen Erde auf ihre Entdeckung warten.

Die berühmte Ritualpalette des Pharao Narmer. War er der legendäre Reichseiniger Menes?

Ein gutes Beispiel dafür sind die Funde von Nechen in Oberägypten, jenem Ort, der unter dem griechischen Namen Hierankonpolis, Stadt des Falken, bekannt ist. Als hier vor beinahe 150 Jahren die ersten Fabriken entstanden, trug man dafür rücksichtslos pharaonische Bauten ab. Auch der Haupttempel eines der ältesten Kultorte der ägyptischen Geschichte, der Horus-Tempel, war diesem Vandalismus zum Opfer gefallen. Bei Grabungen Anfang des zwanzigsten Jahrhunderts gelang Archäologen dennoch eine sensationelle Entdeckung: eine 64 Zentimeter hohe Zeremonialpalette aus Grauwacke, einem sandsteinartigen Sedimentgestein. Ritualpaletten dieser Art, die im Hausgebrauch zum Anmischen von Schminke verwendet wurden, dienten im Tempel als Vehikel für den Bericht des Königs an die Götter. Beide Seiten der Palette sind mit fein gearbeiteten Reliefs geschmückt, die einen König beim Sieg über zahlreiche Feinde zeigen. Das Sensationelle an der Darstellung ist die Tatsache, dass der König zwei verschiedene Kronen trägt. Während er auf der Vorderseite mit der »Roten Krone« Unterägyptens abgebildet ist, schmückt ihn auf der Rückseite die »Weiße Krone« Oberägyptens – ein eindeutiges Zeichen dafür, dass sich dieser Pharao als Herrscher über ganz Ägypten verstand. Die Hieroglyphen verraten auch den Namen des siegreichen Königs: Narmer. Ist auf dieser Ritualpalette die Vereinigung der beiden ägyptischen Länder dargestellt? Ist sie der Beweis, dass Narmer der sagenhafte König Menes ist, den die Alten Ägypter als mythischen Reichseiniger ansahen und verehrten?

Wissenschaftler wie der deutsche Professor Günter Dreyer, der sich seit Jahrzehnten mit der ägyptischen Frühzeit befasst, gehen davon aus, dass es die legendäre Reichseinigung als Einzeltat so nie gegeben hat: »Man muss sich die Einigung eher als einen Vorgang vorstellen, der sich über fünfhundert Jahre langsam vollzogen hat. Zunächst gab es einen Austausch von Kulturgütern, später folgte die politische Vereinigung.« Bei den Darstellungen auf der Narmer-Palette handelt es sich demnach also weniger um eine tatsächliche historische Begebenheit, als vielmehr um einen Bericht an die Götter, dass der Pharao die Gesetze der Maat befolgt und seiner Aufgabe, die Feinde Ägyptens zu unterwerfen, gerecht wird.

Scherben eines Weltreichs

Seit mehr als zwanzig Jahren sucht ein Team des Deutschen Archäologischen Instituts um Günter Dreyer in Abydos nach den Spuren der ältesten Pharaonen, denn hier ließen sich bereits die ersten Könige bestatten. Der Legende nach soll sich hier auch die Grabstätte des Gottes Osiris befinden, jahrtausendelang Ziel von Pilgern, die Unmengen von Opfergaben hinterließen. Aus ebendiesen Gründen ist Abydos auch seit mehr als zweihundert Jahren ein heiß begehrter Grabungsort für Archäologen aus

In Abydos erforschen deutsche Wissenschaftler die Grabanlagen der ersten Pharaonen Ägyptens.

Auf diesem Fragment einer Hieroglyphentafel sind die Herrscher der ersten pharaonischen Dynastien aufgeführt.

aller Welt. Ein mühsames Unterfangen, denn nicht immer arbeiteten die Vorgänger von Professor Dreyer mit der notwendigen wissenschaftlichen Akkuratesse. Stattdessen kehrte man das Unterste nach Oben, oft nur beseelt von dem einen Gedanken, spektakuläre Funde zu machen.

Bis zu sechs Meter ragen die aufgetürmten Schuttberge an manchen Stellen in die Höhe. Sie gaben diesem Grabungsort auch seinen Namen: Umm el-Qa'ab, die »Mutter aller Scherben«. Aus geschätzten acht Millionen Scherben haben die Ausgräber bislang mehr als 100 000 ausgesiebt, 20 000 Objekte katalogisiert und dabei tatsächlich die Keimzelle der ägyptischen Zivilisation entdeckt. Unter dem meterhohen Schutt stießen sie auf die Gräber der ersten Herrscher des Nil-Reiches. Kaum etwas ist über sie bekannt, selbst ihre Namen sind noch nicht eindeutig identifiziert: Hießen sie tatsächlich Hund, Falke, Schnecke, Fisch oder Skorpion? Sicher sind sich die Forscher nur, dass die Funde aus einer Zeit vor der 1. Dynastie, am Übergang vom vierten zum dritten Jahrtausend v. Chr. stammen. Eine Zeit, die der Chronist Manetho, der die Pharaonen in Dynastien einteilte, nicht kannte, weshalb man heute von der 0. Dynastie spricht.

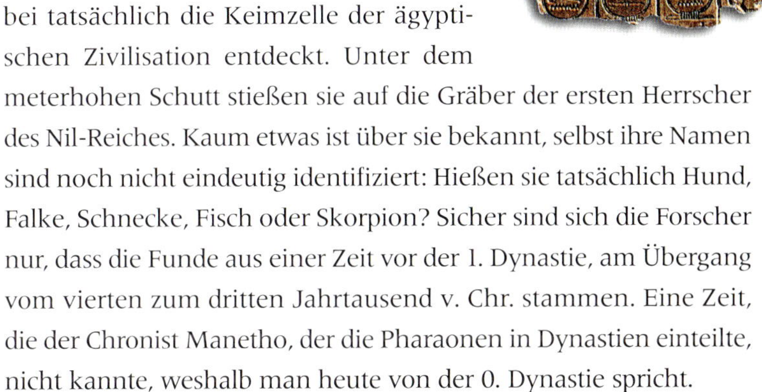

Die Archäologen, die heute in Abydos graben, arbeiten unter schärfsten Sicherheitsvorkehrungen. Offiziell heißt es, die Gegend sei eine Hochburg islamischer Terroristen. Jeder Schritt der Forscher wird überwacht. Im Schutz von Panzern und Schnellfeuergewehren werden die Grabanlagen und Tempel akribisch restauriert und vermessen, um einen genauen Plan der Totenstadt erstellen zu können. Jeder Quadratzentimeter im Grabungsareal wird abgesucht, der Abraum gezielt durchstöbert, denn noch immer entdecken die Archäologen wertvolle Stücke, die von früheren Schatzsuchern und Ausgräbern übersehen wurden. Meist handelt es sich zwar nur um

Bruchstücke von Elfenbeintäfelchen oder Gefäßen, doch in der Grabungskampagne des Jahres 2003 gelang den Wissenschaftlern nahe eines der frühzeitlichen Königsgräber in nur achtzig Zentimetern Tiefe ein wirklich sensationeller Fund. In zwei eher unscheinbaren Krügen fanden sie sechseinhalb Kilo fein polierten Lapislazuli und fast ein Kilo Goldschmuck. »Die Goldblätter sind leicht gebogen und könnten ursprünglich von einer Gesichtsmaske stammen, die an einem Sarg befestigt war und gewaltsam abgerissen wurde. Die kleinen Lapislazuli-Plättchen gehören wahrscheinlich zu einem Mosaik«, erläutert Professor Dreyer. »Vielleicht stammt das Geschmeide aber auch aus dem Raubgut von Plünderern, das von Priestern des Osiris gerettet und symbolisch am Grab des Unterweltgottes wieder bestattet wurde.« Aus welcher Zeit der Fund datiert und ob seine Mutmaßungen richtig sind, kann der Archäologe zum gegenwärtigen Zeitpunkt nicht sagen, denn wie alle Goldfunde, die in Ägypten bei Ausgrabungen gemacht werden, verschwand auch dieser sofort in den Gewölben der Staatsbank. Zu viel Angst haben die zuständigen Behörden vor den Begehrlichkeiten, die ein solcher Schatz wecken könnte – sehr zum Leidwesen der Archäologen, die nun darauf warten müssen, einen zweiten Blick auf ihren Fund werfen zu dürfen, um neue Erkenntnisse über die alte Totenstadt zu gewinnen.

Der Sensationsfund aus dem Grab U-J in Abydos. Auf diesen Plättchen finden sich die ersten Symbolzeichen einer phonetischen Schrift.

Die gesicherten Daten und Informationen aus den bisherigen Grabungen geben Spezialisten in Berlin in die High-Tech-Rechner von Art+Com ein. Sie bilden die Grundlage für das ehrgeizige Vorhaben des erfolgreichen Computerteams, aus der Datenflut ein vollständiges Computermodell des gesamten antiken Niltals zusammenzusetzen. Per Mausklick sollen spätere »Besucher« eine Reiseroute zu jedem Ort und in jeder gewünschten Epoche auswählen können. Zu den bereits zu besichtigenden Reisezielen gehören auch die Königsgräber von Abydos. Da die Archäologen ihre Ausgrabungen nach den Kampagnen immer wieder zuschütten, um sie vor Witterung, Vandalismus, aber auch vor möglichen neuzeitlichen Raubgräbern zu schützen, sind die wirklichkeitsgetreuen dreidimensionalen Abbilder die einzige Möglichkeit, die spannende Arbeit der Archäologen zu verfolgen. Eine der am häufigsten aufgerufenen Seiten ist die mit dem Grab des Königs Skorpion, dessen Identifizierung allein schon detektivischen Spürsinn erforderte: Als die Ausgräber die Herrschergruft mit der Code-Kennung U-J geöffnet hatten, stießen sie neben Schmuck, Brettspielen und Rasiermessern auf 700 Keramikgefäße, die einst 4500 Liter geharzten Wein oder Olivenöl aus Palästina enthielten. Die Tonkrüge und unzählige winzige unscheinbare Elfenbeinplättchen, den Buchstabensteinen eines Scrabble-Spiels vergleichbar, trugen seltsame Ritzzeichnungen, die sich bei genauerer Analyse als Tiersymbole herausstellten. Am häufigsten erschien ein Skorpion in Kombination mit einem Baum. Von königlichen Vorratsgefäßen vieler nachfolgender Dynastien war bekannt, dass die darauf angebrachten Etiketten den Herrschernamen und das Regierungsjahr nannten. Günter Dreyer war daher überzeugt, auch auf den Plättchen aus Grab U-J den Namen des dort beerdigten Königs entschlüsseln zu können. »Baum«, erklärt der deutsche Archäologe, »steht traditionell für Pflanzung oder Domäne. Demnach stammen die mit einem solchen Zeichen versehenen Produkte sicher aus dem Gutshof des jeweiligen Königs. Da die meisten Grabbeigaben zudem das eingeritzte Zeichen eines Skorpions zeigen, dürfte es sich bei Grab U-J mit großer Wahrscheinlichkeit um die letzte Ruhestätte des vordynastischen Königs Skorpion handeln.«

Dieses Tongefäß, das wahrscheinlich Öl aus Palästina enthielt, ist ein seltenes Indiz für die Existenz des Königs Skorpion – es trägt seine Hieroglyphe.

Auf anderen Plättchen stieß Professor Dreyer auf Zeichenfolgen, die auf den ersten Blick keinen Sinn ergaben. Spricht man die einzelnen Zeichen aber aus, entsteht eine Vokabel. Wahrscheinlich war es ein kleiner Beamter in den Magazinen des ägyptischen Königshofs, der, ohne es zu wissen, die Welt veränderte. Hunderte von Warensendungen wurden von ihm jahraus, jahrein abgefertigt, alle durch einfache Symbole gekennzeichnet. Eines Tages aber kam eine Warensendung aus einer Stadt im ägyptischen Delta, die bisher noch nie den Königshof beliefert hatte. Ihr Name: »Bast«. Welches Symbol sollte der Schreiber für diese Stadt verwenden? Die geniale Idee: Ein Storch mit dem Namen »ba« plus ein Sitz namens »st«, fertig ist das Wort »Bast« – und damit die Lautschrift. Das Instrument, das Menschen ermöglicht, über tausende von Kilometern hinweg zu kommunizieren, mit dem man Gedanken und Ideen in Worte fassen und jedem mitteilen kann, der die Zeichen beherrscht. Jene Schrift, die unerlässlich ist, um die Herausforderungen einer durch umfangreichen Handel wachsenden Bürokratie zu bewältigen und die es dem Chronisten Manetho mehr als 3000 Jahre nach ihrer Erfindung erlaubte, eine »Geschichte Ägyptens« nach den alten Quellen zu verfassen. Für Günter Dreyer erscheint durch diesen spektakulären Fund eine kleine Revolution der Geschichtsschreibung denkbar: Nicht in Mesopotamien, wie bisher angenommen, sondern in Ägypten wurde die Lautschrift erfunden, und von hier gelangte das Know-how als Exportgut an Euphrat und Tigris. In Ägypten selbst half die Entwicklung der Silbenschrift schon in der Frühzeit, eine funktionierende Verwaltung zu organisieren – bürokratische Grundlage aller Machtzentralen bis heute. Sie war wesentlich mitverantwortlich für den fulminanten Aufstieg Ägyptens zur Weltmacht und führte dazu, dass das Reich all seinen Nachbarn bei weitem überlegen war.

Nach jenen legendären ersten Herrschern sollten mehr als 250 Pharaonen, darunter solche mit klingenden Namen wie Cheops, Echnaton, Tutanchamun und Ramses, dem Reich am Nil zu beispielloser Kontinuität verhelfen. Glanz und Größe, die für andere Imperien schier unerreichbar schienen.

Geschichte Ägyptens

5500–3200 v. Chr.	**Frühzeit oder Prädynastische Zeit**
3200–3100	0. Dynastie, Könige mit geheimnisvollen Namen wie Hund, Falke, Schnecke oder Skorpion; Kultzentren in Abydos und Hierankonpolis entstehen
3032–2684	Staatsgründung unter dem sagenhaften König Menes, die folgenden sieben Könige werden als 1. Dynastie bezeichnet. Zusammen mit der 2. Dynastie wird diese Periode als Frühe Dynastische Zeit bezeichnet
2707–2168	**Altes Reich: 3. bis 6. Dynastie** Zeit der großen Pyramidenbauer, Snofru, Cheops, Chephren; Memphis wird Hauptstadt

Die erste Pyramide der Weltgeschichte konstruierte der Gelehrte Imhotep für seinen Pharao Djoser.

2216–2120	**Erste Zwischenzeit: 7. bis 11. Dynastie** Das Reich zerfällt in kleinere Einheiten, die von Gaufürsten beherrscht werden
2119–1794	**Mittleres Reich: 11. bis 12. Dynastie** König Mentuhotep II. aus dem oberägyptischen Theben vereint das Reich; Hauptstadt Iti-taui, in der Nähe des Fayums

1794–1550	**Zweite Zwischenzeit: 13. bis 17. Dynastie** Wieder zerfällt das Reich. Erste Einwanderung von Fremden ins Ostdelta. Sie ergreifen als »Hyksos« (Fremdherrscher) die Macht und gründen ihre Hauptstadt Auaris
1550–1070	**Neues Reich: 18. bis 20. Dynastie** Pharao Ahmose aus Theben befreit das Land von den Hyksos und vereint das Reich; Hauptstadt zunächst Theben, später Pi-Ramesse im Ostdelta. Ägyptens »Goldenes Zeitalter« mit Pharaonen wie Hatschepsut, Thutmosis III., Amenophis III., Echnaton, Tutanchamun und Ramses dem Großen beginnt

König Amenophis III. war einer der großen Pharaonen, die Ägyptens »Goldenes Zeitalter« prägten.

1070–655	3. Zwischenzeit: 21. bis 25. Dynastie Das Land zerfällt in den thebanischen Gottesstaat im Süden und den Königshof im Norden des Landes. Die Herrscher der 25. Dynastie stammen aus dem Sudan
664–332	Spätzeit: 26. bis 31. Dynastie Ägypten wird von diversen Fremdherrschern regiert
332	Eroberung Ägyptens durch Alexander den Großen; Hauptstadt Alexandria
321–30	Ptolemäerzeit: die Nachkommen von Ptolemaios Lagos, einem General Alexanders des Großen herrschen als Könige. Die berühmteste Königin: Kleopatra. Ägypten wird zur römischen Provinz

Caesar in Ägypten

In diesem seit Jahrtausenden von Gottkönigen – und Wohlstand – regierten Staat, geht im Spätsommer des Jahres 48 v. Chr. ein ganz anderer, vom Erfolg verwöhnter Herrscher an Land: Gaius Julius Caesar. Er ist 52 Jahre alt und hat die Legionen der Republik Rom ein Jahrzehnt lang von Sieg zu Sieg geführt.
Jetzt will er die Perle der antiken Welt in Besitz nehmen: Ägypten. Für den Ästheten Caesar muss Alexandria, die prächtige Hafenmetropole am Mittelmeer, eine Augenweide gewesen sein. Die Stadt ist das New York der Antike; angelegt mit einem Gitternetz aus Straßen, die nach den Buchstaben des Alphabets benannt und von beeindruckenden Prachtbauten gesäumt sind. Die Paläste und Tempel sind der »dernier cri« der Epoche, kein Vergleich zu den engen stinkenden Gassen Roms, in denen sich der Unrat an manchen Tagen meterhoch häuft. Darüber hinaus ist Alexandria auch der Nabel der Gelehrtenwelt. In der berühmten Bibliothek befindet sich das Know-how der damals bekannten Welt. Hier wird der Umfang des Globus berechnet, hier kennt man den Lauf von Sternen und Planeten. Die perfekte Metropole eines Landes, das mit allen erdenklichen Gaben reichlich gesegnet ist – und doch nach dem Tod des Königs Ptolemaios XII. in einen Bürgerkrieg verstrickt ist.

Caesar führte seine Legionen von Sieg zu Sieg, bevor er triumphal in Ägypten landete.

Auslöser war der Wunsch des Verstorbenen, seinen erst zehnjährigen Sohn Ptolemaios XIII. und seine Tochter Kleopatra VII. gleichberechtigt über das Land herrschen zu lassen. Doch schnell wird klar, dass die Halbgeschwister die Bevölkerung in zwei Lager teilen, ihre jeweiligen Anhänger und Gegner rüsten auf. Kleopatra fehlt in der mondänen Gesellschaft Alexandrias der Rückhalt. Ihre Verbündeten sind die Landbewohner, denn ihre Mutter, so vermuten die Wissenschaftler heute, war Ägypterin. Vermutlich stammte

Alexander der Große, König der Makedonen, gründet Alexandria und die Dynastie der Vorfahren Kleopatras.

sie aus einer der alten Priesterfamilien. Ein möglicher Grund dafür, dass Kleopatra nicht nur die Sprache der Einheimischen beherrscht, sondern auch aktiv am religiösen Leben teilhat. Sie nimmt an den Zeremonien des heiligen Apisstieres in Memphis teil und führt die Prozession zu Ehren des Nilgottes in der oberägyptischen Stadt Armant an. Erstmals in der nunmehr seit 300 Jahren währenden Herrschaft des Geschlechts der Ptolemäer ist ein Regent für das Volk mehr als eine Schattenfigur im fernen Alexandria. Zwar gilt die Perle am Meer als neue Hauptstadt Ägyptens, doch für die Einheimischen sind die uralten Kultorte Memphis und Theben weit wichtiger als die neue, etwas protzige Königsstadt. Für sie ist Kleopatra die eigentliche Herrscherin.

Auf der anderen Seite fühlen sich die Alexandriner selbst nicht als Ägypter. Die meisten Bewohner sind Griechen und Juden. Nur in dem früheren Fischerdorf Rakotis, dem ältesten Stadtteil, leben Ägypter. Spricht man in der damaligen Welt von Alexandria, so heißt es immer »Alexandria ad Aegyptum«, »Alexandria bei Ägypten«, als wolle man ganz deutlich machen, dass die Stadt eigentlich kein Teil des Landes war. So verwundert es nicht, dass Kleopatras Halbbruder Ptolemaios von der alexandrinischen Oberschicht unterstützt wird. Mit deren Hilfe reißt er die Macht an sich und treibt seine Schwester ins Exil.

Zu diesem Zeitpunkt landet Caesar in Alexandria. Eigentlich ist er gekommen, um seinen flüchtigen Erzfeind Pompeius zu stellen, doch schnell wird er in den Strudel der Thronwirren hineingezogen. Ptolemaios versucht dem Imperator dadurch zu imponieren, dass er Pompeius hinterlistig ermorden lässt und Caesar den Kopf des Toten zum Geschenk macht. Was dem Ptolemäer als großartige Geste erscheint, ist dem Römer ein Gräuel. All die Gerüchte, dass die orientalischen Potentaten Gattenmörder, Diebe und Verräter sind, und einem System vorstehen, in dem Inzest noch die geringste Schande ist, scheinen zuzutreffen.

Anders als ihr Halbbruder setzt Kleopatra auf weniger blutige Methoden. Für sie ist Julius Caesar der Prototyp des »starken Mannes« aus Rom, Held der Gallischen Kriege, strahlender Sieger vieler Schlachten, dabei stets in Geldnöten und noch immer ohne männ-

König Ptolemaios empfängt Cäsar mit einem etwas makabren Gastgeschenk: dem Haupt des ermordeten Rivalen Pompeius.

lichen Erben – das ideale Opfer für eine Frau. Sie braucht Caesar und seine Legionen; das hat ihr das Schicksal des eigenen Vaters, Ptolemaios XII., deutlich vor Augen geführt. Nur mit Hilfe der Römer hatte er für viel Geld seinen Thron zurückerobern können. Nun hofft sie, dass Caesar auch ihr eine Rückkehr aus dem Exil ermöglichen wird – und sie erhofft sich noch viel mehr: eine große Zukunft an seiner Seite.

Da sich Kleopatra bei Caesars Ankunft außerhalb des von ihrem Bruder kontrollierten Alexandria befindet, muss sie zu einer List greifen, um zu dem Feldherrn zu gelangen. Der römische Historiker Lucan beschreibt in seinem Werk *Pharsalia* das erste Treffen, zu dem sich Kleopatra von ihrem treuen Diener Apollodores in die Gemächer Caesars schmuggeln lässt, der Legende nach in einen Teppich gewickelt: »Kleopatra, deren gefährlich schönes Gesicht übermäßig geschminkt war [...] ist mit Perlen aus dem Roten Meer geschmückt [...] [sie] trägt ein Vermögen am Hals und im Haar [...] ihre Brüste schimmern weiß durch Gewebe aus Sidon.« Auch der Chronist Cassius Dio strickt in seiner Geschichte Roms mit an der Legende von der unwiderstehlichen Ägypterin: »Sie war eine Frau von einzigartiger Schönheit und damals in der Blüte ihrer Jugend besonders berückend. Auch führte sie eine sehr gepflegte Sprache und verstand es, jedermann auf gewinnende Weise zu begegnen. Herrlich war es, sie anzusehen und ihr zu lauschen, und sie konnte sich so jeden, selbst einen liebessatten Mann im bereits vorgerückten Alter, gefügig machen.«

Das Zusammentreffen der beiden auf den ersten Blick so unterschiedlichen Herrscher sollte entscheidende Auswirkungen auf das Schicksal Ägyptens, aber auch auf die Zukunft des römischen Feldherrn haben. Unter großen Opfern erstreitet Caesar an der Seite Kleopatras den Sieg gegen die Alexandriner. In den Kampfwirren werden mindestens 40 000 der wertvollen Manuskripte aus der Bibliothek von Alexandria, die in einem Speicher am Hafen lagern, ein Raub der Flammen. Später wird es heißen, dass die gesamte Bibliothek in Rauch aufgegangen sei, als Caesar die ptolemäische Flotte in Brand setzte. Für Kultur ist auf den Schlachtfeldern des Krieges kein Platz, das galt damals und gilt auch heute noch. So gelingt es

Mit großem Pomp inszeniert Kleopatra ihre Liebeskreuzfahrt mit Caesar auf dem Nil.

im Bagdad des Jahres 2003 einer Groß- und selbst erklärten Schutzmacht nicht, Recht und Ordnung herzustellen. Im Irak werden Museen und Ausgrabungsstätten vor den Augen der amerikanischen Militärs von Kriminellen ausgeraubt oder von Vandalen zerstört, in Alexandria geht das Wissen der damaligen Welt in Flammen auf.

Nach seinem Sieg erzwingt Caesar eine kurzfristige Versöhnung der Geschwister. Doch es kommt zu einem erneuten Komplott der alexandrinischen Fraktion, das am 27. März des Jahres 47 v. Chr. ein Ende findet. An jenem Tag schlagen Caesars Truppen die Anhänger des Ptolemaios vernichtend, der junge König ertrinkt auf der Flucht, und der Weg zur absoluten Macht ist für Kleopatra frei.

Auf dem prächtigen Palastschiff der frisch gekrönten Königin von Roms Gnaden brechen die beiden Liebenden zu einer langen, romantischen Kreuzfahrt auf – nilaufwärts, zu den atemberaubenden Tempeln und Pyramiden, die von der ewigen Größe des Landes am Nil zeugen. Für drei Monate taucht der Feldherr ein in die geheimnisvolle Welt Ägyptens, wird Zeuge der jahrtausendealten Riten, bewundert die gigantischen Bauten, die sich schon seit über 2500 Jahren am Rand der Wüste erheben. Unzerstörbar, gewaltig, so, wie die Herrschaft Roms noch werden soll.

Die historischen Fakten lassen die Fahrt in nüchterneren Farben erscheinen. Das Paar reist mit einer bewaffneten Eskorte von 400 Schiffen, zur Schaustellung römischer Macht und als Rückenstärkung für Kleopatras noch junge Herrschaft. Die Königin nimmt das Land nun als rechtmäßige Herrscherin in Besitz und folgt damit einer alten Tradition, nach der die Pharaonen mindestens alle zwei Jahre die Gaue des Reiches besuchten, um ihren Anspruch auf ganz Ägypten zu untermauern. Zugleich führt sie dem römischen Feldherrn die unvergleichliche Machtstellung des ägyptischen Gott-Königs vor Augen. Ihre Machtstellung, die sie ihm verdankt und mit ihm teilen möchte: durch einen gemeinsamen Sohn. Die Bürger im fernen Rom sind außerordentlich beunruhigt über die Nachrichten, die über das Meer zu ihnen dringen. Ist ihr strahlender Held, unbezwingbarer Sieger über die barbarischen Gallier und Iberer, nur noch ein liebestoller Schürzenjäger, Kleopatras Faszination willenlos erlegen? Oder verfolgt er doch insgeheim einen ausgeklügelten strategischen Plan, wie seine Parteigänger behaupten? Benutzt er Ägyptens Reichtum als Köder, um die Zustimmung des Senats für seinen Griff zur Alleinherrschaft in Rom zu erkaufen? Nach dem Motto: Euch das Geschäft und mir die Macht?

Die Furcht der Römer, ihren größten Feldherrn an das Land am Nil zu verlieren, ist nicht unbegründet. Sie wissen, wie stolz Caesar darauf ist, aus dem uralten Geschlecht der Julier zu stammen, das seine Ursprünge auf die Göttin Venus zurückführt. In Kleopatra findet er eine Ebenbürtige, denn als Königin von Ägypten ist sie die Inkarnation der Göttin Isis. Der Glaube an das Gottkönigtum, der das Land seit der Zeit der ersten Pyramiden prägt, hat seinen Reiz für den alternden Caesar – und Kleopatra nutzt dies für ihre ehrgeizigen Zukunftspläne. In ihrem Hochmut und dem Vertrauen auf die großen Traditionen des Landes unterscheidet sie sich nicht von ihren Vorgängern. Sie will die Weltmacht Ägypten am Leben erhalten und zusammen mit Rom zu nie erahnter Größe und Macht führen.

Von Hochmut, Größenwahn und einer Idee

Lange vor den Allmachtsträumen Kleopatras fanden die frühen Pharaonen eine besondere Ausdrucksform für ihre Größe und Göttlichkeit. »Wenn das Sprichwort vom Glauben, der Berge versetzen kann, irgendwo konkrete Form angenommen hat, dann in Gestalt der Pyramiden von Gizeh«, stellt Dietrich Wildung, Direktor des Ägyptischen Museums Berlin, lakonisch fest. Tatsächlich erheben sich die Pyramiden von Gizeh wie ein Felsmassiv auf einem Plateau am Stadtrand von Kairo. Die Errichtung dieser gigantischen Bauten war nur möglich, weil die ägyptischen Baumeister und Architekten schon vor über 4500 Jahren hoch entwickelte Kenntnisse besaßen und vor allem tausende von Arbeitskräften, die bereit waren, selbst ihr Leben für den Pharao zu opfern. Der Geschichtsschreiber Herodot berichtet, dass 100 000 Ägypter zwanzig Jahre lang an der großen Pyramide gearbeitet haben, so hätten es ihm die Priester anvertraut. Aber wusste man zu Herodots Zeiten, 2000 Jahre nachdem die Pyramiden errichtet worden waren, überhaupt noch, wie dieses gigantische Projekt realisiert wurde?

Die Sphinx – neben den Pyramiden ein weiteres Wahrzeichen von Gizeh.

»Ich glaube nicht, dass Herodot jemals in Gizeh war«, meint Professor Rainer Stadelmann, ehemaliger Leiter des Deutschen Archäologischen Instituts in Kairo. »Er berichtet zwar darüber und erwähnt, dass dort räuberische Beduinen lebten, doch wäre er tatsächlich dort gewesen, hätte er die Sphinx gesehen. Er hätte ihren Kopf gesehen, der aus dem Sand herausragte – und das hätte Herodot garantiert beschrieben. Die Schlussfolgerung ist für mich daher, dass er nie dort war und sich einfach ein paar Geschichten hat erzählen lassen. Vielleicht die gleichen Geschichten, die man noch heute an den Pyramiden hört.« Da es keine überlieferten

Angaben über die angewandten Bautechniken gibt, können Fakten nur durch die mühevolle detektivische Kleinarbeit der Archäologen vor Ort gesammelt werden.

Rainer Stadelmann, der sich seit Jahrzehnten mit der Pyramidenforschung beschäftigt, geht von sehr viel geringeren Zahlen aus als Herodot: »Ungefähr 20 000 Arbeiter waren ausreichend. Rund 5000 spezialisierte Arbeiter an der Pyramide selbst, 5000, die die Steine herbeizogen, 5000, die sie irgendwo bearbeiteten, und 5000, die für die Verpflegung notwendig waren.« Eine Annahme, die auch durch Beobachtungen von Mark Lehner gestützt wird, der die Ausgrabungen im Dorf der Pyramidenarbeiter im Süden des Gizeh-Plateaus leitet. In seinem spektakulären NOVA-Experiment bewies Lehner Anfang der neunziger Jahre, dass es tatsächlich keiner 100 000 Arbeiter bedurfte, um eine Pyramide zu errichten. Unter seiner Aufsicht schlugen zwölf Männer, ausgerüstet lediglich mit einfachsten Werkzeugen, in nur 21 Tagen 186 Kalksteinblöcke mit einem Gewicht von jeweils bis zu 2,5 Tonnen aus dem Fels, zogen die Steine mit reiner Muskelkraft zum vorgesehenen »Bauplatz« und errichteten die so genannte »Nova-Pyramide«. Lehner erinnert sich, dass die Arbeit sehr viel einfacher war als vermutet: »Wir fanden damals heraus, dass unsere Leute Steine mit einem Gewicht von bis zu 2,5 Tonnen durch Rollen fortbewegen konnten. Nur vier bis fünf Mann waren nötig, um Blöcke von einer Tonne Gewicht hochzuhebeln. Noch größere Steinblöcke wurden mit Hilfe eines Seils bewegt, an dem zwanzig Leute zogen, unterstützt von ein paar Arbeitern mit Hebeln.«

Bei einer vermuteten Bauzeit von zwanzig Jahren, wie Herodot sie für die Cheopspyramide überliefert, hätten die Steinmetzen damals pro Arbeitstag rund 340 Steine anliefern müssen, um die Py-

Arbeiter fertigen Lehmziegel (linke Seite), die ein Maurermeister anschließend auf einer Rampe anbringt.

ramide in der angegebenen Zeit zu vollenden. Zieht man Lehners Berechnung hinzu und berücksichtigt den Ausfall an Arbeitskräften, der sich dabei ergibt, so kommt man auf eine Zahl von weit unter 10 000 Arbeitern und Handwerkern, die in der Lage waren, das gewaltigste Bauprojekt aller Zeiten zu realisieren. »Das waren nicht einmal ein Prozent der damaligen Bevölkerung. Der Bau der Pyramiden war ohne Zweifel ein nationales Unternehmen, aber es war kein Unternehmen, das die gesamte Volkskraft in Anspruch genommen hat«, bestätigt Rainer Stadelmann. Eine revolutionäre Aussage, die alle Vermutungen und Hypothesen zum Bau der Pyramiden seit Herodot auf den Kopf stellt. Dessen Fehleinschätzung hat nach Stadelmann zwei Gründe: »Es war ja eine lange Zeit vergangen, und alle Traditionen des Pyramidenbaus waren zu dieser Zeit vergessen. Was er auch erzählt, ist geprägt einerseits von den Erzählungen, andererseits vom griechischen Denken, das einen Bau dieser Art eben beinahe als unschicklich, unmenschlich, unmoralisch ansah – Hybris, also die Überheblichkeit. Herodot konnte einfach nicht verstehen, warum man so baute.«

Keinem Wissenschaftler ist es bisher gelungen, die technologische Meisterleistung der antiken Baumeister wirklich zu erklären. Es scheint, als würden die Pharaonen ihre Geheimnisse bis heute eifersüchtig hüten. Nur durch jahrzehntelange Forschungen konnten die Archäologen zumindest die Entstehungsgeschichte der Pyramiden entschlüsseln. Dabei wurde immer deutlicher, dass es den damaligen Architekten erst allmählich, durch einen fortwährenden Lernprozess gelang, genaue Kenntnisse über die richtige Konstruktion der Bauten zu sammeln. Eine Art »learning by doing«, das sie über viele Jahrhunderte perfektionierte.

Experimente beim Bau der Pyramiden

Pharao Djoser ließ um 2690 v. Chr. in Sakkara die erste große Pyramide errichten, ein Stufenbau, erdacht von seinem legendären Baumeister Imhotep. Wenn man heute vor dem gewaltigen Monument steht, kann man gut erkennen, dass es ursprünglich als einfache »Mastaba«, als Grab mit rechteckigem Oberbau, geplant war. Erst in einer späteren Phase wurde es zur Stufenpyramide, indem man mehrere, immer kleiner werdende »Mastabas« übereinander stapelte. Diesem Vorbild folgte auch der Begründer der 4. Dynastie und Vater von Cheops, König Snofru, vor mehr als 4600 Jahren. Sein erster Grabbau wurde in Meidum errichtet, knapp hundert Kilometer südlich von Kairo. Auch an dieser Pyramide sind deutlich drei Bauphasen zu erkennen, die offensichtlich getrennt voneinander geplant und jeweils bis zum Ende durchgeführt wurden. Zunächst errichteten die Architekten eine siebenstufige Pyramide mit geglätteter Außenfassade. Dieser erste Bau wurde anschließend mit einer meterdicken, wiederum nach außen geglätteten Schicht umgeben und um eine achte Stufe erhöht. Erst sehr viel später – über den genauen Zeitpunkt wird gleich zu sprechen sein – wurden die Stufenabsätze ausgefüllt und verkleidet. Da die Füllsteine an der bereits geglätteten Oberfläche aus Bauphase zwei kaum Halt fanden, war die Außenfassade extrem instabil. Der äußere »Mantel« rutschte eines Tages ab und zeigt sich dem heutigen Besucher als riesiger Schuttberg rund um den Pyramidenstumpf. Lange ist vermutet worden, dass dies noch während der Bauphase geschah. Doch bei einem solchen Unglück wären wahrscheinlich hunderte von Arbeitern in die Tiefe gerissen und erschlagen worden. Archäologen fanden im Schutt aber weder Reste von Werkzeugen noch Spuren von Knochen. Hieroglyphische In-

Die Stufenpyramide von Sakkara – immer kleiner werdende quadratische Oberbauten wurden übereinander gesetzt.

schriften berichten zudem, dass der dazugehörige Tempel noch im Neuen Reich, also fast 2000 Jahre nach dem Bau der Pyramide, besucht wurde. Da sicher kein Kult an einer zerstörten Pyramide stattgefunden hätte, vermuten Archäologen eine spätere Zerstörung durch eine Naturkatastrophe.

Warum aber befahl König Snofru die Errichtung eines zweiten Grabmahls, nur vierzig Kilometer weiter nördlich, auf der Hochebene von Dahschur, wenn die Stufenpyramide von Meidum tatsächlich wie gewünscht fertig gestellt wurde? Rainer Stadelmann hat eine interessante Erklärung für dieses Phänomen: »Mit der Vollendung der Stufenpyramide in Meidum hat Snofru getan, was alle altägyptischen Könige im Alten Reich tun mussten – er hat ein Denkmal und gleichzeitig seine eigene Residenz für das Jenseits, und damit auch die Garantie für alle seine Zeitgenossen für das ewige Leben geschaffen. Jetzt hätte er eigentlich guten Gewissens sterben können. Aber da kam ihm die Idee, das, was ich den großen intellektuellen Schritt genannt habe, eine ganz neue Art von Pyramide zu bauen. Und das hat er in Dahschur auch getan.«

Diese Kalksteinstele wurde auf dem Areal der Knickpyramide des Snofru gefunden. Sie zeigt den Pharao mit Doppelkrone.

Das im Süden Kairos gelegene Areal war im zwanzigsten Jahrhundert über lange Zeit militärisches Sperrgebiet und für Zivilisten kaum zugänglich. Erst seit wenigen Jahren sind die Beschränkungen lockerer, doch immer noch wird jeder Schritt der vergleichsweise wenigen Touristen abseits der Trampelpfade vom Aufsichtspersonal argwöhnisch beobachtet. Wachtürme und Stacheldrahtverhaue ragen aus dem Wüstensand. Bunkeranlagen schmiegen sich in die Dünenkette und dahinter erhebt sich die offensichtlich missratene »Knickpyramide«. In 47 Metern Höhe knickt die noch größtenteils vorhandene, von glatten Kalksteinplatten gebildete Außenhaut plötzlich ab und steigt dann mit einem wesentlich geringeren Neigungswinkel bis zur Spitze in 105 Meter Höhe. Es gibt verschiedene Ansätze, die seltsame Bauweise aus religiös-politischen Motiven zu erklären. Doch keiner konnte durch die in den letzten Jahren durchgeführten Untersuchungen der Pyramidenbasis bestätigt werden. Heute sind sich die Wissenschaftler einig: Der Knick ist Ausdruck des verzweifelten Versuchs, zu retten, was nicht mehr zu retten war.

Dieses, wegen des verbauten Sandsteins »Rote Pyramide« genannte Bauwerk ist die erste gelungene Dreieckspyramide der Welt.

Anhand von Indizien rekonstruierten Archäologen das architektonische Drama, das sich hinter dem auffälligen Architekturmerkmal verbirgt: Die Pyramidenbasis ragt erst wenige Meter in die Höhe, als in der bereits im Rohbau fertig gestellten unterirdischen Grabkammer Risse in der Decke und den Wänden auftauchen. »Dass sich der Bau gesenkt hat, liegt an der Beschaffenheit des Bodens; auf eine dünne Decke aus Kiesel und Sand folgen Ablagerungen aus Tonschiefer. Ähnlicher Untergrund führte knapp tausend Jahre später zu einer vergleichbaren Baukatastrophe bei der Ziegelpyramide des Amenemhet III.,« erklärt Professor Stadelmann.

Snofrus Architekten reagieren ausgesprochen vernünftig, bauen eine neue Grabkammer weiter oben, wo der Gesteinsdruck geringer ist. Doch schon bald gibt es auch hier Probleme. Um den Druck auf die neue Grabkammer zu mindern, flachen die Baumeister die Pyramide kurzerhand ab und reduzieren die Masse der benötigten Steine. Es entsteht der charakteristische Knick. Da im Alten Reich aber alles perfekt sein musste, und ganz besonders natürlich die Pyramide als Symbol und Garantie für das jenseitige Leben, begann Snofru mit dem Bau einer dritten Pyramide.

Bei der »Roten Pyramide«, die sich bis heute gut erhalten in der Nachbarschaft der Knickpyramide in den Himmel erhebt, wollten die Architekten offensichtlich auf Nummer sicher gehen. Hatten sie die »Knickpyramide« ursprünglich mit einem Winkel von 54 Grad Neigung geplant, beschränken sie sich bei der »Roten Pyramide« auf 43 Grad, den flachsten Winkel, mit dem je eine Pyramide gebaut wurde: »Das ist auch der natürlichste Winkel. Wenn man Sand oder Erde aufschüttet, wird man immer ungefähr diesen Winkel erreichen«, erklärt Professor Stadelmann.

Zeitgleich zum Bau der »Roten Pyramide« lässt Pharao Snofru in der dritten Bauphase die Stufenpyramide von Meidum zu einer echten Pyramide machen. Fast scheint es so, als wollte er auf Nummer sicher gehen, dass ihm bei seinem Tod zumindest eine Pyramide zur Verfügung stand. Insgesamt verbauten seine Arbeiter fast neun Millionen Tonnen Stein, weit mehr als sein Sohn und Nachfolger Cheops. Eine Arbeit für Titanen, deren Ergebnis jedoch, wie Mark Lehner versichert, die gewünschte Wirkung erzielte: »Wenn vor 4500 Jahren die Sonne zur Mittagszeit ihren Höchststand erreichte, dann muss der Anblick der Pyramiden mit ihrer weißen Kalksteinverkleidung den Betrachter geradezu geblendet haben. In diesem Licht offenbaren sich die Pyramiden wahrhaftig als Symbol des Sonnengottes. Leider ist dieser mächtige Effekt heute kaum noch sichtbar, da der Kalksteinmantel der meisten Pyramiden schon vor langer Zeit Steinräubern zum Opfer fiel.«

Der Bau der Pyramiden gehört zu den größten Leistungen der Weltgeschichte.

Der Berg aus Stein, der im Licht der Sonne erstrahlt, bildet das Zentrum der altägyptischen Jenseitsvorstellungen dieser Zeit. Wie der erste Hügel aus den Wassern des Urozeans auftaucht, so erscheint die Pyramide am westlichen Horizont, in dem die Sonne untergeht, um den verstorbenen Herrscher im Zentrum dieses mythischen Urhügels zu beleben. Die Spitzen dieser steinernen Machtsymbole wurden vergoldet, um die Strahlen der Sonne widerzuspiegeln. In Dahschur fand sich solch eine steinerne Spitze im Schutt vor der Pyramide des Pharao Amenemhet III. aus dem zweiten Jahrtausend vor Christus. Das Pyramidion trägt eine Inschrift, die auf die vom Erbauer angestrebte Fortdauer seiner Herrlichkeit verweist: »Möge das Gesicht des Königs sich erhellen, damit er den Herrn des Horizonts erblickt, wenn dieser den Himmel durchquert; möge er den König wie einen Gott erscheinen lassen, Herr der Ewigkeit und unzerstörbar.«

Die Pyramiden Ägyptens – Zeichen grenzenlosen Hochmuts der Pharaonen, die ihr Volk für diese steinernen Machtsymbole ausbeuteten?

Mehr als tausend Jahre – in der Geschichtsvorstellung der Neuzeit eine Ewigkeit – ließen die Pharaonen Pyramiden errichten. Während andere Völker in Stammeskriegen versanken und um das nackte Überleben kämpften, frönten die Ägypter scheinbar ihrem Hochmut, den Göttern nah zu sein. Wie war das möglich? »Das Land

Schon frühe Ägyptenreisende ließen sich vom Weltwunder der Großen Pyramiden faszinieren.

brachte alles hervor, was die Menschen benötigten. Wasser, fruchtbaren Ackerboden, ständiges Sonnenlicht«, erklärt Kent Weeks von der Amerikanischen Universität in Kairo das Phänomen. »So konnten die Ägypter eine sehr konservative Kultur entwickeln, denn all das, was ihnen half, ihre Zivilisation aufzubauen, war immer vorhanden. Ich glaube, die Kombination von Isolation, hervorragenden landwirtschaftlichen Bedingungen sowie ein starker Glaube und der große Nachdruck, der auf historische Kontinuität gelegt wurde, sind der ›Klebstoff‹, der die Zivilisation für 3000 Jahre zusammenhielt und immer wieder zum Blühen brachte.«

Der Pyramidenbau als »nationales Projekt«

Wie kein anderes Volk in der gesamten Zivilisationsgeschichte der Menschheit waren die Ägypter »verrückt« nach Unsterblichkeit. Der Dienst am König ist zugleich Dienst an den Göttern, deren Repräsentant auf Erden der Pharao ist. Nur so lässt sich erklären, dass die Ägypter schier Übermenschliches für und im Namen ihres Königs vollbringen. Die Umsetzung dieser gigantischen Bauvorhaben ist Gottesdienst. Vor allem aber ist der Bau der Pyramiden ein wirtschaftlicher Faktor und ein extrem verbindendes Element für das ägyptische Volk, wie Mark Lehner ausführt: »Die Pyramiden waren

Arbeitsbeschaffungsprojekt, trieben die Kolonisierung der Provinzen voran, beschäftigten Bauern und Hirten; sie waren Tempel und rituelles Zentrum des ägyptischen Staates, Schrein des Königs, die Inkarnation von Licht und Schatten, Symbol der Vereinigung von Himmel und Erde und Sinnbild des Mythos von Leben und Wiedergeburt. Diese Bauten waren ein ökonomischer Motor; gerade zur Zeit des Alten Reiches waren sie es, die Ägyptens Entwicklung zu einem der ersten wahren Staatsgefüge vorantrieben. Deshalb ist die Hauptfrage für mich auch nicht mehr, wie die alten Ägypter die Pyramiden bauten, sondern vielmehr, wie die Pyramiden dazu beitrugen, Ägypten aufzubauen.« Dieser Ansicht schließt sich auch der Ägyptologe Kent Weeks an: »Man kann das mit dem Bau der Kathedralen in Europa vergleichen. Auch dort fanden sich Menschen mit einem gemeinsamen Ziel zusammen, dem Ziel, ein Haus zu bauen, in dem Gott anwesend ist, in das man gehen und seine Wünsche im Gebet offenbaren kann. Der Bau einer Kathedrale war das Werk einer Gemeinschaft. Und dadurch, dass man sich daran beteiligt, indem man Verpflegung, Baumaterial oder Arbeitskraft zur Verfügung stellt, erwirbt man sich als Individuum eine Art von Unsterblichkeit, und hat teil an der Geschichte des eigenen Volkes. So muss es auch in Ägypten gewesen sein. Und zwar nicht nur bei den Pyramiden, sondern auch später beim Bau so großer Tempelanlagen wie beispielsweise in Luxor oder Karnak.«

Nicht wenige Wissenschaftler sehen jedoch im Pyramidenbau den Hauptgrund für die großen wirtschaftlichen und politischen Schwierigkeiten am Ende des Alten Reiches. Die Großbaustellen verschlingen gewaltige Summen und binden viele Arbeitskräfte, die ernährt werden wollen. Das funktioniert nur reibungslos in Zeiten ausreichender Ernten, meint Zahi Hawass: »Die Ägypter mussten dem Pharao nicht nur ihre Arbeitskraft zur Verfügung stellen; sie mussten auch von der Bevölkerung versorgt werden. Statt Steuern zu zahlen, schickte jede Familie in Ober- und Unterägypten kräftige junge Männer mitsamt Verpflegung. Eine Tradition, die man auch heute noch in ländlichen Gegenden beobachten kann. Wenn jemand ein Haus baut, dann kann er auf die Unterstützung des gesamten Dorfes zählen. Dieses System machte den pharaonischen

Staat aus, und der Pharao wusste genau, dass er ohne dieses System nicht zu einem Gott werden konnte.«

Deshalb reagieren die Herrschenden schnell auf Probleme, die zu einer Bedrohung werden können. Doch obwohl im Laufe der Zeit die Pyramiden immer kleiner werden, nehmen die Klagen der Bevölkerung über die wachsende Armut weiter zu. Das großartige Zeitalter der Pyramidenbauer endet schließlich in Chaos und Bürgerkrieg. Aber sind es tatsächlich die überzogenen Ansprüche der Herrscher, die das Pharaonenreich zum ersten Mal in seinen Grundfesten erschüttern?

Fluch und Segen des Nils

Der Geschichtsschreiber Herodot, der Ägypten im fünften Jahrhundert vor Christus bereiste, nannte das Land ein »Geschenk des Nils«. Und tatsächlich brachte der Fluss jahrtausendelang Segen oder Fluch über Ägypten. Ägyptens Macht und Herrlichkeit – sie waren nur möglich durch das Wunder aus dem fernen Schwarzafrika: die Wasser des Nils, von den Ägyptern verehrt in der Gottheit Hapi. Sie dienten als Transportweg für Handelswaren und Bodenschätze und schwemmten Nährstoffe auf die Äcker. Ohne die Wasser des Nils gab es kein Überleben. Es ist also kaum verwunderlich, dass die Überwachung des Flusspegels zu den vornehmsten Pflichten der

Das reiche Leben am Nil, dargestellt in einem Relief im »Grab der Nacht« in Abd el-Qurna.

Pharaonen gehört, denn ihre Herrschaft ist auch legitimiert durch die Fähigkeit, die Bevölkerung zu ernähren. Überall in den wichtigsten Tempeln des Landes finden sich Wasserstandsmesser, die Nilometer, an denen das Ansteigen und Sinken der Fluten genauestens dokumentiert wird. Ein zu niedriger Wasserpegel lässt die Alarmglocken im Reich genauso ertönen wie ein zu hoher Stand. Bringen die Fluten zu wenig Wasser, bleiben die weiter entfernt liegenden Felder trocken. Ist die Flut aber zu groß, so fließen die Wasser zu langsam ab. Auch dann können nicht genügend Felder bepflanzt werden, und die Versorgung ist gefährdet – selbst wenn sich die Bevölkerungsmehrheit eher bescheiden ernährt. Denn neben Brot kommt nur einfaches Gemüse wie Zwiebeln und Gurken auf den Tisch; dazu wird selbst gebrautes Bier getrunken. Fleisch ist die Ausnahme. Rinder dienen vornehmlich als Opferspeisen für die Götter und als Gaben für den Pharao. So berichtet etwa ein hoher

Die Überwachung der Tributzahlungen an den Pharao gehörte zu den Aufgaben der königlichen Beamten.

Beamter des Königs Sesostris I. im zweiten Jahrtausend vor Christus in einer Grabinschrift, dass in jedem »Jahr der Rindersteuer der besonders belobigte Bezirksverwalter Ameni dafür sorgt, dass in den 25 Jahren seines Amtes dem Pharao beim Einziehen der Abgaben 3000 Rinder zufallen«. Im Allgemeinen wurden die Steuern alle zwei Jahre erhoben – Ameni sorgte also für einen beachtlichen Zuwachs im Stall des Pharao, der wiederum seine treuen Staatsdiener nicht leer ausgehen lässt. So erhält ein Gaufürst »von allen Opferstieren, die auf dem Friedhof geschlachtet werden, einen Schenkel und außerdem einen Anteil an den ganzen Tieren des Tempels«.

Es ist das altbewährte System des Gebens und Nehmens, das die alten Ägypter in Perfektion betreiben. Ein System, das alle zufrieden stellt, den ägyptischen Staat zugleich aber äußerst anfällig macht. Denn auch in Zeiten des Ausbleibens der Nilflut und einer darauf fast zwangsläufig folgenden Hungersnot ist der Staat zur Versorgung der Not leidenden Bevölkerung verpflichtet. In der Bibel ist die traumatische Schilderung einer solchen möglichen Krise überliefert: Der berühmte Traum des Pharaos von den sieben fetten und den sieben mageren Jahren. Sieben Jahre werden sich die Fluten des Nils üppig ergießen und Ägypten im Wohlstand baden. In den folgenden sieben Jahren aber wird die Flut ausbleiben, das Land veröden, die Pflanzen vertrocknen und alles Vieh verenden. Die einzige Rettung: Vorräte schaffen während der sieben Jahre des Überflusses, um die folgende Hungerperiode zu überleben. Der Pharao der biblischen Geschichte lässt riesige Kornspeicher errichten, um die Hungersnot nicht nur für Ägypten, sondern auch für die umliegenden Völker abzuwenden. Das erste, aber nicht das letzte Mal, dass die Kornkammer Ägypten das Überleben anderer Nationen sichert.

Doch das war nicht immer so. Aus der Zeit des Mittleren Reiches, im zweiten Jahrtausend vor Christus, ist die für Ägypten ungewöhnliche Schilderung einer solchen existenziellen Bedrohung überliefert. Ungewöhnlich niedrige Nilfluten über einen Zeitraum von zwei bis drei Jahrzehnten lähmen die politischen Institutionen, es kommt zu Aufständen, bei denen selbst die Grabstätten der Könige, geheiligte Bezirke, verwüstet werden. Die Hungersnot ist so

ΚΡΟΚΟΔΙΛΟΠΑΡΔΑΛΙϹ

groß, dass manche Ägypter selbst nicht davor zurückschrecken, ihre Kinder zu essen, wie es eine Inschrift im Grab des Gaufürsten Anchtifi in Moalla berichtet. Für das Not leidende Volk gibt es keinen Zweifel, wer für diese Katastrophe verantwortlich ist. Altägyptische Papyri, wie die so genannte »Prophezeiung des Neferti«, schildern die Wirren des Zusammenbruchs mit drastischen Worten: »Das Land wird zugrunde gerichtet, und niemand kümmert sich darum [...] Ausgetrocknet ist der Strom Ägyptens.« Allerdings stammt dieser Bericht aus späterer Zeit. Eine große Schwäche des ägyptischen Herrschaftssystems ist, dass der gottgleiche Pharao niemals Fehler machen konnte. So wurden verlorene Kriege, Seuchen und andere Katastrophen verschwiegen. Erst nachfolgende Generationen haben darüber mit propagandistischer Absicht berichtet, um ihr Handeln positiv von dem ihrer Vorgänger abzusetzen.

Tatsächlich bestätigen Wissenschaftler heute diese Berichte. Sie vermuten, dass eine Klimakatastrophe das erste »Goldene Zeitalter« der Pharaonen, die Pyramidenzeit, beendete. Archäobotaniker, eine seltene Spezies von Wissenschaftsdetektiven, können durch Untersuchungen von Bohrkernen der Sedimentschichten des Nildeltas beweisen, dass Ägypten damals wahrscheinlich dramatischen Klimaveränderungen ausgesetzt war. Tatsächlich spricht alles dafür, dass es um das Jahr 2200 v. Chr. zu einem ungewöhnlichen Kälteeinbruch kam, der ein über mindesten zwei Jahrzehnte andauerndes Ausbleiben der alljährlichen Nilfluten zur Folge hatte. Auf die Frage, warum es zu diesem plötzlichen Klimawechsel kam, haben die Wissenschaftler eine erstaunliche Hypothese parat: Die Landwirtschaft selbst sei schuld daran. Ein Großteil des Landes im Mittleren Osten, in Europa, aber auch in China, sei damals abgeholzt worden, um es landwirtschaftlich nutzbar zu machen. Bei einer etwaigen Verbrennung dieses Holzes wäre der Kohlenstoffgehalt der Atmosphäre stark gestiegen – ein frühgeschichtlicher Treibhauseffekt, der durch den großflächigen Anbau von Reis, wie er zu dieser Zeit längst in China belegt ist, noch verstärkt worden sei. In der Summe könnte dies tatsächlich zu jenem Rückgang der Regenfälle geführt haben, der im zweiten Jahrtausend vor Christus für das gesamte Gebiet von Tibet bis nach Italien konstatiert wird. Auch

◃ Dieses Mosaik aus einem römischen Haus zeigt das Leben am Nil, wie man es sich in der fernen Stadt am Tiber vorstellte.

Ägypten ist davon betroffen, weil die Nilflut aus dem äthiopischen Bergland kommt. Dort sammeln sich die tropischen Regenmassen und spülen alljährlich bei der großen Überschwemmung mineralreiche Erosionserde nach Norden. Ein weiteres Indiz für die These eines frühen Treibhauseffekts ist das Aussterben zahlreicher Siedlungen im Nildelta in ebendiesem Zeitraum.

So geht man heute davon aus, dass das Ende des Alten Reiches keineswegs allein durch die Kurzsichtigkeit hochmütiger Herrscher ausgelöst wurde. Fraglos verschlang die Errichtung der Pyramiden den Löwenanteil des Staatshaushaltes, und das System war dadurch nicht mehr dynamisch genug, um auf unvorhergesehene Ereignisse und Katastrophen zu reagieren. Tatsächliche Ursache des Zusammenbruchs war jedoch die natürliche Katastrophe. Doch nur fünfzig Jahre später sollte es unter den Pharaonen des Mittleren Reiches zu einer neuen Blüte kommen. Das Ägyptische Reich hatte wie kein anderes in der Weltgeschichte eine fast unbegrenzte Fähigkeit zur Regeneration. Eine Tatsache, auf die sich letztlich alle Pharaonen verließen. Auch Kleopatra vertraut auf diese Kraft – wenn auch mit etwas anderen Mitteln.

Kleopatra in Rom

Als Caesar und Kleopatra im Frühling des Jahres 47 v. Chr. von ihrer dreimonatigen Reise durch Ägypten zurückkehren, ist Kleopatra ihrem Ziel entscheidend näher gekommen. Zwar eilt Caesar ohne die im siebten Monat schwangere Königin nach Rom, aber er stationiert Truppen in Alexandria, um ihre noch junge Herrschaft gegen etwaige Umsturzpläne zu schützen. Kleopatra ihrerseits befiehlt umgehend den Bau eines Tempels zur Verehrung ihres römischen Geliebten. Das Caesareum soll das größte und prächtigste Gebäude Alexandrias werden: Aus dem altehrwürdigen Sonnenheiligtum in Heliopolis werden zwei Obelisken als Torschmuck herbeigeschafft. Pharao Thutmosis III. hatte sie einst gestiftet, der erfolgreichste Kriegsherr, der je auf dem Thron der Pharaonen saß. Unter seiner Herrschaft erstreckte sich der Einflussbereich Ägyptens bis zu den Ufern des Orontes in Vorderasien und tief in den nubischen Süden

Einer der berühmten Obelisken von Alexandria – vor dem Abtransport durch ausländische »Forscher«.

hinein. Die Weihung gerade dieser Obelisken war eine Hommage an den Feldherrn, von der heute in Alexandria leider nichts mehr zu sehen ist. Spätere »Eroberer« haben die Monumente für sich requiriert. Einer der Obelisken, unter dem Namen »Nadeln der Kleopatra« berühmt geworden, steht am Ufer der Themse in London; der zweite schmückt den Central Park in New York.

Am 23. Juni 47 v. Chr. erblickt im Königsplast von Alexandria ein Junge das Licht der Welt: Kleopatras Sohn und Caesars Erbe. Wie alle Anwärter auf den königlichen Thron wird der Knabe nach dem

Das republikanische Rom zur Zeit Caesars: Hinter dem Forum Romanum erhebt sich das Kapitol.

Dynastiegründer Ptolemaios genannt. Die Alexandriner finden aber schnell einen anderen Namen für ihn – Caesarion, »kleiner Caesar«. Im darauf folgenden Sommer besucht Kleopatra auf Einladung Caesars Rom. Sie ist nicht die erste Ptolemäerin, die sich auf die Reise über das Mittelmeer begibt. Ihr Vater, Ptolemaios XII., hatte drei Jahre im römischen Exil verbracht. Er kam damals als Bittsteller, der auf die Gnade der Römer angewiesen war und den offiziellen Ehrentitel »Freund und Verbündeter Roms« teuer bezahlen musste. Kleopatra aber kommt nicht nur als regierende Königin des reichsten Landes der damaligen Welt, sie kommt als irdische Inkarnation der Göttin Isis und – ein unermesslich wertvolles politisches Unterpfand – als Mutter von Caesars Sohn.

Der Imperator selbst schlägt sich derweil mit machtpolitischen Problemen herum. Für einen Mann wie ihn ist in der römischen Republik eigentlich kein Platz. Rom wird vom Senat beherrscht, einer Gruppe reicher Männer, die sich Einfluss und Herrschaft teilen. Caesar ist ihnen zu mächtig geworden, gerade hat man ihn sogar für weitere zehn Jahre zum Diktator ernannt. Seine Statue steht neben denen der römischen Könige, nur ihm ist es erlaubt, eine Purpurtoga zu tragen, während sich die anderen mit einem einfachen Streifen begnügen müssen. Und im Senat sitzt er auf einem goldenen Sessel. Er lässt Münzen mit seinem Porträt prägen und sich selbst einen Tempel errichten. Eigentlich fehlt ihm als i-Tüpfelchen nur noch der Titel eines Königs.

Die Ankunft der ägyptischen Herrscherin in all ihrer morgenländischen Pracht, von den Römern zugleich bewundert und gefürchtet, trägt zur Verschärfung der angespannten Situation bei. Der Senat ist über Kleopatras Demonstration des sakralen Königtums und die Zurschaustellung ihres pompös-orientalischen Lebensstils entsetzt. Zumal Caesar, der offiziell noch mit der Römerin Calpurnia verheiratet ist, offensichtlich keine Skrupel hat, die Ägypterin ganz offen als seinen persönlichen Gast in der Stadt residieren zu lassen. Der römische Geschichtsschreiber Cassius Dio beschreibt in seiner Geschichte Roms die Stimmung dieser Tage: »Härtesten Tadel aber fand Caesar allgemein wegen seines Liebesverhältnisses zu Kleopatra, nicht soweit es noch in Ägypten – davon wusste man ja nur vom Hörensagen –, sondern unmittelbar in Rom spielte.« Viele werden wie der berühmte Anwalt Cicero gefühlt haben, der in einem Brief an seinen Freund Atticus schreibt: »Die Königin hasse ich. Und nun gar der Hochmut, als sie in den Gärten jenseits des Tiber residierte. Davon kann ich nur mit größter Erbitterung reden. Mit denen will ich also nichts mehr zu tun haben.« Diese intime Beziehung zwischen dem Römer und der Ägypterin sei eine Provokation gegenüber den hehren Errungenschaften der Republik, heißt es allseits. Deren heilige Tugenden sind Ehre, Treue, Mannhaftigkeit – damit aber kann gerade Kleopatra in Roms Augen nicht dienen. Als Caesar auch noch ihren gemeinsamen Sohn Caesarion anerkennt, werden

Der machtbewusste Staatsmann und Feldherr Caesar mit seiner dritten Frau Calpurnia.

Caesar lässt sich für seine Siege von Roms Bürgern mit einem pompösen Triumphzug feiern.

die Befürchtungen vieler Senatoren bestätigt: Caesar will in Ägypten zum Pharao werden, er greift zur römischen Königswürde und der Thronfolger ist schon geboren.

Tatsächlich soll der Senat eine ganze Reihe, aus römischer Sicht skandalöse Beschlüsse absegnen:

- Caesar darf sich außerhalb Italiens als König bezeichnen (in Ägypten)
- Caesar darf eine zweite Frau ehelichen (Kleopatra)
- Caesar darf rechtmäßig Kinder mit einer Ausländerin haben (indirekte Anerkennung Caesarions als Erbe)
- Caesar darf eine zweite Hauptstadt schaffen beziehungsweise anerkennen (Alexandria).

Der letzte Rest Geduld und Verständnis ist bei den Römern dahin, als Caesar eine Statue der Kleopatra im Tempel der Göttin Venus weiht. Zwar sind es die Bürger gewohnt, dass die Götterstatuen unterworfener Völker Rom als Zierde dienen. Die Bildnisse regierender Potentaten aber, die sie noch dazu in den Rang der Götter heben, sind eine Beleidigung Roms.

Hautnah erlebt Kleopatra den gewagten Aufstieg des genialen Feldherrn, ist Zuschauer bei seinem Triumphzug, mit dem er das Ende des Bürgerkriegs feiert. Doch ihre Anwesenheit macht den Römern nur allzu deutlich, dass der Imperator neue Wege einschlagen wird. Mehr und mehr verschließt sich Caesar seinen Untertanen. Stundenlang müssen die Senatoren auf eine Audienz bei ihm warten. Eine unerträgliche Situation für die machtbewussten Würdenträger, die Caesar nur als »primus inter pares« – als »Ersten unter Gleichen« sehen. Immer deutlicher wird, dass er an der Seite Kleopatras die Königswürde anstrebt. Die hoch geachtete Staatsform der Römischen Republik wird unter seiner Ägide nicht überleben.

Als Caesar sich im Jahr 44 v. Chr. zum Diktator auf Lebenszeit ausrufen lässt, besiegelt er sein Schicksal. Die Angst vor dem Untergang der Republik treibt mehr als sechzig Senatoren zur Verschwörung gegen ihn. So stirbt der mächtigste Mann der Welt am 15. März des Jahres 44 v. Chr. durch die Messerstiche seiner Gegner. Damit scheitert Kleopatras Traum, Caesarion als Erben des Feldherrn über die

Am 15. März des Jahres 44 v. Chr. wird der mächtige Caesar von Verschwörern ermordet.

beiden Reiche Ägypten und Rom einzusetzen. Der Königin, die die Rache der Feinde Caesars fürchtet, bleibt nur die Flucht.

Zurück in Ägypten setzt sie ihren dreijährigen Sohn als Mitregenten und Erben ein. In Wirklichkeit aber herrscht sie über das Land am Nil. In der 3000-jährigen Geschichte des Pharaonenreiches beanspruchten nur fünf Frauen den Titel Pharao, und es scheint, als habe sich das Reich dabei jeweils in einer ausweglosen Situation befunden. »Man stellt fest, dass Frauen immer nur für eine kurze Zeit auf den Thron kommen«, erklärt Kent Weeks. »Sie waren praktisch ›Lückenbüßer‹, da es offensichtlich keinen anderen gab, der die notwendigen Voraussetzungen mitbrachte. Es war auf jeden Fall ein ungewöhnliches Ereignis.« Eine Einstellung, die Zahi Hawass, der Direktor der Ägyptischen Altertümerverwaltung, mit noch deutlicheren Worten bestätigt: »Wer auch immer Ägypten beherrscht, muss ein Mann sein. Eine Frau kann allein deshalb nicht Pharao sein, weil dieser die Rolle des Gottes Horus auf Erden spielt; sein göttliches Vorbild, der Falkengott Horus ist männlich.«

Frauen an der Macht

Es verwundert also kaum, dass man heute oft vergeblich nach den Spuren der weiblichen Pharaonen sucht, denn sie wurden aus dem Gedächtnis Ägyptens getilgt. Aber war ihre Verbannung aus der Geschichte gerechtfertigt?

Am Fuß der Westberge von Theben, dem heutigen Luxor, liegt der Felsentempel von Deir el-Bahari. Noch als Ruine ist er eine der wunderbarsten Anlagen Ägyptens, eine der schönsten der Welt. Doch ein dunkles Geheimnis scheint das steinerne Vermächtnis zu umgeben, denn überall in den Inschriften klaffen Lücken und die Bilder des Königs sind sorgfältig herausgemeißelt. Nur noch die Umrisse sind an den Wänden zu sehen, schemenhafte Spuren einer Herrscherin, die fast 1500 Jahre vor Kleopatra auf dem mächtigen Thron der Pharaonen regierte.

Das Tal der Könige erstrahlt im Abendlicht. Im Vordergrund ist der Totentempel von Hatschepsut zu erkennen.

Der Eingang zu Grab KV 20, den der Brite Howard Carter 1904 in Luxor freilegte.

Der junge britische Forscher Howard Carter macht 1904 am Westufer von Luxor eine Aufsehen erregende Entdeckung. Hoch oben in den Felsen des Tals der Könige findet er den Zugang zu einem verschütteten Herrschergrab, das den Code-Namen KV 20 erhält. Es ist möglicherweise das älteste Grab in dieser zur Legende gewordenen Schlucht – und es gehört offensichtlich einer Frau. Nur mühsam gelingt es den Arbeitern im Tunnel, sich einen Weg durch Berge von Schutt, Steinbrocken und Staub zu bahnen, umschwirrt von Tausenden Fledermäusen. Immer weiter führt der schmale Gang im steilen Winkel von dreißig Grad in die Tiefe. Endlich, nach monatelanger Anstrengung, erreicht Howard Carter die Grabkammer. Doch die Enttäuschung ist groß, als der Archäologe zwei geöffnete, leere Sarkophage vorfindet. Der Steinsarkophag, heute im Ägyptischen Museum von Kairo ausgestellt, ist das einzige Überbleibsel der Grabausstattung von Hatschepsut. Ein zweiter verzierter Sarkophag aus rotem Quarzit enthielt, so überliefern die Inschriften, die sterblichen Überreste von Pharao Thutmosis I. Die Königin wollte offensichtlich bis in alle Ewigkeit mit ihrem Vater verbunden sein.

Als Thutmosis I. stirbt, erbt sein Sohn Thutmosis II. den Thron. Er ist ein Halbbruder der Hatschepsut und wird mit ihr vermählt, denn Hatschepsuts Mutter ist die »Große Königliche Gemahlin« Ahmose. Erst die Heirat mit seiner Halbschwester legitimiert den jungen Pharao, der nicht von der Hauptfrau des verstorbenen Regenten geboren wurde. Als neue »Große Königliche Gemahlin« tritt die Kindfrau Hatschepsut eine glänzende Karriere im Schatten ihres Gemahls an. Nichts deutet darauf hin, dass sie eine Sonderstellung beansprucht oder versucht, Macht an sich zu reißen, die nicht ihrer traditionellen gesellschaftlichen Rolle entspricht.

Als Pharao Thutmosis II. stirbt, hinterlässt er mindestens zwei Kinder: Mit seiner Hauptgemahlin hatte er eine Tochter gezeugt, mit der Nebenfrau Isis einen Sohn, Thutmosis III., der »Falke im Nest«, der legitime Thronerbe. Doch Hatschepsut hat andere Pläne. Sie übernimmt in Vertretung des unmündigen Stiefsohns die Regentschaft – nur so lange, bis der legitime Pharao reif genug ist. Das verspricht sie jedenfalls offiziell. Als Hauptgemahlin und Tochter eines Pharao, und damit ranghöchste Vertreterin der Königsfamilie, ist sie auch berechtigt, kommissarisch zu herrschen. Doch im siebten Jahr ihrer Regentschaft übernimmt sie plötzlich selbst den Thron und lässt sich zum Pharao krönen – für viele Ägyptologen kommt dies einer Revolution gleich. Die seit Jahrtausenden gültigen Gesetze von Recht und Ordnung scheinen aus den Angeln gehoben, Hatschepsut überwindet die Grenzen der traditionellen Frauenrolle und regiert fortan als Pharao Maat-ka-re, was so viel heißt wie »Gerechtigkeit ist die Seele des Sonnengottes«.

Vor den Pfeilern der Tempelanlagen standen einst Kolossalstatuen der Pharonin. Dieses Bruchstück ist heute in Kairo ausgestellt.

Die mutige Herrscherin ist zu unbedingtem Erfolg verdammt, denn ihr als Frau würde man keine Schwäche verzeihen. Hatschepsut, die nach ihrer Krönung als Frau in männlicher Tracht auftritt, geht konsequent ans Werk: Sie legitimiert ihre Regentschaft sehr geschickt auf dreifache Weise – als Erbe ihres Vaters, durch Göttliche Erwählung und Göttliche Zeugung. Und sie demonstriert ihre Macht durch eine rege Bautätigkeit. Überall werden in den Gauen Ägyptens neue Tempel errichtet, alte renoviert und ausgebaut. Niemand soll dieser Pharaonin nachsagen, sie habe ihr Amt nicht genauso ausgefüllt wie ihre männlichen Vorgänger.

Gegen Ende ihrer Regierungszeit findet eine bemerkenswerte Veränderung im offiziellen Erscheinungsbild der Regentin statt: Hatschepsut tritt nur noch als Mann auf. Sie trägt nun den kurzen Männerschurz aus alter Vorzeit, und zeigt sich bei Zeremonien mit einem falschen königlichen Bart. Durch das Ablegen aller rein weib-

Dieses Wandbild aus dem Grab des Rechmire zeigt verschiedene Handwerker, die am Hof der Pharaonen tätig waren.

lichen Attribute kann Hatschepsut die ihr vorgegebene Rolle überschreiten und um männliche Privilegien und Funktionen erweitern. Nur so glaubt sie offensichtlich, vor dem Beamtentum, der Priesterschaft und den Göttern die Position eines regierenden Königs erfüllen zu können. Sie trägt alle Titel, die auch ein männlicher Pharao getragen hätte – außer einem. Keine ihrer Inschriften nennt sie »Ka-Nacht«, »Starker Stier«, die Bezeichnung, die Ägyptologen entweder mit der sexuellen Potenz des Königs oder seiner Bereitschaft zum Krieg in Verbindung bringen.

Überraschenderweise scheinen die Untertanen die Fakten widerspruchslos zu akzeptieren. Weder sind bürgerkriegsähnliche Zustände noch Kämpfe zwischen den Fraktionen überliefert. Auch die Verwaltung, ohne die der Fortbestand des Reiches undenkbar ist, funktioniert weiterhin reibungslos. Die früheren Mitarbeiter ihres Vaters arbeiten ohne Widerstand auch für Hatschepsut. Im Grab des Wesirs Rechmire, dem höchsten Beamten des Reiches, zeugen Wandbilder vom seinem Leben am Hofe der Hatschepsut. Der Verstorbene beaufsichtigt dort alle Arten von Handwerkern – Bildhauer, Goldschmiede, Holzschnitzer und viele andere mehr. Er kontrolliert Armee und Marine, spricht Recht und empfängt im Namen des Königs, als zweitwichtigster Mann im Staat, auch die Tribute fremder und unterjochter Völker: Kreter, Nubier, Syrer und Palästinenser. Die präzise ausgeführten Darstellungen des höfischen Alltags sind ein einmaliges Bilderbuch und zeigen keine Spur von Bürgerkrieg oder Aufständen. Ganz im Gegenteil, Hatschepsut scheint ihre Untertanen zu Höchstleistungen anzuspornen.

Das Vermächtnis der Hatschepsut

Mit dem Heiligtum von Deir el-Bahari hinterlässt Hatschepsut ein großartiges Erbe. Wie eine Theaterkulisse umschließt das weite Felsenrund der schroffen Westberge den Terrassentempel. Die Architekten legten ein für ihre Zeit revolutionäres Grundkonzept für eine Tempelanlage vor, mit zwei aufeinander folgenden Höfen, einem dem Amun-Kult gewidmeten Zentralteil, einem Komplex mit mehreren für den Herrscherkult vorgesehenen Kapellen und einer Anlage für die Verehrung des Sonnengottes samt Altar. In seiner Gesamtheit aber ist es ein einzigartiges Denkmal für den weiblichen Horus Hatschepsut.

Dieses große Relief im Tempel von Deir el-Bahari zeigt die Expedition in das sagenhafte Land Punt.

Auf einem Relief ist eine weitere Meisterleistung der Pharaonin dargestellt, die im neunten Jahr ihrer Regierung eine Expedition in das sagenhafte Land Punt entsendet. Aus Punt bezogen die Ägypter schon von alters her die wohlriechenden Weihrauchharze, die in großen Mengen bei Kulthandlungen in den Tempeln verbraucht wurden. Aber die direkte Verbindung dorthin war vor Jahrhunderten in Vergessenheit geraten, die Reise ist eine Pioniertat.

Die Expeditionsschiffe stechen von einem Hafen am Roten Meer in See. Unter Gelehrten ist bis heute umstritten, wie sie dorthin gelangten – zerlegt in alle Einzelteile und vom Nil aus durch die Wüste transportiert? Die Schiffe waren für die Flussschifffahrt konstruiert und konnten nur in ruhigen Küstengewässern mit geringer Geschwindigkeit segeln. Ihre Takelage erinnert an die noch heute an der ostafrikanischen Küste eingesetzten Lastensegler, die Dhaus, die zwischen den Inseln Lamu, Sansibar und dem Festland verkehren. Auf ihrer Reise nach Punt vollbringen die Kapitäne und Mannschaften angesichts ihrer einfachen technischen Ausrüstung eine navigatorische Meisterleistung; denn nicht immer können sie mit Landsicht segeln.

Die Bevölkerung feiert die gelungene Expedition nach Punt – exotische Güter und Gold werden in die königliche Schatzkammer gebracht.

Belohnt werden sie mit abenteuerlich anmutenden Erlebnissen in einer vollkommen unbekannten und exotischen Welt. Die Rückkehr der Expedition gerät zu einem gewaltigen Triumphzug; so jedenfalls stellt es das große Relief in Deir el-Bahari dar. In der Hauptstadt Theben wird die glückliche Heimkunft mit einem farbenfrohen Fest begangen, bei dem die Untertanen die mitgebrachten Schätze bewundern können. Zweifellos soll dieses Ereignis allen Ägyptern zeigen, wie herrlich und mächtig diese junge Königin ihre Regierung auszuüben vermag. Ganze Berge von Gold werden im Tempel des Gottes Amun gewogen. In Säcken schleppen die Träger das kostbare Material herbei – nicht umsonst wird Punt auch das »Goldland« genannt.

Zur wertvollen Fracht der Schiffe gehören auch Setzlinge der Weihrauchbäume, die mit ihrem Wurzelhumus in speziellen Trögen transportiert und in einem künstlich angelegten Hain im Großen Tempel der Hatschepsut gepflanzt werden, zum Wohlgefallen der Götter und der Königin. Die Gartenanlage soll ein symbolischer Garant für die ewige Wiedergeburt sein. Die dazugehörigen Teiche mit ihren Pflanzen und Tieren als Abbild des Urwassers, »aus dem alles Leben entsteht«, belegen die Vielfalt der Schöpfung. Noch heute sind am Eingang des Terrassentempels zwei Pflanzgruben mit den Wurzelstöcken der damals so begehrten Bäume zu sehen.

Zu Hatschepsuts Lebzeiten war der Totentempel eine Oase inmitten der Wüste. Alljährlich, anlässlich des »Schönen Festes vom Wüstental«, besuchte ihr göttlicher Vater Amun die Totentempel der Könige auf der Westseite von Theben. Seine erste Station: der Tempel der Hatschepsut. Die Priester der mächtigen Amunbruderschaft, die an dem Fest teilnahmen, waren offensichtlich mit der Frau auf dem Pharaonenthron einverstanden, auch wenn dies offiziell nicht Gesetzen der altägyptischen Ordnung entsprach.

Späte Rache

Zwei Jahrzehnte herrscht Hatschepsut mit Unterstützung der Priester und hohen Beamten auf dem Thron der Pharaonen. Jahre, in denen Ägyptens Wirtschaft floriert und die Tempel reich mit Gold versorgt werden. Auffallend ist, dass Hatschepsut ungewöhnlich wenige Kriege führt. Nur am Anfang ihrer Regierungszeit sind zwei Feldzüge nach Nubien und Vorderasien belegt. Danach setzt die Königin offensichtlich auf ein friedliches Miteinander, ohne dabei an Macht einzubüßen. Sie scheint keine einzige der Besitzungen verloren zu haben, die ihr Vater Thutmosis I. einst erobert hatte. Stattdessen senden die unterworfenen Länder große Mengen an Tributen und Steuern, die im Tempel des Gottes Amun gezählt werden. Traditionell denkende Gelehrte bewerten die angebliche »Friedenspolitik« der Pharaonin als Bedrohung für das Ägyptische Reich. »Ihre Regierung ist gekennzeichnet von einem Stillstand der Eroberungspolitik, die Ahmose begonnen und seine drei Nachfolger so glorreich fortgesetzt hatten [...] Hatschepsut war zu sehr mit den innenpolitischen Schwierigkeiten beschäftigt, die sie durch ihren Ehrgeiz selbst geschaffen hatte, um sich für die Angelegenheiten Asiens zu interessieren«, behaupten Etienne Drioton und Jacques Vandier noch Mitte des zwanzigsten Jahrhunderts. Durch ihren Pazifismus provoziert sie Aufstände der umliegenden Vasallenstaaten in Palästina, Nubien und Libyen, die Ägypten an den Rand des Untergangs führten – wenn Thutmosis nicht als entschlossener Feldherr eingegriffen hätte. Inschriften aus dieser Zeit berichten, dass am Anfang der (offiziell stets gemeinsamen) Regierungszeit von Thutmosis III. und Hatschepsut die Vormachtstellung Ägyptens in Nordafrika und im Nahen Osten so stark gewesen sei, dass keine militärischen Unternehmungen mehr durchgeführt wurden. Ein entscheidender Fehler, da sich innerhalb kürzester Zeit viele Vasallenfürsten dem pharaonischen Einfluss zu entziehen versuchten. Gegen Ende der Regierungszeit der Hatschepsut scheint die Situation so prekär gewesen zu sein, dass akute Gefahr für Ägypten bestand: 330 asiatische Fürsten hatten sich zu einer Föderation zusammengeschlos-

Diese gewaltigen Obelisken ließ die Pharaonin in der Tempelanlage von Karnak errichten.

Thutmosis III. erschlägt die Feinde Ägyptens – detaillierte Darstellung auf der Reliefwand im Karnak-Tempel von Luxor.

sen, um das Reich am Nil zu bezwingen. Umgehend mobilisiert man das gesamte Militär, rekrutiert neue Soldaten und bereitet alles für einen erfolgreichen Feldzug vor. All dies sei noch in den letzten Monaten und Wochen vor dem Tod der Königin Hatschepsut geschehen, unter dem Oberbefehl Thutmosis' III. Entspricht dies der Wahrheit oder sind die Behauptungen nur Negativpropaganda, ein posthumer Rufmord an einer charismatischen Frau in Männerkleidern? Wenn Thutmosis III. zu Beginn seiner Alleinherrschaft ein militärisch geschwächtes Reich mit einer Armee vorgefunden hätte, die zu zwei Jahrzehnten Untätigkeit verdammt gewesen war, hätte er seine Regierungszeit wohl kaum mit einem solch grandiosen Sieg gegen die aufständischen Fürsten beginnen können.

Nach dem Tod der Tante beendet und erweitert der Pharao zunächst alle begonnenen Bauten in seinem Namen. Im 42. Regierungsjahr aber, zwei Jahrzehnte nach dem Tod der Königin, erteilt er plötzlich den Befehl, alle Inschriften und Abbilder, die Hatschepsut als Pharaonin zeigten, auszulöschen. Ihre »bildlichen« Auftritte als königliche Gemahlin und Regentin blieben dagegen erhalten. Auffällig ist, dass der Zeitpunkt der Verfemung mit der Einsetzung von Amenophis II., dem Sohn Thutmosis' III., als Thronfolger zusammenfällt. Offensichtlich sollte der königlichen Nachwelt verborgen bleiben, dass eine Frau es gewagt hatte, gegen die Natur des ägyptischen Königtums und somit gegen die traditionellen Gesetze zu verstoßen. Eine Pharaonin widerspricht zwar dem religiösen Gesetz der Maat, dem Volk hingegen dürfte es egal gewesen sein, ob ein Mann oder eine Frau regierte oder, wie Kent Weeks es etwas salopp ausdrückt: »Ich glaube, solange das alltägliche Leben funktionierte, war das Beweis genug, dass Maat herrschte, es gab keinen Grund sich aufzuregen.«

Wenn also die seltene Herrschaft einer Frau in Ägypten tatsächlich mit unruhigen Zeiten zusammenfiel, dann lag das offensichtlich nicht an der Persönlichkeit der jeweiligen Königin, sondern an den politischen Umständen. Denn die Einsetzung einer Frau erfolgte nur dann, wenn es keinen anderen legitimen Erben gab oder dieser zu jung war, um die Herrschaft auszuüben. Kleopatra, die letzte Herrscherin auf dem Pharaonenthron, war sich dessen bewusst, dass sie ein schweres Erbe antreten würde – und bewies einmal mehr ihr strategisches Genie.

Auf der Tempelfassade von Dendera ließ Kleopatra sich und ihren Sohn Caesarion – etwas voreilig – als ihren Nachfolger darstellen.

Kleopatra, Königin oder Pharao?

Als Kleopatra im Sommer des Jahres 44 v. Chr. nach Ägypten zurückkehrt, lässt sie neue Tempel errichten. Doch nicht sie, sondern ihr Sohn Caesarion tritt als neuer Horus vor die Götter, gefolgt von seiner Mutter als Inkarnation der Göttin Isis. Und in der oberägyptischen Stadt Armant lässt sie die Zeugung und Geburt des neuen Pharaos an den Wänden eines Tempels darstellen, genau wie Königin Hatschepsut es mehr als ein Jahrtausend zuvor propagiert hatte. Nicht der vergöttlichte Caesar ist der Vater des Kindes, sondern der Gott Amun selbst, der sich die Königin zur Gefährtin wählt. Leider sind diese Bilder nur noch auf Skizzen von frühen Reisenden zu sehen, denn der Tempel von Armant fiel im 19. Jahrhundert Kalkbrennern zum Opfer. Heute sind Caesarion und Kle-

Die Hathor-Kultstätte in Dendera ist der am besten erhaltene Tempelbau Ägyptens.

opatra nur noch an den Wänden des Tempels der Göttin Hathor in Dendera zu sehen. Auch hier lässt Kleopatra ihrem Sohn den Vortritt. Caesarion ist der Pharao, der den Göttern opfert, seine Mutter folgt ihm. Bewusst tritt sie an die zweite Stelle, der traditionelle Platz der ägyptischen Königin. Immer ist ein Mann an ihrer Seite, sei es Bruder oder Sohn, der den offiziellen Titel Pharao trägt – selbst wenn sie die Macht innehat. Sie ist, so Dietrich Wildung, »Königin unter Königen, Vorgängern aus drei Jahrtausenden und Nachfolgern aus drei Jahrhunderten gleichgesetzt, ein Stück Kontinuität des Pharaonenreiches«.

»Herrscher der Fremdländer« auf dem Thron des Pharao

Kleopatra ist die Letzte in einer langen Reihe von Fremdherrschern. Die spätägyptische Geschichte durchzieht ein Reigen von Königen, die alle nicht mehr aus Ägypten stammten. Libyer, Kuschiten, Perser und Makedonen, sie alle herrschten über das Land am Nil. Doch eines war ihnen allen gemein: Kaum im Reich der Pharaonen angekommen, scheinen sie ihre Herkunft zu vergessen. »Jeder Ausländer, der nach Ägypten kam, wurde sofort ägyptisiert – das war der enorme Einfluss der ägyptischen Zivilisation«, erklärt Zahi Hawass das weltweit einzigartige Phänomen. Während das Rom der Kaiserzeit eher tolerant ist, wenn es um die Integration fremder Menschen und Religionen geht, wird in Ägypten Fremdes abgelehnt. Das Land bezieht sein Selbstbewusstsein vor allem aus der Abschottung gegen die übrige Welt. Selbst die Bibel erzählt aus israelitischer Sicht von der Fremdenfeindlichkeit des Nillandes, obwohl Ausländer immer wieder hohe Posten bei Hofe bekleiden, wie das Alte Testament und historische Quellen berichten. Auf seine »barbarischen« armen Nachbarn blickt Ägypten ebenfalls herab; auf den Tempelwänden sind die Darstellungen der vielen geknechteten und geknebelten Fremdvölker nicht zu übersehen. Doch wer wie die Made im Speck sitzt, muss den Appetit der hungrigen Nachbarn fürchten.

Gefangene flehen um Gnade – das Pharaonenreich galt, im Gegensatz zu Rom, als fremdenfeindlich.

Die Angst vor dem Fremden ist nicht unbegründet. Die Besetzung Ägyptens durch die Hyksos am Ende des Mittleren Reiches im zweiten Jahrtausend vor Christus wird zum traumatischen Ereignis für alle nachfolgenden Generationen. Das aus Vorderasien stammende Volk erobert weite Teile des Reiches und kein Pharao kann für ein quälendes Jahrhundert lang die Okkupation verhindern. Der Geschichtsschreiber Manetho überliefert eine für die Einheimischen und ihre Kampfkraft wenig löbliche Darstellung des Angriffs: »Es brachen unter einem König Tutimaios unerwartet aus dem Osten Leute unbekannter Herkunft ein, die das Land mit Gewalt ohne Schlacht leicht einnahmen.«

Die Niederlage gegen das unbedeutende Nachbarvölkchen hat militärisch gesehen vor allem eine Ursache: Die Ägypter kennen weder Pferd noch Streitwagen! Ihre ungeübten Fußtruppen werden vom wendigen und schnellen Feind regelrecht überrollt. Die Streitwagen revolutionierten damals das antike Kriegswesen, weil sie die Beweglichkeit der Krieger auf dem Schlachtfeld erheblich verbesserten und Bogenschützen als fahrbare Abschusspodeste dienten. Die experimentelle Archäologie konnte in Praxistests nachweisen, dass geübte Wagenbesatzungen mit zielsicheren Schützen neun von zehn Flüchtlingen ausschalten konnten. Die Todesrate vervielfachte sich und die geschlagenen Armeen brauchten lange Zeit, um ihre Kampfstärke zurückzugewinnen.

Manetho führt insgesamt sechs Hyksos-Könige auf: Salitis, Beon, Apachnas, Iannas, Assis und Apophis. Die Namen verweisen auf einen semitischen Ursprung der Herrscher, die wahrscheinlich aus Palästina oder Syrien stammten. Als obersten Gott verehren sie Seth, hinter dem sich aber wohl der vorderasiatische Gewittergott Baal/Teschup verbirgt. Die Hyksos, abgeleitet von dem ägyptischen Begriff heqa-chasut = »Herrscher der Fremdländer«, aus dem das griechische »Hyk-sos« wurde, hielten zunächst wahrscheinlich nur den Norden des Landes besetzt, während in Mittel- und Oberägypten lokale Landesfürsten das Sagen hatten.

Im östlichen Nildelta gründen sie ihre Hauptstadt Auaris. Ein Team um den österreichischen Archäologen Manfred Bietak gräbt seit Jahren bei dem Dorf Tell el-Daba nach den Überresten der Hyksos-Metropole. Verschiedenste Funde geben erstaunliche Einblicke in die Außenhandelsbeziehungen dieser Zeit. Offensichtlich gab es einen regen Austausch zwischen Ägypten und den Inseln des Mittelmeers. 1992 entdeckte Bietaks Team im ehemaligen Palastbereich der Hyksos-Könige tausende von Fragmenten mit minoischer Wandmalerei, deren Motive – etwa Stierspringer und Labyrinthmuster – nach Technik und Stil eindeutig von kretischen Künstlern ausgeführt wurden. Eine Tatsache, die für eine Zeit relativen Friedens in Unterägypten spricht. Doch bald streben die Hyksos nach der Herrschaft in ganz Ägypten. Es kommt zu Kämp-

Auf der Stele des Kamose findet sich auch dieses Relief: Die Göttin des Sykomorebaums reicht dem toten Pharao etwas Wasser, während dieser Osiris, Horus, Isis und Hathor opfert.

fen, an denen auch die Könige aktiv beteiligt sind. Der mumifizierte Leichnam von Pharao Sequenenre Taa II., dem Gegner der Hyksos, dessen Familie um 1555 v. Chr. in Theben herrschte, weist kampfspezifische Verletzungen auf. Mehrere Axthiebe trafen den ungeschützten Kopf des Königs – sein schmerzverzerrtes Gesicht zeugt bis heute von der Agonie des Kampfes.

Als die Gefechte andauern, versuchen die Hyksos sich mit den Stämmen der Nubier gegen die oberägyptischen Herrscher zu verbünden. Kamose, ein Sohn Sequenenres, sieht sich der Gefahr eines Zweifrontenkrieges ausgesetzt. Im letzten Moment verhindert er die Allianz zwischen dem letzten Hyksos-Herrscher Apophis und den Nubiern, sodass sein Bruder und Nachfolger Ahmose erfolgreich die Hauptstadt Auaris belagert und schließlich einnimmt. Wieder konnte Ägypten einen Reichseiniger feiern, der um 1580 v. Chr. die glanzvolle 18. Dynastie begründete. Der Nachwelt ist seine große Tat in Form eines bedeutsamen, in Stein gemeißelten Dokuments hinterlassen. Archäologen fanden die über zwei Meter hohe Kalksteinstele, die von Kamoses' ruhmreichen Verdiensten bei der Vertreibung der Fremden berichtet, im Karnak-Tempel – als wiederverwendetes Baumaterial.

Diese erste Eroberung Ägyptens wirkt wie ein heilsamer Schock. In der Folge kommt es zu einer beispiellosen Aufrüstung. Erstmals werden regelmäßig Feldzüge durchgeführt, die nicht mehr der Beschaffung von Arbeitskräften dienen, wie im Alten Reich üblich, sondern als Vorbeugung gegen mögliche Angriffe. Gleich 17 Mal führt Thutmosis III. sein Heer gegen Vorderasien, um das ägyptische Einflussgebiet zu sichern und zu vergrößern. Es wird sogar zur festgeschriebenen Aufgabe des Pharao, die geopolitischen Grenzen Ägyptens zu erweitern. In der Folge kommen Palästina und Südsyrien unter ägyptische Vorherrschaft. Lokale Fürsten bleiben zwar als Vasallen im Amt, werden aber durch ständige massive Militärpräsenz in Schach gehalten.

Unter den mächtigen Pharaonen der 18. und 19. Dynastie erfährt Ägypten seinen Aufstieg zur Weltmacht. Für ein Vierteljahrhundert ist das Reich stabil. Erst das Vordringen der kleinasiatischen Hethiter und der vereinte Angriff der geheimnisvollen »Seevölker« in der Regierungszeit Ramses' III. schüren wieder die alten Ängste der »Besitzenden« und bestätigen alle Befürchtungen um den Wohlstand. Wer kann, versucht sich eben ein Stück aus dem fetten Braten herauszuschneiden – ein Land, in dem »Wein und Honig fließen«, darf sich keine Schwäche leisten, jede Blöße wird bestraft.

Die schwarzen Pharaonen

Heute hat sich die Wohlstandsgrenze weiter nach Norden verschoben. Sie liegt im Mittelmeer, wo das Hoheitsgebiet der reichen europäischen Länder beginnt, und wohin die sehnsüchtigen Augen vieler bettelarmer Ägypter gerichtet sind. Für die meisten bleibt die Reise ins vermeintliche Schlaraffenland ein unerfüllbarer Traum. So wie für die Scharen ihrer schwarzafrikanischen Schicksalsgenossen, denen sie sich bis heute überlegen fühlen. ›Sandfresser‹, so wurden die Bewohner Nubiens schon in pharaonischer Zeit abfällig genannt: »Zopfträger, die sich in Tierfelle kleiden, mit Kraushaar und sonnenverbranntem Gesicht«. Reliefdarstellungen diffamierten sie als primitive Wesen mit niedriger Stirn und Wulstlippen. Umso größer ist die Schande, als ausgerechnet die »Obersandfresser« den Pharaonenthron Ägyptens erobern.

Um das Jahr 740 v. Chr. nutzen die Kuschitenkönige Piye und Schabaka ein Machtvakuum beim nördlichen Nachbarn und gründen eine eigene Pharaonendynastie – Nr. 25 in der offiziellen Liste –, die 108 Jahre am Ruder bleiben und frischen Wind in die erstarrte höfische Welt von Theben und Memphis bringen wird.

Vorausgegangen war diesem Coup eine lange Phase der Agonie. Es gab keine Zentralgewalt mehr, die zersplitterten Stadtstaaten und Kleinfürstentümer konnten sich dem Vordringen der Libyer nicht entgegenstemmen, die über das Nildelta bis nach Oberägypten vordrangen. Die Ausländer heirateten in alte Adelsfamilien ein und sogar der für den Herrschaftskult der »Gottesgemahlin« wich-

Dieses Detail des Streitwagens von Tutanchamun zeigt ausländische Gefangene. Ausgerechnet die verhassten Nubier erobern später die Macht.

tige Posten einer Hohepriesterin in Theben wurde mit libyschen Prinzessinnen besetzt. Diesem vermeintlichen Frevel gegen den Gott Amun schienen sich allein die nubischen Fürsten entgegenzustellen, während die Ägypter die schleichende Invasion wie gelähmt hinnahmen.

Als die Libyer Ägypten bedrohen, greifen die Nubier ein. Unter der Führung der Schwarzen Pharaonen erlebt das Land eine neue Blüte.

Die Ursache für dieses paradox erscheinende Handeln liegt weit entfernt südlich am vierten Nilkatarakt. Dort erhebt sich ein gut 91 Meter hoher Tafelberg frei stehend über die Wüste, der Gebel Barkal. Zu Füßen des heiligen Ortes erstrecken sich heute die Ruinen sandverwehter Tempel und Paläste, die zu den Überresten der antiken Stadt Napata gehören. Ein unbekannter widderköpfiger Wüstengott wurde dort seit frühester Zeit verehrt. Als die Ägypter Nubien eroberten, bemächtigten sie sich umgehend der Kultstätte und widmeten sie zur Heimat ihres Reichsgottes Amun um. Der Gebel Barkal wurde zum Symbol des Herrschaftsanspruchs der Pharaonen über das südliche Nachbarland. Während die Ägypter gewaltige Tempelanlagen und Festungsbauten errichteten, um ihre Macht im Goldland zu sichern, begannen die Nubier, sich mit den zivilisatorischen Errungenschaften und dem kriegerischen Gott ihrer Besatzer zu identifizieren. Nun, da die Libyer das Reich in Bedrängnis brachten, griffen die »Sandfresser« vorgeblich zu Amuns Schutz in dessen »Heiligem Land« Ägypten ein. Unter ihrer Führung kommt es zu einer neuerlichen Blüte des Landes. Die fremden Herren geben sich ägyptischer als die Ägypter selbst, sie übernehmen die Thronnamen der berühmtesten Herrscher, überall werden Tempel renoviert und erweitert, in Vergessenheit geratene Traditionen und Feste wieder eingeführt. Es scheint aus heutiger Sicht, als habe die Fremdherrschaft eher dazu beigetragen, das traditionelle System zu stabilisieren.

Verdrängt werden auch die Nubier von fremden Eroberern. Im Jahre 669 v. Chr. zwingen die Assyrer den nubischen Pharao Taharqa zur Flucht. Sie verwüsten das Land, gebärden sich wie wirkliche Barbaren und verbreiten Angst und Schrecken. Die Kuschiten ziehen sich in ihr Heimatland zurück, wo sie die altehrwürdigen Bräuche und geheimnisvollen Rituale des Pharaonenreichs noch für Jahrhunderte hüten und pflegen.

Ägyptisches Königreich um 1500–1200 v. Chr.
MESOPOTAMIEN
SYRIEN
Zypern
Euphrat
Tigris
Damaskus
Syrische Wüste
Babylon
Kreta
MITTELMEER
Jerusalem
Tanis
Pi-Ramesse
Bubastis
Heliopolis
Sinai
Memphis
Herakleopolis
Nil
ARABIEN
El-Amarna
ROTES MEER
Abydos
Dendera
Medinet Habu
Karnak
Abd el-Qurna
Theben
Luxor
ÄGYPTEN
Insel Philae
Nil
Quban
Aniba
Qasr Ibrim
Abu Simbel
Faras
Buhen
Semna
Nubische Wüste
Insel Sai
Amara
Soleb
Sesebi
Tombos
Kawa
Gebel Barkal
Napata
Nil
Ägyptisches Staatsgebiet
Ägyptisches Einflussgebiet
Stadt
Tempel Neues Reich
Festung oder Garnison

Eroberer aus aller Welt

Pharao Psammetich ließ die Statuen von Taharka zerstören, um die Schmach der Fremdherrschaft zu tilgen.

Oberhalb des dritten Nilkatarakts, 500 Kilometer nördlich der heutigen sudanesischen Hauptstadt Khartum, gräbt ein Archäologenteam aus der Schweiz unter Leitung von Professor Charles Bonnet schon seit dreißig Jahren in den Ruinen der Stadt Kerma. Zu Beginn des Jahres 2003 machten die Forscher eine faszinierende Entdeckung. In einer Grube stießen sie auf sieben Monumentalstatuen von König Taharka und vier seiner Nachfolger. Die sieben Tonnen schweren Kolosse sind mit sehr großer Energie verstümmelt worden, Köpfe, Gliedmaßen, Nasen und Königsinsignien abgeschlagen. Altbekannte Maßnahmen, um unangenehme Tatsachen aus dem Gedächtnis der Geschichte zu streichen. Tatsächlich ist der Bildersturz ein Werk des ägyptischen Königs Psammetich, der sich mit Hilfe griechischer Söldner für kurze Zeit auf dem Pharaonenthron behauptete. Mit seinem Vorstoß nach Nubien und der Vernichtung der Statuen glaubte er die Schmach der Fremdherrschaft zu tilgen. Doch schon nach wenigen Jahren sind Psammetichs Machtdemonstrationen verpufft, und die persischen Großkönige stoßen mit ihren gewaltigen Armeen über den Nil vor.

Im Jahr 332 v. Chr. vertreibt die makedonische Lichtgestalt Alexander die Perser. Er stürmt bis in die Libysche Wüste, lässt sich vom Orakel der Oase Siwa die Weltherrschaft prophezeien. Wahrscheinlich wird er in Memphis zum Pharao gekrönt, denn auf den Wänden der großen Tempel opfert er ganz in der Tradition der Herrscher vom Nil vor dem Reichsgott Amun. Von Ägypten aus zieht er nach Osten und erobert den Orient bis nach Indien. Als Alexander einige Jahre später völlig unerwartet in Babylon stirbt, wird das gewaltige Weltreich aufgeteilt und seinen vier verdienten Feldherren zur Verwaltung unterstellt. General Ptolemäus Lagos erhält als Reichsverweser das Pharaonenerbe – und will dem ägyptischen Volk Alexanders Leichnam präsentieren.

321 v. Chr. bewegt sich ein höchst außergewöhnlicher Leichenzug durch die Sinai-Wüste: Eine Karawane mit 64 von Maultieren

gezogenen Wagen, darunter auch ein goldener, in dem die Mumie des wohl berühmtesten Feldherrn der Antike liegt. Er soll in der Verwaltungshauptstadt Memphis beigesetzt werden. Mit der Grablegung Alexanders in dieser uralten Residenz versucht Ptolemäus, seinen Machtanspruch über das ägyptische Reich zu legitimieren. Aber Perdikkas, auch ein langjähriger Weggefährte Alexanders, will ihm die Macht streitig machen und zieht mit einer Heerschar nach Ägypten. Östlich von Memphis wird eine Nilinsel jedoch zur Todesfalle für seine Soldaten.

Der mumifizierte Leichnam Alexanders des Großen wird in einem von 64 Maultieren gezogenen Leichenwagen von Babylon nach Ägypten überführt.

Es scheint wie ein Zeichen der alten Götter Ägyptens: Sobek, der als Gott in Gestalt eines Krokodils auftritt, greift in die Auseinandersetzung ein. Denn als die Söldnertruppen im Schutz der Dunkelheit mit der Nilüberquerung beginnen, werden sie von unzähligen Krokodilen angegriffen, an die tausend Soldaten fallen den hungrigen Tieren zum Opfer. Die Offiziere geben Perdikkas die Schuld an der blutigen Katastrophe und revoltieren. Der Heerführer wird von seinen eigenen Soldaten erschlagen – Ptolemäus kann seinen Nachkommen ein prächtiges Reich vererben.

Eigentümlicherweise ist die wiederholte Eroberung Ägyptens durch fremde Herrscher über die Jahrtausende kein Grund für den Untergang des Reiches. Die Tradition ist das große, geheimnisvolle, alles bindende Element der Zivilisation am Nil. Alle Eroberer folgen dieser Einsicht und werden zu Pharaonen. Solange die Fremdherrscher die althergebrachten Aufgaben des Königs erfüllen und die Verwaltung des Landes sowie seine großen religiösen Zentren unangetastet lassen, gibt es keinen Anlass für die Auflösung des Staatsgebildes. Generationen von Vorderasiaten, Libyern und Nubiern regieren das Land, errichten Tempel und lassen sich selbst darin beim Opfern vor den ägyptischen Göttern darstellen – auch die Ptolemäer. Aber die fremde Elite bleibt im Machtzirkel streng unter sich und regiert mit Hilfe einer Streitmacht aus Söldnern, die ihre Sympathien vom guten Lohn abhängig macht. Im Ernstfall sind die Ptolemäer-Pharaonen ganz von ihr abhängig, kaum ein Ägypter würde für sie zu Felde ziehen. So hat das militärisch starke Rom schon seit dem Jahr 168 v. Chr. im Nilreich das faktische Sagen. Der römische Senat entscheidet, wer aus der Familie der Ptolemäer auf dem Pharaonenthron sitzt. Ohne die Zustimmung Roms kann sich kein Thronprätendent halten. Erst Kleopatra kämpft wieder um die vollständige Unabhängigkeit Ägyptens. Dabei ist ihr jedes Mittel recht. Sie sucht nach dem nächsten Verbündeten.

Kleopatra und Marcus Antonius

Durch die Ermordung Caesars wurden die Karten im Machtpoker in Rom neu gemischt – aber anders, als erwartet. Die Totenrede von Marcus Antonius bringt die Römer gegen Brutus und seine Mitver-

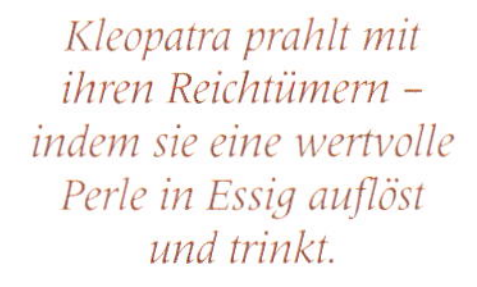
Kleopatra prahlt mit ihren Reichtümern – indem sie eine wertvolle Perle in Essig auflöst und trinkt.

schwörer auf. Zusammen mit Caesars offiziellem Erben, dem jungen Oktavian, verfolgt Marc Anton die Mörder Caesars; am Ende sollte keiner entkommen.

In Folge des Rachefeldzugs wird das Reich geteilt: Italien und das westliche Mittelmeer fallen an Oktavian, Marcus Antonius übernimmt die Kontrolle in Griechenland und dem Nahen Osten. Doch jeder der einstigen Weggefährten strebt Caesars ganzes Erbe an. Dafür braucht es Ruhm und militärische Erfolge, die Marcus Antonius nur noch im Orient erzielen kann – gegen die Seleukiden, Kleopatras Erzfeinde. Noch einmal gibt das Schicksal der Pharaonin die Chance, für Ägyptens und ihre persönliche Zukunft zu kämpfen. Im Jahr 41 v. Chr. trifft sie mit dem neuen starken Mann Roms im kleinasiatischen Tarsos zusammen. Sie bietet alles auf, um Caesars ehemaligen Kampfgefährten zu beeindrucken. »Sie [...] gedachte auch des Eindrucks, den sie früher auf Caesar [...] mit ihrer Schönheit gemacht hatte, und hoffte, den Antonius umso leichter unter ihr Joch zu bringen«, berichtet der Chronist Plutarch. »Sie rüstete daher Geschenke, Geld und Schmuck, so viel sie, aus großem Reichtum und einem blühenden Königreich kommend, wohl mitbringen musste, setzte aber die größte Hoffnung auf den Reiz und Zauber ihrer Person und trat so die Reise an. Sie selbst lag unter einem reich mit Gold verzierten Sonnendach, gekleidet und geschmückt, wie man Aphrodite gemalt sieht, und Knaben wie gemalte Liebesgötter standen zu beiden Seiten, und fächelten ihr Kühlung. Ebenso standen die schönsten Dienerinnen, gekleidet wie Nereiden und Chariten, teils an den Steuerrudern, teils bei den Tauen. Herrliche Düfte von reichlichem Räucherwerk verbreiteten sich über die Ufer.«

Kleopatras Rechnung geht auf: Marcus Antonius kann dem Charme der Pharaonin und dem sagenhaften Reichtum Ägyptens nicht widerstehen. Das Treffen gipfelt in einem dionysischen Gelage, auf dessen Höhepunkt die Königin vor den ungläubigen Augen der versammelten Griechen und Römer eine wertvolle Perle in Wein auflöst – so erzählt es die Legende. Diese mit leichter Hand vollführte Geste soll demonstrieren: Das Nilreich ist zwar militärisch schwach, sein Reichtum aber immens.

Marcus Antonius folgt der schönen Königin nach Ägypten. Längst ist er besessen von den geheimnisvollen Riten des Ostens. Nie wieder will er die Geliebte verlassen, stattdessen als Inkarnation des »Neos Dionysos«, des jungen Gottes Dionysos-Zeus, den die Alten Ägypter als Amun verehrten, an der Seite Kleopatras, der Inkarnation der Göttin Isis, regieren. Einmal mehr scheint die Religion des Alten Ägypten, die aus Menschen Götter macht, ihren unwiderstehlichen Reiz zu beweisen.

Religiöser Fundamentalismus – der Vatikan Ägyptens

Staat und Religion bilden im pharaonischen Ägypten eine untrennbare Einheit. Die Gesetze der Religion sind zugleich die Gesetze der Maat, und Pharao ist der Einzige, der sie initiieren und ihre Vollstreckung sicherstellen kann. Der höchste Gott des Landes ist immer der Sonnengott, der unter verschiedenen Namen verehrt werden kann. Horus, Re, Amun, Atum und Aton, sie alle sind nur verschiedene Erscheinungsformen ein und desselben Gottes. Der König aber gilt zum einen als Sohn sowie als Inkarnation der Gottheit selbst und ist dabei zugleich ihr Hohepriester. An seiner Seite stehen zum einen die effiziente Verwaltung, zum anderen sämtliche Hohepriester, Oberpriester, Unterpriester und Hilfspriester der Tempel im ganzen Land. Sie erhalten vom Pharao große Ländereien zur Bewirtschaftung – steuerfrei. Zwar soll der daraus erzielte Gewinn zur Pflege der Tempelanlagen, für die Durchführung der Prozessionen und Opferhandlungen sowie den Totenkult verwendet werden, aber ein Missbrauch dieser ungeheuren Einkünfte ist möglich. Die Priester besitzen riesige Ländereien mit Äckern und Gärten, Viehherden, ganze Siedlungen, Schiffe und Werften. Ihre Speicher und Schatzkammern sind prall gefüllt. Sogar eigene Soldaten können mit den Erträgen unterhalten werden. Für ihre Dienste beteiligt der Pharao sie eigenständig an der Kriegsbeute. So gelingt es der Priesterschaft im Lauf der Jahrhunderte, auch immer mehr weltliche Macht zu erringen. Sie sprechen selbst Recht, verfügen über eigene Gefängnisse und werden allmählich zu einem eigenen Staat im

▹ Ägyptische Götterwelt: Chons, der falkenköpfige Sohn des Amun trägt als Mondgott die Mondscheibe.

Eine jahrtausendelang stetig wiederkehrende Szene: Der Pharao bringt den Göttern ein Opfer.

Staat. Um die Macht dieser »Päpste Ägyptens« zu kontrollieren, besetzen viele Pharaonen die wichtigsten Priesterposten mit loyalen Gefolgsleuten oder Verwandten; so sind die Hohepriester von Karnak und Heliopolis oft Brüder oder Onkel des Königs. Nichtsdestotrotz geht von den Tempeln eine wachsende Bedrohung aus. Der Konflikt zwischen weltlicher und religiöser Macht eskaliert, als Pharao Echnaton im Jahr 1351 v. Chr. eine Art Monotheismus in Ägypten einführt und die zahlreiche Priesterschaft der traditionellen Götter entmachtet.

Der erste Monotheismus der Welt

Bis heute ruft die Politik dieses außergewöhnlichen Herrschers erbitterten Streit hervor. Die kontroversen Gelehrtenmeinungen reichen von ›Katastrophe für Ägypten‹ bis ›Pionier der Zivilisation‹. Ähnlich geteilt war auch das Urteil seiner Untertanen: Wie Jesus Christus wurde er von seinen Anhängern als Heilsbringer bejubelt, andere verdammten ihn. Selbst sein Nachfolger Tutanchamun sagte sich später von den religiösen Visionen Echnatons los. Ob aus eigener Überzeugung oder erzwungen durch die Staatsräson zur Erhaltung der persönlichen Macht, ist ungeklärt.

Die religiöse und gesellschaftliche Revolution kündigte sich schon vor der Regentschaft Echnatons an, das belegen neueste Ausgrabungen im zerstörten Totentempel seines Vaters Amenophis III. In der seit einem verheerenden Erdbeben bis auf wenige Kolossalfiguren zerstörten gigantischen Anlage entdeckten Archäologen verschüttete Bruchstücke weiterer Monumentalfiguren des Pharaos und seiner Hauptfrau Teje. Die für die Wissenschaftler größte Überraschung war die Abbildung eines Strahlenkranzsymbols auf den Armen des Herrscherpaares: das Zeichen der Gottheit Aton.

Amenophis III. regiert 37 Jahre lang ein prosperierendes Land. Es ist eine glückliche Zeit für Ägypten, das Reich muss keine Kriege führen und die Bevölkerung genießt ihren Wohlstand. Da fällt es dem Herrscher leicht, auch die Tempel reich zu beschenken und überall neue Götterstatuen aufzustellen. In den Augen der einflussreichen Priesterschaft von Theben aber hat das großzügige Spenden einen Schönheitsfehler: Der Hauptgott Amun ist nur einer von vielen Opferempfängern – eine bewusste Entscheidung des Pharaos, der damit gezielt die gewaltige Macht der Amun-Priesterschaft beschneiden möchte. Zu seiner Strategie gehört dabei auch die Stiftung eines der schönsten Tempel Ägyptens im heutigen Luxor.

Antike Spendenaffäre: Amenophis III. und seine Gemahlin Teje fielen bei der mächtigen Amun-Priesterschaft in Ungnade.

Paradoxerweise ist das prächtige Bauwerk mit den damals höchsten Säulen im Land dem Reichsgott Amun geweiht. Aber ihm zur Seite steht eine wunderschön gearbeitete Statue des Pharao: in ewiger Jugend auf einem Schlitten stehend, die Doppelkrone der beiden Reichshälften auf dem Haupt. Diese Attribute sind Symbole für Aton, den Allgott und Weltenschöpfer, der den eigentlichen spirituellen Hausherrn aussticht. Ein gezielter Affront gegen die allzu mächtige Priesterschaft, die in höchstem Grade beunruhigt gewesen sein muss.

Brachte Echnaton das Land am Nil durch religiöses Ketzertum an den Rand des Ruins?

Nach dem Tod Amenophis' III. wird der Thronerbe zum Herrscher über Ägypten gekrönt. Doch schon bald rüttelt Amenophis IV. an den Grundfesten des Glaubens. Er legt den alten Namen, der so viel bedeutet wie »Amun ist zufrieden«, ab und nennt sich fortan Echnaton, der »Verklärte des Aton«. Was folgt sind turbulente Jahre, in denen der Pharao jahrhundertealte Gesetze außer Kraft setzt, die jahrtausendealte Tradition ignoriert und eine neue Weltordnung schafft, die sich bis in die künstlerische Darstellung auswirkt: »Bei Echnaton sehen wir zum ersten Mal den Menschen. Er isst, rennt, ja er küsst sogar seine Frau. Vorher war es unmöglich, solche alltäglichen Dinge darzustellen«, beschreibt Ägyptologe Zahi Hawass die dramatischen Veränderungen.

An der Seite des Königs ist Nofretete, seine charismatische Gemahlin, die selbstbewusst und offenbar gleichberechtigt Staatsgeschäfte und Opferhandlungen zelebriert. Auf einem öden Stück Land, das heute unter dem Namen Amarna bekannt ist, lässt das Herrscherpaar die neue Residenzstadt Achetaton errichten, um dort ungestört dem neuen einzigen Gott, Aton, zu huldigen. Alle Gläubigen können ihn sehen, denn er zeigt sich im Sonnenlicht. Anders als Amun, der »Verborgene«, der sich nur wenigen Auserwählten im Dämmerlicht der Tempel »offenbart«. Eine phänomenale Veränderung des Kultgeschehens. Selbst die Tempel, die seit Jahrhunderten nach dem immer gleichen Schema gebaut werden, zeigen plötzlich eine ganz andere Form. Statt eines düsteren Allerheiligsten haben Echnatons Tempel offene Lichthöfe, in denen das Sonnenlicht ungehindert bis in den letzten Winkel dringt. Und die Macht des Gottes ist im heißen Ägypten tatsächlich hautnah spürbar.

Echnatons Idee, die Sonne als einzigen Gott zu propagieren, war eigentlich ein genialer Schachzug, meint Dr. Zahi Hawass: »Aber er machte einen entscheidenden Fehler. Die Ägypter konnten Aton nur durch ihn anbeten, ein direkter Kontakt ohne den Pharao als Mittler war nicht möglich. Deshalb musste mit Echnatons Tod auch die neue Religion wieder verschwinden.« Vielleicht hätte die Geschichte einen anderen Verlauf genommen, wenn er einen legitimen männlichen Erben hervorgebracht hätte.

Ein weiterer Fehler war sicher die Schließung des Amun-Tempels, die ungeahnte Konsequenzen nach sich zog: »Dadurch wurde die wirtschaftliche und administrative Stabilität des Landes bedroht. Es kam der Schließung des Schatzhauses, des Außenministeriums und des Wirtschaftsministeriums gleich, denn all diese Bereiche wurden auf die ein oder andere Art von den Priestern des Amun-Tempels kontrolliert. Die Schließung hatte einen spürbaren negativen Effekt auf alle Ägypter von der Oberklasse bis hinunter zu den ärmsten Bewohnern. Es hätte eines bedeutenden Strukturwandels bedurft, wenn die Amarnazeit länger angedauert hätte. Eine langfristige Schließung der Tempel hätte dem Land sehr geschadet, und ich bezweifle, dass das Ägyptische Reich einen solchen Schock überstanden hätte«, erläutert Kent Weeks.

Darüber hinaus war auch die Beschränkung der Anbetung auf den einen Gott Aton problematisch. Wie sollte man sich das Jenseits vorstellen, wenn der Gott Osiris plötzlich seine Herrschaft über die Unterwelt verlor? Tatsächlich verabschiedete sich die Bevölkerung auch während der Regierungszeit des Echnaton nicht ganz von den alten Riten: »Obwohl der Gott Osiris zu dieser Zeit nicht mehr als so wichtig angesehen wurde, konnte die Idee der Wiedergeburt und Auferstehung nicht ganz verdrängt werden. Die Menschen ließen sich auch zu dieser Zeit mumifizieren. Ich glaube,

Echnaton und seine Gemahlin Nofretete huldigen dem neuen, mächtigsten Gott Aton mit einem Blumenopfer.

ohne die Zuversicht auf ein Leben nach dem Tod wären die Alten Ägypter in totales Chaos gestürzt«, analysiert Salima Ikram, Mumienexpertin von der Amerikanischen Universität in Kairo.

Volk und Priesterschaft reagierten auf Echnatons monotheistische Ideen mit Ablehnung.

Nach 17 Jahren ist der Spuk zu Ende. Der große Traum des charismatischen Königspaares Echnaton und Nofretete scheitert an einer Koalition aus den um ihre Privilegien gebrachten Priestern und einer Bevölkerung, denen die breite Palette des traditionellen Götterolymps absolut unverzichtbar für ihr Seelenheil erscheint. Die neu errichtete glanzvolle Stadt Achetaton wird dem Wüstenstaub überlassen, und wie schon zuvor bei Königin Hatschepsut werden Echnaton und Nofretete aus den offiziellen Reichsannalen verbannt, ihre Namen überall ausgemeißelt. Spricht man vom König, dann nur noch als »Ketzer von Achetaton«, der das Land an den Rand des Chaos brachte, weil er die Gesetze der Maat nicht respektierte.

In der Regierungszeit seines späteren Nachfolgers, der unter dem Namen Tutanchaton den Thron besteigt, werden die Uhren anscheinend problemlos wieder zurückgedreht. Die Tempel werden wieder geöffnet, die Priesterschaft rehabilitiert. Aus Tutanchaton wird Tutanchamun. Bis zum Ende des Neuen Reiches wird die Harmonie zwischen König und Tempel halten – wenn auch unter größten Spannungen.

Der erste Streik der Geschichte

In der Regierungszeit von Ramses IV., nahezu am Ende des zweiten vorchristlichen Jahrtausends, ist die Königsmacht bereits stark geschwächt. Als dann auch noch eine Dürreperiode die Brunnen versiegen lässt und das Getreide knapp wird, kommt es zu Grabräuberei in großem Stil. Gut organisierte Banden plündern die Anlagen systematisch aus. Erhalten gebliebene Verhörprotokolle bieten Einblick in das Vorgehen der Täter und ihre Motive. Ein Priester und Tempelgärtner gesteht etwa, Goldblech vom Tempeltor gestohlen zu haben, um damit Getreide zu kaufen. Der Steinmetz Amunpanefer sagt aus, wie er mit sieben Komplizen aus einem Grab dreißig Pfund Gold erbeutete und einen Beamten bestach, um nicht entdeckt zu werden. Viele verdienen mit am Grabraub und dem Umtausch der Beute. Die »Goldwäscher« stammen meist aus angesehenen Familien, sogar der General und Hohepriester Pianch gehört zu den Auftraggebern. Dem Pharaonenhof entgleitet das Goldmonopol und damit auch ein Teil der Macht. Bisher hatte einzig der König mit Gold belohnen und Unterstützung kaufen können, nun macht sich durch den funktionierenden Schwarzmarkt Korruption breit. Ämter und Einfluss werden gekauft, die öffentliche Moral weicht auf. Es kommt zu Vergewaltigungen und Totschlag. In Deir el-Medina, dem Arbeiterdorf am Fuß der thebanischen Hügel, rüstet man zum ersten Streik in der Geschichte.

Seit mehr als 400 Jahren dient das kleine Dorf in einem abgeschiedenen Seitental schon als Wohnstätte für die Familien der Handwerker, die am »Ort der Maat«, dem nahe gelegenen Tal der Könige arbeiten. Entlohnt werden sie direkt vom Pharaonenhof mit großzügigen Lebensmittelrationen. So sind Chroniken alarmierend, die von Protesten und Arbeitsniederlegung wegen ausbleibender Nahrungsmittellieferungen künden. Wird die Krise durch korrupte und schlampige Bürokraten verursacht oder ist sie Ausdruck einer allgemeinen Desorganisation im Reich? Die offensichtlich berechtigten Forderungen der streikenden Handwerker werden erst erfüllt, als sie über den Nil ziehen und die Kornspeicher besetzen.

Offensichtlich blockieren sich zwei für das Nilreich typische Kräfte gegenseitig bis zur Lähmung des politischen Systems: Der Suche nach für den Machterhalt verwertbaren Erkenntnissen steht der Dogmatismus des Machtapparates gegenüber. Es existiert nicht, was nicht sein darf! Abweichende Meinungen werden nicht zugelassen mit dem Argument, »Maat«, das Gesetz, die Grundlage des Reichsfriedens, sei gefährdet – so wie einst die Inquisition der Katholi-

Maat galt als Grundlage des Reichsfriedens; der Pharao musste die Gesetze der Maat unbedingt befolgen, sonst geriet das ganze Gefüge in Unordnung.

schen Kirche versucht hat, die Wahrheitsfindung zu behindern. Im dynamischen Europa von Renaissance und Aufklärung hatten die Päpste damit wenig Erfolg, doch in Ägypten, dem Weltreich am Nil, funktionierte die Wissenszensur viele tausend Jahre. Die Königsmacht kann daher nicht flexibel auf unvorhergesehene Entwicklungen reagieren. Wie ein kolossaler Elefant, schwer auf Tempo zu bringen und dann kaum noch zu bremsen.

Mehrfach kommt es zu Staatskrisen, die in jedem anderen Land zum sofortigen Untergang geführt hätten. Doch Ägyptens unermesslicher Reichtum und die schützende geographische Lage verhindern immer wieder den endgültigen Kollaps – so lange kein mächtiger Gegner da ist, der von einer momentanen Schwäche langfristig profitieren kann. Darum stabilisiert sich das Reich immer wieder, obwohl im Innern längst eine für das Königtum höchst gefährliche Entwicklung ihren Lauf genommen hat: der theokratische Fundamentalismus.

Ägyptens berühmteste Herrscher

Pharao Narmer war möglicherweise der erste Reichseiniger – das legen auch die Darstellungen auf der berühmten Palette nahe.

Skorpion	ca. 3100 v. Chr., einer der Könige der 0. Dynastie, die die Grundlage für die Reichseinigung legten
Narmer	ca. 3100 v. Chr., möglicherweise der »echte« Menes. Von ihm stammt die berühmte »Narmerpalette«, die die Unterwerfung Unterägyptens zeigt
Menes	ca. 3032 v. Chr., der sagenhafte Reichseiniger, erster König über ganz Ägypten
Djoser	ca. 2690 v. Chr. Während seiner Regierungszeit erfand der Architekt Imhotep die Stufenpyramide
Snofru	ca. 2639 v. Chr. Der größte Pyramidenbauer aller Zeiten. Für ihn wurden drei Pyramiden errichtet
Cheops	ca. 2604 v. Chr. Sohn des Snofru und Erbauer der großen Pyramide von Gizeh
Chephren	ca. 2572 v. Chr. Sohn des Cheops und Erbauer der zweiten großen Pyramide von Gizeh
Mentuhotep II.	2046 v. Chr. Einigt das Ägyptische Reich nach den Wirren der Ersten Zwischenzeit; erbaut sein Grab im Talkessel von Deir el-Bahari in Theben
Ahmose	ca. 1550 v. Chr. Seine Familie vertreibt die im Delta herrschenden Hyksos und eint das Land nach der Zweiten Zwischenzeit

Thutmosis I.	ca. 1496 v. Chr. Feldzüge nach Vorderasien
Hatschepsut	ca. 1479 v. Chr. Tochter Thutmosis' I. Sie ernennt sich selbst zum Pharao
Thutmosis III.	ca. 1479 v. Chr. Sohn Thutmosis' II., Neffe der Hatschepsut. Der »Napoleon« unter den ägyptischen Pharaonen führt Feldzüge nach Nubien und Vorderasien
Amenophis III.	ca. 1388 v. Chr. Erbauer des Luxor-Tempels
Echnaton	ca. 1351 v. Chr. Sohn Amenophis' III., der »Ketzer von Amarna«. Echnaton propagiert den Sonnengott als einzigen Gott
Ramses II.	ca. 1279 v. Chr. Erbauer des Tempels von Abu Simbel und Verlierer der Kadesch-Schlacht. Der Pharao unterzeichnet den ersten Friedensvertrag der Welt
Ramses III.	1183 v. Chr. Erbauer des Tempels von Medinet Habu. Krieg gegen die einfallenden Seevölker
Herihor	ca. 1070 v. Chr. Hohepriester des Amun im großen Tempel von Karnak, der sich selbst zum Pharao krönt und den thebanischen Gottesstaat begründet
Taharka	ca. 690 v. Chr. Herrscher aus dem Sudan, der sich ägyptischer gibt als die ägyptischen Herrscher
Psammetich	ca. 664 v. Chr. Er befreit das Land von den persischen Fremdherrschern
Nektanebos II.	360 v. Chr., letzter König der 30. Dynastie. Zugleich letzter ägyptischer König auf dem Thron der Pharaonen

△△ Hatschepsut mit den Insignien der Macht, dargestellt als männlicher Pharao.

△ Die Bildnisse von Echnaton prägen einen völlig neuen Stil in der ägyptischen Kunst.

Vor dem Amun-Tempel in Karnak wurde ein künstlicher See angelegt.

Priester ergreifen die Macht

Wenn es so etwas wie eine altägyptische Hauptstadt des Fundamentalismus gibt, dann ist es die oberägyptische Stadt Theben. Städte wie Memphis oder Heliopolis können zwar auf eine längere Geschichte zurückblicken, aber an keinem Ort Ägyptens leben so viele Priester wie in Theben. Der riesige Amun-Tempel von Karnak, sein südliches Pendant in Luxor, die Totentempel der Pharaonen auf der Westseite und unzählige weitere kleine Kapellen für die unterschiedlichsten Götter machen aus Theben das religiöse Zentrum Ägyptens, das seine Machtstellung auch dann behält, als der Königshof zusammen mit der Verwaltung des Landes in eine neue Hauptstadt im Delta übersiedelt. Wie schon mehrfach geschehen, bricht dadurch die alte Rivalität zwischen Ober- und Unterägypten erneut auf, diesmal jedoch nicht zwischen dem König und seinen Gaufürsten, sondern zwischen dem Königshof und den thebanischen Priestern. »Tempel wie der von Karnak kontrollierten im späten Neuen Reich neunzig Prozent des fruchtbaren Landes. Sie verfügten über große Flotten, kontrollierten die Handelswege in den Sudan und nach Vorderasien sowie die Goldminen und Steinbrüche«, erklärt Kent Weeks. Dies führte dazu, dass sich Herihor, der Hohepriester des Amun von Karnak, gegen seinen rechtmäßigen König, Ramses XI., erhob und sich selbst zum Pharao krönte. Damit regieren die Priester des Amun parallel zu den Pharaonen der 21. Dynastie in Unterägypten.

Plünderungen im Tal der Könige

Der Archäologe Herbert E. Winlock entdeckte 1929 in Deir el-Bahari unterhalb des Hatschepsut-Tempels ein offensichtlich königliches Grabmal aus der Frühzeit der 18. Dynastie. Das Innere scheint seit Jahrtausenden unberührt, die Mumie trägt als Schmuck eine Blumengirlande, deren Farbe noch erkennbar ist. Eine genauere Betrachtung enthüllte jedoch erhebliche Unregelmäßigkeiten: Nur armselige Gaben begleiteten die Königin namens Meretamun auf dem Weg ins Jenseits, auch die Bemalung der Holzsärge wirkte nicht standesgemäß. Die Glasintarsien auf den Särgen waren herausgebrochen, die Blattgoldhüllen entfernt worden. Und wohin waren die kostbaren Schmuckstücke verschwunden, deren Abdrücke noch auf der Mumie zu erkennen waren? Noch etwas ließ Winlock stutzen: Mit Tinte war in wenig feierlichem hieratischen Schriftstil quer über die Leichenbinden notiert worden: »19. Jahr, 3. Monat der Jahreszeit Akhet, 28. Tag. Am heutigen Tag erfolgt die Untersuchung von Meretamun, der Gemahlin des Königs.« Hatten

Das Dorf Abd el-Qurna gilt seit Generationen als Schlupfwinkel von Grabräubern – hinter dem Felsmassiv liegt das Tal der Könige.

Priester das geplünderte Grabmahl aufgeräumt und neu versiegelt, um den Totenfrieden wiederherzustellen?

Die historische Wahrheit ist ernüchternd und wirft ein Schlaglicht auf die Zustände während der 21. Dynastie. Das Grab der Meretamun war von Beamten des Hohepriesters und Möchtegern-Pharao Pinudjem I. ganz »offiziell« geplündert worden. Skrupel wegen der Grabschändungen scheint er nicht gehabt zu haben, stattdessen füllte er mit den entwendeten Schätzen die Kriegskasse zur Verteidigung der usurpierten Macht. Ein Einzelfall? Keineswegs. Die Entdeckung von zwei weiteren Mumienverstecken beweist, dass es sich um gezielte Raubzüge im Auftrag der Priester handelt. Der Grund dafür liegt letztlich in der Schwäche Ägyptens am Ende des Neuen Reiches und der damit verbundenen Knappheit des Goldes – unverzichtbarer Bestandteil der ägyptischen Religion.

Gold – das »Fleisch der Götter«

Die Pharaonen des Neuen Reiches verfügten über schier unermessliche Goldschätze, die sie großzügig mit ihren Untertanen teilten. Stolz verewigen die Geehrten an den Wänden ihrer Grabmäler die Verleihung schwerer goldener Halsketten durch den Pharao. Das Gold aus den Minen Nubiens eignet sich aber auch hervorragend als Mittel der Außenpolitik. Das Edelmetall wird in solchen Mengen an Nachbarfürsten verteilt, dass diese immer mehr Geschenklieferungen fordern. Den Löwenanteil erhalten jedoch die Tempel. Allein Thutmosis III. stiftet 15 000 Kilogramm des gelben Metalls dem Amun-Tempel von Karnak; später werden ganze Goldminen der Priesterschaft übereignet. Für sie ist Gold das »Fleisch der Götter«, ein Synonym für Unvergänglichkeit. Darum spielt das Edelmetall auch in den Totentempeln und Grabanlagen eine herausragende Rolle. Schon zu Lebzeiten haben die Pharaonen mit dem Bau monumentaler Totentempel und Grabanlagen dafür gesorgt, dass für ihre Wiederauferstehung alles vorbereitet ist. Garanten dessen sind die Priester durch ihre Rituale und Opfer. Die Wände der Grabkammern sind von den Texten der altüberlieferten Totenbücher bedeckt, beschwören die Hilfe der Götter für den Übergang vom Diesseits ins Jenseits sowie das Überleben in der Unterwelt, dem Reich des Totengottes Osiris. Grabbeigaben in Form von Statuen und Statuetten sollen die Götter gnädig stimmen und das Leben in der Unterwelt erleichtern. Das bevorzugte Material, aus dem diese Grabbeigaben gefertigt sind, ist ebenfalls Gold. Auch die Sarkophage, in denen die Mumie des Pharaos ruht und die Maske, die sein Gesicht bedeckt, sind aus reinem Gold. Denn Gold ist nicht nur das »Fleisch der Götter«, es reflektiert auch besonders gut das Licht. Wenn die Strahlen der Sonne sich bei ihrem nächtlichen Lauf durch die Unterwelt auf dem Metall spiegeln, dann wird der Pharao erweckt und nimmt seinen Platz in der Sonnenbarke ein, wird selbst zum Sonnengott.

Das Leben nach dem Tod sollte durch reichliche Grabbeigaben so angenehm wie möglich gestaltet werden.

Doch damit sich der Zyklus der Wiedergeburt allnächtlich vollziehen kann, bedarf es eines unverweslichen Leichnams, erklärt Expertin Salima Ikram: »Die Ägypter glaubten, dass man den Körper erhalten muss, weil die Seele zu ihm zurückkehrt, um Eingang in das jenseitige Leben zu bekommen. Es war also nicht nur eine spirituelle, geistige Welt – man benötigte einen physischen Körper. Deshalb wurde die Mumifizierung in Ägypten auch bis zur Vollendung getrieben.« Vorstellungen, die nach Ikram offensichtlich bereits viel früher einsetzten als bisher angenommen: »Es gibt Hinweise darauf, dass die Mumifizierung bereits vor der Reichseinigung um 3100 v. Chr. begann. Die Körper wurden in Leinen gewickelt und mit Ölen übergossen. Die richtige Mumifizierung, mit Austrocknung des Körpers und Entnahme der Eingeweide, begann aber erst zur Zeit der 4. Dynastie. Das Gehirn wurde seit dem Mittleren Reich entfernt, und mit dem Neuen Reich hatte man einen Stand der Perfektionierung erreicht, der nur noch von der 21. Dynastie übertroffen wurde. Das ist auf den ersten Blick ungewöhnlich, da vieles andere während dieser

Zeit eher einen Niedergang erlebte. Es ist aber durchaus denkbar, dass die Priesterschaft, die zu diesem Zeitpunkt den Süden des Landes beherrschte, Mumifizierungen der Spitzenklasse forderte, da sie besonders großen Wert auf das ewige Leben und das jenseitige Königreich legten. Letztendlich natürlich auch, um sich selbst zu legitimieren. Die Priester machen sich zu dieser Zeit vor allem durch den Totenkult unentbehrlich – und bereichern sich. Das Geschäft mit dem Jenseits ist ihre größte Einnahmequelle.

Der Gott Bes ist eine der merkwürdigsten Gestalten in der ägyptischen Götterschar: Zwerg, Gott der Freude und des Tanzes, Behüter des Schlafes.

Religiöser Fundamentalismus ist zu allen Zeiten des Ägyptischen Reiches die Basis der Herrschaft – auch für die Pharaonen selbst. Doch die eigentlichen Drahtzieher im Hintergrund sind die Priester. Sie gewinnen im Laufe der Zeit immer mehr an Macht, auch und gerade weil ständig neue Tempel errichtet werden, wird mehr Land Tempelbesitz und damit der Steuer entzogen. So vergrößert sich der Tempelschatz zu Lasten des Staatsschatzes. Zugleich übernehmen die Heiligtümer aber auch Funktionen des Staates, werden selbst zu Arbeitgebern und Versorgern der Bevölkerung. Besonders deutlich wird dies nach der Revolution Echnatons. Die Menschen verlassen sich nicht mehr auf den König als alleinigen Mittler zu den Göttern. Von nun an, kann jeder vor die Götter treten – zumindest im Jenseits. In den Tempeln zeigen tausende von Votivfiguren, die Gläubigen in ihrem eigenen Namen aufstellen, dass der König seine Allmacht eingebüßt hat. Die Ägypter unterstellen ihr Schicksal jetzt gleich direkt den Göttern. So kommt es zu einer Schwächung des Königtums, das Reich jedoch bleibt bestehen.

Zur Ptolemäerzeit setzt sich dieser Prozess weiter fort. Religion wird zu einer Modeerscheinung, und auch die Priester büßen ihre Macht ein. Die Staatseinnahmen fließen längst nicht mehr in die Tempelkassen, sondern nach Rom. Die Erneuerung des Ägyptischen Reiches gelang über Jahrtausende durch religiöse Rückbesinnung. Jetzt soll dynastische Politik an ihre Stelle treten und Alexandria zum Mittelpunkt der Welt werden.

Kleopatra gegen Oktavian

Im Jahr 40 v. Chr. gebiert Königin Kleopatra ein Zwillingspaar: Alexander-Helios und Kleopatra-Selene sollen Marc Anton noch stärker an sie binden. Längst hat sie sich unentbehrlich gemacht, sie spielt mit dem Römer Würfel, trinkt mit ihm und begleitet ihn zur Jagd. Weder Tag noch Nacht lässt sie ihn aus den Augen, berichtet der Biograph Plutarch. Während sich die Truppen der Parther, einem Erzfeind Roms, zum Angriff auf Syrien sammeln, genießt Marc Anton seine Zeit mit Kleopatra in vollen Zügen. Das erklärte Ziel der Liebenden, die eine Gemeinschaft mit dem bezeichnenden Namen »Unnachahmliche Genießer« gründen: hemmungsloser Exzess. In den Küchen des Königspalastes werden acht Wildschweine für nur zwölf Gäste gebraten. Jedes Wildschwein variiert im Grad der Garheit, sodass das Gastmahl zu jedem beliebigen Zeitpunkt mit einem »a point« gegrillten Braten beginnen konnte. Doch die unbeschwerte Zeit endet, als Marcus Antonius erfährt, dass seine römische Frau Fulvia sich gegen Oktavian verschworen hat. Marcus Antonius verlässt Kleopatra und eilt nach Rom. Der Zufall will es, dass Fulvia stirbt, noch bevor er Rom erreicht. Der Feldherr schiebt alle Schuld auf seine verstorbene Frau und heiratet als Geste der Versöhnung im Jahr 37 v. Chr. Oktavians Schwester Oktavia. Doch die Verbindung ist nicht von Dauer – schon ein Jahr später ist Antonius wieder bei Kleopatra und ehelicht die Königin, die ihm ein weiteres Kind gebiert, das den Namen Ptolemaios-Philadelphos erhält.

Marcus Antonius tritt als Triumvir und Geliebter Kleopatras an die Stelle des großen Caesar.

In den folgenden Jahren verschenkt der Römer von orientalischen Potentaten mühsam erkämpftes, nunmehr römisches Territorium, wie Zypern und das Königreich Judäa, an Kleopatra und ihre Kinder. Der Feldzug gegen die Parther wird zum Desaster. Marcus Antonius verliert einen Großteil seiner Truppen, ehemalige Verbündete, wie der König von Armenien, wenden sich gegen ihn. Nur mit Mühe schlägt kann er die Abtrünnigen schlagen und mit Kleopatras Hilfe nach Alexandria zurückkehren. Im Jahr 34 v. Chr. begeht er schließlich den verhängnisvollen Fehler, seinen Triumph über die Armenier in Alexandria zu feiern. Ein Affront gegen Rom, denn der Sieg wurde durch römische Truppen errungen und hätte in Rom gefeiert werden müssen. So aber sah es aus, als würde Marc Anton Rom zu Gunsten von Alexandria vernachlässigen und das Machtzentrum nach Ägypten verlegen.

Doch damit nicht genug. Wenig später findet im Gymnasium von Alexandria ein Ereignis von weit reichender Bedeutung statt: Auf einem Podium aus Silber sitzen Kleopatra und Antonius auf goldenen Thronen, bei ihnen die vier Kinder der Königin. Während Kleopatra im ägyptischen Gewand der Göttin Isis erscheint, tritt Marcus Antonius in Purpurtoga und goldener Rüstung unverkennbar als römischer Imperator auf. Direkt neben Kleopatra sitzt ihr Sohn und Mitregent Caesarion. Eine unmissverständliche Demonstration. Die Ankündigung eines Herolds, dass Kleopatras Titel nunmehr »Königin der Könige« und der ihres Erstgeborenen »König der Könige« sei, bestätigt die Befürchtung Roms, Marcus Antonius könne Caesarion offiziell als Erben Caesars anerkennen. Er ernennt Alexander-Helios zum König über Armenien und Herrscher der Meder und Parther. Seine Tochter Kleopatra-Selene erhält die römischen Provinzen Libyen und Cyrenaika, und sein jüngster Sohn Ptolemaios-Philadelphos wird Herrscher über das »Westreich« vom Euphrat bis zum Hellespont. Kurz darauf erscheint erstmals das Porträt einer Ausländerin mit Namen und Titulatur auf offiziellen römischen Münzen. Es hilft nur wenig, dass Marcus Antonius auch Münzen prägen lässt, die ihn zusammen mit Antyllus, seinem ältesten Sohn aus der Ehe mit seiner römischen Frau Fulvia zeigen, seinem legitimen »römischen« Erben.

Kleopatra und Marcus Antonius gehen an Bord des königlichen Luxusschiffes – der Römer erliegt schnell dem Reichtum des Landes am Nil.

Für die Römer sieht es nun so aus, als wäre Rom vom Orient erobert worden und nicht umgekehrt. Marcus Antonius hat offensichtlich vergessen, wie wichtig die persönliche Anwesenheit eines Feldherrn in Rom ist. Dass Politik am Ende der römischen Republik zum Großteil aus Show besteht – ein Fehler, der Caesar nie unterlaufen wäre. Ein gravierender Fehler, den Oktavian geschickt zu seinen Gunsten nutzt. Er veröffentlicht das gestohlene Testament seines Kontrahenten: Marcus Antonius will in Ägypten an der Seite Kleopatras begraben sein. Ein Skandal. Der junge Oktavian legt sofort nach und beginnt mit der Errichtung des eigenen monumentalen Mausoleums im Herzen von Rom. Ein genialer Propagandacoup, der seinen Zweck nicht verfehlt: Der Volkszorn gegen den »Verräter« Marcus Antonius und seine orientalische »Tempelhure« wächst. Und Oktavian rüstet auf. Neue Erfindungen in Schiffsbau und Kriegstechnik sollen den Wissensvorsprung des Orients wettmachen. Dennoch wagt er es nicht, dem Römer Marcus Antonius, der immer noch über einflussreiche Freunde in der Stadt verfügt, direkt den Krieg zu erklären. Stattdessen belebt er aufs Neue einen alten Ritus: In einer symbolischen Geste stößt er den Speer im Tempel der Göttin Bellona in ein zum Feindesland erklärtes Stück Erde. Der Feind heißt dabei Kleopatra und nicht Marcus Antonius, das Angriffsziel Ägypten.

Ramses und das Debakel von Kadesch

Ägyptens geographische Lage zwischen Meer und Wüste war auf der einen Seite ein Schutz, andererseits bestand immer die Gefahr, die umliegenden Feinde zu unterschätzen und sich zu sehr auf innenpolitische Aspekte zu beschränken.

Ein deutsches Archäologenteam sucht im Nildelta nach Zeugnissen der versunkenen Residenz Ramses' II.

Ramses' Vater Sethos I. hatte im östlichen Nildelta, in der Nähe des heutigen Qantir, mit dem Bau einer neuen Hauptstadt am Pelusischen Nilarm begonnen. Der Sohn führt die Arbeiten schließlich zu Ende und zieht, nur kurze Zeit nach Sethos' Ableben, im Jahr 1269 v. Chr., mit dem gesamten Hofstaat in die neue Regierungsmetropole um, die er Pi-Ramesse, »Das Haus des Ramses«, nennt. Ein zeitgenössischer Besucher berichtet voller Begeisterung über diese Stadt: »Ich fand sie über alle Maßen prächtig, eine herrliche Gegend, die nicht ihresgleichen hat, genau nach dem Grundriss von Theben. Eine Residenzstadt, wo man angenehm lebt! Ihre Felder gedeihen mit allen guten Dingen, und

sie spenden Speise und Nahrung tagtäglich. Ihre Gewässer sind voller Fische und die Luft voller Vögel. Die Früchte des Johannisbrotbaumes besitzen den Geschmack des Honigs von feuchten Feldern. Ihre Scheunen sind bis oben voll mit Gerste.«

Seit 1983 führt im Auftrag der Deutschen Forschungsgesellschaft ein Archäologenteam unter Leitung des Ägyptologen Edgar Pusch im modernen Quantir Ausgrabungen durch. Wenig ist auf den ersten Blick geblieben von der einst so prächtigen Residenzstadt Pi-Ramesse im östlichen Nildelta. Das Grabungsgelände gehört verschiedenen Grundbesitzern und wird landwirtschaftlich intensiv genutzt. Das bedeutet, dass die Forscher am Ende der jährlichen Grabungssaison ihre Entdeckungen notgedrungen wieder zuschütten müssen. Dann verschwinden die »Kommandozentrale« und das »Außenministerium« des einstigen Weltreichs wieder im fruchtbaren Boden des Nildeltas. Das Einzige, was zurückbleibt, sind Fundstücke – meist nur Amulette, Statuetten, Kachelfragmente und Gefäßscherben. Größere Steine, Statuen und Stelen sind kaum noch darunter; sie wurden bereits in der Antike als Baumaterial in der rund fünfzig Kilometer entfernten Stadt Tanis wiederverwendet.

▵▵ Mit dem so genannten Cäsium-Magnetometer wird das Ackerland eingescannt, unter dem die Paläste von Pi-Ramesse verborgen sind.

▵ Dieser älteste in Ägypten entdeckte Glasschmelzofen belegt den hohen Stand der Technik im Zeitlater Ramses' II.

Auf einem der Felder ist der Geophysiker und Archäologe Helmut Becker, Leiter des Referats für »Archäologische Prospektion und Luftbildarchäologie« im Bayerischen Landesamt für Denkmalpflege, zugange. Beckers Forschungsschwerpunkt ist die magnetische Prospektion, deren Entwicklung er maßgeblich vorangetrieben hat; im Bereich der Cäsium-Magnetometrie ist er bis heute weltweit führend. Zusammen mit seinem Kollegen Jörg Fassbinder ermittelt der Geophysiker in und um Qantir großflächig die Grundrissdaten mit Cäsium-Magnetometern, die so empfindlich sind, dass sie

noch die Magnetfeldstärken von Lehmziegelmauern und gewöhnlichem Lehm unterscheiden können. Die Bodenprospektion ist bei der hohen Lufttemperatur kein Zuckerschlecken: 27 Kilogramm wiegt die Ausrüstung, die stundenlang über die im 40-x-40-Meter-Raster abgesteckten Planquadrate getragen werden muss. Dabei scannt das Gerät an einem Tag eine Fläche ab, für deren Erschließung das Grabungsteam zwei Jahre benötigen würde. Unter der Erdoberfläche verborgene Hausgrundrisse, Straßen, Gärten, Kanäle werden sichtbar. Becker schätzt die Größe des antiken Stadtkerns von Pi-Ramesse auf zwanzig Quadratkilometer. Mit Unterstützung durch die hochmoderne Technik hat Edgar Puschs Team überraschende Entdeckungen gemacht. Der antike Militärkomplex ist viel ausgedehnter, als bislang angenommen: Kasernen und Stallungen für die Streitwagentruppen, hervorragend erhaltene Waffen und Pferdetrensen aus Bronze. Die ägyptischen Truppen sind unter Ramses anscheinend gut trainiert und ausgerüstet.

Der Pharao selbst, der als »Ramses der Große« in die Weltgeschichte eingehen sollte, hat eine fundierte militärische Ausbildung erhalten. Die braucht er auch, denn nach seiner Thronbesteigung verdunkelt sich die politische Großwetterlage zusehends. Das kleinasiatische Reich der Hethiter bedroht die ägyptischen Vasallenstaaten in Palästina und in Syrien, strategisch bedeutende Handelszentren für das Reich am Nil und wichtige Lieferanten für das begehrte Zedernholz. Bevor Ramses in den Krieg zieht, bittet er im Tempel den Reichsgott Amun um Unterstützung. Zum Dank für die dargebrachten Opfer überreicht Amun dem Pharao ein Krummschwert als Symbol der Stärke und des Sieges: der himmlische Kriegsauftrag. Die Beischrift überliefert den Befehl des Gottes an Ramses: »Empfange für dich das Krummschwert gegen alle Fremdländer! Schlage die Köpfe der gegen dich Aufständischen ab, denn du bist Horus, Oberhaupt der beiden Länder.«

◁ Ramses der Große nimmt den himmlischen Kriegsauftrag entgegen. Über 20 000 Soldaten werden ihm folgen.

Innerhalb weniger Wochen hat der Herrscher in allen Landesteilen wehrfähige Männer rekrutiert und bewaffnet. Dann setzen sich auf Befehl des Pharaos 20 000 Soldaten in Marsch. Auf einer alten Heerstraße, dem Horus-Weg, ziehen sie, gefolgt vom Tross, an der Mittelmeerküste entlang gen Norden. Sie durchqueren Palästina und Syrien, passieren die politischen Brennpunkte unserer Zeit, Gaza und Tel Aviv. Marschiert wird wegen der großen Hitze meist nur in den kühlen Morgenstunden, eine kluge Vorgehensweise, durch die die Truppen geschont wurden. Beschrieben wurde diese Strategie schon in den Annalen von Thutmosis III.: »Seine Majestät gelangte zum Süden von Megiddo, ans Ufer des Gewässers Qeni, zwischen der 6. und der 7. Stunde des Tages (also zwischen 12 und 13 Uhr). Dann schlug man dort ein Feldlager für seine Majestät auf.«

Der junge Pharao, der auf Feindaufklärung verzichtet hat, lässt seine Hauptstreitmacht gemächlich nachrücken: die vier Divisionen »Amun«, »Re«, »Ptah« und »Seth«, die mit schlagkräftigen Kompositbögen aus Horn und Holz, Bronzeschwertern und Streitäxten ausgerüstet sind und dazu etliche Streitwagen mit zwei Mann Besatzung mitführen. Die Vorhut bildet eine zahlenmäßig kleine Elitetruppe, die an der Küste entlangzieht; der Pharao selbst rückt mit der »Amun«-Division quer durch das Land vor. Die restlichen drei Divisionen folgen in kilometerweitem Abstand.

Antike Propaganda: Ramses ließ die Schlacht von Kadesch in einem großen Relief festhalten.

Die Schlacht von Kadesch

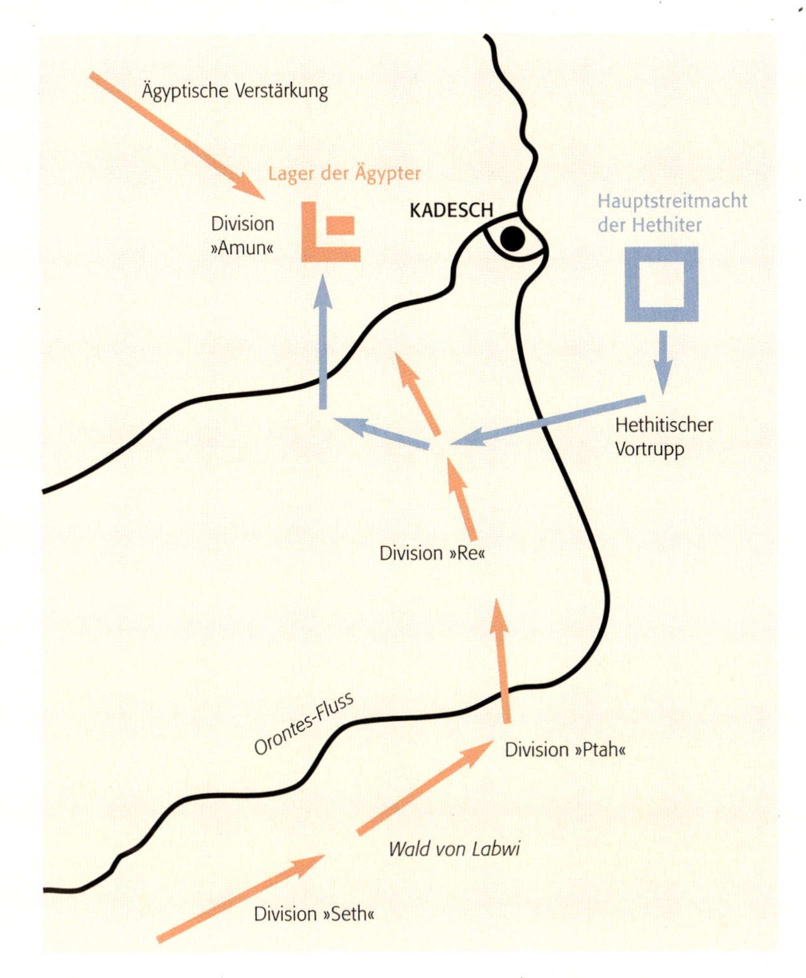

Die Schlacht von Kadesch brachte die ägyptischen Truppen an den Rand einer Niederlage. Die Streitkräfte der Hethiter waren zahlenmäßig und was die Waffentechnik anbelangte, überlegen. Am Ende steht ein für Ramses II. unrühmlicher Waffenstillstand. Von seinem Volk lässt er sich dennoch als Sieger feiern.

Feindlicher Hinterhalt

In Sichtweite der Stadt Kadesch lässt Ramses ein Feldlager errichten. Er wähnt sich in Sicherheit, denn Beduinen haben ihm berichtet, dass das Heer der Hethiter noch weit entfernt im Norden liegt. Der Pharao ahnt nicht, dass König Muwatalli längst schlachtbereit auf der anderen Seite der Festung lauert. Erst im letzten Moment erfährt er von dem Hinterhalt, schickt sofort einen Boten zu den anderen

Divisionen, doch es ist zu spät. 2500 Streitwagen der Hethiter stoßen bis zum ägyptischen Feldlager vor. Diese Streitwagen sind tödliche Waffen. Sichelförmige scharfe Klingen an den Radnaben bringen den Fußtruppen und den Pferden des Gegners tiefe Beinverletzungen bei. Hinzu kommt, dass die hethitischen Streitwagen statt der üblichen zwei Mann mit drei Mann besetzt sind. Doppelt so viele Bogenschützen, wie von den Ägyptern erwartet. Außerdem verfügen die 37 000 Hethiter über Eisenschwerter, die den Bronzewaffen der Ägypter weit überlegen scheinen.

In dieser verzweifelten Situation wendet sich Ramses II. mit einem Gebet an den Gott Amun, erinnert ihn an all das, was er für ihn getan hat. »Was ist das nun, mein Vater Amun? Hat denn ein Vater schon seines Sohnes vergessen? [...] Habe ich dir nicht sehr viele Denkmäler gemacht? Und deinen Tempel mit meinen Gefangenen gefüllt? Ich rufe zu dir, mein Vater Amun.« Und tatsächlich erhört ihn der Gott, denn der Text berichtet weiter: »So sprengt Seine Majestät vorwärts in die Menge der niedergestürzten Hethiter hinein. Sie war allein und niemand bei ihr [...] Amun reichte mir seine Hand und ich war aufgerichtet und ich hörte ihn sprechen: Vorwärts, denn ich bin mit dir und bin dein Vater. Ich bin nützlicher als Hunderttausende von Menschen. Ich bin der Herr des Sieges.«

Dieser Fund aus der Grabstätte des Mesekti zeigt die Bewaffnung der Infanterie des Pharaonenreichs.

Muwatalli, in festem Glauben an den Untergang des ägyptischen Heeres, schickt tausend weitere Streitwagen in die Schlacht, seine Fußtruppe hält er zurück. Ein entscheidender Fehler, denn unerwartet erhalten die bedrängten Ägypter Hilfe. Durch das Eintreffen der Elitetruppe gelingt es, die Hethiter über den Fluss Orontes zurückzutreiben. Die Schlacht von Kadesch endet in blutigem Gemetzel, ohne dass eine Seite die Oberhand gewinnt. Am Ende rettet nur ein unrühmlicher Waffenstillstand den Fortbestand des ägyptischen Pharaonenreichs.

Nach dem Waffenstillstand mit den Hethitern ließ sich Ramses in großen Reliefs als strahlender Held feiern.

Sieg der Propaganda

Während viele Militärhistoriker Ramses aufgrund des Debakels von Kadesch als unfähigen Feldherrn betrachten, landete der Pharao nach seiner Rückkehr einen ungeheuren Propagandacoup.

Die Pharaonen stellten seit der 18. Dynastie ihre Heldentaten in großem Stil auf Tempelwänden dar. Auch Ramses der Große ließ die Schlacht um Kadesch als »Sieg« über die Hethiter in dieser Form feiern. »Er wird hier als großer Held dargestellt, als der Kämpfer, der ganz auf sich gestellt die Schlacht gewonnen hat«, erklärt Kent Weeks. »Diese Reliefs, die an der Außenseite des Tempel angebracht wurden, dienten durchaus propagandistischen Zwecken. Die einfachen Ägypter, die keinen Zutritt zum Tempel hatten, konnten sich so von dem guten Verhältnis zwischen dem König und den Göttern überzeugen. Und die Reliefs waren eine Möglichkeit, wichtige Ereignisse auch den Menschen verständlich zu machen, die nicht lesen und schreiben konnten – genau wie die Bleiverglasungen unserer europäischen Kathedralen. Mit der Realität hatten sie kaum etwas zu tun.«

Die Verfälschung historischer Fakten entspringt im Reich am Nil keiner individuellen Charakterschwäche eines einzelnen Herrschers, sie hat Methode. Denn die Wiedergabe von Misserfolgen ist aus zweierlei Gründen nicht möglich. Zum einen ist ein in Wort oder Bild auf Tempelwänden oder Stelen verkündeter Sieg gültig für alle Ewigkeit. Zum anderen muss der Pharao, per Staatsdogma auch Weltenherrscher, dieses von den Göttern verliehene Privileg immer wieder durch die Tat bestätigen. Eine Niederlage darf es darum auch gar nicht geben, sonst wäre seine Rolle als Weltenherrscher in Zweifel gezogen worden. Das bestätigt auch der ägyptische Archäologe Zahi Hawass: »Propaganda war ausgesprochen wichtig. Der König konnte kein Gott sein, wenn er nicht die Feinde

Die Rolle des Pharao als Herrscher der Welt macht die Darstellung von Niederlagen unmöglich. Er muss in jedem Fall Stärke zeigen und die Feinde des Landes unterwerfen.

Ägyptens vernichtete. Was sollte er aber tun, wenn er eine Schlacht verlor? Genau das war Ramses II. passiert; und deshalb ließ er überall Tempel errichten, um seine Propaganda erfolgreich zu verbreiten.« Die größte Kolossalfigur der ägyptischen Geschichte wurde vor seinem Totentempel aufgestellt. In Stein gehauene Propaganda, aber für die Gläubigen auch Mittler zu Gott, wie Hourig Sourouzian erklärt: »Die Kolosse stehen vor den Tempeltoren und ermöglichen dadurch die Nähe zu einer Gottheit, die normalerweise im Allerheiligsten verborgen ist, wo sich kein Unbefugter nähern kann. Die Kolossalstatuen aber sind allen zugänglich. Jeder kann kommen und zu ihnen sprechen. Der Gott, den die jeweilige Statue repräsentiert, erhört diese Gebete und erfüllt sie.«

Diese Monumentalstatue zeigt Pharao Ramses II. mit einer seiner Töchter. Er ließ die größten Statuen der Geschichte Ägyptens errichten.

Möglich werden die monumentalen Bauten auch durch die von nun an konsequente Friedenspolitik. Durch geschickte Diplomatie sucht Ramses nun mit einer Politik des Status quo einen Ausgleich mit den Hethitern. Ein Sensationsfund aus Qantir, der dem Archäologen Edgar Pusch in der Grabungskampagne 2003 gelang, belegt diese pragmatische Politik der Verständigung. Das fünf mal fünf Zentimeter große Keilschriftfragment ist die erste Spur der diplomatischen Korrespondenz Ramses' II., das Gegenstück zu den Keilschrifttafeln aus dem Archiv des Großkönigs der Hethiter. Verfasst ist der Brief, der sich auf den Friedensvertrag bezieht, in Babylonisch, der Lingua franca der damaligen Zeit. Eine Kopie des Vertrags schmückt heute das Gebäude der Vereinten Nationen in New York. Dieser erste Friedensvertrag der Weltgeschichte war es, der eine Atmosphäre gegenseitigen Vertrauens schuf und eine friedvolle Zeit für die gesamte Region einläutete. »Ramses war einer der wichtigsten und der mächtigsten Pharaonen des Landes – nicht nur weil er 67 Jahre regierte und damit einer der am längsten herrschenden

Auch Ramses III. nutzte Reliefs zu Propagandazwecken. Nach dem Sieg über die Seevölker wurden abgeschnittene Hände und Penisse zum Zählen der gefallenen Feinde aufgehäuft.

Monarchen in der Geschichte der zivilisierten Welt ist«, meint Kent Weeks. »Er hatte höchstes Interesse an der Funktionsweise der Tempel, an der Zusammenarbeit zwischen der religiösen Institution und der säkularen Verwaltung des Landes. Er legte großen Wert auf Traditionen und verschaffte Ägypten eine Kontinuität, die es unter einem schwächeren König oder bei einer kürzeren Regierungszeit vielleicht nicht gegeben hätte.« Eine Kontinuität, von der auch noch die nachfolgenden Könige profitierten. Die Vorbildfunktion des Pharao geht sogar so weit, dass Ramses III. die Darstellungen der Reliefs Ramses' II. kopierte. Auf den Wänden seines Totentempels in Medinet Habu lässt sich der Pharao als Sieger bei der grandiosen Schiffsschlacht über die Seevölker feiern. Wahrscheinlich eine Geschichtsklitterung. Die in der antiken Geschichtsschreibung geheimnisumwitterten Seevölker hinterließen im ganzen Mittelmeergebiet eine Spur der Zerstörung, Angst und Schrecken breiteten sich aus. Bis heute streiten Wissenschaftler darüber, wer sich hinter den gefürchteten Kämpfern mit den schnellen Schiffen verbirgt. Auch das Ende Trojas wird mit ihnen in Verbindung gebracht und der Untergang des Hethiter-Reiches – nur 75 Jahre nach der Schlacht von Kadesch. Wie Ramses III. wirklich die Gefahr abwendete, bleibt ungeklärt. Es scheint jedoch, dass mit dem Ende der Regierungszeit der Ramessiden der schleichende Niedergang des mächtigen Pharaonenreichs eingeleitet war. »In Ägypten geschehen die Dinge nie über Nacht«, erklärt Kent Weeks. »Die Niederlage in der Schlacht von Kadesch signalisiert genauso wenig den Beginn des Unterganges der ägyptischen Zivilisation, wie niemand 3200 v. Chr. eines Morgens aufwachte und sagte: ›Heute beginne ich damit, zivilisiert zu werden.‹ All dies geschieht schrittweise, in einem langen Prozess des Wandels. Der Aufstieg Ägyptens war ein solcher Prozess, der Niedergang ebenso. Und diese Veränderungen konnten mehrere Hundert Jahre in Anspruch nehmen.«

Zweifelsohne aber war die Niederlage in der Schlacht von Kadesch ein Indiz für die außenpolitische Naivität Ägyptens. Und welches Imperium konnte sich jemals dauerhaft Ignoranz gegenüber seinen Feinden leisten? Das weltpolitische Gleichgewicht hatte sich längst verschoben. Während zu Beginn des Neuen Reiches die Tribute noch aus allen Nationen nach Ägypten kamen, musste sich das Land am Nil seine Selbständigkeit später teuer erkaufen. In der Ptolemäerzeit ging dies so weit, dass sich die Könige nur noch gegen hohe Zahlungen an die Schutzmacht Rom auf dem Thron halten konnten. Kleopatras Vater, Ptolemaios XII., versprach Caesar 6000 Talente, die Staatseinnahmen eines ganzen Jahres, im Austausch gegen militärischen Schutz. Denn Krieger hatten in Ägypten nur ein geringes Ansehen. Niemals in der 3000-jährigen Geschichte verstanden sich die Ägypter als Soldaten. Vom Alten Reich an waren es zumeist Söldner, die die Armeen des Landes stellten. Zieht man die vasallenhafte Abhängigkeit des reichsten Landes der damaligen Welt in seiner letzten Phase in Betracht, so muss man konstatieren, dass einer der wesentlichen Faktoren für den Untergang Ägyptens in der Tat seine exorbitante militärische Schwäche war. Anders als die Pharaonen vorher vertraut Kleopatra nicht mehr nur auf Söldner, sondern setzt auf eine Allianz mit dem mächtigsten Heer der damaligen Welt. Ihr militärisches Bündnis mit Marcus Antonius führte allerdings letzten Endes in eine finale kriegerische Auseinandersetzung mit Rom.

Kampf der Weltreiche

In den Gewässern vor dem griechischen Kap Actium kommt es am 2. September des Jahres 31 v. Chr. zu einem der großen Wendepunkte der Weltgeschichte. Es ist der alles entscheidende Kampf zwischen Orient und Okzident. Auf der einen Seite der erfahrene Feldherr Marcus Antonius, der unzählige Schlachten siegreich für Rom entschieden hat, der nun aber zusammen mit seiner ägyptischen Gemahlin, Königin Kleopatra, gegen ebenjenes Rom antritt, das sich ihm in Gestalt des blutjungen, noch sehr kampfunerfahrenen Kriegers Oktavian entgegenstellt. Mit einer zahlenmäßig weit überlegenen Flotte erwartet Marcus Antonius den Gegner. 500 Schiffe, darunter sechzig der ägyptischen Flotte unter dem persönlichen Kommando der Königin, stehen ihm zur Verfügung, des weiteren 100 000 Legionäre an Land sowie 12 000 Reiter. Dazu kommen noch die Kämpfer der Verbündeten. Selbst einige Könige haben sich den Truppen angeschlossen, so Bolchos von Afrika, Tarkomedos von Oberkilikien, Archelaos von Kappadokien, Philadelphos von Paphlagonien, Mithridates von Kommagene, Sadalas von Thrakien. Andere, wie Polemon aus Pontos, Malchos aus Arabien und der Jude Herodes, dazu Amyntas, der König von Lykaonien und Galatien haben lediglich Truppen gesandt. Selbst ein Hilfskontingent des Königs der Meder steht Antonius zur Seite. Es ist eine bunt zusammengewürfelte Armee, die sich Oktavian entgegenstellt. Und der zieht mit lediglich 200 Schiffen, 80 000 Legionären und ebenfalls 12 000 Reitern in den Kampf der Giganten.

Rückblickend betrachtet sind die Fehler, die Marcus Antonius bei der Vorbereitung der Schlacht in Actium unterliefen, eklatant. Fast scheint es, als hätten den Feldherrn all die guten Geister verlassen, die ihm über all die Jahrzehnte zur Seite gestanden waren. Heute weiß man, dass er den Kampf mit großer Wahrscheinlichkeit hätte für sich entscheiden können, wenn er Oktavian bereits bei dessen Überfahrt aus Italien angegriffen und nicht wie eine Maus im Bann der Katze in den Sümpfen von Actium auf ihn gewartet hätte. So war die Schlacht so gut wie verloren, noch bevor sie begonnen hatte.

Die zahlenmäßig überlegene Truppe des Marcus Antonius ist geschwächt, die Auswahl des schlammigen, von Stechmücken verseuchten Lagerplatzes hat verheerende Folgen. Wie den historischen Quellen zu entnehmen ist, erkranken die Truppen an Malaria – die schweren Kampfschiffe mit ihren tonnenschweren Rammspornen aus Kupfer, der Schrecken jeden Feindes, die auch Oktavians Admiral Agrippa fürchtet, können nicht ausreichend bemannt werden. Das Führen einer Landschlacht wäre vernünftiger gewesen; doch Marcus Antonius entscheidet sich auf Drängen Kleopatras für eine Seeschlacht, berichtet der Chronist Plutarch: »Aber dermaßen war dieser nur ein Anhängsel der Frau, dass er trotz seiner großen Überlegenheit zu Lande Kleopatra zu Gefallen den Wunsch hatte, dass die Entscheidung durch die Seemacht fallen sollte, und dies obgleich er sah, dass wegen der unzureichenden Bemannung der Schiffe von den Kapitänen aus dem ›schon vielgeplagten‹ Griechenland Wanderer, Eseltreiber, Schnitter und unreife

Dieses Denkmal einer römischen Kriegsgaleere erinnert an den Sieg des Oktavian bei Actium.

Jünglinge zusammengeholt und zum Dienst gepresst wurden, dass aber auch so die Schiffe nicht voll bemannt wurden und größtenteils unvollkommen und schlecht manövrierten. Oktavian hingegen hatte eine nicht aus protzig in die Höhe gebauten, sondern aus wendigen, schnellen und voll bemannten Schiffen zusammengestellte und vorzüglich einexerzierte Flotte.«

Als die Flotte von Marcus Antonius mit 230 Einheiten am frühen Morgen in See stechen will, versperrt der Feind bereits den Weg aus der Bucht. Agrippa hat sein Geschwader halbmondförmig von Nord nach Süd küstennah in Position gebracht; eine einfache, aber sehr wirkungsvolle Taktik. Ein Augenzeuge sieht die Luft erfüllt von einem tödlichen Hagel aus Pfeilen und Katapultkugeln, der sich über die eingeschlossenen Schiffe ergießt. Sie können nicht die nötige Fahrt zum Rammen aufnehmen, und bald stehen sie in Flammen, getroffen von den gegnerischen Brandgeschossen. Von den wendigen Booten Agrippas entern nahkampferprobte Marineinfanteristen die manövrierunfähigen Schlachtschiffe des Marcus

Am 2. September des Jahres 31 v. Chr. kommt es vor dem griechischen Hafen Actium zur Entscheidungsschlacht.

Antonius. Plötzlich nutzt die ägyptische Flotte eine Lücke im Sperrriegel der Feinde und flieht, ohne überhaupt in die Kampfhandlungen einzugreifen. Eine schändliche Tat, die Königin Kleopatra in den Augen vieler Historiker völlig entehrt hat. Doch war die Ptolemäerin tatsächlich feige, oder führte sie im letzten Moment eine andere List im Schilde, um das Schicksal zu wenden? Zumal Marcus Antonius ihr postwendend folgt.

Seekriegshistoriker haben heute eine mögliche Erklärung für das Verhalten Kleopatras: Alle Schiffe unter dem Kommando von Marcus Antonius hatten Segel an Bord genommen, um sich eine Rückzugsmöglichkeit offen zu halten. Vielleicht hat diese Vorkehrung dazu geführt, dass eine Reihe seiner Verbündeten am Kampfeswillen ihres Anführers zweifelten, ihre Schiffe gleich zu Beginn der Schlacht abdrehten und sich im Hafen ergaben. Zu diesem Zeitpunkt soll Marcus Antonius selbst der Pharaonin das Zeichen zur Flucht gegeben haben, um ihr dann schnellstens zu folgen. Im »heimatlichen« Ägypten hoffte er, den Widerstand neu organisieren zu können. Aber nur etwas mehr als sechzig von seinen ursprünglich 500 Einheiten erreichten die rettende nordafrikanische Küste.

Doch der Großteil der Truppen bleibt zurück: neunzehn unbesiegte Legionen und 12 000 Reiter, berichtet Plutarch. Sieben Tage harren sie aus, bereit, bei seiner Rückkehr die Schlacht wiederaufzunehmen und das Glück zu seinen Gunsten zu wenden. Doch sie warten vergebens. Dieses Verhalten ist umso unverständlicher, da Marc Anton bis zu diesem Zeitpunkt als verlässlicher Feldherr galt. Nach Actium ist er ein geschlagener Mann.

Finale in Alexandria

Knapp ein Jahr später, am 1. August 30 v. Chr., erobern die Legionen Oktavians die Stadt Alexandria. Die letzten Truppen des Marcus Antonius haben die Seite gewechselt. Wilde Gerüchte machen die Runde. Als der einst so erfolgreiche Feldherr vom vermeintlichen Freitod Kleopatras hört, stürzt er sich in sein Schwert. Schwer verwundet stirbt er in ihren Armen.

Von der einstigen Pracht Alexandrias ist heute nicht mehr viel übrig. Ein paar Säulen und Skulpturen erinnern an die antike Metropole.

Zum zweiten Mal ist Kleopatras Versuch gescheitert, ihr Land durch eine Allianz mit Rom zu seiner einstigen Größe zu führen. Doch aufgeben will sie immer noch nicht. Sie ergreift den letzten Strohhalm, der Ägypten noch vor dem Untergang retten könnte, und macht Oktavian, dem Sieger von Actium und neuen starken Mann Roms, ein Angebot. Wieder ist es Cassius Dio, der in seiner Geschichte Roms, im Stil eines fiktiven Augenzeugenberichts, die Begegnung darstellt: »Sie ließ also eine kostbare Liege herrichten, schmückte sich auch selbst mit betonter Schlichtheit. In ihrem Trauerkleid machte sie tatsächlich einen bezaubernden Eindruck und nahm auf dem Sofa Platz; ihr zur Seite hatte sie viele und vielerlei Bilder seines Vaters [gemeint ist Oktavians Adoptivvater Julius Caesar] aufstellen lassen und außerdem all die Briefe, die er ihr geschickt hatte, in den Bausch ihres Gewandes gesteckt. Als dann Caesar [gemeint ist jetzt Oktavian] eintrat, erhob sie sich errötend und sprach: ›Sei gegrüßt, Herr! Denn ein Gott hat dir die Herrschaft verliehen, mir aber genommen. Doch du kannst ja mit eigenen Augen schauen, wie dein Vater aussah, als er mich wiederholt besuchte, und du weißt vom Hörensagen, wie er mich sonstwie auszeichnete und zur Königin der Ägypter machte. Damit du aber auch aus seinem eigenen Munde etwas über mich erfährst, nimm und lies diese Zeilen, die er mir eigenhändig schrieb!‹ Indem sie so sprach, las sie ihm viele Liebesworte Caesars vor, und bald klagte sie und küsste seine Briefe, bald warf sie sich vor seinen Bildern zu Boden und erzeigte ihnen Verehrung. Dabei richtete sie immer wieder ihre Augen weinend auf Caesar, beklagte ihr Los in klangvoller Sprache und ließ sich in schmelzenden Tönen vernehmen [...] Solcher Raffinesse in Wort und Benehmen bediente sich Kleopatra, während sie ihrem Gegenüber süße Blicke zuwarf und schmeichelnd zuredete. Oktavian war zwar nicht unempfindlich für ihre leidenschaftliche Sprache und die Schläge, die sie sich versetzte, ließ es sich aber nicht anmerken, sondern sagte nur, die Augen zu Boden gesenkt: ›Sei guten Mutes, Frau, und bewahre dir ein gutes Herz; denn nichts Schlimmes wird dir widerfahren!‹ Kleopatra war tief bestürzt, dass er sie weder anblickte noch eine Bemerkung über die Königswürde oder ein Liebeswort fallen ließ, sie warf sich ihm daher zu Füßen und rief schluchzend: ›Caesar, ich will und kann auch nicht leben! So bitte ich in Gedenken an deinen Vater wenigstens um die Gnade, dass ich, da mir Gott nach ihm Antonius geschenkt hat, auch mit Antonius zusammen sterben darf!‹ […] Solche Worte sprach die Frau, um Mitleid zu finden, doch Caesar blieb darauf stumm; aus Furcht freilich, sie möchte sich das Leben nehmen, hieß er sie wieder, guten Mutes sein, und beließ ihr nicht nur ihre Dienerschaft, sondern verwandte auch noch besondere Fürsorge auf sie, damit sie seinem Triumph noch größeren Glanz verleihe. Kleopatra argwöhnte diese Absicht Caesars, und da sie solch ein Los schlimmer als tausendfachen Tod erachtete, erfasste sie ein wirkliches Verlangen, aus dem Leben zu scheiden.«

Nach der Niederlage versucht Kleopatra, auch Oktavian mit ihren Reizen zu umgarnen.

Eine sehr tendenziöse Schilderung, die die weitsichtige und eiskalte Vorgehensweise des Machtpolitikers Oktavian verklärt. Die Quintessenz aus diesem Bericht ist in Wahrheit: Oktavian hat aus der Geschichte gelernt. Er vertraut auf die eigene Stärke – er braucht Kleopatra nicht, um über Ägypten zu herrschen. Er braucht lediglich die Reichtümer Ägyptens, um die Kaiserwürde in Rom zu erringen. So vollendet er schließlich Caesars Pläne auf seine Weise.

Die gefangene Königin soll dem schaulustigen römischen Publikum noch einmal beim Triumphzug vorgeführt werden, aber sie kommt der Schmach zuvor. Am 12. August des Jahres 30 v. Chr. wählt die letzte Pharaonin den Freitod. Kleopatras Leben endet durch das tödliche Gift einer Schlange – so erzählen es die Geschichtsbücher. Den Selbstmord habe sie von langer Hand vorbereitet, die richtige Dosierung des Giftes sogar an Verbrechern ausprobiert. Doch alle Berichte sind historisch kaum verlässlich. Statt überprüfbarer Fakten kolportieren sie Gerüchte und stricken mit an der Legendenbildung. Einzig der römische Dichter Horaz, ein Zeitzeuge, widmet ihrer Tat respektvolle Verse:

»Mit ungetrübtem Antlitz besetzt zu sehn
Die eigne Burg, sie wagte es und ergriff
Entschlossen grauenvolle Vipern,
Nahm mit dem Körper das schwarze Gift auf

Der selbst gewählte Tod gibt ihr wilde Kraft:
Klar ist, sie gönnte unseren Schiffen nicht,
Dass ohne Würde man sie schleppen –
Welch eine Frau – zum Triumph, dem stolzen.«

Aber nahm sich Kleopatra tatsächlich mit Hilfe des berühmtesten Schlangenbisses der Weltgeschichte selbst das Leben? Oder hatte Oktavian seine Hand im Spiel? Sicher ist, dass der siegreiche Feldherr in Bezug auf mögliche zukünftige Rivalen skrupellos und entschlossen handelt. Ohne zu zögern lässt er Caesarion liquidieren. Auch Antyllus, der älteste Sohn des Marcus Antonius und dessen

Der berühmteste Schlangenbiss der Welt setzt Kleopatras Leben ein Ende – Wahrheit oder Legende?

römischer Gemahlin Fulvia, wird auf seinen Befehl hin ermordet. Er will kein Risiko eingehen, handelt kühl berechnend mit »dynastischer« Logik. Mit Caesarion beseitigt er nicht nur den legitimen Erben der Pharaonenkrone, sondern auch den einzigen direkten Nachkommen Caesars. Denn den gemeinsamen Kindern von Kleopatra und Marcus Antonius krümmt er kein Haar, sondern vertraut ihre Erziehung sogar seiner Schwester Oktavia, der geschiedenen römischen Frau des Antonius, an.

Heute erscheinen Oktavians Schachzüge in einem neuen Licht. Das Testament seines Onkels Caesar hatte ihm den Weg zur Macht geebnet: Caesar habe ihn adoptiert und zum Nachfolger bestimmt –, so verkündet es dessen angeblich letzter Wille. Doch die moderne

Wissenschaft bestätigt alte Zweifel an der Echtheit von Caesars Verfügung. Offenbar hat Oktavian das Vermächtnis nachträglich zu seinen Gunsten verfälscht.

Die neue Weltmacht – Rom

Im August des Jahres 29 v. Chr. feiert Oktavian in Rom drei Tage lang seinen Triumph über Ägypten. Es wird berichtet, dass er eine Wachspuppe der Kleopatra anfertigen ließ, an deren Arm eine Viper befestigt war. Sie wird als Ersatz für die lebendige Königin durch die jubelnden Massen getragen. Mit dem erbeuteten Gold aus Ägypten schmückt er die Tempel der römischen Götter, und jeder römische Bürger erhält auf seine Anweisung 400 Sesterzen aus dem Pharaonenschatz zum Geschenk. Es kommt so viel Gold in Umlauf, dass der Zinssatz von zwölf auf vier Prozent sinkt. Für seinen überwältigenden Sieg in der Schlacht von Actium errichtet der Senat Oktavian einen Triumphbogen.

Oktavian wird zum ersten Alleinherrscher Roms und trägt künftig den Ehrentitel »Augustus«.

Oktavians Aufstieg ist nun nicht mehr aufzuhalten. Nachdem der römische Senat ihm 27 v. Chr. den Ehrentitel »Augustus«, »der Erhabene«, verliehen hat, macht er sich daran, eine nachhaltige, ja bis in unsere Zeit gültige Veränderung im alltäglichen Leben einzuführen. So wie sein Adoptivvater Gaius Julius Caesar zu eigenen Ehren den fünften Monat des römischen Jahres von »Quintilius« in »Julius« umbenannte, so ordnet Oktavian nun Gleiches für den darauf folgenden sechsten Monat an: Aus »Sextilis« wird »Augustus«. Und da der neue Caesar nicht hinter seinem Adoptivvater zurückstehen will, der sechste Monat des Jahres bis dato aber nur dreißig Tage hatte, lässt er dem neuen Monat einfach einen Tag hinzufügen. Seitdem sind Juli und August die einzigen aufeinander folgenden Monate eines Jahres, die beide 31 Tage zählen. Anders als Caesar wählt Oktavian nicht seinen Geburtsmonat, sondern den Monat, der sein Leben und das Geschick des römischen Reiches entscheidend veränderte.

Pharao Augustus

Nach dem Tod Kleopatras verändert Oktavian die Struktur des Alten Ägypten von Grund auf. Zu gefährlich erscheint es ihm, Ägypten unter den Befehl eines aufstrebenden Senators zu stellen. Als Erstes lässt er die Grenzen Ägyptens schließen und macht das Land zu seiner persönlichen, einer kaiserlichen Provinz. Denn die 500 Schiffe mit Korn, die alljährlich von hier aus nach Italien segeln, sind eine zu große Gefahr für die Macht des Imperators: Wer diese Nahrungstransporte kontrolliert, beherrschte Rom. Reisen nach Ägypten, insbesondere für römische Senatoren, sind nur noch mit speziellen Visa möglich. Die seit Jahrtausenden bestehende Verwaltung des Landes wird aus den Händen der einheimischen Oberschicht genommen und römischen Verwaltungsbeamten übertragen. Ihr einziges Bestreben ist es, Abgaben für die kaiserliche Kasse aus dem Land zu pressen. Die ägyptische Elite versinkt in Bedeutungslosigkeit.

Politisch und wirtschaftlich ist Ägypten am Ende. Kulturell aber zeigt sich Oktavian als wahrer Erbe der Pharaonen. Die von Kleopatra begonnenen Bauten lässt er fertig stellen – in seinem Namen. Im Berliner Ägyptischen Museum ist das Kalabscha-Tor wieder errichtet worden, das als Dankeschön Ägyptens für die Rettung von Kulturgütern am Assuan-Staudamm nach Deutschland kam. Der Bau ist der steinerne Beweis für das wahre Ende des Pharaonenreichs. Der Reliefschmuck am Torbogen stellt Königin Kleopatra dar, wie sie den Göttern opfert. Die nebenstehende Namenskartusche aber nennt den ägyptischen Namen Oktavians, der das von Kleopatra in Auftrag gegebene, aber noch nicht fertig gestellte Tor für sich beanspruchte. Nach Intervention der ägyptischen Priesterschaft – und einer angeblichen Schmiergeldzahlung von 2000 Talenten Gold –, verzichtete Oktavian allerdings auf das Ausmeißeln von Kleopatras Bildern und Namenskartusche in den Tempeln.

Der erste Aufenthalt Oktavians in Alexandria ist zugleich auch sein letzter. Nach Kleopatras Selbstmord wird er das Land am Nil nie wieder betreten. Ägyptens Zauber, dem so viele erlagen, hat auf ihn keine Wirkung. Er besucht das Grab Alexanders und beschädigt dabei angeblich die Mumie des Weltherrschers. Auf die Sarkophage der Ptolemäerkönige wirft er noch nicht einmal einen Blick. »Ich bin gekommen, um einen König zu sehen und keine Leichen«, überliefert Cassius Dio die Worte des Römers.

Augustus konzentriert sich auf Rom. Während seines Prinzipats wird die Metropole zu »Roma Eterna«, der Ewigen Stadt, von wo aus auch der durch ihn diktierte »Ewige Frieden« die Welt beherrschen soll. Am Ende wird er Kaiser und ernennt sich selbst zum Gott; verwirklicht, woran Caesar, Marcus Antonius und Kleopatra scheiterten. Ein heute nur in Fragmenten erhaltener Baukomplex soll auf dem Marsfeld wie ein Gesamtkunstwerk sein Vermächtnis demonstrieren. Mittelpunkt der Anlage ist ein aus dem Tempel des ägyptischen Sonnengottes in Heliopolis herbeigeschaffter Obelisk. Archäologen haben jetzt erkannt, dass die gesamte Anlage eine gigantische Sonnenuhr darstellt, mit dem Obelisken als Gnomon, als Zeiger. Oktavian verbindet darin griechische und ägyptische Religionstraditionen zu einem einzigartigen neuen Kultheiligtum; dies ist zugleich eine politische Aussage. Denn die Sonnenuhr ist ein Messinstrument der kosmischen Ordnung. Die auf ihr angebrachte Inschrift, die ihn als Stifter benennt, lautet: »Dem Sonnengott als Weihgeschenk, nachdem Ägypten der Herrschaft des römischen Volkes gegeben war.« Mit anderen Worten: Selbst die kosmische Ordnung sieht vor, das Ägypten fortan Rom untertan ist.

Interessanterweise lässt Augustus die Statue der Kleopatra im Tempel der Venus genetrix nicht umstürzen. Er weiht sie lediglich zu einer »Venus« um – vielleicht aus Ehrfurcht vor deren Stifter, seinem Adoptivvater: Julius Caesar. So kommt es, dass die Göttin mit dem Antlitz der ägyptischen Königin noch 250 Jahre nach dem Tod der Kleopatra dort zu sehen war.

Für ihr Volk, die Ägypter, war sie die »Königin der Könige«; für die Römer nur eine »orientalische Tempelhure«, die sich anmaßte, Rom in einen neuen Bürgerkrieg zu ziehen, in dem römische Truppen wieder gegen römische Truppen kämpfen, und das nachdem Oktavian bereits Jahre zuvor das Ende des Bürgerkrieges ausgerufen hatte. Die römische Geschichtsschreibung konnte nicht sanft mit

Die letzte Herrscherin der Ptolemäer – für ihr Volk war sie die »Königin der Könige«, für die Römer der Inbegriff orientalischer Verderbtheit.

ihr umgehen. Sie musste die Königin brandmarken, um die eigenen Helden zu schonen. Doch im Laufe der Jahrhunderte hat die Geschichte ihr Bild wieder zurechtgerückt. Schon bei William Shakespeare durfte Kleopatra wieder eine starke Königin und ebenbürtige Partnerin des Marcus Antonius sein. Und nichts macht ihren Einfluss auf die damalige Zeit deutlicher als die Feststellung des Historikers William W. Tarn: »Rom, das niemals zugab eine Nation oder ein Volk zu fürchten, fürchtete in seiner Zeit zwei menschliche Wesen; eines davon war Hannibal, und das zweite eine Frau.«

In der Phantasie der vergangenen und wohl auch noch der kommenden Generationen, wird Kleopatra aber wohl immer das bleiben, was sie bereits auf unzähligen Gemälden und in zahlreichen Filmen ist: eine verführerische Schönheit, die dem glanzvollen Reich der Pharonen den Untergang brachte.

HANS-CHRISTIAN HUF

Sturm über
Persien –
Tödlicher
Irrtum eines
Weltreichs

Konflikt zwischen ungleichen Gegnern. Das Relief aus Persepolis zeigt einen Kampf zwischen Löwe und Stier.

In endlosen Reihen ziehen die Völker des Persischen Reiches zur Tribut-zahlung.

»Weh euch, ihr Städte aller Lande Asias!
Weh, Perserland, dir, alles Reichtums stolzer Port!
Wie hat hinweg ein Schlag der Schätze Pracht gerafft!
Dahingesunken ist die Blüte Persiens!
Ach! Traurig Amt, der Trauer erster Bote sein!
Und doch, die Not will's, Perser, dass ich alles Leid
Auffalte; umkam, weh! der Barbaren ganzes Heer!«

DER BOTE IN AISCHYLOS: DIE PERSER

Im einsamen Hochland des nördlichen Iran entschied sich 330 v. Chr. das Schicksal einer Weltmacht. Dareios III., letzter persischer Großkönig, endete als Flüchtling, sein mächtiges Reich lag in Trümmern. Aus dem Nichts schien es einst hervorgegangen zu sein und hatte doch zweihundert Jahre lang unerschütterlich allen Angreifern standgehalten.

Auf dem Höhepunkt seines Einflusses erstreckte es sich über vier Millionen Quadratkilometer. Die reichen Städte des fruchtbaren Zweistromlandes, Babylon und Susa, sogar das große Ägypten hatte Persien unterworfen. In den Weiten des iranischen Hochlands lagen die Zentren seiner Macht, die Palaststädte Pasargadae und Persepolis. Auf den kunstvollen Reliefs, die die gewaltigen Wände der großen Treppenanlagen von Persepolis zierten, zog eine immerwährende Prozession zum Thron der persischen Großkönige. In langen Reihen schritten die Untertanen, fein in Stein gemeißelt, mit den Gaben ihrer Länder zum Palast, um einem Reich zu huldigen, dessen Herrscher über zwei Jahrhunderte eine scheinbar unveränderliche Weltordnung aufrechterhielten. Möglich war das durch eine Verwaltung, die so fortschrittlich war, dass man erst heute ihren Aufbau zu verstehen beginnt. Durch Truppen, die schlachtbewährt waren und berühmt für moderne Waffen, für Kampfelefanten und Sichelwagen. Durch eine hervorragende Infrastruktur, durch kostbares Wasser, das überall in diesem gewaltigen Reich durch mühsam angelegte Kanäle und Gräben auf die fruchtbaren Felder floss; ein ewiger Quell des Reichtums. Die Hauptstadt Persepolis war angefüllt mit den Schätzen vieler verschiedener Völker, mit unvorstellbarem Luxus. Der Thronsaal, in dem Dareios III. seinen Untertanen gegenübertrat, war ein achtes Weltwunder. Diese königlichen Hallen, hundert Meter lang, mit gewaltigen Decken, die auf zwanzig Meter hohen Säulen ruhten, waren das sichtbare Symbol des größten Weltreichs seiner Zeit. Und doch zerfiel es nach nur einem Krieg, auf dem Gipfel seiner Macht stehend. Seit über zwei Jahrtausenden gibt der Untergang des Persischen Reiches den Historikern Rätsel auf.

Die Schatzkammern Persiens waren angefüllt mit unermesslichen Reichtümern und Kunstschätzen.

Eine effektive Bewässerungswirtschaft war der Schlüssel zum Reichtum Persiens.

Geheimnisvolles Persien

Die Geschichte Persiens reicht viele tausend Jahre zurück, bis zu den Anfängen der menschlichen Zivilisation. Einst zogen hier nomadische Völker mit ihren Herden über die kargen Weideplätze der Hochebenen, und auf sagenumwobenen, uralten Handelswegen reisten lange Karawanen über die Berge und durch die Ebenen, beladen mit den Luxusgütern des Ostens und des Westens. Rätselhafte Stadtkulturen, deren Ursprünge immer noch im Dunkel der Geschichte liegen, erschienen plötzlich aus dem Nichts und verschwanden erst Jahrhunderte oder Jahrtausende später. Viele Epochen, viele Herrscher und viele Kulturen haben im Iran ihre Spuren hinterlassen. In den endlosen Sand- und Salzwüsten des Landes ragen strahlende Monumente auf, beeindruckende Zeugen großartiger kultureller Blüten. Die Moscheen, Gärten und Paläste Persiens wurden zum Vorbild für die Mogulherrscher Indiens und ihre prachtvollen Bauten. Im 18. Jahrhundert trugen die ersten europäischen Reisenden die Kunst und die Erzählungen Persiens in ihre Heimatländer, wo sie Künstler und Wissenschaftler zu neuen Formen und Erkenntnissen anregten. Bald wandten sich auch westliche Sprachforscher und Historiker der Geschichte Persiens zu. Sie zeichneten nach, wie Größe und Glanz Persiens aus bescheidenen Anfängen hervorgegangen waren, mehr als zweitausend Jahre zuvor. Persien, das war ursprünglich nur ein Stammesgebiet im Südwesten des heutigen Iran. Seine Einwohner nannten die Region »Pars«; griechische Historiker der Antike machten daraus »Persis«. Durch Lautverschiebung unter dem Einfluss der arabischen Sprache entstand später aus »Pars« das Wort »Fars«, das heute eine iranische Provinz bezeichnet. Mit dem Aufstieg der Völkerschaften, die dort lebten, dehnte sich »Persien« über seine traditionellen Grenzen aus. Überall dort, wo Menschen lebten, deren Herkunft in der »Persis« lag, war nun Persien; eine Region, die bis weit hinein in die heutigen Staaten Afghanistan, Pakistan, Turkmenistan, Usbekistan, Tadschikistan und Kirgistan reichte. »Iran« hat man das persische Staatsgebiet erst viel später genannt, im dritten Jahrhundert nach Christus, zur Zeit der Sassaniden. Mit dem Fall des Sassanidenreichs im Jahr 642 n. Chr. geriet der Begriff jedoch in Vergessenheit. Erst 1934 wurde der Staat Persien unter seinem Herrscher Reza Shah noch einmal in »Iran« umbenannt.

Das Staatsgebiet des heutigen Iran – und damit das Kerngebiet des antiken Persischen Reiches – ist ein großes Hochland mit Senken und Teilbecken, das an mehreren Seiten von Randgebirgen eingefasst wird. Im Norden begrenzen es, kurz vor dem Kaspischen Meer, die Erhebungen des Elbursgebirges mit bis zu 5600 Metern Höhe und die nordiranischen Randgebirge. Im Süden ragen die Ketten des Zagros-Gebirges in mehreren, parallelen Gebirgszügen von teils über 3000 Metern Höhe auf und schirmen den Iran gegen den Persischen Golf und Mesopotamien ab. Im Osten sind es Gebirgsketten, die von Belutschistan weiter nach Norden bis zum Hindukusch verlaufen. Das weitläufige Innere des Beckens, von imposanten Gipfeln umrahmt, ist im Wesentlichen eine große Hochebene, aufgeteilt in einzelne Becken und Senken durch weitere Gebirgszüge. Es ist eine regenarme Landschaft, geprägt von großen Wüsten. Nur an den Randgebirgen im Norden nahe der Kaspischen See gibt es regelmäßige Niederschläge. Überall in diesem trockenen Land sind die Flüsse und Bäche, die nach der Schneeschmelze im Frühjahr von den Berghängen herabstürzen, Garanten des Lebens

Mandel- und Granatapfelplantagen – eine grüne Oase am Rand der Wüste nahe Yahzd.

und Symbole der Fruchtbarkeit. Dass einst, wie die antiken Chronisten berichten, in den heute trockenen Gebieten des Iran viele Menschen in grünen und fruchtbaren Landschaften lebten, mag sicher zum Teil daran liegen, dass damals andere Klimabedingungen herrschten. Aber man steht auch staunend vor der Leistung der antiken Baumeister und Ingenieure, denen es gelungen war, überall im riesigen Herrschaftsgebiet der persischen Großkönige Bewässerungsanlagen zu bauen und blühende Gärten zu unterhalten.

Trotz all dieser Errungenschaften, und daran haben viele Historiker über lange Zeit geglaubt, habe das Persische Reich zwangsläufig zugrunde gehen müssen. Und zwar an seiner eigenen Größe und seinem Reichtum. Letztlich sei es seinen vielen Aufgaben nicht gewachsen gewesen. Aber war das wirklich so?

Das persische Achämenidenreich
SCHWARZES MEER
Marathon 490 v. Chr.
Athen
Salamis 480 v. Chr.
Sparta
Lydien
Ephesos
Phrygien
Milet
Armenien
Kilikien
Rhodos
Issos 333 v. Chr.
Kreta
Knossos
Gaugamela 331 v. Chr.
Ninive
MITTELMEER
Byblos
Sidon
Tyros
Samaria
Gaza
Jerusalem
Euphrat
Tigris
Babylon
Libyen
Memphis
Nil
Ägypten
Arabien
ROTES MEER
Das persische Achämenidenreich zur Zeit der größten Ausdehnung
Wichtige Schlacht

ARAL SEE
KASPISCHES MEER
Massageten
Sogdien
Baktrien
Hindukusch
edien
Parthien
Ekbatana
usa
Wüste Lut
Pasargadae
Persepolis
Persis
Indus
INDIEN
Gedrosien
Indus
PERSISCHER GOLF
INDISCHER OZEAN

Streit um das Perserreich

»Das Achämenidenreich, das seit zwei Jahrhunderten die Nationen des Vorderen und Mittleren Orients zu einer großen Staats- und Schicksalsgemeinschaft zusammengeschlossen hatte, imponierend durch seine riesenhafte Ausdehnung, sein unerschöpfliches Menschenmaterial und seine märchenhaften materiellen Hilfsquellen, war nur noch ein ›Koloss auf tönernen Füßen‹. Es war der persischen Zentrale nicht gelungen, die vielen Völker und Stämme miteinander zu verschmelzen und die starken feudalistischen zentrifugalen Tendenzen [...] zu bändigen.« So fasste der große Althistoriker Hermann Bengtson im Jahr 1950 in seiner »Griechischen Geschichte von den Anfängen bis in die Römische Kaiserzeit« die Schwächen des persischen Großreichs zusammen – und sprach damit vielen Historikern seiner Generation aus der Seele. Aber war es wirklich so? War das Achämenidenreich tatsächlich ein »Koloss auf tönernen Füßen«, ein schwaches Gebilde, das am Unvermögen seiner Herrscher und Verwaltung zugrunde ging? Die Berichte der

Die Perserkönige hinterließen nur wenige Zeugnisse wie diese Inschrift Ataxerxes' III.

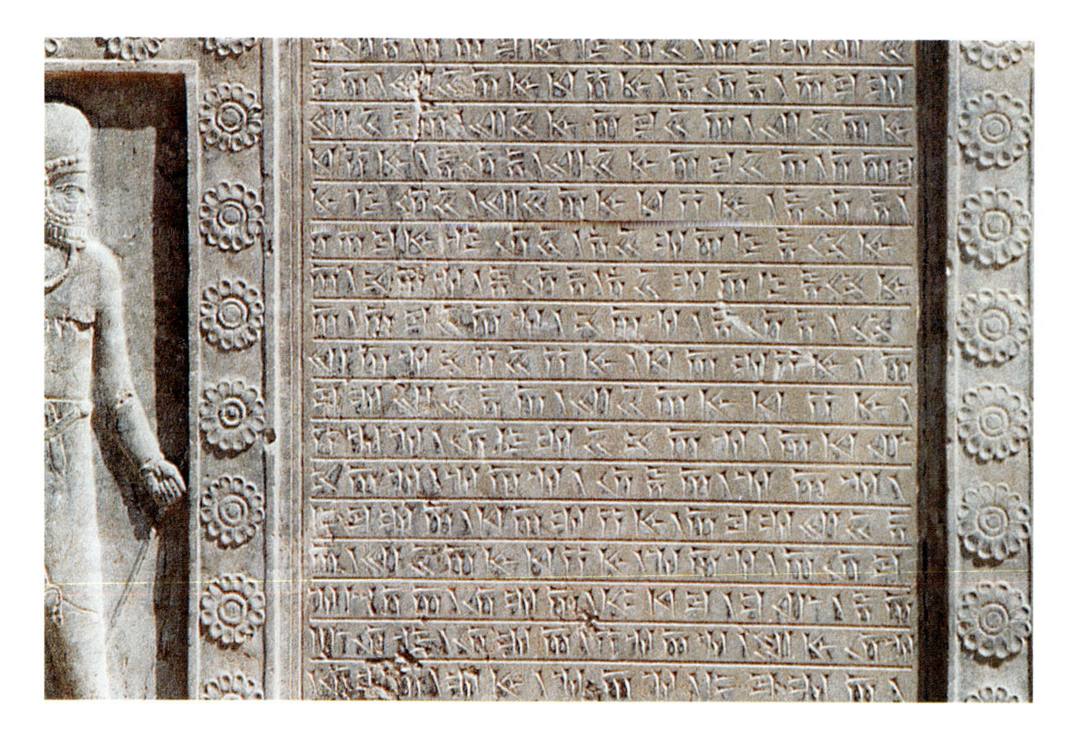

antiken griechischen und römischen Historiker über das persische Großreich der Antike haben solche Ansichten bestätigt. Das Persische Reich selbst scheint keine eigene Geschichtsschreibung hervorgebracht und keine literarischen Werke hinterlassen zu haben – oder man hat diese höchst wertvollen Zeugnisse bis heute nicht gefunden. Überlebt haben nur die Inschriften der persischen Könige, an Felswänden angebracht als sichtbares Zeugnis ihrer Herrschaft, und die Figurenfriese der Residenzen, auf denen in seltsam erstarrtem Zug die Völker des Persischen Reiches am Betrachter vorbeiziehen. Auch einige tausend kleine Tontäfelchen, die Archäologen bei Grabungen ab 1935 in Persepolis freigelegt haben, geben kaum Aufschluss über die geheimnisvolle Kultur der alten Perser – obwohl sich auf den Tafeln durch einen historischen Zufall Anweisungen der Reichsverwaltung erhalten haben. Die Geheimnisse dieser fremden, bis heute nur teilweise verstandenen Kultur, konnte dieser Fund aber auch nicht lüften.

Die persischen Krieger sind für ihren Mut und ihre Schlagkraft bekannt. Auf diesem Relief ist das Kurzschwert »Sparabara« deutlich zu erkennen.

Mancher Historiker erlag angesichts der mageren Quellenlage wohl der Versuchung, das antike Perserreich einzig als Gegenpol zur lichten, »europäischen« Kultur der griechischen Antike zu betrachten: seelenlos, kalt und grausam, reduziert auf den ewigen Konflikt mit den Griechen. Noch heute findet man solche Meinungen in vielen populären Geschichtswerken und Schulbüchern. Über zwei Jahrtausende war die Geschichtsschreibung in der europäischen Welt geprägt von der Idealisierung der »Alten Griechen«. Die antiken griechischen Werke, verfasst von Schriftstellern, Politikern und Wissenschaftlern für ihre Zeitgenossen, wurden für westliche Forscher das Maß aller Dinge und galten als getreue Abbilder der Wirklichkeit. Für die antiken Griechen waren die Perser »Barbaren«, wie alle Völker, die nicht die einzige Sprache der Kultur – Griechisch –, sprachen. Misstrauisch, aber auch neidisch beschrieben

Immer wieder müssen die persischen Könige Aufstände niederschlagen. Das Relief von Bisotun zeigt aufständische Fürsten in Fesseln.

die griechischen Historiker den Glanz der Perserkönige, jener verschwendungssüchtigen, verweichlichten und vor allem despotischen Regenten. Lange schwankten die Chronisten zwischen Faszination und Abneigung, selbst noch nach jenen verheerenden persischen Kriegszügen gegen Griechenland in den Jahren nach 490 v. Chr., die aus den Schulbüchern als »Perserkriege« bekannt sind. Erst unter dem Einfluss der Gefahr, die vom Persischen Reich ausging, wandelte sich allmählich das Bild. Kurz vor dem Fall des Perserreichs, zur Zeit des letzten persischen Königs Dareios III., beschrieben griechische Schriftsteller Persien nur noch als eine durch und durch böse Macht, als eine Gegenwelt, in der brutale Herrscher über sklavische Untertanen herrschten, als einen barbarischen Unrechtsstaat der Gewalt. Noch heute kann man den Gegensatz zwischen dem »guten« Griechenland und dem »schlechten« Persien in unseren Vorstellungen von Orient und Okzident wiedererkennen. Damals wie heute dienten und dienen die einseitigen Berichte Propagandazwecken. Mit den Schauergeschichten von Grausamkeit und Ausschweifung am persischen Hof gelang es den Führern Griechenlands, die zersplitterten Staaten ihres Reiches zum Rachefeldzug gegen den gemeinsamen Feind zu vereinen – zu ihrem eigenen politischen Nutzen. Es ist schon erstaunlich, wie sich die Dinge im Lauf der menschlichen Geschichte wiederholen.

Das Reich der Achämeniden

ca. 600–580 v. Chr.	Kyros I. ist König von Anshan und Vasall des Mederreichs; er wird zum mythischen Gründer des Perserreichs
ca. 580–559	Kambyses I., Sohn des Kyros, übernimmt die Macht
ca. 578	Geburt von Kyros II.
550–49	Kyros II. besiegt das Mederreich und nimmt dessen Hauptstadt Ekbatana ein
547/46	Sieg über das Lyderreich unter König Kroisos
539	Sieg über Babylon
529	Kyros II. stirbt im Krieg gegen die Massageten
530–522	Kambyses II., Sohn Kyros' II., wird sein Nachfolger. Er habe seinen Bruder Bardiya als möglichen Rivalen in der Thronfolge ermorden lassen, berichten die Quellen
525	Im Frühjahr erreichen persische Truppen unter Kambyses II. Ägypten. Kambyses ernennt sich dort, nach der Ergreifung des Pharaos Psammetichus III., zum neuen Pharao
524/23	Eroberungszüge zur Festigung der Herrschaft in den Süden Ägyptens
522	Kambyses II. erfährt in Ägypten von einem Aufstand im persischen Kernreich. Der Magier Gaumata, der behauptet, der verschollene Bruder Kambyses II. zu sein, findet einige Unterstützung im Reich
April 522	Babylonische Aufzeichnungen melden den Tod Kambyses' II. Er stirbt noch in Ägypten oder auf dem Weg in die Heimat unter ungeklärten Umständen
September 522	Persische Adelige ermorden Gaumata nach nur wenigen Monaten der Herrschaft. Einer von ihnen wird als Dareios I. zum neuen König ernannt
521	Auf der Felsinschrift von Bisotun wird erstmals die persische Keilschrift benutzt, um den Sieg des Dareios über Gaumata und die anderen Aufständischen zu preisen

Dareios I. wird im Jahr 522 v. Chr. Großkönig des Persischen Reiches.

519–510 Neue Feldzüge gegen Skythen, Thraker und Makedonen vergrößern das persische Einflussgebiet, möglicherweise bis ins Industal

507/06 Gesandte des Stadtstaats Athen unterwerfen sich den persischen Königen

499–494 Im kleinasiatischen Ionien erheben sich die griechischen Städte mit athenischer Unterstützung gegen das Perserreich. Nach anfänglichen Erfolgen der Griechen erobern persische Truppen nach jahrelangen Gefechten das Hauptquartier der Aufständischen, die Stadt Milet

Auf ihren Kriegszügen besiegen die Perser Soldaten vieler Nationen, darunter auch thrakische Krieger.

490 Bei Marathon landen persische Flottenverbände. Mit starken Truppenverbänden wollen die persischen Feldherrn die Bedrohung durch Athen ausschalten. Athen erringt allerdings in einer Rückzugsschlacht einen entscheidenden Sieg

486 Tod des Dareios. Nachfolger wird sein Sohn Xerxes

485–481	Während der Herrschaft des Xerxes werden Aufstände in Ägypten und Babylonien niedergeschlagen
480	Seeschlacht bei Salamis gegen die griechische Flotte endet »unentschieden« – Sieg für Persien oder Griechenland, je nach Quellenmaterial
479	Dasselbe gilt für die Schlacht bei Plataiai. Der persische Feldzug gegen Griechenland scheitert endgültig
465	Xerxes wird ermordet. Sein Sohn Ataxerxes I. wird sein Nachfolger
465–424	Während seiner Regierungszeit gibt es neue Niederlagen gegen ein griechisches Bündnis
424	Nach dem Tod Ataxerxes' I. und der Ermodung des Thronfolgers wird Dareios II. persischer Großkönig
423–404	Während seiner Herrschaft unterstützt Dareios II. den griechischen Staat Sparta im innergriechischen Peloponnesischen Krieg
404/05	vermutetes Todesjahr des Dareios
404/05–359	Sein Sohn Ataxerxes II. wird sein Nachfolger. Sein Bruder Kyros wagt den Aufstand gegen ihn, wird aber in einer Schlacht getötet. Das Persische Großreich verliert die Kontrolle über Ägypten
359–338	Nach dem Tod Ataxerxes' II. folgt dessen Sohn Ataxerxes III. nach. Während seiner Herrschaft wird Ägypten zurückerobert
338	Ataxerxes III. wird ermordet
336	Ein Urenkel Dareios' II., Dareios III., übernimmt die Macht
337	Philipp II. von Makedonien wird Anführer des »Korinthischen Bundes«
336	Nach der Ermordung seines Vaters besteigt Alexander den makedonischen Thron
334–330	Alexander der Große beginnt seinen Feldzug. Nach Siegen am Granikos, in Issos und Gaugamela erobert er einen großen Teil des Perserreichs
330	Dareios III. wird auf der Flucht von seinen eigenen Gefolgsleuten ermordet. Das Achämenidenreich existiert nicht mehr

Diese Hundefigur aus poliertem Stein, gefunden in den Ruinen von Persepolis, wird heute im Nationalmuseum von Teheran ausgestellt.

Aufstieg zur Macht

Dareios III., der letzte Herrscher des antiken Perserreichs der Achämeniden, war der Nachfolger mächtiger Könige, die lange vor ihm jenes gewaltige Reich aufgebaut hatten. Er scheint bis zuletzt nie daran gezweifelt zu haben, dass Persien auch unter seiner Herrschaft jeder Herausforderung widerstehen könnte. Schließlich hatte es alle Zeitenwenden überdauert, allen Feinden getrotzt, seit der Zeit seiner mythischen Gründer. Ein Vorgänger des letzten Perserkönigs, Kyros II., hat in imposanten Worten die Herkunft der Achämeniden auf einer Inschriftenrolle festgehalten, dem so genannten Kyros-Zylinder, der sich heute im British Museum in London befindet: »Ich bin Kyros, König des Weltreichs, der große König, der mächtige König, der König von Babylon, der König von Sumer und Akkad, der König der vier Teile der Welt, Sohn des Kambyses, des großen Königs, des Königs von Anshan, des Enkels von Kyros, dem großen König, dem König von Anshan, dem Nachkommen von Teispes, dem großen König, dem König von Anshan, aus einer Familie stammend, die immer Königswürde getragen hat, deren Herrschaft [die Götter] Bêl und Nabu lieben, welche sie als Könige wollen, um sich das Herz zu erfreuen.«

Kyros I., König von Anshan, war der Gründer des Perserreichs. Zwanzig Jahre lang, von 600 bis zu seinem Tod 580 v. Chr. herrschte er über das Land Anshan, das in der Ebene von Marv Dasht in der iranischen Provinz Fars, dem persischen Kernland, lag. Wahrscheinlich war Kyros I. kein souveräner, unabhängiger Fürst, sondern ein Vasall, ein tributpflichtiger Untertan des rätselhaften Reichs der Meder. Nach seinem Tod scheint sein Sohn Kambyses I. die Herrschaft über Anshan übernommen zu haben. Der antike griechische Historiker Herodot nennt ihn einen Mann, »der von guter Herkunft und ruhigem Wesen war«. Kambyses sei es gelungen, so Herodot, durch die Heirat mit einer medischen Prinzessin sein Stammland im Südwesten des Iran mit dem Mederreich zu vereinen. Ob diese Heirat wirklich stattgefunden hat und sein Sohn Kyros II. später tatsächlich aus dieser Verbindung hervorgegangen ist, gilt nach neueren historischen Erkenntnissen als sehr ungewiss.

Ninive, die Hauptstadt des mächtigen Reiches der Assyrer, in einer Darstellung aus dem 19. Jahrhundert.

Mag sein, dass die persische Hofpropaganda späterer Tage mit der Erzählung von jener Vermählung politische Ziele verfolgte. Die Verbindung des Kambyses zum medischen Reich, sei es als Vasall oder Ehemann einer medischen Prinzessin, sollte auf jeden Fall den Aufstieg der persischen Großmacht erst ermöglichen.

Seit dem neunten Jahrhundert vor Christus hatten die Assyrer, die damals größte und älteste Macht in der Region, in ihren Aufzeichnungen den Stamm der Meder, der im Osten siedelte, vermerkt. Zwei Jahrhunderte später eroberten besagte Meder mit babylonischer Unterstützung die alten Städte Assur und Ninive. In den folgenden Jahrzehnten und Jahrhunderten scheinen sie ihr Reich immer weiter nach Westen ausgedehnt zu haben, bis zu den wilden Stämmen der Skythen, Mannäer und Lyder.

Nur wenige Jahre nach dem Tod des Kambyses 559 v. Chr., im dritten oder sechsten Jahr des babylonischen Königs Nabonid, so berichten Tontafeln aus Babylon, gelang es Kyros II., dem Sohn des Kambyses, die Meder militärisch vernichtend zu schlagen. Er hatte sich damit endgültig aus der Vasallenschaft befreit. Symbolträchtig nahm der persische König die Mederresidenz Ekbatana ein, plünderte das dortige Schatzhaus und schaffte die Beute in seine Heimat.

Mit seiner charakteristischen Mischung aus kriegerischer Entschlossenheit und politischer Klugheit wurde Kyros II., genannt »der Große«, geboren im Jahr 578 v. Chr., zum eigentlichen Gründer des Persischen Reiches.

Unter seiner Herrschaft wuchs ein loser Verbund nomadischer Völker und sesshafter Stadtbewohner zu einer politischen Einheit: dem Achämenidenreich, so genannt nach dem griechischen Namen des legendären Stammvaters »Achaimenes«. In einem Hochtal des Stammlandes Pars, genau an jener Stelle, an der er die medische Armee geschlagen hatte, ließ Kyros II. seine neue Hauptstadt Pasargadae errichten. Sie sollte ein politisches wie religiöses Zentrum werden und die Erinnerung an die kriegerischen Wurzeln des Persischen Reiches für alle Zeiten bewahren. Auf vielen weiteren Kriegszügen besiegte Kyros II. den sagenhaft reichen König Kroisos von Lydien, der als der sprichwörtliche »Krösus« in unsere Sprache eingegangen ist, und eroberte die griechischen Städte Kleinasiens. Wahrscheinlich geriet auch die uralte Stadt Elam bald unter seinen Einfluss. Im Oktober des Jahres 539 v. Chr., nach einem weiteren Krieg mit heftigen Kämpfen, rang Kyros II. Babylon nieder, die größte Stadt ihrer Zeit und »Hauptstadt« des neubabylonischen Reichs. Der Perserkönig scheint dort nach örtlichen Bräuchen und Gesetzen geherrscht zu haben, als babylonischer König. In seinen erhaltenen Propagandaschriften bezeichnet er sich sogar als ein von Marduk, der babylonischen Hauptgottheit, Erwählter. Mit dieser Anpassung an lokale Traditionen einerseits und durch religiöse Toleranz andererseits schuf er die Voraussetzungen für eine Zusammenarbeit der Elite des Landes mit dem fremden Regenten.

Kyros der Große als Staatsmann mit Bogen. Im 18. Jahrhundert wurde Persien als Motiv für Künstler entdeckt.

Als neuer Herrscher über Babylon, so berichtet das Alte Testament der Bibel, habe Kyros das jüdische Volk aus der sprichwörtlich »Babylonischen Gefangenschaft« entlassen. Die Judäer, die einst von Nebukadnezar deportiert worden waren, sollten nach Jerusalem zurückkehren dürfen, um dort den Tempel Salomos wieder aufzubauen. Denn auch Palästina und Syrien waren mit dem Sieg über Babylon an das Persische Reich gefallen: »So spricht der HERR, dein Erlöser, der dich vom Mutterleibe bereitet hat: Ich bin der HERR, der alles schafft, ... der zu Cyrus [Kyros] sagt: Mein Hirte! Er soll all meinen Willen vollenden und sagen zu Jerusalem: werde wieder gebaut! Und zum Tempel: werde gegründet! So spricht der Herr zu seinem Gesalbten, zu Cyrus, den ich bei seiner rechten Hand ergriff, daß ich Völker vor ihm unterwerfe und Königen das Schwert abgürte, damit vor ihm Türen geöffnet und Tore nicht verschlossen bleiben« (Deuterojesaja, Jes 44,24.28; 45,1).

Den kriegerischen Erfolgen Kyros II. schien kaum eine Grenze gesetzt. Vielleicht konnte der König in den folgenden Jahren auch Baktrien und das Land der Skythen erobern, genau wissen das die Forscher wegen der spärlichen Aufzeichnungen nicht. Der antike Historiker Arrian (ca. 87–145 n. Chr.) behauptet sogar, Kyros

Der Turm von Babel, dargestellt von Pieter Bruegel d. Ä., ist das Symbol der größten Stadt ihrer Zeit: Babylon.

Das Grabmal Kyros des Großen in Pasargadae ist eines der markantesten Bauwerke des antiken Perserreichs.

habe eine Expedition nach Indien gesandt und auch dort gesiegt – aber das ist wie so vieles in den alten Berichten heute nicht mehr überprüfbar.

Kyros der Große starb 529 v. Chr. auf dem Gebiet des heutigen Kasachstan im Kampf gegen den Stamm der Massageten. Er wurde in einem steinernen Mausoleum nahe seiner Residenzstadt Pasargadae beerdigt, in einem der markantesten Bauten, die das Persische Reich überdauert haben. In einem Leben nie endender Kriegsführung hatte er eines der größten Reiche der Antike errichtet, eine einheitliche Währung geprägt, die Anlage von Bewässerungssystemen veranlasst und eine Verwaltung geschaffen, die noch lange nach seinem Tod die Gesellschaft prägen sollte. Seinen Nachfolgern war er unerreichtes Vorbild – und stete Ermahnung.

Glanz und Gefahr

Die Nachricht vom Tod Kyros II. erreichte Babylon im Dezember des Jahres 530 v. Chr. Von diesem Zeitpunkt an wurden die offiziellen Aufzeichnungen mit »Im Ersten Jahr der Herrschaft des Königs Kambyses« datiert. Kambyses II., Sohn des Kyros, wurde der neue Regent des achämenidischen Perserreichs. Er scheint seine Herrschaft nach außen hin zunächst durch eine strategisch geschickte Heiratspolitik gesichert zu haben. Als Sicherheitsmaßnahme gegen Aufstände im Inneren habe er, berichten antike Quellen, seinen einzigen Bruder und möglichen Thronfolger ermorden lassen. Dann machte er sich daran, wie sein Vater, das Reich durch Krieg zu erweitern. Sein erstes Ziel war Ägypten, das die Perser und ihre Verbündeten im Frühjahr 525 v. Chr. bei Pelusion erreichten. Nach dem Fall von Memphis und der Gefangennahme Psammetichus III. ernannte sich Kambyses II. zum neuen Pharao. Der ägyptische Arzt Udjahorresnet berichtet von diesem bemerkenswerten

Ereignis auf einer Stele: »Der große König aller fremden Länder Kambyses kam nach Ägypten, und er brachte all die Fremden aller fremden Länder mit sich. Als er vom ganzen Land Besitz ergriffen hatte, siedelten sie sich darin an, und er wurde ein großer Herrscher von Ägypten und großer König aller fremden Länder. Seine Majestät ernannte mich zu seinem Leibarzt und hieß mich bei ihm zu bleiben als Begleiter und Direktor des Palastes, und er befahl mir, seinen Titel zu erstellen, seinen Namen als König des Oberen und Unteren Ägypten Mesuti-Re.«

Die Folgen der Eroberung müssen, wenn man antiken Chronisten glauben will, furchtbar gewesen sein. Jeder persische Soldat, berichten sie, habe einen Ägypter als Sklaven erhalten, und es habe ein furchtbares Blutbad unter der Bevölkerung gegeben. Es ist heute nicht mehr mit Sicherheit zu sagen, ob das nur Propaganda war, von den Anhängern der alten Ordnung gegen eine neue Macht und ihren Herrscher gerichtet, oder ob diese Berichte auch die tatsächliche Härte des Eroberungskriegs widerspiegeln.

Die Aufzeichnungen des Historikers Herodot (484–425 v. Chr.) sind eine der Hauptquellen für die Geschichte des Perserreichs.

Kambyses jedenfalls marschierte in den Jahren 524 und 523 v. Chr. weiter nach Süden, eroberte Theben und verfügte die Einrichtung von Garnisonsstandorten und Handelsplätzen am ersten und zweiten Katarakt des Nil. Von dort aus ließ er Kontakt mit Nubien aufnehmen, um die südlichen Reichsgrenzen gegen feindliche Einfälle abzusichern. Nubische Delegationen sollten später auch auf den Steinfriesen von Persepolis abgebildet werden, mit Tribut oder wertvollen Handelsgütern wie Weihrauch, Elfenbein und einem Okapi – einem erst 1901 von europäischen Forschern wiederentdeckten Verwandten der Giraffe –, für den königlichen Zoo.

Zurück in Oberägypten musste Kambyses einen Aufstand gegen seine Herrschaft niederschlagen. Der griechische Historiker

Herodot spricht in seinem Bericht der Ereignisse von furchtbaren Freveln, die nur ein Verrückter begangen haben könne. Doch vielleicht hat er sich bei seiner Schilderung auch auf die Überlieferungen ägyptischer Priester gestützt, die mit den Kulthandlungen der neuen Macht nicht einverstanden waren und sie deshalb in düsteren Farben ausmalten.

Während Kambyses in Ägypten seine Eroberungen sicherte, erreichte ihn im Frühjahr 522 die Nachricht von einem gefährlichen Aufstand im persischen Kernreich. Ein Magier namens Gaumata hatte sich dort als der verschollene – und von Kambyses vor der Abreise angeblich heimlich ermordete – Bruder des Königs ausgegeben. Im Volk, das von der langen Abwesenheit seines Herrschers ermüdet und irritiert war, fand er einigen Anhang. Ob er sich selbst zum persischen König ernannte oder ob andere Fürsten des Reiches hinter der Verschwörung standen, lässt sich aus den wenigen Zeugnissen der antiken Schriftsteller nicht rekonstruieren.

Vermutlich machte Kambyses sich selbst auf den langen und gefährlichen Weg nach Persien, um dieser Herausforderung entschieden zu begegnen. Was dann geschah, ist bis heute im Dunkel der Geschichte verborgen. Die letzte uns bekannte Aufzeichnung aus der Regierungszeit Kambyses II. stammt vom 18. April des Jahres 522 v. Chr. und wurde in Babylon niedergeschrieben. Wo und woran Kambyses starb und was mit seinem Leichnam geschah, ist bis heute ungeklärt – sein Grabmal bei Pasargadae blieb leer. Möglicherweise gelang es nach seinem Tod dem Magier Gaumata, für kurze Zeit tatsächlich die Macht im Persischen Reich zu übernehmen. Wenn man Herodot und den erhaltenen persischen Inschriften glaubt, ermordete wenige Wochen später ein Hofbeamter namens Dareios, der Sohn des Hystapes und entfernt mit Kambyses verwandt, gemeinsam mit weiteren sechs Adeligen Gaumata am 29. September 522. Dareios selbst wurde persischer König und Nachfolger des Kambyses. Um seine Machtergreifung abzusichern, heiratete er eine Tochter des Kyros, schlug in 19 blutigen Schlachten Aufstände gegen seine Thronbesteigung nieder und stellte die politische Ordnung wieder her. Das jedenfalls hat derselbe Dareios spä-

Überall im Perserreich kündeten einst Felsinschriften von den Taten seiner großen Herrscher.

ter ausdrücklich festhalten lassen. Als Symbol seiner Herrschaft und als Sinnbild für das erneuerte Königtum ließ er eine dreisprachige Inschrift in den Fels meißeln. Noch heute ist sie im iranischen Bisotun zu besichtigen, hoch oben an einer steilen Felswand, etwa sechzig Meter über dem Boden am so genannten »Berg der Götter«, gelegen an der Straße von Hamadan nach Kermanshah, nicht weit hinter der Abzweigung nach Sonqor. Eine Karawanenstraße, Teil der uralten Seidenstraße, verlief damals in der Nähe, ebenso eine bedeutende achämenidische Königsstraße. Für Dareios dürfte der Ort nicht ganz ohne symbolische Bedeutung gewesen sein, denn ganz in der Nähe hatte er Gaumata getötet.

Das fein gemeißelte Felsrelief zeigt den siegreichen Herrscher, wie er seinen Fuß auf den Bauch des unterlegenen Gaumata stellt, der ihm flehend beide Arme entgegenstreckt. Hinter Gaumata stehen, aneinander gebunden und mit gefesselten Händen, die neun so genannten Lügenkönige, die sich dem Umsturzversuch angeschlossen hatten. In der Bildmitte ist eine Symbolfigur zu erkennen,

Dareios I. triumphiert über den Magier Gaumata, der einen Umsturz herbeiführen wollte.

vielleicht die altpersische Gottheit Ahura Mazdha, wie die Forschung lange annahm, oder, wie es neuere Erkenntnisse nahe legen, das Symbol für die Königswürde der Achämenidendynastie. Unter dem Relief, das etwa drei Meter hoch und fünfeinhalb Meter breit ist, befinden sich Inschriftenfelder von etwa 1200 Zeilen, die sich weiter in die Breite ausdehnen. Dem Betrachter gibt Dareios darin deutliche Anweisungen, wie er mit den Informationen der Inschrift umgehen solle: »Es kündet Dareios der König: Glaube du also jetzt, was von mir getan worden ist. Tue es dem Volke kund, verheimliche es nicht! Wenn du diesen Bericht nicht verheimlichst, [sondern] dem Volke mitteilst, möge Ahura Mahzda dir Freund sein, und deine Nachkommenschaft möge zahlreich sein, und du mögest lange leben.«

Als weiteres Zeichen seiner Macht ließ der neue Herrscher eine neue Residenz bauen. Persepolis, Stadt der Perser, nannten sie die Griechen. Sie sollte zum Mittelpunkt des ganzen persischen Weltreichs aufsteigen, und alle unterworfenen Völker sollten bis zum plötzlichen Ende der persischen Herrschaft ihre Tributzahlungen dorthin schaffen. Unter den Nachfolgern des Dareios wurde Persepolis zum achten, zum vergessenen Weltwunder. Der König war rastlos tätig, organisierte das ständig wachsende Imperium neu, setzte überall Verwaltungsbeamte ein, ließ Straßen und Kanäle bauen. Herodot berichtet im Dritten Buch: »Weiter teilte er das Reich in zwanzig Provinzen, die bei den Persern Satrapien heißen. Jede Satrapie erhielt einen Statthalter und musste Steuern an ihn entrichten.«

Für das persische Imperium war eine lang währende Blütezeit angebrochen, der auch ein Aufstand der ionischen Städte nichts anzuhaben schien. Im 23. Jahr der Herrschaft Dareios I., 499 v. Chr., lehnten sich die Griechen in Kleinasien gegen die Perser auf. Der

König, der sich zunächst für den unbedeutenden Konflikt an den äußersten westlichen Grenzen seines Reiches nicht sehr interessierte, besuchte zur selben Zeit seine Länder in Ägypten, um einen Kanal zwischen dem Roten Meer und dem Nil zu eröffnen. In Ionien feierten griechische Truppen unterdessen erste große Erfolge und zerstörten sogar die persische Residenzstadt Sardes. Das Blatt wendete sich erst mit dem Eintreffen frischer persischer Truppen und der ägyptischen Flotte. Mit verstärkten Kräften konnten die Perser die griechischen Angriffe abwehren und die Hauptstadt der Aufständischen, Milet, im Jahr 494 v. Chr. erobern.

Nur vier Jahre nach diesem scheinbar endgültigen Sieg ließ Dareios I. den Feldzug wegen fortdauernder Unruhen in Ionien wieder aufnehmen. Und diesmal wollte er auch jene Macht treffen, die er hinter den Kampfhandlungen vermutete: Athen. Schon am 5. September desselben Jahres gingen persische Truppen bei Marathon, ungefähr 25 Kilometer von Athen entfernt, von Bord einer ägyptischen Flotte an Land. Die Schlacht von Marathon sollte mit einer schweren Niederlage für das persische Heer enden. Die griechischen Historiker berichten von 6400 Gefallenen auf persischer Seite. Von diesem Zeitpunkt an stand die Eroberung des gesamten griechischen Festlands auf der Agenda jedes persischen Königs. Gelingen

Diese phantasievolle Rekonstruktionszeichnung im Stil des Historismus zeigt Persepolis.

◃ *Dieses Relief in Persepolis zeigt Dareios I. in majestätischer Pose auf dem Thron.*

sollte sie keinem, auch nicht Dareios. Er starb gegen Ende November des Jahres 486 v. Chr., nach dreißig Tagen schwerer Krankheit. Auf seinem Grab hat der Großkönig eine Inschrift mit der stolzen Aufzählung seiner Taten und seinem letzten Willen hinterlassen. Selbst seine schärfsten Feinde, die Athener, gestanden Dareios I. zu, ein großer König gewesen zu sein. Noch dreißig Jahre nach seinem Tod nannte der griechische Dramatiker Aischylos die Zeit seiner Herrschaft das »Goldene Zeitalter Persiens«.

Mit dem Angriff auf Griechenland aber hatte der König ein kleines Feuer entfacht, das sich mehr als 150 Jahre später zu einem Großbrand für das Persische Reich entwickeln sollte.

Bedrohung aus dem Westen

Weit entfernt, jenseits seiner äußersten nordwestlichen Grenzen erwuchs dem persischen Reich um das Jahr 340 v. Chr. eine unerwartete Gefahr. In Griechenland war zu jener Zeit ein Jahrhundert voll blutiger Fehden und Schlachten zu Ende gegangen. Immer wieder waren die Streitigkeiten zwischen den vielen Staaten und Stadtstaaten aufgeflammt. Athen gegen Theben, Sparta gegen Athen, das waren die Fronten in einem nie endenden, erbitterten und blutigen Kampf, der ganz Griechenland ins Chaos stürzte. Angriffe von außen und Bürgerkriege im Innern machten den Menschen das Leben zur Qual. Es war ein blutiges Bild von Mord und Totschlag, weit entfernt von jenem bukolischen Idyll, das die Geschichtsschreibung vergangener Jahrhunderte so verklärend vom antiken Hellas zeichnete.

Inmitten dieser Wirren war ein kleiner Staat am Rande Griechenlands zu einer militärischen Macht herangewachsen: Makedonien. Jahrelang hatte der makedonische König Philipp II. seine Armee systematisch vergrößert, aus 600 Reitern und 10 000 Fußsoldaten im Jahr 358 v. Chr. waren nur 22 Jahre später schon 2800 Reiter und 27 000 Fußsoldaten geworden. Die Infanterie war mit der so genannten Sarissa ausgerüstet, einer langen Lanze, wodurch die makedonische Angriffsformation der »Phalanx« zu einer fast unüberwindbaren tödlichen Waffe wurde. Dass Makedonien schon

Die makedonischen Phalangen waren für jeden Gegener nahezu unüberwindbare, tödliche Hindernisse.

bald zur mächtigsten Militärmaschine im Europa der damaligen Zeit heranwuchs, lag auch an der gesellschaftlichen Struktur des Landes: Jeder makedonische Bürger war auch Soldat, der Staat selbst straff organisiert. Alles unterstand dem König, der selbst niemandem untertan war und nur auf den Rat seiner »Hetairoi«, seiner »Getreuen«, hörte.

Der makedonische Hof unter König Philipp II. (359–336 v. Chr.) galt Historikern lange als mehr oder weniger barbarisches Feldlager, nicht zu vergleichen mit der Raffinesse der griechischen Stadtstaaten. Überraschende Ausgrabungsergebnisse der vergangenen Jahrzehnte haben dieses Bild heute allerdings gründlich revidiert. So war die Malerei der klassischen griechischen durchaus ebenbürtig, wenn nicht sogar überlegen. Fein gearbeitete und verzierte Gefäße und Schmuckstücke, Miniaturplastiken aus Elfenbein und Gold zeugen von hoch entwickeltem Kunsthandwerk und -verständnis. Die Idee von einem unzivilisierten, halb barbarischen makedonischen Reich muss man angesichts solcher Funde wohl ins Reich der

Legende verweisen. Dennoch war Makedonien ein Militärstaat, in seiner Konzentration der Mittel vielleicht vergleichbar mit dem alten Preußen. Mit seinem übermächtigen Militär – und dank seines beträchtlichen politischen Geschicks – befriedete Philipp als makedonischer König in zwanzig Jahren unermüdlicher Kämpfe und Verhandlungen die unruhigen Grenzen im Westen, brachte die halb wilden Stämme des Balkans unter seinen Einfluss und nutzte die politischen Streitigkeiten zwischen den Stadtstaaten Griechenlands für wechselnde Allianzen. Sein Ziel war ein Friedensvertrag für ganz Griechenland – und die beherrschende Rolle des makedonischen Königs als Garant der neuen Ordnung. Doch dagegen regte sich Widerstand, besonders Athen widersetzte sich Philipps ehrgeizigen Plänen. Im Sommer des Jahres 338 v. Chr. kam es in Chaironeia zur Entscheidungsschlacht zwischen Philipp und seinen Gegnern. Der makedonische König errang einen überragenden Sieg, auch dank der tatkräftigen Unterstützung seines 18-jährigen Sohnes Alexander. Im Frühjahr 337 v. Chr. konnte der Herrscher schließlich seinen Traum verwirklichen: Philipp II. wurde der Anführer des neu gebildeten »Korinthischen Bundes«, einer Organisation der griechischen Staaten und Stadtstaaten. Noch im selben Jahr erklärte der Bund dem Persischen Reich den Krieg.

Zweimal waren persische Truppen in der jüngeren Vergangenheit in Griechenland einmarschiert und hatten für schwere Verluste gesorgt, auch unter der Zivilbevölkerung – das hatte man nicht vergessen. Immer noch erinnerte man sich in ganz Griechenland an die brennende Akropolis, Symbol der Niederlage. Vergessen hatte man, dass Makedonien einst mit Persien verbündet gewesen war, dass auch Teile Athens in den vergangenen Bürgerkriegen die persische Partei ergriffen hatten. Was zählte war lediglich, dass Persien eine strategische Bedrohung darstellte. Die Meinungen der Verbündeten über die Mittel zur Abwendung dieser Gefahr gingen allerdings stark auseinander. Während die griechischen Alliierten nur die griechischen Städte Kleinasiens befreien und die Perser dauerhaft aus der Region vertreiben wollten, verfolgte Philipp II. sehr viel weit reichendere Pläne. Er wollte das persische Großreich im Kampf ein für alle Mal besiegen, es nicht nur in seine Grenzen weisen.

Die Belagerung Athens durch die Perser bleibt lange im kollektiven Gedächtnis der Griechen bewahrt.

Der Widerstand des persischen Imperiums organisierte sich wegen der großen Entfernungen im Innern des Reiches zunächst nur schleppend. Erste Vorstöße der vereinigten griechischen Verbände an der kleinasiatischen Küste brachten erste Erfolge und in Makedonien sprach man bereits von einem Winterfeldzug gegen das kleinasiatische Festland. König Philipp besuchte währenddessen noch einmal die Festspiele von Aigai. Er hatte sie als Zeichen seines Triumphes und seiner neu gewonnenen Würde als Führer des Korinthischen Bundes mit großem Gepränge gestalten lassen. Am ersten Tag ließ Philipp II. den Göttern opfern und die Hochzeit seiner Tochter Kleopatra mit einem verschwenderischen Staatsbankett feiern. Aber erst am zweiten Tag, kurz vor Sonnenaufgang, sollten die zahlreichen Gäste den eigentlichen Höhepunkt des Festes erleben: Vor den Augen ausländischer Gesandter ließ der makedonische König neben den Abbildern der Götter seine eigene Statue in einer großen Prozession zur feierlich geschmückten Arena tragen. Nach dem Ende der Prozession betrat Philipp als einer der Ersten das große Rund. Als er sich dort in der ihm allein zustehenden ersten Reihe niedergelassen hatte, geschah das Unerwartete. Einer seiner Leibgardisten stürmte auf den König zu und stach ihn aus nächster

Der Mordanschlag auf Philipp II. von Makedonien – er bleibt ein historisches Rätsel.

Nähe nieder. Philipps Sohn Alexander, der seinem Vater in der Prozession gefolgt war, wurde Zeuge des Verbrechens, konnte aber selbst nicht mehr eingreifen. Philipp II., König von Makedonien und Führer des kKorinthischen Bundes, war sofort tot.

Wer hatte den Mörder angestiftet? Schnell gab es erste Gerüchte, antike »Skandalschriftsteller« berichteten kritisch über das Verhältnis zwischen Vater und Sohn. Alexander habe sich und seine Mutter durch die neue Heirat Philipps entehrt gesehen, schreibt ein gewisser Satyros. Als Philipp auf einem Bankett betrunken gefallen sei, habe ihn Alexander als einen Mann geschmäht, der nicht einmal von einem Sofa zum nächsten gehen könne, ohne zu stürzen, schreibt ein anderer. Plutarch wiederum erzählt, Alexanders schwachsinniger Bruder Arrhidaios hätte Alexander aus der Erbfolge verdrängen sollen. Der Wahrheitsgehalt dieser Berichte ist heute nicht mehr nachzuprüfen; angesichts moderner Skandalmedien dürfte man heute noch vorsichtiger mit dem Realitätsbezug derartiger Mitteilungen umgehen. Sicher ist, dass Alexander angesichts weiterer Heiraten seines Vaters um seinen Rang als einziger Nachfolger bangen musste. Vielleicht war das Philipps Todesurteil. Möglicherweise fiel der makedonische König aber auch nur einem ganz gewöhnlichen politischen Attentat oder einer persönlichen Fehde zum Opfer. Genau wird man das wohl nie erfahren können, zu kompliziert waren die vielen dynastischen Verstrickungen, zu eng die Ehrbegriffe, zu groß die Versuchung, Konflikte mit Gewalt zu lösen. In einer Gesellschaft, in der Gewalt ein Ziel der Erziehung war, in einer Zeit, die mit Gewalt tagtäglich lebte, konnte man selbst den höchsten Repräsentanten des Staates kaum vor gewalttätigen Übergriffen schützen. Interessant ist aber doch, dass die Zeitgenossen Alexander den Vatermord zutrauten.

Gefährlicher Feind

Der britische Militärhistoriker John Keegan fordert die Leser seines großen Werkes *Die Maske des Feldherrn* zu einem äußerst gewagten Gedankenexperiment auf. Stellen Sie sich einmal vor, schreibt Keegan, George Washington hätte nicht nur einen blutigen Bürger- und

Befreiungskrieg in Nordamerika geführt und gewonnen. Angenommen, er wäre mit seinem Los als Gründervater der Vereinigten Staaten von Amerika nicht zufrieden gewesen und hätte sich in den Kopf gesetzt, den ganzen amerikanischen Kontinent zu befreien. Nach seinem Sieg in Nordamerika hätte er Armee und Flotte nach Süden in Marsch gesetzt und die Spanier in mehreren Schlachten aus Mexiko vertrieben. Dann hätte Washington von dort aus die Inselwelt der Karibik mit seinen Getreuen aus Virginia oder Neuengland besiedelt, hätte nach einem weiteren Sieg über die spanischen Truppen in Peru die Anden überquert, auf der anderen Seite des Gebirgszuges ein spanisches Heer niedergeworfen und wäre beim Vormarsch auf Brasilien an Fieber gestorben. Wenn Sie das für unvorstellbar halten, entgegnet Keegan seinen Lesern, dann rufen Sie sich ins Gedächtnis, dass ein anderer Mann ähnlich unvorstellbare Dinge wirklich vollbracht und ähnlich unglaubliche Entfernungen tatsächlich mit seinem Heer zurückgelegt hat: Alexander der Große.

Sein Leben kennt in der Geschichte wenige Parallelen. Weder Attila der Hunne noch die Nachfolger Mohammeds oder die Söhne des Dschingis Khan, auch nicht Napoleon haben ihn in Umfang und Auswirkung seiner Taten übertroffen. Geboren wurde er vermutlich im Jahr 356 v. Chr. in Pella. In einem von Gewalt geprägten Klima wuchs Alexander mit ungewöhnlicher Bildung auf. Er las früh und viel, schätzte die Werke der Dichter, vor allem die *Ilias* des Homer und die Tragödien Pindars. Die griechischen Heldensagen scheint er, wie viele seiner Zeitgenossen, als Realität verstanden zu haben. Für ihn, der durch seine Mutter vom sagenhaften Helden Achilles abstammte, waren die Geschichten vom Kampf um Troja, von heldenhaften Gefechten und Entdeckungsfahrten wahr und dienten ihm als Projektionsfläche für eigene Träume. Obwohl von kleinem Wuchs, rühmte man schon den Knaben für seine ungewöhnlich starke Ausdauer und Gewandtheit. Die weichen, fast mädchenhaften Gesichtszüge habe er von seiner schönen Mutter Olympia geerbt, berichten antike Quellen. Auf sie ging wohl auch seine tiefe, bisweilen exaltierte Religiosität zurück, der unbedingte und doch so eigennützige Glaube an viele Götter und geheimnisvolle Riten. Mit 14 Jahren, so die griechischen Historiker, trat er in

Mamorbüste Alexanders des Großen, der für seine Schönheit gerühmt wird.

Aristoteles mit seinem Schüler Alexander, dargestellt in einer mittelalterlichen Buchillustration.

eine makedonische Eliteschule ein, die ihn auf künftige Aufgaben vorbereiten sollte. Unterrichtet wurden militärische Disziplinen und die freien Künste, vor allem Grammatik, Rhetorik, Dialektik, Geometrie, Arithmetik, Astronomie und Musik. Zum Lehrer hatte der makedonische König den griechischen Philosophen Aristoteles berufen – gegen ein beträchtliches Honorar. Aristoteles, später der berühmteste aller griechischen Philosophen, war damals etwa vierzig Jahre alt. Er vermittelte seinem Schüler das Wissen über Kosmologie, Geographie, Botanik, Zoologie, Medizin, Staatskunde und vieles mehr. Man kann sich den Unterricht des großen Philosophen im Heiligen Hain der Nymphen gut als idyllische Szene vorstellen: Der weise Philosoph und sein edler Schüler vor dem malerischen Hintergrund eines grünen Wäldchens mit sanft murmelnden klaren Quellen. Wie sehr muss Aristoteles mit seiner umfassenden Bildung, seinen neuen, ungewöhnlichen Ideen und seiner intellektuellen Brillanz den aufmerksamen Schüler beeinflusst haben. Bestimmt stieß seine Lehre von der Kraft des menschlichen Verstandes bei Alexander auf größte Aufmerksamkeit. Und auch die Erzählungen von Macht, Glanz und Grausamkeit der Perserkönige dürften den gelehrigen Schüler beeindruckt haben. Lange hat man die im Werk *Kosmos* überlieferten Lektionen des Philosophen für die Erfindungen einer späteren Zeit gehalten. Erst die neueste Forschung hat, nach gründlichen Untersuchungen des Sprachgebrauchs, ihre Echtheit bestätigt. Sie erzählen von barbarischen Bräuchen und unermesslichen Reichtümern, von Macht und Militär und der zuweilen brutalen Despotie der Perser. Aristoteles erinnerte den jungen Alexander an den Einfall der Perser in Griechenland und ihren Angriff auf Athen. Er erzählte ihm von der brennenden Akropolis und dem heiligen Schwur der Griechen, diese Tat nie zu vergessen.

Die Lektionen des Philosophen wird Alexander wohl nicht vergessen haben. Lenken ließ er sich trotzdem nicht, auch wenn Aristoteles sich das erhofft haben mag. Alexanders Leben sollte zum Symbol für gelebte Autonomie werden – bis in den eigenen Untergang. Der griechische Historiker Plutarch erzählt aus den Jugendjahren Alexanders eine Anekdote, die den zukünftigen Herrscher Makedoniens sehr treffend porträtiert: Am Hof des makedonischen Herrschers Philipp sei einst ein Mann mit einem wilden Hengst namens Bukephalos erschienen. Obwohl einige Männer aus der Hofgesellschaft versucht hätten, das Pferd zu reiten, habe es doch alle abgeworfen. Alexander habe seinen Vater darum gebeten, das Pferd reiten zu dürfen. Nur ungern habe der Vater den Versuch gestattet. Alexander, der bemerkt hatte, dass sich der Hengst vor seinem eigenen Schatten fürchtete, wendete das Pferd gegen die Sonne und ritt davon. Als er siegreich zu seinem Vater zurückgekehrt sei, habe der zu ihm unter Tränen gesagt: »Such dir ein Reich, mein Sohn, das deiner würdig ist, denn Makedonien ist für dich nicht groß genug.« Das ist der Beginn der Alexander-Legende, die sein Bild bis heute nachhaltig prägt.

Nach dem gewaltsamen Tod seines Vaters ergriff Alexander entschlossen die Macht, bevor Makedonien und die griechischen Bündnisstaaten führungslos ins Chaos stürzten. Seine Feinde ließ er kaltblütig ermorden, die Nachfolge seines Vaters als »Hegemon«, als Anführer des Korinthischen Bundes, sicherte er sich mit Gewalt. Im ersten Sommer seiner Regentschaft führte der junge Herrscher Feldzüge gegen aufsässige Stämme und Völker an den Grenzen seines Reichs und bewies schon damals sein militärisches Geschick, auch in scheinbar ausweglosen Situationen und schwerem Gelände ohne eigene Verluste siegreich zu bleiben. Einen Aufstand im verbündeten Theben schlug er blutig nieder, allein 6000 Opfer waren unter der Bevölkerung zu beklagen. Seine Hauptanstrengung aber galt dem einen großen Ziel, das er von seinem Vater Philipp übernommen hatte – dem Feldzug gegen das Persische Reich.

Nach kostspieligen und mühsamen Vorbereitungen versammelte der junge Befehlshaber zu Beginn des Frühlings 334 v. Chr. eine gewaltige Streitmacht aus makedonischen und griechischen Bündnistruppen. Wahrscheinlich waren es mehr als 5000 Reiter und 32 000 Fußsoldaten, darunter 1800 makedonische Gardisten und 12 000 eigene Phalanxsoldaten. Dazu kam noch eine beträchtliche Flotte, mit deren Besatzung Alexanders Truppen eine Gesamtstärke von etwa 90 000 Mann erreichten. Mit dieser gewaltigen Armee sollte Alexander durch das Persische Reich erlittene Demütigungen vergelten und die Griechen in Asien von persischer Herrschaft befreien. So wollte es zumindest der Rat des Korinthischen Bundes. Alexander selbst hatte andere Ziele: Er wollte Herrscher über ganz Asien werden und das Persische Reich zerschmettern. Schon sah er sich selbst in den Olymp einrücken, als Halbgott für alle Ewigkeit erstrahlen.

Entscheidungsschlacht

Kann ein Weltreich an einer verlorenen Schlacht zugrunde gehen? Die Historiker früherer Zeiten hätten diese Frage wohl bejaht. Bei ihnen standen Schlachten und politische Entscheidungen im Vordergrund, sie suchten nach klar definierten Ereignissen, deren Verlauf die Waagschale in die eine oder andere Richtung geneigt haben könnte. Im zwanzigsten Jahrhundert aber, nach den Erfahrungen der großen Kriege und Diktaturen, nach dem Zusammenbruch vie-

ALEXANDER M. DARIVM VLT. SVPERAT
CAESIS IN ACIE PERSAR. PEDIT. C M. EQVIT
VERO X M. INTERFECTIS. MATRE QVOQVE
CONIVGE LIBERIS DARII REG. CVM M. HAVD
AMPLIVS EQVITIB. FVGA DILAPSI CAPTIS.

ler moderner Weltreiche und den großen sozialen Massenbewegungen, wandten sich die Historiker anderen Faktoren zu. Man suchte nun nach darunter liegenden Strömungen, nach sozialen Bewegungen und Gesetzmäßigkeiten, nach Strukturen und Einflussgruppen. So verdienstvoll dieser Trend auch war und ist, so weit er unser Verständnis für die eigene Vergangenheit auch vorangebracht hat, er birgt doch auch eine Gefahr. Leicht, allzu leicht kann man den fatalen Einfluss konkreter Ereignisse über der Betrachtung der Struktur vergessen. Vielleicht führt der sprichwörtliche »Flügelschlag eines Schmetterlings« ja nicht wirklich zum vernichtenden Orkan. Aber man darf ihn in jenem vernetzten System, das wir Geschichte nennen, auch nicht unterschätzen. Konnte also eine einzige verlorene Schlacht, die im Jahr 333 v. Chr. geschlagen wurde, das Persische Reich so weit an den Abgrund führen, dass sein Zerfall nicht mehr vermeidbar war?

◁ *Die Schlacht von Issos im Jahr 333 v. Chr. wird zur Schicksalsschlacht.*

In der türkischen Provinz Hatay, an der Ostseite des Golfs von Iskenderun, etwa 500 Meter vom heutigen Meeresufer entfernt, liegt der unscheinbare Hügel von Kinet Höyük. Er umfasst etwa 3,3 Hektar und ist ungefähr 26 Meter hoch. Dicht dahinter, in Richtung Meer, ragen die unförmigen Tanks einer modernen Erdgasverladestelle aus dem Boden. Im Norden und Osten ist der Hügel von terrassierten Hängen umgeben, auf denen noch heute Zitrusfrüchte und andere Nutzpflanzen angebaut werden. Im Süden, Südwesten und auf einer Fläche, die sich nordwestlich in Richtung Küste erstreckt, liegen eine Raffinerie und eine Verladestation, Endpunkte einer Pipeline aus dem Irak. In allerjüngster Zeit hat die ganze Region damit wieder strategische Bedeutung gewonnen – so wie vor mehr als zweitausend Jahren. Seit 1991 graben sich Forscher der türkischen Bilkent-Universität unter der Leitung der amerikanischen Archäologin Marie-Henriette Gates Schicht um Schicht durch die Anhöhe. Sie haben dabei die Reste einer Siedlung entdeckt, die offensichtlich seit der Bronzezeit um 3000 v. Chr. bis ins Mittelalter genutzt worden ist. Marie-Henriette Gates ist sicher, dass es sich bei der Siedlung um das antike Issos handelt, über dessen Existenz und Lage die Gelehrten seit Jahrhunderten streiten. Nicht weit von die-

Dieses Detail aus einem römischen Mosaik zeigt Alexander den Großen im Kampf gegen die Perser.

sem Ort entfernt, in Sichtweite, müsste sich also eine der berühmtesten Schlachten der Geschichte abgespielt haben.

Zum ersten Mal standen sich die beiden Herrscher bei Issos gegenüber, Dareios und Alexander, Verteidiger und Angreifer. Eine gewaltige Streitmacht bereitete sich auf den Kampf vor: mehr als 30 000 Makedonier, darunter über 5000 Kavalleristen, und bis zu 600 000 persische Soldaten. Beide Seiten hatten neben den Kerntruppen auch Söldner und Truppen tributpflichtiger Völker in ihren Reihen, darunter auf persischer Seite auch viele Griechen und Makedonier. Beide Heere nahmen in geschlossenen Reihen an den Ufern eines kleinen Flusses Aufstellung. Wer würde zuerst zurückweichen, würde durch einen unbedachten Ausfall eine Flanke schwächen, durch einen Fehler seine Reihen dem Angriff öffnen?

Alexander begann mit einer raschen Täuschung, führte seine Elite-Kavallerie nach rechts und bewegte dadurch die persischen Reiter dazu, in dieselbe Richtung zu marschieren. Dann lenkte er rasch um und stieß mit seinen Reitern in die an der persischen Linie entstandene Lücke. Mit unglaublicher Wucht und Todesverachtung drängte Alexander mit seinen Elitetruppen die persische Front zurück und stieß durch den Heereskörper auf Dareios und seine Leibwache zu. Zur selben Zeit hatten seine schwer bewaffneten Phalangen, Lanzen- und Schwertträger mit Schilden den Fluss überquert, das gegnerische Ufer erklommen und die persischen Truppen in harte Kämpfe verwickelt. Angesichts dieser prekären Situation entschloss sich Dareios – trotz der zahlenmäßigen Überlegenheit seiner Truppen – zur Flucht. Vielleicht hatten ihm seine Heerführer dazu geraten, vielleicht war es seine eigene Entscheidung, geboren aus dem Impuls eines Moments.

Waren also Panik und eine einzige Fehlentscheidung die Gründe für den Untergang eines Großreichs? Die Folgen der Flucht des Dareios wogen jedenfalls schwer. Die persischen Truppen hatten dramatische Verluste erlitten und waren nun, ohne ihren Kriegsherren, zum ungeordneten Rückzug gezwungen, ohne einen Vorteil errungen zu haben. Auf der Flucht wurden sie von den nachsetzenden Truppen Alexanders niedergemetzelt.

Mit dieser Schlacht hatte sich das persische Großreich in die Defensive drängen lassen, anstatt mit einer Konzentration von Kräften den Vormarsch der Griechen zu stoppen. Dareios III. hatte eine Chance vertan, eine Chance, die er nicht wieder bekommen sollte.

Der Moment der Entscheidung: Dareios III. lässt den Streitwagen wenden und flieht.

Alexander hingegen genoss seinen Sieg. So überstürzt war die Flucht der Perser gewesen, dass die makedonischen Truppen das zurückgelassene Zeltlager des Dareios eroberten. Als Alexander die Schätze sah, die goldenen Badegefäße, die kunstvoll gearbeiteten Wassertöpfe und Salbentiegel, und den Duft der kostbaren Essenzen roch, so berichtet zumindest der Chronist Plutarch, habe er gesagt: »Das, scheint es, ist das Königtum!«

Der Triumph Alexanders ist absolut – selbst die Familie seines Gegners Dareios fällt in seine Hände.

Und noch einen Schatz erbeutete Alexander. Den Harem des Perserkönigs, dessen Mutter Sisygambis, dessen Frau Statira, dessen fünfjährigen Sohn und zwei seiner Töchter. Alexander muss sich damals seinem Ziel schon sehr nahe gefühlt haben.

Unterlegene Taktik

Militärische Überlegenheit liegt nicht immer in der Größe. Kampfstarke kleinere Einheiten können einen zahlenmäßig stärkeren Gegner schwächen und sogar besiegen, das zeigt die Geschichte militärischer Konflikte immer wieder. In Issos wie auch in den anderen Schlachten gegen das persische Heer nutzte Alexander diese besonderen Vorteile seiner Truppen mit sicherer Hand. Im Zentrum seiner Taktik standen dabei stets die beiden Kernelemente der makedonischen Armee: Fußsoldaten und Elite-Kavallerie. Beide waren mit der Sarissa ausgerüstet, der Langlanze nach griechischem Vorbild. Über die Länge dieser Waffe gibt es bis heute kontroverse Meinungen. Polybius schreibt in seiner kurzen Abhandlung über die »Phalanx«, die Kampfordnung der griechischen und makedonischen Infanterie, die Sarissa sei sechs oder sieben Meter lang gewesen – eine Meinung, die auch manche Militärhistoriker teilen. Wenn man sich allerdings vorstellt, wie dick der hölzerne Schaft einer derartige Waffe hätte sein müssen und wie schwer die Lanze dadurch geworden wäre, ahnt man, dass die Angaben des Polybios in diesem Punkt zumindest zweifelhaft sind. Die Langlanzen späterer Jahrhunderte, etwa der Heere in der frühen Neuzeit Europas, erreichten nur zweieinhalb, höchstens fünf Meter Länge. Je länger die Lanzen waren, desto schwieriger wurde der Formationswechsel, desto unbeweglicher wurden die Truppen selbst beim besten Waffendrill. Auch wenn die makedonische Sarissa vielleicht nur drei oder vier Meter maß, war sie doch in der Hand geschulter Männer und in der festen Formation der Phalanx eine tödliche Bedrohung für jeden Gegner. Alexanders Vater, Philipp II. von Makedonien, hatte diese Kampfformation aus griechischen Vorbildern weiterentwickelt. Die antiken Historiker Plutarch und Arrian berichten vom Furcht erregenden Aussehen der Phalangen. Und Polybius schreibt, die waffenstarrende Kampfformation späterer Tage sei 16 Mann tief und breit gewesen und damit also insgesamt 256 Mann stark.

In geschlossenen Reihen rückt die makedonische Phalanx vor. Der Waffendrill dieser Truppen war einzigartig.

Während die Griechen weiterhin in drei starren, aufeinander folgenden Linien kämpften, konnte die makedonische Phalanx nach ausgiebigem Drill verschiedene Gestalten einnehmen. Vom Rechteck, das die übliche Formation der makedonischen Phalanx bildete, konnten die Soldaten auf Trompeten- oder Flaggensignale auch in eine Linie, einen Winkel oder andere Formen einschwenken. Keine andere Armee ihrer Zeit war zu solchen Manövern fähig. Die Lanzenträger, die in festen Reihen neben- und hintereinander aufgestellt die Phalanx bildeten, umfassten ihre Waffe fest mit beiden

Händen. Dann richteten die ersten fünf Reihen der Formation ihre Lanzen direkt nach vorne, dem Feind entgegen. Die Männer der hinteren Reihen hielten ihre Sarissen nach vorne und nach oben gerichtet, über die Köpfe der Phalanx hinweg, um sie so vor Wurfgeschossen und Pfeilen zu schützen. Mit der Hilfe der Sarissa, die bei Bedarf mit einer Metallspitze am unteren Ende des Schafts fest in den Boden gerammt werden konnte, konnte die Phalanx nahezu jedem Angreifer widerstehen. Für die feindliche Kavallerie, selbst Streitwagen, für jede Art weniger fest formierter Fußtruppen war sie ein furchtbarer Gegner. Jeder frontale Angriff musste sich in den messerscharfen Spitzen der Sarissen festrennen, die meterweit aus dem geschlossenen Körper der Phalanx ragten. Wenn die Phalanx geschlossen vorrückte, mit dem Druck von 16 oder mehr Reihen kräftiger Männer hinter ihrer waffenstarrenden Front aus Lanzen, konnte ihr keine Frontlinie standhalten.

Die Phalanx war allerdings nicht das ganze Geheimnis der makedonischen Armee. Eine weitere traditionelle Stärke war die schwere Reiterei, die Alexander unter seiner Führung zu einem kampfentscheidenden Faktor machte. Die »Hetairoi« genannten, adeligen Reiter waren vermutlich ebenfalls mit der Sarissa bewaffnet, ähnlich den mittelalterlichen Rittern späterer Zeiten. Aber anders als die Ritter des europäischen Mittelalters kämpften sie in eng geschlossenen Formationen, geführt von einem Befehlshaber an der Spitze des Trupps. Unter Alexanders Kommando wurden sie zu höchst effektiven Stoßkeilen, mit denen er immer wieder die scheinbar undurchdringlichen Fronten seiner Gegner durchbrach.

Zu den makedonischen Truppen kamen die Einheiten der Verbündeten: die gefürchteten kretischen Bogenschützen, griechische Speerwerfer, Schleuderer, gut ausgebildete Infanterie- und Kavallerietruppen. Die Anordnung der Truppen auf dem Schlachtfeld folgte bei jedem Kampf einem ähnlichen Muster. Alexander stellte seine Phalangen dem Schwerpunkt des Feindes in der Mitte der Front gegenüber. Er selbst kommandierte meist den rechten Flügel, an der Spitze der schweren Kavallerie, sein Vertrauter Parmenio führte den linken Flügel mit der leichten Kavallerie. Oft schwenkte Alexander seine Front schief zum Feind und begann dann sofort mit dem

Dieser Auschnitt der »Alexanderschlacht« von Altdorfer zeigt die makedonischen Phalangen als Landsknechte des 16. Jahrhunderts.

Angriff. Der linke Flügel unter Parmenio traf daher zuerst auf den Feind und hatte den Auftrag, diese Position unter allen Umständen zu halten. Die Phalangen in der Mitte der Front stießen als Nächste auf die feindlichen Truppen, genau dort, wo diese am stärksten waren. Ihr Auftrag war es, den Feind zu binden und ihn nach Möglichkeit zurückzudrängen, im Fall eines gegnerischen Rückzugs aber sofort zum Angriff überzugehen. Der makedonische Herrscher selbst versuchte stets, auf dem rechten Flügel seiner Front und an der Spitze seiner Elite-Kavallerie die feindliche Front schräg zu durchbrechen, mit dem Ziel, direkt auf den Befehlshaber zuzustoßen. Viele seiner Schlachten liefen nach diesem Muster ab. Allerdings war er, darin dem militärischen Genius Napoleon ähnlich, auch durchaus in der Lage, seine Pläne je nach Lage des Gefechts sofort zu ändern, auf jede Eventualität angemessen zu reagieren. Sein Angriff traf den Gegner oft völlig unvorhergesehen mit solch

▹ *Dieses Fabelwesen auf einem Relief aus glasierten Ziegeln wurde im Palast von Susa gefunden.*

unerwarteter Wucht, in einer Kombination aus archaischer Gewalt und militärischer Kunstfertigkeit, dass selbst die Einsichtnahme in Alexanders Schlachtplan der Gegenseite nicht viel nutzen konnte.

Den disziplinierten persischen Truppen, die zu den besten ihrer Zeit gehörten, begegnete er mit einer innovativen Taktik: Wie ein Stoßtrupp, ein moderner Panzerkeil im Krieg unserer Zeit, zwang er seinem Gegner einen Bewegungskrieg auf, drängte durch dessen feste, aber statische Linien in den rückwärtigen Raum. Eine vernichtende Art der Kriegsführung, der die persischen Herrscher und Heerführer mit ihrem Ordnungsdenken nichts entgegenzusetzen hatten. In all seinen Kämpfen war Alexander stets im Mittelpunkt des Gefechts. Oft wurde er verwundet, an Hals und Kopf im ersten Gefecht auf persischem Gebiet, am Fluss Granikos, am Bein während der Schlacht von Issos, an der Schulter in Gaza. Er brach sich in Turkestan ein Bein, wurde in Afghanistan dreimal verwundet und erlitt in Indien einen Pfeilschuss durch die Lunge. Aber er hat, solange er lebte, nie eine Schlacht verloren.

Im Zentrum der Macht

Östlich der Hauptstraße nach Isfahan, rund vierzig Kilometer von der Stadt und 560 Kilometer von der iranischen Hauptstadt Teheran entfernt, liegen in der einsamen Hochebene von Marv Dasht vor der mächtigen Kulisse des »Kuh-i-Ramat«, des Berges der Gnade, die mächtigen Ruinen von Persepolis. Viele Jahrhunderte, von der Zeit ihrer Zerstörung bis zum Jahr 1620, als sie zum ersten Mal identifiziert wurde, lag die Stätte vergessen und unter ihren eigenen Trümmern begraben. Eine Inschrift an der südlichen Fassade der großen Terrasse beweist, dass Dareios I. Persepolis gegründet hat. Die Arbeit an der gesamten Anlage muss um das Jahr 518 v. Chr. begonnen haben und scheint erst hundert Jahre später unter der Herrschaft Ataxerxes I. abgeschlossen worden zu sein. Hinweise aus anderen Städten des Perserreichs erlauben heute eine ungefähre Rekonstruktion. Im eroberten Susa hatte sich Dareios I. einen Palast errichten lassen, der in seiner Bauart zum Vorbild aller folgenden achämenidischen Palastanlagen werden sollte. In seiner so ge-

nannten Burgbauinschrift aus Susa, die bis heute erhalten ist, zählt Dareios I. Bauart, Materialien, Arbeiter und ihre Herkunft auf: »Der Palast, den ich in Susa erbaute, dessen Rohstoffe wurden von weither beschafft. Tief wurde Erde ausgehoben, bis zum gewachsenen Boden hinab. Als die Erde gründlich ausgeschachtet war, wurde dort Kiesschotter aufgeschüttet, teils vierzig Ellen hoch, teils zwanzig Ellen. Auf diesem Kiesschotter wurde der Palast errichtet. Dass Erde tief ausgeschachtet und dort Kiesschotter aufgeschüttet wurde und dass Lehmziegel gestrichen wurden, das besorgten Babylonier. Balken aus Zedernholz wurden aus dem Libanon-Gebirge geholt, Syrer schafften die Stämme bis nach Babylon, und von Babylon flößten Karer und Ionier sie bis nach Susa. Yaka-Holz holte man aus Gandhara und Kirman. Gold, das hier bearbeitet wurde, wurde aus Lydien und Baktrien geliefert; Edelsteine – Lapislazuli und Karneol – aus Sogdien; Türkise aus Chorasmien; Silber und Ebenholz aus Ägypten. Das Farbmaterial, mit welchem die Terrassenmauer verputzt wurde, stammte aus Ionien, Elfenbein kam aus Nubien, Sind und Archachosien. [...] Die hier gearbeiteten Steinsäulen holte man aus einem Ort namens Abiradus in Elam. Die Steinmetzen waren Ionier und Lyder, die Goldschmiede, welche das Gold verarbeiteten, Meder und Ägypter. Die Männer, die das Holz bearbeiteten, waren Lyder und Ägypter; die, welche die Ziegel brannten, Babylonier; die, welche die Terrassenmauer bemalten, Meder und Ägypter.«

Für die Anlage in Persepolis muss ein unvorstellbarer Aufwand betrieben worden sein, sichtbares Zeichen für Reichtum, Macht und Ressourcen des persischen Großreichs. Manche Bauabschnitte lassen sich anhand der hinterlassenen Spuren gut nachvollziehen. Die Steine für die gewaltigen Bauten stammten zwar zum größten Teil aus einem nahen Steinbruch, ein Teil wurde aus bis zu vierzig Kilometern Entfernung herbeigeschafft. Den üblichen und damals schon lange bekannten Methoden folgend, wurden die Steinquader im Steinbruch mit Werkzeugen angezeichnet und dann mit Holzkeilen, die mit Wasser befeuchtet wurden, damit sie sich ausdehnten, aus der Lagerstätte herausgesprengt. Noch an Ort und Stelle wurden die Blöcke grob zurechtgehauen, wobei man absichtlich Überstände ließ, um die Kanten beim Transport zu schützen. Wahr-

Die Ruinen von Persepolis – ein vergessenes Weltwunder der Antike.

scheinlich hat man die behauenen Quader dann auf Schlitten zur Baustelle gezogen. Dort bearbeiteten die Steinmetzen alle Steine noch einmal nach, um sie exakt in das Bauwerk einzupassen. Selbst die gigantische Terrasse, auf der die gesamte Anlage ruhte, wurde mit allergrößter Sorgfalt und großer Ingenieurskunst errichtet. Nachdem das natürliche Felsplateau geglättet worden war, bauten die persischen Baumeister an seinen Kanten mächtige Stütz- und Begrenzungsmauern. Sie waren leicht nach innen geneigt, lehnten sich entweder direkt an den Fels oder wurden mit eingeschütteter Erde stabilisiert. Teilweise wurden in den Mauern l- oder trapezförmige Steine miteinander verzahnt, was ihre Stabilität entscheidend verbesserte. Alle Quader ruhten ohne Mörtel, nur durch das eigene Gewicht gehalten, aufeinander. Nach der Errichtung der Mauern und Gebäude wurden alle Oberflächen sorgfältig geschliffen und die obersten Decksteine mit speziellen Metallzinken miteinander verbunden und gesichert.

Auf dem nördlichen Teil der weiten Steinterrasse von Persepolis konzentrierten sich die offiziellen Elemente der Anlage, die einem Teil der Untertanen bei besonderen Anlässen zugänglich waren, etwa die Audienzhalle, »Apadana« genannt, die Thronhalle und das Tor des Xerxes. Auf dem Südteil der Terrasse lagen die Paläste des Dareios, des Xerxes und andere Gebäude des Hofstaats, die nur den Hofbeamten, Vertrauten und Verwandten des Königs zugänglich waren. Das größte Gebäude der Anlage war der Apadana, mit dessen Errichtung noch unter Dareios begonnen wurde. In seinen Wänden wurden bei Ausgrabungen im Jahr 1933 zwei Steinkisten gefunden, die jeweils eine silberne und eine goldene Platte mit folgender Inschrift enthielten: »Dareios, der große König, König der Könige, König der Länder [...] Es kündet Dareios, der König: Dieses Reich, das ich besitze, von den Skythen von jenseits Sogdiens bis nach Kush, von Indien bis nach Lydien, übertrug mir Ahura Mahzda, der größte aller Götter. Ahura Mahzda möge mich und meine Familie beschützen.«

Das Relief an der Osttreppe des Apadana in Persepolis: Adelige und Reichsbeamte zollen dem König Tribut.

Die Dimensionen des mit 3600 Quadratmetern Innenraum gigantischen Bauwerks sprengten alles bislang da Gewesene. Noch heute stehen 13 seiner 22 mächtigen Säulen auf einer massiven, eigenen Plattform, die man von der Hauptterrasse über zwei monumentale Treppen im Norden und Osten erreichen konnte. An den Wänden dieser Treppen befinden sich jene großartigen Relieffriese, auf denen Delegationen aller Völker des persischen Großreichs abgebildet sind. Die mehr als 3000 Darstellungen müssen mit großer Sorgfalt herausgearbeitet worden sein. Sie sind standardisiert und unterscheiden sich in den verschiedenen Bauphasen kaum. Zurückzuführen ist das wohl nicht auf das Unvermögen der Steinmetzen zur Variation, sondern auf eine bewusste politische Entscheidung: Die Figuren sollten

Wertvolle Güter wurden den persischen Großkönigen dargebracht.

so unveränderlich gehalten werden, wie das Persische Reich seinen damaligen Herrschern erschien.

Die Arbeit muss selbst für geübte Kunsthandwerker sehr anspruchsvoll gewesen sein. Erst nachdem die großen Steinplatten eingebaut und geschliffen worden waren, begannen die Steinmetzen mit der Arbeit. Zunächst ritzten sie Linien in den Untergrund, mit denen sie die Figuren leicht anzeichneten. Dann arbeiteten sie mit verschiedenen Metallwerkzeugen, Hämmern, Meißeln und Bohrern die zum Teil filigranen Formen immer weiter aus dem Stein heraus. Jeweils eine Gruppe von Handwerkern fertigte einen Abschnitt jedes Großreliefs. An den Übergangsstellen haben sie ihre Steinmetzmarken hinterlassen, sichtbar bis heute.

Das zweitgrößte Gebäude auf dem Plateau von Persepolis war die Thronhalle, bisweilen auch »Hundert-Säulen-Halle« genannt. Vermutlich begannen die Arbeiten an diesem Bau erst unter Xerxes und endeten gegen Ende des fünften Jahrhunderts vor Christus während der Regentschaft seines Sohnes Ataxerxes I. Dieser Bau diente wahrscheinlich repräsentativen Zwecken, könnte aber auch

Das »Xerxestor« von Persepolis – heute ist außer ein paar Säulen nichts mehr davon zu sehen.

ein Versammlungsort für politische Zusammenkünfte und in späterer Zeit eine Lagerstätte für den Staatsschatz gewesen sein. Die wenigen Zeugnisse über die Nutzung der einst so prachtvollen Räume von Persepolis, Inschriften vor allem, sind für die Forscher bis heute nur schwer zu deuten.

Nördlich des Apadana stand das eindrucksvolle Tor des Xerxes, das der Herrscher selbst auf einer Inschrift als »Tor aller Völker« bezeichnen ließ. Durch diese Passage traten die Besucher in die Thronhalle ein. Wahrscheinlich waren die Toröffnungen mit gewaltigen doppelflügeligen Toren verschlossen, angefertigt aus starkem Holz und überzogen mit ornamentiertem Metall. An die Thronhalle angrenzend lag das so genannte Schatzhaus, nach den Vermutungen mancher Archäologen die Waffen- und Schatzkammer des achämenidischen Reichs. Ausgrabungen in diesem Gebäude brachten bislang allerdings keine Schätze ans Licht. Entweder handelt es sich also bei der Zuschreibung um einen Interpretationsfehler – oder die Truppen Alexanders waren bei der Plünderung von Persepolis zu gründlich. Auf eine Nutzung des Schatzhauses für andere, politische oder repräsentative Zwecke deuten zwei Reliefs hin, die Dareios I. als Herrscher auf seinem Thron zeigen. Wie sie im Detail zu entschlüsseln sind, ist bis heute in der Forschung umstritten. Vielleicht sind sie das Zeugnis einer vorübergehenden Nutzung als Audienzsaal, vielleicht auch nur Symbole der Königsmacht und des Reichtums. Sie sind nur zwei der vielen Rätsel von Persepolis.

Nur wenig ist vom Glanz der Palaststadt Persepolis geblieben. Die Trümmer strahlen im Sonnenlicht in den weichen Farben des Sandsteins, aus dem sie gebaut wurde. Zur Blütezeit des Persischen Reiches müssen sie einen unvergleichlichen Anblick geboten haben. Nach der Fertigstellung wurden alle Reliefs, Gebäude und Mauern von Persepolis durch Bemalung geschmückt. Selbst jene gi-

Die farbenprächtige Bemalung, die einst die Gebäude von Persepolis zierte, ist heute nicht mehr zu erkennen.

gantischen Mauern, auf denen die Terrasse von Persepolis ruht, waren damals glatt verputzt und strahlten in grellem Weiß, Rot und Blau. Es ist ein heilsamer Schock, wenn man zum ersten Mal die Rekonstruktion bunt gefasster antiker Monumente und Kunstwerke sieht. So sah die Antike aus, nicht strahlend weiß wie Marmor. Selbst die klassischen griechischen Statuen, von deren »edlen Einfalt und stillen Größe« der große Kunsthistoriker Johann Joachim Winckelmann später schwärmen sollte, waren ursprünglich in leuchtenden und bisweilen grellen Farben bemalt. Persepolis muss einst so unwirklich aus der trockenen Ebene hervorgeleuchtet haben wie eine Fata Morgana.

Nur ein kleiner Teil der Schätze von Persepolis, wie dieser Goldarmreif mit Löwenköpfen, blieb erhalten.

Der griechische Historiker Diodor überliefert den Bericht eines Augenzeugen aus der Umgebung Alexanders: »Persepolis war die Mutterstadt des Königtums der Perser. Alexander beschrieb sie den Makedonen als verhassteste unter allen Städten Asiens und übergab sie seinen Soldaten zur Plünderung, außer den Palästen. Es war die reichste Stadt unter der Sonne, und die Privathäuser waren im Lauf der Zeit mit jeder Art von Wohlstand versehen worden. Die Zitadelle ist bemerkenswert und umgeben mit einem dreifachen Mauerring [...] An der Ostseite der Terrassenanlagen, vier Plethra entfernt, ist der so genannte Königshügel, in dem sich die Gräber der Könige befinden. [...] Über die Terrasse verstreut waren die königlichen Residenzen und solche von Feldherren, mit viel Luxus ausgestattet, sowie Schatzhäuser für die Bewachung der Kostbarkeiten passend ausgestattet.«

Verschwendung und Wahrheit

Im Jahr 1971 feierte der persische Schah als selbst ernannter Nachfolger der Achämenidenkönige in den Ruinen von Persepolis ein prachtvolles Jubiläum. Auf Farbfilm hat er alles dokumentieren lassen. Eine Zeltstadt mit fünfzig Luxuszelten war neben der historischen Palastanlage für die anwesenden Staatsgäste errichtet worden. Umgeben waren die Zelte von einer Parkanlage – mitten in der Wüste –, angeordnet um einen großen Springbrunnen, geschmückt mit zahlreichen Bäumen, die man aus Frankreich importiert hatte. 250 rote Mercedes-Limousinen chauffierten die vielen geladenen Gäste, die von Bediensteten in neuen Galauniformen des Pariser Modeschöpfers Lanvin bedient wurden. Die Halle für das große Bankett, das am Abend des 14. Oktober 1971 stattfand, war mit blauem Samt und goldenen Stickereien verkleidet, eine 57 Meter lange Tafel in Schlangenform bot den Gästen Platz, Lüster aus böhmischem Kristall erhellten die Szenerie, während von der Galerie die Musik eines Kammerorchesters ertönte. Das Menü hatte das französische Luxusrestaurant »Maxim's« zusammengestellt: Perlhuhneier mit kaspischem Kaviar, Krebsfleischmousse, Lammbraten mit Trüffeln und ein Champagnersorbet. Dann gebratener Pfau, gefüllt mit Gänsestopfleber, in Portwein glasierte Feigen mit Himbeeren. Dazu trank man die besten Weine aus französischen Kellern, darunter ein 1945er Chateau Lafitte Rothschild und ein 1911er Moët Champagner. Zur Unterhaltung des illustren Publikums stellten 4000 Soldaten der persischen Armee in den Ruinen von Persepolis Szenen aus der persischen Geschichte dar. Und der Schah versuchte, in einer Ansprache an die ruhmreiche Vergangenheit anzuknüpfen, und das Erbe des antiken Perserreichs für sich zu beanspruchen. Acht Jahre später musste er für immer sein Land verlassen – wegen Verschwendggn und Korruption gestürzt von seinem eigenen Volk. Eine Parabel auf das Ende des Achämenidenreichs? War Persepolis in seiner Glanzzeit auch nur ein Ort der Verschwendung und der Ausschweifung? Fiel das Reich durch die Unfähigkeit seiner Führer?

Die Geschichte der wissenschaftlichen Untersuchungen in Persepolis begann fast fünfzig Jahre vor den Feierlichkeiten des Schahs. Ernst Herzfeld, ein deutscher Spezialist für Archäologie, Geschichte und Sprachen Persiens, erhielt 1924 den Auftrag, für die persische Regierung einen Plan der Ruinen von Persepolis anzufertigen und Vorschläge zur Ausgrabung der riesigen Anlage zu machen. Herzfeld war ein seltener Glücksfall für Persepolis und für die Wissenschaft – ein umfassend gebildeter Gelehrter in vielen Disziplinen. Noch heute fühle er sich unfähig, schrieb vor einigen Jahren Pierre Briant, längst selbst eine Legende der Achämenidengeschichte, die Forschungsergebnisse Herzfelds wegen ihres ungeheuren Umfangs und ihrer Vielgestalt wirklich kompetent zu beurteilen.

Einige Jahre nach seinem ersten Besuch in Persepolis, Herzfeld war mittlerweile Professor für orientalische Archäologie in Berlin, trat die Universität Chicago mit einem neuen Vorhaben an ihn heran: Er solle die verschütteten Ruinen von Persepolis freilegen und erforschen. Herzfeld willigte ein und begann 1931 mit den Grabungen. In den folgenden drei Jahren legte er, unterstützt von seinem Architekten Fritz Krefter, die große Osttreppe des Apadana mit ihren imponierenden Bildfriesen frei. Krefter erstellte nicht nur detaillierte Zeichnungen der Funde und der Bildfriese, er arbeitete auch gemeinsam mit Herzfeld zahlreiche Rekonstruktionszeichnungen aus, die Persepolis – zumindest auf dem Papier – wieder in vollem Glanz erstrahlen ließen.

Das »Tor aller Völker« markierte einst den Eingang zum Palastbereich von Persepolis.

Die Dachkonstruktion wurde von mächtigen Säulen getragen, die Kapitelle mit Tierköpfen schmückten.

Nachdem Ernst Herzfeld 1934 aus dem nationalsozialistischen Deutschland geflohen war – er fand zwei Jahre später seine neue Heimat in den USA –, wurde ein anderer Deutscher, Erich F. Schmidt, sein Nachfolger. Er führte die Grabungen in Persepolis noch fünf Jahre weiter, bis 1939 der deutsche Überfall auf Polen und damit der Kriegsbeginn in Europa dem Unternehmen ein Ende setzte. An die 500 Grabungskräfte hatten bis zu diesem Tag staunenswerte Erkenntnisse aus dem Schutt der Jahrtausende zu Tage gefördert, die das Wissen über Persepolis und das persische Großreich für immer revolutionieren sollten. Ein besonders wichtiger Fund gelang den Archäologen dabei in den Jahren 1933–34 und 1936–38. In einem stärker befestigten Abschnitt von Persepolis, im nordöstlichen Bereich der Plattform, stießen sie auf über 30 000 Tontäfelchen, die zwischen dem 13. und dem 28. Herrschaftsjahr Dareios I. verfasst wurden. Eine zweite, wesentlich kleinere Gruppe von Tafeln entdeckten die Ausgräber im »Schatzhaus«. Sie stammen ebenfalls aus der Regierungszeit des Dareios, aus einer Zeit zwischen 492 bis 458 v. Chr. Offenbar waren die zerbrechlichen Fundstücke aus getrocknetem Ton von der Hitze eines großen Feuers ausgehärtet worden, das nach der Eroberung von Persepolis loderte. Nur deshalb hatten sie mehr als zwei Jahrtausende überdauern können, ohne zu Staub zu zerfallen.

Schon die erste Auswertung vor Ort zeigte, dass diese Tafeln mit Keilschriftzeichen bedeckt waren. Die Wissenschaftler hatten, ohne es auch nur im Geringsten zu erwarten, Teile des Verwaltungsarchivs von Persepolis gefunden. Die Tontäfelchen schildern Details über die Verteilung von Nahrungsmitteln, die Verwaltung von Tierherden und die Versorgung von Arbeitern in weiten Gebieten des Reiches. Archäologen vermuten, dass sie aus verschiedenen Gegenden des Perserreichs stammen und als »Belege« zur zentralen Verwaltung nach Persepolis gesandt wurden. Unter den so genannten Schatzhaustäfelchen befanden sich Zusammenstellungen, in denen die Beamten von Persepolis die Daten aus den

einzelnen Belegen für längere Zeiträume oder einzelne Statthaltereien gesammelt hatten. Seit der Entzifferung der ersten dieser einzigartigen historischen Zeugnisse haben die Forscher ein neues Bild vom persischen Großreich gewonnen. Sie haben von gut ausgebildeten Arbeitern aus vielen Teilen des Reiches erfahren, von Steinmetzen und Inschriftensetzern aus Ägypten, von Goldschmieden, von Ornamentemachern aus Susa. Einige der Täfelchen nannten den genauen Monat und das Regierungsjahr der Großkönige Dareios oder Xerxes, den Zeitpunkt, an dem ein spezifisches Bauwerk ausgeführt wurde, und die Bezahlung der Arbeiter. Andere Tafeln verzeichneten Landverkäufe, zu zahlende Steuern und Darlehen aus dem Staatsschatz. Und wieder andere dieser für die Wissenschaft so wertvollen Tafeln aus Ton beschäftigen sich damit, wie viel »Hamoa«, ein berauschendes Getränk, bei Zeremonien ausgeschenkt werden sollte. Der sensationelle Fund dieser einfachen Verwaltungsnotizen entlarvt so manche Berichte der antiken griechischen Schriftsteller als das, was sie sind: reine Propaganda.

Ein Tontäfelchen aus dem so genannten Schatzhaus von Persepolis, auf dem Zahlungsanweisungen für den Schatzmeister festgehalten sind.

Das persische Großreich war im Innern ein weitgehend friedlicher und wohl organisierter Verwaltungsstaat, einer der ersten in der Geschichte. Und die Palastanlage von Persepolis war nichts anderes als das Stein gewordene Symbol für die Macht des Reiches: Sie vereinte weite Plätze, um Delegationen aus allen Völkern des Reiches zu versammeln, massive Schatzhäuser, um Steuern und Tribute zu lagern und Schreibstuben, in denen die Beamten jeden Verwaltungsakt in Keilschrift auf Tontafeln notierten. Den ganzen Staat beherrschte eine modern anmutende Bürokratie mit einem klaren, nachvollziehbarem Aufbau. Von schwachen Strukturen, sinnloser Verschwendungssucht und geplanter Grausamkeit fanden die Historiker nicht die geringste Spur.

Verweichlichte Herrscher

Noch heute erzählen im Iran die Volkssänger und Märchenerzähler von den Taten der Reichsgründer in einer mythischen Vorzeit. Nomaden aus dem Norden sollen es gewesen sein, stolze, unbeugsame Krieger. Die karge Landschaft des iranischen Hochlands soll durch sie zur Keimzelle des persischen Weltreichs geworden sein. Im Iran ziehen auch heute noch über 500 selbständige Nomadenstämme in knapp hundert Stammesgemeinschaften über das Land. Sie folgen den alten Wanderrouten ihrer Vorfahren und ziehen mit ihren Herden von den Sommer- zu den Winterweiden. Es ist ein hartes und archaisches Leben, allen Widrigkeiten der Natur ungeschützt ausgesetzt. Diese Menschen mit den wettergegerbten Gesichtern, deren Hände von der schweren Arbeit gezeichnet sind, achten jene Männer am höchsten, die sich durch Härte und Tatkraft auszeichnen – Tugenden, die zum Überleben nötig sind. Die Könige des Achämenidenreichs, so der Vorwurf der antiken griechischen Historiker und mit ihnen auch mancher moderner Wissenschaftler, hätten sich im Laufe ihrer Herrschaft immer weiter von diesen Tugenden entfernt. Verweichlicht und dem Luxus ergeben, mussten sie einem Angreifer unterliegen.

Diese Brücke auf der Seidenstraße bei Bisotun soll Alexander der Große bei seinem Vormarsch überquert haben.

Die neueste historische Forschung zeichnet ein etwas komplizierteres Bild von Entstehung, Aufstieg und Untergang des Perserreichs. Schon lange vor der Reichsgründung durch den großen Kyros lebten die nomadischen Perserstämme in engem Kontakt mit den städtischen Bevölkerungen ihres Lebensraums. Sie waren Vasallen, tributpflichtige Untertanen und Verbündete der Meder, einer rätselhaften Stadtkultur. Heute liegen die unerforschten Reste der medischen Hauptstadt Ekbatana unerreichbar unter der dicht bebauten iranischen Stadt Hamadan, 400 Kilometer südwestlich von Teheran auf 1800 Metern Höhe. Dennoch haben Grabungen des British Institute of Persian Studies unter der Leitung von David Stronach zwischen 1967 und 1977 auf dem natürlichen Felshügel von Nush-i Jan inmitten der Ebene von Malayer das Bild etwas aufgehellt. Die Archäologen fanden dort eine medische Siedlung: vier Gebäude, darunter zwei Tempel, eine Säulenhalle und eine befestigte Anlage, erbaut ab 750 v. Chr. Besonders interessant war für die Forscher die Säulenhalle, denn man hatte schon bei einer anderen Grabung vergleichbare Strukturen in einer medischen Anlage gefunden. Möglicherweise, so vermuten die Archäologen, sind diese medischen Hallenbauten ein Bindeglied zu den gewaltigen Audienzhallen von Persepolis, die in ihrer Zeit und ihrem geographischen Umfeld kein Vorbild haben.

In den vergangenen Jahren gelangen den Archäologen noch weitere spannende Entdeckungen. Am Hügel Tel-i Malyan, etwa 46 Kilometer nördlich von Shiraz im Zagros-Gebirge in der iranischen Provinz Fars gelegen, wird seit Jahrzehnten durch Forscher mehrerer westlicher Universitäten gegraben. Durch ihre Arbeit gilt heute als gesichert, dass es sich bei der Ausgrabungsstätte um die alte Stadt Anshan handeln muss. Wir erinnern uns: Kyros II. hatte seinen Großvater Kyros I., den Gründer des Persischen Reiches, als »König von Anshan« bezeichnet. Anshan war offenbar eine große Stadt, vergleichbar mit Susa im Elamitischen Reich oder den sumerischen Städten Mesopotamiens. Seine Befestigungsanlagen umfassten mehr als zweihundert Hektar Fläche, der Siedlungshügel selbst immerhin noch hundert Hektar, also etwa 75 Fußballfelder.

Die erste Besiedlung fand den Grabungsergebnissen zufolge vielleicht schon vor 5500 v. Chr. statt. Danach erlebte die Stadt drei Blütezeiten, von 3500 bis 2800 v. Chr., von 2000 bis 1600 v. Chr. und von 1300 bis 1000 v. Chr. Die Forschungsergebnisse von Tel-i Malyan bestätigen, dass die alten nahöstlichen Kulturen sich von Sumer und Babylonien über den Oberlauf des Euphrat nach Osten durch Elam bis nach Anshan und sogar darüber hinaus erstreckten. Innerhalb dieses riesigen Gebiets teilten sich sesshafte Siedlungsbewohner und nomadische Stämme über lange Zeit eine gemeinsame Geschichte und errichteten dabei ein Netz gegenseitiger Abhängigkeiten. Über Jahrtausende gab es Kontakte, Handelsbeziehungen, kulturellen Austausch und kriegerische Auseinandersetzungen zwischen den altbekannten Kulturgebieten des Zweistromlandes und der Region von Elam und Anshan. So ist die nomadische Herkunft der Perser nur ein Teil der ganzen Wahrheit.

Und dennoch war sie in der königlichen Tradition des Persischen Reiches unabänderlich verankert. Der Historiker Plutarch schildert in seiner Lebensbeschreibung von Ataxerxes II., einem Nachfolger Dareios I. und Vorgänger Dareios III., hunderte Jahre nach dem Fall von Anshan und viele Jahrzehnte nach dem Ende des nomadischen Lebens der persischen Herrscher, jene Krönungszeremonie, die unabänderlich in Pasargadae stattfand: »Kurze Zeit nach dem Tode des Dareios begab sich der König nach Pasargadai, um von den persischen Priestern die Königsweihe an sich vollziehen zu lassen. Es ist dort das Heiligtum einer kriegerischen Göttin, die man für Athena [vermutlich die Göttin Anahita] halten möchte. Wenn der zu Weihende in diesen Tempel getreten ist, muss er seine eigene Kleidung ablegen und die anziehen, welche der alte Kyros trug, ehe er König wurde; er muss trockene Feigen essen, Pistazien knabbern und einen Becher saure Milch trinken.«

Der antike Historiker Plutarch, dargestellt um das Jahr 1643 auf einem Wandgemälde eines bulgarischen Klosters.

Anahita war die einzige weibliche Gottheit in der altiranischen Götterwelt. Sie war die Herrin der Herden und Höfe, die Göttin der Fruchtbarkeit, des Wassers und der Pflanzen. Mit dieser rituellen Handlung stellte der neue König symbolisch eine Verbindung zwischen sich und den mythischen Anfängen des Perserreichs her, wurde selbst eine Verkörperung der Gründerfigur Kyros. Vermutlich erhielt der neue Herrscher danach die Insignien seiner Macht, königliche Gewänder und Schuhe, ein Zepter, Lanze und Bogen, die Waffen eines Nomadenkriegers. In seiner Königsinschrift fordert Kyros der Große, der Gründer des persischen Weltreichs, »Reiten, Schießen, die Wahrheit Sagen« als Grundtugenden aller persischen Herrscher. Sein Nachfolger Dareios I. ließ in einer

Diese Zeichnung aus dem 19. Jahrhundert wurde nach der so genannten Dareios-Vase angefertigt. Sie zeigt den Herrscher beim Kriegsrat am persischen Hof.

seiner Grabinschriften ausführen, was ihm wichtig war, als Testament für seine Nachfahren: »Durch die Gnade Ahura Mazdhas bin ich so, dass ich das Rechte liebe und das Unrechte hasse. Ich wünsche nicht, dass der Schwache Unrecht durch den Starken erleidet, noch dass der Starke Unrecht durch den Schwachen erfährt.

Was Recht ist, das gefällt mir. Ich bin kein Freund des Lügners. Ich bin nicht jähzornig. Auch wenn ich zornig werde, kontrolliere ich meinen Zorn durch meinen eigenen Willen. Ich beherrsche ihn fest.

Der Mann, der mit mir zusammenarbeitet, ihn belohne ich gemäß seinem Verdienst. Wer Schaden stiftet, den bestrafe ich nach dem Schaden, den er angerichtet hat. Ich wünsche nicht, dass ein Mann Schaden stiftet, und noch weniger, dass wenn er Schaden stiftet, er nicht bestraft wird.

Als Reiter bin ich ein guter Reiter, als Bogenschütze ein guter Bogenschütze zu Fuß und zu Pferde. Als Speerkämpfer bin ich ein guter Speerkämpfer zu Fuß und zu Pferde.«

Die Ideologie, die sich in diesen Sätzen äußert, ist sehr weit von einem uneingeschränkten Hang zum Luxus, von Verweichlichung und Korruption entfernt. Warum sollte sich ein Herrscher an eine mythische Vergangenheit voller Härte und Gefahren erinnern, wenn ihm der Sinn nach ganz anderen Dingen stand? Gerade die Tatsache, dass die nomadische Herkunft der Perser mindestens ebenso Teil eines Mythos wie wahre Geschichte ist, deutet auf die Ernsthaftigkeit der Überzeugungen. Die Perserkönige haben nach ihrer Ideologie gehandelt, daran besteht wenig Zweifel.

Totalitäre Macht

Im Maison de l'Orient der Universität von Lyon, untergebracht in einem modernen Hochhaus, widmet sich ein Team französischer Archäologen der Rekonstruktion von Pasargadae, dem Palast des ersten Perserkönigs. Unter Leitung von Professor Rémy Boucharlat werden die Ruinenfelder in Zusammenarbeit mit iranischen Archäologen seit 1999 mit modernsten Methoden untersucht. Von Pasargadae steht nicht mehr viel, nur die kaum sichtbaren Reste einiger Gebäude ragen noch mit ihren Säulenstümpfen aus der

Nur diese Ruinen sind von den einstigen Prachtbauten von Pasargadae übrig geblieben.

trockenen Ebene. Seit den ersten systematischen Grabungen in den Jahren nach 1930 hatten Forscher deshalb angenommen, die Palastanlage des Reichsgründers Kyros sei eine Zeltstadt gewesen, mit nur wenigen festen Gebäuden. Der persische Hof habe gelebt wie in einem Nomadenlager, angesiedelt um den festgebauten Königshof. Bei seinen Forschungen entwickelte Professor Boucharlat allerdings eine andere Theorie: Pasargadae, so glaubt er, war ein Paradiesgarten, üppig begrünt und dicht bebaut – ein Vorbild für die legendäre Bewässerungskultur des späteren persischen Weltreichs.

Die Meinung des Wissenschaftlers kommt nicht von ungefähr. Drei Jahre lang haben die französischen Forscher das riesige Areal mit hochmodernen Geräten nach Mauerresten durchsucht. Mit einer Magnetometer-Sonde haben sie den elektrischen Widerstand der Erde unter ihren Füßen gemessen, Quadratmeter um Quadratmeter, Feld um Feld. Wo Mauerreste und verschüttete Gebäude unter der Oberfläche ruhen, zeigt das Messgerät charakteristische Werte. Zurück in Lyon konnten die Forscher mit Hilfe dieser mühselig gewonnenen Messdaten und modernster Auswertungstechnik das Gelände von Pasargadae neu kartieren. Dabei kamen verblüffende Details ans Licht: Verborgen unter der Oberfläche befanden sich, weit außerhalb der eigentlichen Anlage, verschüttete Kanäle und Fundamente großer Gebäude. Für Boucharlat und seine Mitarbeiter war damit der Beleg erbracht, dass Kyros, der erste Perserkönig, mitten in der trockenen Steppe wunderbare Gartenanlagen errichten hat lassen. Der griechische Historiker Xenophon nannte sie »paradaisos«, nach der altpersischen Bezeichnung für einen mit Mauern umgebenen Garten. Über den Umweg der Bibelübersetzung ist das Wort auch bis zu uns gelangt, als »Paradies«.

Die Bewässerungsanlagen von Pasargadae sollten zum Vorbild für das ganze Persische Reich werden. Überall in der kargen Landschaft schufen sich die Menschen, dem Vorbild ihrer Großkönige folgend, eine neue Welt. Wo heute nur noch staubtrockener Boden in der Sonne dörrt, gediehen zur Zeit der persischen Großkönige vielerlei Nutzpflanzen. In den bewässerten Gärten floss glitzerndes Wasser durch die Kanäle. Bauern arbeiteten an der Wasserversorgung, leiteten durch kleine Schleusen das wertvolle Nass nach einem sorgsam angelegten Plan auf ihre Felder. Grüne Pflanzen beschatteten den fruchtbar gemachten Boden. Überall im Perserreich der Antike konnte man dieses Wunder bestaunen, das nur durch nie endende Arbeit und gute Organisation möglich war. Nur spar-

▹ Diese Überreste von Bewässerungsanlagen wurden in Pasargadae freigelegt.

▹▹ Das Eingangsloch eines Quanats, einer antiken Wasserleitung.

Noch heute werden die Gartenanlagen der Stadt Yahzd durch die alten Quanate bewässert.

samer und gerechter Umgang mit dem kostbaren Wasser konnte gute Ernten garantieren, die den Reichtum des persischen Weltreichs begründeten. Das Geheimnis dieser erfolgreichen Wasserwirtschaft waren die »Quanate«. In kilometerlangen unterirdischen Kanälen mit geringer Neigung leiteten sie das Wasser aus den Bergen in die trockenen Ebenen. Generationen von Menschen haben diese Kanäle gegraben und bei den Bauarbeiten oder der stets nötigen Wartung ihr Leben verloren. Manche dieser Bewässerungssysteme bestehen bis heute, wie jene achämenidische Wasserleitung, die den Brunnen im Hof der Moschee von Yahzd speist. Seit zweitausend Jahren führt eine gewaltige unterirdische Röhre das Wasser aus achtzig Kilometern Entfernung heran.

Gerade diese ungeheure Kulturleistung des Persischen Reiches sei, sagen manche Forscher, der Grund für seinen Untergang gewesen. Ansichten, die älter sind als unsere Zeitrechnung. Im dritten Buch seiner *Gesetze*, seinem letzten Dialog, sprach der griechische Philosoph Platon über die Staatsform des Perserreichs. Für ihn verkörperte es eine Ordnung, die kein ausgewogenes Verhältnis zwischen den Freiheiten ihrer Bürger und der Staatsmacht bewahrt hatte. Viel später, im 18. und 19. Jahrhundert unserer Zeit, haben die britischen Nationalökonomen Richard Jones, John Stuart Mill und Adam Smith negative Besonderheiten der »asiatischen« Gesellschaften entdeckt und beschrieben. Karl Marx übernahm ihre Ideen als Theorie von der »asiatische Produktionsweise« in sein Lehrgebäude. Im zwanzigsten Jahrhundert entwickelte der deutsche Marxist Karl August Wittvogel daraus die Theorie der »hydraulischen Gesellschaft«. Dass er damit nach dem Zweiten Weltkrieg, als inzwischen überzeugter Antikommunist, den Aufstieg des Kommunismus in der Sowjetunion und China mit seinen großen, landschaftsverändernden Staudämmen und Kanälen erklären wollte, geriet bald aus dem Blick. Seine gewagten Thesen liegen immer

Mitten im kargen Elburs-Gebirge leuchtet das Grün der Bäume eines kleinen Dorfes.

noch vielen Geschichtsdarstellungen zu Grunde. So nahm Wittvogel an, dass alle »hydraulischen Gesellschaften«, in denen größere Mengen von Menschen gemeinsam an Bewässerungsanlagen bauten, letztendlich zur »orientalischen Despotie« führten. Dieses Zwangssystem, glaubte er, müsse sich sozusagen als soziale Antwort auf besondere Herausforderungen der Natur bilden. Überall dort, wo Wasser zwar vorhanden, aber von den trockenen Siedlungsflächen entfernt war, seien »hydraulische Gesellschaften« entstanden. Der Bau von Kanälen für die Bewässerung habe, so Wittvogel, den massenhaften Einsatz der bäuerlichen Bevölkerung erfordert. Bei den teilnehmenden Menschenmassen sei eine Planung nur noch durch übergeordnete Instanzen, eine Funktionärsklasse und ihre geregelte Bürokratie möglich gewesen. Für den wirtschaftlichen Erfolg ihrer Bewässerungswirtschaft hätten die Bürger viele ihrer Freiheitsrechte an die zentrale Bürokratie abgegeben. Nach Wittvogel hätte also jede Bewässerungswirtschaft zwangsläufig zu einem totalitären »Superstaat« geführt. Tatsache ist: Nichts deutet in den bisher entdeckten persischen Schriften darauf hin, dass im Großreich der Antike totalitäre Strukturen geherrscht hätten. Die Bewässerungskanäle waren außerdem nicht nur Wunschobjekte der herrschenden Klasse, sie dienten auch der Versorgung der örtlichen Bevölkerung, die in ihrem eigenen Interesse daran arbeitete. Noch weniger überzeugt die These, die Bewässerungswirtschaft habe das Achämenidenreich kriegsunfähig gemacht, sei es durch den Unwillen der eigenen Bevölkerung, ihren Staat zu verteidigen, sei es durch die fortwährende Arbeit der Bevölkerung an den Bewässerungsanlagen. Zweihundert Jahre lang hatten die persischen Reichsgrenzen jedem Angreifer widerstanden. Im stets kriegsbereiten Heer der Perserkönige, das mit dem Reichtum ihres Landes bezahlt wurde, kämpften persische Elitesoldaten neben Söldnern ungezählter Völker, darunter auch viele Griechen. Sie kämpften für Geld – und für das Persische Reich. An Loyalität oder Kampfesmut haben sie es nie fehlen lassen, bis zum letzten Gefecht.

Flucht und Fall

Es geschah in Gaugamela am 1. Oktober des Jahres 331 v. Chr. Niemand kann heute Genaueres über den Ort der Entscheidung sagen. Die wichtigste Schlacht um das Schicksal des persischen Weltreichs muss auf einer weiten Ebene etwa sechzig Kilometer außerhalb der alten Stadt Arbela stattgefunden haben. Unter dem Namen Erbil existiert sie noch heute, als eine der ältesten durchgehend bewohnten Siedlungen der Erde, gegründet vor mehr als 2300 Jahren von

Die Festung Tyros wurde von Alexander dem Großen zerstört.

den Sumerern. In der irakischen Provinzhauptstadt, mit mehr als einer halben Million Einwohner heute ein Zentrum der autonomen Kurdengebiete, erinnert wenig an die bewegte Vergangenheit. Nur die Reste einer türkischen Zitadelle auf dem künstlichen Hügel sind letzte stumme Zeugen einer langen Geschichte.

Im Sommer jenes Jahres bewegte sich Alexander mit seinem Heer vom eroberten Tyros in Richtung Osten, während Dareios III. mit den Truppen der zentralpersischen und östlichen Statthaltereien von Babylon nach Norden zog, bis zur Ebene von Arbela. Alexander war seit der gewonnenen Schlacht von Issos 333 v. Chr. an der Küste des Mittelmeers nach Süden und Westen gezogen, hatte nach langer Belagerung die Feste Tyros besiegt und die Macht des Persischen Reiches in Ägypten gebrochen. Der Gegner war geschwächt – und er hatte seine Seemacht verloren. In einem ungeheuren Kraftakt hatte Alexander seine Truppen dann von Ägypten aus in einem Jahr zurück ins persische Kernland geführt. Er war bereit für die entscheidende Schlacht.

Dareios III. hatte den Ort für die schicksalhafte Begegnung sorgsam ausgesucht. In Gaugamela angekommen, ließ er den flachen Grund noch weiter ebnen, Felsen und andere Hindernisse beiseite schaffen. Gegen die makedonischen Truppen wollte er dieses

Mal seine gefürchtete Geheimwaffe einsetzen: Mit messerscharfen Sicheln bestückte Streitwagen, die – wo immer sie bislang eingesetzt worden waren – Panik im gegnerischen Heer verbreitet hatten. Zusätzlich hatte der König frische Truppen ausgehoben, einige davon mit Lanzen bewaffnet, die denen der makedonischen Phalangen ähnelten. Die Angaben der antiken Historiker über die Größe seiner Streitmacht sind in diesem Punkt leider vollkommen unzuverlässig: Sie reichen von 250 000 bis zu mehr als einer Million Mann. Ziemlich sicher aber waren die persischen Truppen den Makedonen und ihren Verbündeten zahlenmäßig überlegen. Dareios mag geglaubt haben, dass die rechnerische Überlegenheit auf dem Schlachtfeld seinen Triumph garantierte.

Sein Gegner Alexander überschritt zur selben Zeit den Euphrat bei Thapsakos und zog von dort in nordöstliche Richtung, um den Tigris nahe Mosul zu überqueren. Dort angekommen, ließ er seine Truppen rasten. Ein persischer Kommandeur hatte ihn mit einem kleinen Truppenkontingent verfolgt und sollte ihn auf das vorbereitete Schlachtfeld von Gaugamela zutreiben.

Am 30. September kam Alexander in Sichtweite der Perser und ließ durch leicht bewaffnete Truppen die gegnerischen Stellungen erforschen. Den ganzen Tag und die Nacht hindurch führten die Makedonier Scheinangriffe, um das persische Heer nicht zur Ruhe kommen zu lassen. Dareios III. hatte alles auf eine Karte gesetzt. Würde er, der persische Großkönig, am folgenden Tag wagemutig den Angreifer zurückschlagen können, koste es auch sein Leben? Würde er wie später Wellington in der Schlacht von Waterloo mit Vorsicht, persönlichem Mut, Weitblick und taktischer Erfahrung sein Heer gegen ein Genie des Angriffs zum Sieg führen können? Mit seiner sorgsam angelegten Schlachtordnung hatte sich der persische Herrscher in eine defensive Position begeben – trotz seiner negativen Erfahrungen in der Schlacht von Issos. Wollte er den makedonischen Heerführer gegen die persischen Stellungen in sein Verderben rennen lassen, um dann mit den martialischen Sichelwagen Alexanders Truppen niederzumähen? Hätte er nicht wissen müssen, dass seine Fußtruppen einem Angriff der makedonischen Phalangen nicht standhalten konnten?

Strategie

Die Schlacht von Gaugamela

1
Während die Infanterie in Schlachtstellung geht, schwenkt Alexander mit einem Teil der Kavallerie nach rechts.

2–5
Die Truppen, die sich ihm entgegenstellen, werden durch heftige Attacken des Aretas und Menidas in die Zange genommen.

6–8
Der Angriff der persischen Streitwagen geht im Pfeilhagel der gegnerischen Bogenschützen unter. Dareios, der den Zusammenbruch der linken Frontseite erlebt, flieht.

9–13
Um die zahlenmäßig unterlegene Kavallerie unter Parmenio zu entlasten, gehen die gefürchteten Phalangen zum Frontalangriff auf die persischen Truppen über.

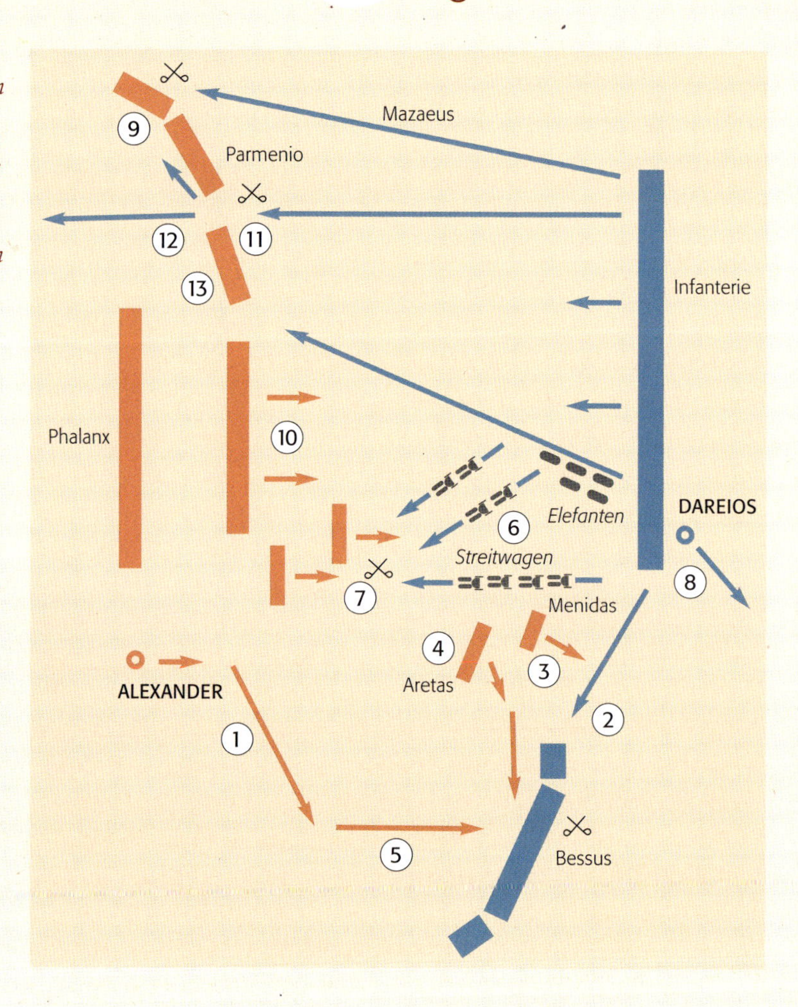

Was am 1. Oktober, dem Tag der Schlacht wirklich geschah, ist bis heute umstritten. Widersprüchliche Berichte der antiken Historiker machen es schwer, das Kampfgeschehen im Detail nachzuvollziehen. Der sonst für den Alexanderfeldzug so wichtige Bericht des Historikers Arrian ist an dieser Stelle unbefriedigend, die Angaben der römischen Autoren Curtius und Diodorus sind verwirrend; auch sie können die Auslassungen des Arrian nicht ergänzen. Die bekannten Fakten erlauben nur eine ungefähre Rekonstruktion der schicksalhaften Ereignisse. Sicher hatte Dareios III., wie schon in Issos, eine zentrale Position in der persischen Schlachtaufstellung eingenommen. Vermutlich wollte er mit seiner zahlenmäßig überlegenen Reiterei, die an den beiden äußersten Flügeln der Front aufgestellt war, das kleinere makedonische Heer von außen umfassen und vernichten. Auf der Gegenseite hielt sich Alexander wie meistens an der rechten Seite seiner Truppen, an der Spitze der makedonischen Elite-Kavallerie. Wie in Issos begann er auch diesmal die Schlacht mit einem täuschenden Schwenk seiner Truppen nach rechts – und drohte so das von Dareios sorgsam vorbereitete Schlachtfeld zu verlassen. Angesichts dieses Täuschungsmanövers zauderte der Perserkönig möglicherweise zu lange, um dann eine überstürzte Entscheidung zu fällen. Um Alexander auf den Kampfplatz zurückzuzwingen und die seitliche Umgehung der persischen Front zu verhindern, ließ Dareios III. seine stärksten Truppenteile, die Kavallerie, der ausbrechenden makedonischen Reiterei nachsetzen. Gegen die ebenfalls vorrückenden makedonischen Phalangen in der Mitte der Front sandte er seine Sichelwagen aus, die gegen aufständische Stämme an den Grenzen des Reiches so erfolg-

Selbst die martialischen Sichelwagen können den Vormarsch des Makedoniers nicht aufhalten.

reich gewesen waren. Gegen die Phalangen aber blieben sie, vor allem wegen des überlegenen Waffendrills der Makedonen, vollkommen wirkungslos.

Mit diesen Manövern hatte Dareios die persische Front in der Mitte aufgerissen. Wie schon in Issos drängten makedonische Kavallerie und die Phalangen durch diese Lücke nach und sprengten auf Dareios zu. In diesem Moment scheint der letzte Achämenidenkönig einen Entschluss gefasst zu haben, der den Untergang seines Reiches besiegelte. Er ließ seinen Streitwagen wenden und flüchtete, obwohl die Schlacht noch längst nicht verloren war. Immer noch hätten die persischen Truppen mit ihrer überlegenen Masse Alexanders Heer in einem verzweifelten Kraftakt umfassen und vernichten können. Ohne ihren Heerführer aber waren die Perser orientierungslos und entmutigt. In einem blutigen Rückzugsgefecht wurden sie von Makedonen und Griechen unter furchtbaren Verlusten niedergerungen. Die letzte Armee des persischen Weltreichs ging auf dem Schlachtfeld von Gaugamela unter. Die Entscheidung ihres Heerführers blieb rätselhaft – bis heute.

Die Macht des Aberglaubens

Kann das Geheimnis um die Flucht des Großkönigs Dareios III. in Gaugamela entschlüsselt werden? Gibt es neue Hinweise darauf, warum er sich seinem Feind nicht entschlossener in den Weg gestellt hatte? Von einem astronomischen Kalender aus dem Esagila-Tempel in Babylon, in dem die Schlacht von Gaugamela erwähnt wird, erhoffen sich Forscher neue Erkenntnisse. Am 20. September, so die babylonischen Priester, habe für kurze Zeit ein Schatten den Mond verdeckt, begleitet von einer ungünstigen Nähe des Planeten Saturn. Dazu notierte der babylonische Astrologe Wind aus dem Westen, was andeutete, dass ein Feind aus dieser Richtung kommen könnte. Auch von Seuchen und Todesfällen während der planeta-

Diese Totenstadt der Zoroastrier liegt in der Einsamkeit der persischen Bergwelt.

rischen Erscheinung spricht diese Aufzeichnung – vielleicht deutbar als Folgen des Aufmarschs der großen Heere. In den Rängen der damaligen Truppen könnten, so spekulieren einige Forscher, diese Erscheinungen als schlechte Vorzeichen gedeutet, Panik ausgelöst haben. Sie alle waren schlechte Omina für das Schlachtenglück des Dareios. Die Priester des Esagila-Tempels notierten: »Die Truppen des Königs verließen ihn!«

Auch Diodorus von Sizilien scheint in seinem Jahrhunderte später geschriebenen Bericht über die Schlacht von Gaugamela diese Meinung zu bestätigen. Haben Aberglaube und religiöse Verblendung den Untergang des Perserreichs herbeigeführt? Beteten die Perser nicht das Feuer an, fragen manche ältere Autoren, und standen sie damit nicht auf niedrigem religiösen Niveau, natürlichen Vorzeichen hilflos ausgeliefert?

Das Königsgrab in der Felswand von Naqsh-e Rostam.

In den steilen Felswänden von Naqsh-e Rostam, nicht weit von Persepolis, befinden sich die Grabkammern der Achämenidenkönige. Persische Handwerker haben sie in den massiven Fels hineingetrieben und mit großen Relieffriesen geschmückt. In der Talsohle steht ihnen ein mysteriöser Turm aus massivem Steinmauerwerk gegenüber. Die religiöse Bedeutung dieses Turms und der gesamten Stätte ist bis heute nicht endgültig erklärt. Die Reliefs im Fels zeigen den König, der von seinen Untertanen getragen wird. Über ihm schwebt ein Symbol, das man lange Zeit als Zeichen von Ahura Mahzda, dem Gott der altpersischen Religion des Zoroastrismus, gedeutet hat. Vielleicht, das legen neuere Forschungsarbeiten nahe, handelt es sich dabei aber auch um ein Herrschaftssymbol, die Königswürde der Achämeniden. Deutlich wird durch die bildliche Trennung auf jeden Fall: Der persische Großkönig war weder Gottkönig noch Halbgott, sondern ein weltlicher Herrscher und seines

representing a King of PERSIA, Standing in a posture of Adorati
before an Altar, bearing the SACRED FIRE.

The Sun is pourtrayed Shining above the Fire kindled by i
own ray: and over the Head of the Devotee is the Image of
Soul, ascending upon a Cloud to Heaven

Gottes Untertan. Der Zoroastrismus ist eine der ältesten monotheistischen Religionen, also jenen Glaubensrichtungen, die nur einen Gott kennen, älter als Christentum und Islam. In der ehrwürdigen Stadt Yahzd, der heiligen Stadt des Zoroastrismus, lässt sich heute noch erahnen, wie eine Stadt zur Zeit des antiken Perserreichs ausgesehen haben muss. Ein Gewirr großartiger, scheinbar altersloser Lehmhäuser breitet sich vor dem Betrachter in einem überwältigenden Panorama aus. Yahzd ist das religiöse Zentrum der Zoroastrier, die ihren Gott Ahura Mahzda verehren. Heute leben nur noch etwa 200 000 Anhänger Zarathustras, mindestens 100 000 von ihnen als Parsen in Indien. Sie sind die Nachkommen jener persischen Zoroastrier, die vor allem im neunten nachchristlichen Jahrhundert, zur Zeit des erstarkenden Islam, von Persien nach Indien vertrieben wurden. Der Glaube aller Zoroastrier geht zurück auf ihren Propheten Zarathustra. Er kannte nur einen Gott, Ahura Mahzda. Das Universum sah er in einen ewigen Kampf zwischen Gut und Böse, Hell und Dunkel verwickelt. Das Symbol der Reinheit, des Guten, war und ist für alle seine Gläubigen die Feuerflamme. Im heiligen Feuertempel von Yahzd bewahrt seit Urzeiten ein Wächter diese ewige Flamme. Frühe Reisende und Forscher dachten angesichts der Feuertempel, die Gläubigen würden die Flammen selbst anbeten und nannten sie deshalb »Feueranbeter«. Aber die Flamme ist nur das Symbol für den einen unsichtbaren Gott, Ahura Mahzda. Der Zoroastrimus ist eine friedliche Religion, bis heute. Pogrome, Verfolgungen, Gewalt und religiöse Intoleranz kannte und kennt er nicht.

◁ Dieser Kupferstich aus dem 18. Jahrhundert zeigt den persischen König vor einem Feueraltar mit der heiligen Flamme.

Auch im antiken Perserreich herrschte religiöse Toleranz. Die Tontäfelchen aus Persepolis verzeichnen Opfergaben an viele Götter verschiedener Nationen. Als Großkönig war Dareios Herrscher über ein multikulturelles Reich und er scheint sich dieser Rolle bewusst gewesen zu sein. Und schon Kyros der Große, der Begründer des Achämenidenreichs, hatte sich in Babylon der örtlichen Gottheit Marduk unterworfen. Die neuere historische Forschung hat weitere

Dieser Feueraltar bei Pasargadae ist über zweitausend Jahre alt.

Beispiele für religiöse Vielfalt zutage gefördert. Überall in den persischen Residenz- und Garnisonsstädten errichteten Siedler Feueraltäre und brachten damit ihren Glauben auch in die entlegensten Reichsgebiete, ohne die einheimische Bevölkerung bekehren zu wollen. Im griechischen Ionien, das vom Persischen Reich erobert worden war, erfuhr der dort verehrte griechische Gott Apollo von den Großkönigen sogar besondere Aufmerksamkeit. Als Gott der Weisheit sah man in ihm gewissermaßen eine griechische Ausprägung des eigenen Gottes Ahura Mahzda und brachte ihm in seinen Tempeln reiche Opfer. Und als es in Jerusalem einen Disput um den Wiederaufbau des jüdischen Tempels gab, entschied Dareios I. wohl überlegt und nach Aktenlage, ganz ohne religiöse Hintergedanken.

Nach der Eroberung Babylons hatte sein Vorgänger Kyros der Große den dort festgehaltenen Juden die Freiheit gegeben und ihnen die Neuerrichtung des Jerusalemer Tempels ausdrücklich erlaubt. Dagegen hatten sich die Samariter erhoben, die sich auf den Satrapen Tattenai, den persischen Statthalter Syriens, ein Babylonier, stützten. Als der jüdische Prophet Haggai 19 Jahre nach der Rückkehr forderte, den Bau des Tempels endlich zu beginnen, sandten die Einwohner Jerusalems einen Boten an Dareios. Sollten sie einen Tempel bauen, wie Kyros ihnen einst gestattet hatte, oder sollten sie dies unterlassen, wie es der Satrap Tattenai befahl? Dareios ordnete zunächst eine gründliche Suche in den Archiven an und genehmigte schließlich die Wiedererrichtung des Tempels. Am 1. April des Jahres 515 v. Chr. wurde er in Jerusalem eingeweiht.

Auch in Ägypten übergab Dareios I. den Tempeln der lokalen Götter Neith und Osiris wertvolle Geschenke. In der Oase Kharga weihte er dem Gott Amun sogar einen Tempel. Dort fanden Archäologen eine Inschrift, die Dareios als »Sohn des Re«, als »Sohn des großen Sonnengottes«, bezeichnete.

Die persischen Könige scheinen einen bemerkenswert pragmatischen Umgang mit den Gottheiten ihres Weltreichs gepflegt zu haben. Von religiöser Verblendung, von Fanatismus oder naivem Aberglauben ist dabei nichts zu spüren. Schwer vorstellbar, dass Dareios III. und seine Truppen angesichts eines unheilvollen Vorzeichens vor der entscheidenden Schlacht in Panik geraten sind.

Ende eines Weltreichs

Nach seiner letzten Niederlage floh Dareios III. mit einer kleinen Leibwache nach Ekbatana. Auf dem Schlachtfeld von Gaugamela hatte er sein Reich endgültig verloren. Im Januar 330 v. Chr. erreichte sein Gegner Alexander die Residenzstadt Persepolis, das Zentrum des persischen Weltreichs. Der makedonische Heerführer schien am Ziel zu sein. Zum Neujahrsfest wollte er sich in der eroberten Residenz von persischen Adeligen huldigen lassen.

Die antiken Schriftsteller berichten von einem flammenden Finale. Der Historiker Arrian, der sich auf den Augenzeugen Ptolemäus beruft, erzählt, Alexander habe Persepolis aus Rache für die Zerstörung Athens niederbrennen lassen. Andere Berichte, die sich auf einen verschollenen Text des Cleitarchus beziehen, erzählen von einer ausgelassenen Feier, in deren Verlauf die Hetäre Thais Alexander herausgefordert habe: Er solle Persepolis in Flammen aufgehen lassen. Ist das die historische Wahrheit? Oder nur ein Symbol für den Untergang eines Weltreichs? Aus der archäologischen Rekonstruktion ergibt sich eine überraschende Erkenntnis: Persepolis ist nie ganz niedergebrannt. Zwar sprechen die Schäden im so genannten Schatzhaus und die im Feuer gehärteten Tontäfelchen eine deutliche Sprache. Aber nach Ansicht der iranischen Archäologen, die in der gesamten Anlage nach Brandspuren gefahndet haben, gab es nur einzelne Brände in Zusammenhang mit der Plünderung unmittelbar nach der Eroberung durch Alexander. Möglicherweise, darauf deuten neueste Forschungen hin, wurden gewisse Teile von Persepolis absichtlich angesteckt, während andere verschont blieben. Eine politische Demonstration des siegreichen Feldherren Alexander? Ein Signal für seine Truppen, eine Botschaft an die griechische Öffentlichkeit und die Besiegten? Die »Rache für die brennende Akropolis« mag vielleicht als Propagandacoup inszeniert worden sein.

Während seine Residenz in fremde Hände fiel, rang Dareios III. mit seinem Schicksal. Welcher Weg blieb ihm noch offen? Würde er sein Weltreich bewahren, sich dem Untergang noch einmal entziehen können? Auf seinem Thron war er unangreifbar, das Symbol für Macht und Reichtum eines gigantischen Staates. In seiner Person einten sich alle Völker, alle Stämme seiner Herrschaft. Er als Großkönig war das Zentrum der Macht für das ganze Perserreich. Genau diese Fixierung auf einen Menschen sollte sein Reich am Ende zu Fall bringen. Ohne den Herrscher auf seinem Thron brach das persische Weltreich auseinander. Sein Leben und Überleben waren die Garantie für den Fortbestand seiner Regentschaft. Vielleicht liegt darin eine Erklärung für die scheinbar überstürzte Flucht Dareios III. aus den großen Entscheidungsschlachten bei Issos und Gaugamela: Vermutlich haben ihn seine Hofbeamten gedrängt, sein Leben in gefährlichen Situationen zu schonen, sein Reich nicht durch seinen vorzeitigen Tod zu gefährden. In beiden Schlachten war er ihrem Rat gefolgt, als ein Keil der gegnerischen Truppen auf ihn zustieß – und hatte doch alles verloren. Im Juli 330 v. Chr., in der Einsamkeit der persischen Berge, war alles vorbei.

Mit dem Tod Dareios' III. geht das Reich der Achämeniden unter.

Das Grabmal des letzten Königs in Persepolis blieb leer.

Noch einmal versuchte Dareios, Truppen für seine Sache zu sammeln. Aber sein letzter Kampf war aussichtslos. Arrian berichtet, Nabarzanes und Barsaentes, zwei seiner Gefolgsleute, hätten ihn in Panik getötet, als makedonische Truppen nahten: »Das war das Ende des Dareios; er starb im Juli, während Aristophon in Athen Archont war. In militärischen Angelegenheiten war er der schwächste und unfähigste aller Menschen; in anderen Dingen scheint sein Betragen milde und anständig gewesen zu sein – allerdings ist es wahr, dass – weil seine Thronbesteigung mit der Kriegserklärung durch Makedonien und Griechenland zusammenfiel, er nur keine Gelegenheit gehabt haben mag, den Tyrannen zu geben.«

Mit Dareios III. starb auch das persische Großreich. Er hatte seine Herrschaft mit seinem Leben erhalten wollen und war doch im Moment der Krise einer einfachen soldatischen Weisheit nicht gefolgt. »Start shooting«, lehren die Ausbilder der US-Marines ihre Soldaten, »and aim later!« – »Beginne zu schießen und ziele später.« Dareios hatte gezögert. Mit Staatsräson aber war einem Angreifer wie Alexander nicht beizukommen.

Gedankenspiele

Es sind Momente so kurz und flüchtig wie der Flügelschlag eines Schmetterlings, in denen sich die Geschichte der Menschheit verändert. Was bleibt, sind die Träume der Geschichte, die Alternativen, die nicht gegangenen Wege. Was wäre geschehen, wenn Dareios nicht geflüchtet wäre? Wenn Alexander in einer Schlacht gefallen wäre, er, der im Kampf so oft Tod und Erlösung suchte? Hätte das persische Großreich weiterbestanden, noch hunderte von Jahren? Der amerikanische Historiker Josiah Ober hat dieses Szenario mit erstaunlichen Ergebnissen durchgespielt. Man nennt das »counterfactual history«, »Geschichtsschreibung gegen die Fakten« – eine umstrittene Gattung, die auf einem riskanten Gedankenspiel beruht.

Josiah Ober zeichnet in seinem Gedankenspiel einen abweichenden Weg der Geschichte, eine Möglichkeit, die durch einen bloßen Zufall nicht selbst zur Realität geworden ist. Sein Ausgangspunkt ist nahe genug an der Wirklichkeit: Die Quellen berichten, Alexander sei schon in seinem ersten Gefecht auf persischem Gebiet 334 v. Chr. am Fluss Granikos nur knapp dem sicheren Tod entgangen. Eine Axt drohte seinen Schädel zu spalten, ein Getreuer konnte den tödlichen Hieb im letzten Moment abwenden. Was wäre geschehen, wenn ein zweiter Hieb ihn getroffen und getötet hätte? Wahrscheinlich hätten die Makedonen auch nach dem Tod Alexanders in dieser ersten Schlacht mit Todesverachtung gekämpft und hätten sie dennoch für sich entscheiden können. Aber was wäre dann geschehen? Was hätten die makedonischen Kommandeure in die Heimat gemeldet? Vom persischen Kernland waren sie zu diesem Zeitpunkt noch weit entfernt. Ihr Weg nach Persien hätte über scheinbar unüberwindbare Distanzen in ein ungewisses Schicksal geführt, zumal schon im ersten Gefecht der König, ihr sagenumwobener junger Held, ihr einziger Anführer gefallen war. Wären sie weiter vorgerückt? Wäre es nicht zur selben Zeit in Makedonien und schließlich in ganz Griechenland zu einem blutigen Bürgerkrieg um die Nachfolge Alexanders gekommen? Wahrscheinlich, so Josiah Ober, hätten sich die makedonischen Heerführer und ihre griechischen Verbündeten angesichts solcher Aussichten für den Rückzug entschieden. Vielleicht hätte Dareios III., ein schlechter Heerführer im Moment der Gefahr, aber ein guter Führer im Interesse seines Reiches, seine politische Klugheit und sein diplomatisches Geschick ausspielen können. Vielleicht hätte er seinen Satrapen in den westlichen Provinzen mehr Gehör geschenkt und ihnen die Verteidigung der Grenzen nach ihren eigenen Methoden, für ihr eigenes Wohl und Wehe übertragen – so wie es später die Kaiser des Römischen Reiches erfolgreich taten. Vielleicht hätten die Strahlkraft des friedlichen persischen Reichs und der abnehmende Glanz des griechisch-makedonischen Raums die vielen Völker des persischen Großreichs ermutigt, für das Bestehen des Persischen Reiches stärker einzutreten. Das alles ist nur Spekulation, Gedankenspiel. Möglich wäre es dennoch gewesen.

Dieses moderne Relief am zoroastrischen Heiligtum in Yahzd zeigt die Gottheit Ahura Mahzda.

Wahrscheinlich hätte sich, meint Josiah Ober, nach dem plötzlichen Tod Alexanders der Handel zwischen den persischen Herrschaftsgebieten und Griechenland ausgeweitet. Für die griechischen Städte im persischen Herrschaftsgebiet bedeutete das Reichtum und Macht. Vielleicht hätte sich im Gefolge des Wohlstands und der Toleranz sogar die persische Religion mit ihrem Gott Ahura Mahzda bis zu ihnen verbreitet – als eine neue, einigende Klammer. Zum Aufstand, zum Angriffskrieg gegen ihren entfernten Herrscher, den persischen König, hätten die Griechen unter persischer Herrschaft dann keinen Anlass mehr gehabt. In Griechenland, vermutet Ober, hätte nach einem blutigen Bürgerkrieg um die Nachfolge Makedoniens Athen als Machtzentrum wieder an Bedeutung gewonnen. Der Handel mit dem Persischen Reich hätte der Seestadt eine zweite Blüte geschenkt, ein neues kulturelles und wirtschaftliches Goldenes Zeitalter.

Nur eine einzige Macht wäre in diesem Szenario in der Lage gewesen, den athenisch-persischen Handelsfrieden im Mittelmeer zu bedrohen – das aufstrebende Karthago. Vielleicht, erklärt Josiah Ober, wäre es so zu einem neuen Seekrieg gekommen, langwierig und hart: Athen gegen Karthago. All das die Folge eines einzigen Todesfalls? Können Aufstieg und Untergang eines einzigen Mannes die Weltgeschichte verändern? Es ist nur ein Gedankenspiel – aber es beruht auf harten Fakten.

Karthago sollte tatsächlich über das Mittelmeer expandieren und Krieg mit einer neuen Macht führen, mit Rom. Im Gedankenspiel des Josiah Ober wäre Rom der Nutznießer eines Krieges zwischen Karthago und Athen gewesen. Dem militärischen Koloss aus Italien hätte Athen, von einem langen Krieg geschwächt, nichts entgegenzusetzen gehabt. Nur wenig wäre vom Glanz Athens übrig geblieben, nur Ruinen, Schauspiele, Hauptwerke der Philosophie und Kunst. Karthago wäre Roms letzter großer Feind geblieben.

Und der Krieg zwischen den beiden Mächten hat tatsächlich stattgefunden. Rom hat ihn gewonnen. Seine Macht sollte sich danach über den gesamten Mittelmeerraum erstrecken. Anders als in der Realität wäre in diesem Gedankenspiel nur eine Macht von der römischen Aggression verschont geblieben: Das weiter bestehende persische Großreich. Weit entfernt von den Schwerpunkten römischer Macht, ein beruhigender Faktor an den unruhigen Reichsgrenzen im Südosten, hätten die römischen Herrscher das Persische Reich als politischen Partner und natürlichen Verbündeten akzeptieren können. Die Welt, meint Ober, wäre dann vielleicht für Jahrhunderte zum Stillstand gekommen, die Geschichte wäre vielleicht weniger dynamisch verlaufen, wäre mehr den Verharrungskräften ausgeliefert gewesen, ohne die vielen Umstürze und Verwerfungen, die in den folgenden Jahrhunderten die Geschichte Europas tatsächlich geprägt haben. Das Ergebnis hätte eine friedliche Koexistenz von Orient und Okzident sein können. Gerade in unseren Tagen scheint das wie ein verführerisches Bild von einer anderen, von einer besseren Welt – aber es bleibt ein Gedankenspiel.

Die königliche Leibwache, dargestellt auf einem Relief in Persepolis.

Macht und Ohnmacht

Die Geschichte unserer Welt, das hat sich in den wenigen Jahrtausenden der historischen Aufzeichnungen immer wieder gezeigt, ist viel zu kompliziert, um sie vorherzusagen. Immer wird sie von einer Vielfalt von Faktoren beeinflusst, die unvorhersehbar miteinander in Beziehung treten. Menschliche Geschichte ist ein chaotisches System, das keine klare, vorhersehbare Logik kennt. Ein einziger Mensch kann komplizierte Berechnungen gegenstandslos machen, kann alleine mächtige Reiche zum Untergang bringen, kann an Orte vordringen, die vor ihm keiner erreicht hat, weit hinaus über die Grenzen von Wahrscheinlichkeit und Planung. Und dennoch ist selbst der einsame Eroberer, scheinbar weit entfernt von jedem Zwang, nur von seinem Willen vorangetrieben, in Wahrheit in ein Netz von unsichtbaren Bezügen verstrickt, bewegt mit sich tausend Faktoren, bewirkt mehr unbeabsichtigt als beabsichtigt. Auch er kann die Geschichte nicht in seinem Sinne verändern, einem Plan folgend die Welt umgestalten. Oft endet allein der Versuch in einer historischen Katastrophe.

Am Ende sind sie alle gescheitert – die großen Helden, die Eroberer, die einsamen Kriegsherren. Das Resultat ihres Tuns haben sie nicht vorhersehen können. Hätten das Fortleben Dareios III. und der frühe Tod Alexanders des Großen wirklich die Geschichte verändert? Vielleicht hätte ein weiterer Angreifer das Persische Reich schließlich zerstört, vielleicht ein weiterer, ehrgeiziger Thronfolger Dareios ermordet und gestürzt. Vielleicht wäre das Persische Reich trotz aller seiner Errungenschaften ganz ohne Zutun von außen allmählich durch Stillstand, unfähige Herrscher und den Verfall der Verwaltung in wenigen Jahrzehnten zerbrochen. Vielleicht hätte es noch Jahrhunderte überdauert. Man wird es nie wissen.

MATTHIAS UNTERBURG

Hannibal – Triumph und Tragödie Karthagos

Die antike Metropole Karthago – sagenumwobene Heimat Hannibals.

Ein Trank mit Gift besiegelt das Ende eines der größten Feldherren der Geschichte.

»Das große Karthago führte drei Kriege.
Es war noch mächtig nach dem ersten,
noch bewohnbar nach dem zweiten.
Es war nicht mehr auffindbar nach dem dritten.«

BERTOLT BRECHT

Die Häscher kommen nicht unerwartet. Der alte Mann hat diesen Augenblick seit langem vorausgesehen. Oft war sein Blick während der letzten Wochen von seinem Unterschlupf in einem Landhaus zum Horizont gewandert. Früher oder später, das wusste er, würden dort Fremde auftauchen, im Sold des römischen Senats, mit dem Auftrag, ihn in die Stadt am Tiber zu bringen – tot oder lebendig.

Und nun war es also so weit. Soldaten in Begleitung eines Gesandten aus Rom näherten sich langsam der Villa. Würde das denn nie enden, dieses ständige Versteckspiel, das ihn zunehmend zermürbte? Sicher, auch sein letztes Domizil verfügte, wie all die anderen Verstecke, die der Heimatlose während seiner jahrelangen Odyssee hatte anlegen lassen, über geheime Ausgänge. Mehrmals schon war er seinen Verfolgern in letzter Sekunde entkommen, doch es war immer schwieriger geworden, dem langen Arm des römischen Senats zu entgehen, der mittlerweile auch bis in den letzten Winkel Kleinasiens reichte. Und die großmäuligen Fürsten der Region, die eben noch seine Freunde und erklärte Feinde Roms waren, das hatte die Vergangenheit gezeigt, wechselten ohne mit der Wimper zu zucken die Seiten. Entweder gegen Bezahlung oder aus Furcht. Auch sein jetziger Gastgeber, König Prusias I. von Bithynien, hatte offensichtlich weiche Knie bekommen, sonst wären die Senatoren ihm nicht auf die Spur gekommen. Ein paar deutliche Warnungen hatten ausgereicht, und der Monarch, von dem der Historiker Theodor Mommsen später schreiben würde, er sei »der jämmerlichste unter den Jammerprinzen Asiens« gewesen, hatte seinen einstigen Verbündeten fallen gelassen. Und er war müde. Vielleicht war es ja wirklich an der Zeit, von der Weltbühne, auf der er einst eine so große Rolle gespielt hatte und am Ende doch nur noch ein Statist gewesen war, abzutreten.

Allerdings sollte sich niemand rühmen können, ihn, den Schrecken Roms, in Ketten gelegt zu haben, vorgeführt als Attraktion, begafft wie ein exotisches Tier – niemals! Dafür würde er sorgen, darauf hatte er sich seit Jahren vorbereitet. Ein Becher mit tödlichem Gift für den unabwendbaren Augenblick stand bereit: »Es ist nun an der Zeit, die Angst der Römer zu beenden. Sie sind nicht in der Lage, länger auf den Tod eines alten Mannes zu warten, der ihnen so viele Sorgen bereitet hat«, lässt der römische Geschichtsschreiber Titus Livius den karthagischen Feldherrn sagen. Ein Satz, würdig eines großen Mannes, der mit 64 Jahren seinem Leben ein Ende setzte – ironisch, souverän und gelassen.

Mythos Hannibal

Was mag Hannibal in jenen letzten Momenten seines Lebens beschäftigt haben, bevor das Gift seine tödliche Wirkung entfaltete? Seine Triumphe, sein Scheitern? Das Schicksal seiner Heimat? Seine eigene Rolle in der Geschichte dieses großen Reiches, oder gar der Welt? Zumindest, was den Nachruhm anbelangte, konnte Hannibal seinem Ende beruhigt entgegensehen. Denn auch, wenn er schon zu Lebzeiten eine Legende war, das überwältigende Ausmaß seiner Berühmtheit hätte er nicht erahnen können: Dass er eine der prominentesten Persönlichkeiten der Weltgeschichte werden sollte – in einem Atemzug genannt mit Alexander dem Großen, Cäsar und Napoleon. Dass sein Name über mehr als zweitausend Jahre nachhallen würde, in Bibliotheken, Schulen, Seminarräumen und Kinosälen. Dass die Erforschung seines Lebens Professorenkarrieren begründen und sein strategisches Geschick in Managerkursen analysiert werden würde. Dass schließlich, über zweitausend Jahre nach seinem Tod, eine Erfindung namens Internet unter seinem Namen gleich mehrere hunderttausend Einträge verzeichnen würde. Die Liste berühmter Hannibal-Bewunderer ist beeindruckend und vereint so gegensätzliche Persönlichkeiten wie Adolf Hitler und Sigmund Freud. Der Wiener Arzt hatte den Feldherrn zum Idol seiner Kindheit erkoren: »Hannibal [...] war der Lieblingsheld meiner Gymnasialjahre; wie so viele in jenem Alter, hatte ich meine Sympathien nicht den Römern, sondern den Karthagern zugewendet.«

Wie Hannibal aussah, ist bis heute nicht geklärt. Auch diese Büste ist nicht authentisch.

Die Gründe, den Karthager zu bewundern, sind so unterschiedlich wie seine Verehrer. Hannibal, so scheint es, hat für jeden etwas zu bieten, vom Gymnasiasten über den Psychologen bis hin zum Feldherrn moderner Prägung. Von Napoleon bis Norman Schwartzkopf hat es kein Armeenlenker der Neuzeit versäumt, dem antiken Strategen Tribut zu zollen. »Stormin' Norman« erklärte in einem Interview, dass er Hannibals Überfall auf Italien studiert habe, bevor er in den ersten Golfkrieg gegen Saddam Hussein zog. Der antike Feldherr, Gebieter über ein Waffenarsenal aus Schwertern, Speeren, Pfeil und Bogen, als Lehrmeister im modernen High-Tech-Krieg der Cruisemissiles und satellitengelenkten Bomben? Keine Frage: Die Analyse seiner Feldzüge ist noch immer fester Bestandteil der Ausbildung angehender Offiziere, nicht nur in den USA. Und mehr noch: Hannibals Erfolge und seine strategischen Leistungen scheinen heute noch die Messlatte zu sein, nach der die eigenen »Verdienste« auf dem Schlachtfeld beurteilt werden. Wer neben ihm auf den Sockel gehoben wird, hat es geschafft in die Rie-

Auf den Trümmern von Karthago errichteten die Römer eine neue Stadt.

ge der Superfeldherren, dem ist ein ähnlicher Triumph gelungen wie dem Karthager in Cannae. Dieser berühmteste Sieg über die Römer ist bis heute der Inbegriff für die vollständige Vernichtung einer gegnerischen Armee. Hannibal, ein antiker »Terminator«? Einer, der die Erde Italiens mit dem Blut zehntausender getöteter Soldaten tränkte, ohne jeden Skrupel? Einer, der verschlagen, wortbrüchig und grausam war, wie manche Chronisten berichten? Und bedeutet nicht Hannibal übersetzt »Günstling des Baal« – einer finsteren Gottheit, der die Karthager Menschenopfer dargebracht haben?

Da ist dann auch Hannibal Lecter nicht mehr weit, der Held aus dem Kinowelterfolg »Das Schweigen der Lämmer«, eine monströse Bestie, ein Lustmörder und Sadist, dabei von überlegener Intelligenz, in hohem Maße gebildet. Ein Liebhaber schöner und edler Dinge, der zum Abendessen Menschenleber genießt – mit einem »alten Chianti«, versteht sich. Dass den Schöpfern dieses faszinierenden Unholds der Name des antiken Feldherrn in den Sinn kam, hat wohl vor allem mit seiner Herkunft zu tun: der zwielichtig-schillernden Metropole Karthago, räumlich wie kulturell zwischen Europa, Afrika und dem Nahen Osten angesiedelt. Wiege mutiger

Seeleute, Zentrum einer hoch entwickelten und weltoffenen Zivilisation mit einem gut organisierten Gemeinwesen. Eine antike Großstadt mit großartigen Palästen und gewaltigen Tempelanlagen, luxuriös, kultiviert und doch barbarisch, im Bann eines finsteren Götzenbildes stehend. Im ehernen Bauch der gewaltigen Kultfigur lassen die Priester einen Feuerschlund lodern, Opferstätte für die Erstgeborenen, die den Flammen übergeben werden, während die Eltern, Zeugen der grausigen Zeremonie, dazu skandieren: »Herr iss«! So beschreibt der französische Dichter Gustave Flaubert in seinem Roman *Salammbô*, angeregt durch antike Überlieferungen und biblische Berichte das berüchtigte »Molk«, das Kinderopfer, das die Bürger der Weltstadt ihrer obersten Gottheit, Baal-Hammon, darbrachten. Das merkwürdige Nebeneinander von Zivilisation und Barbarei im antiken Karthago hat einst die Zeitgenossen schockiert, heute beschäftigt es die Forscher und sorgt nach wie vor für Kontroversen. Denn so berühmt die Namen Hannibal und Karthago auch sind, so viele Assoziationen sie auch wecken – die Quellenlage ist in Wirklichkeit nicht besonders günstig.

Ausgelöschte Erinnerung

Was den Wissenschaftlern Probleme bereitet, ist die dürftige Hinterlassenschaft des einst so blühenden Karthager-Reiches. Denn Hannibals Heimat sollte ihren großen Feldherrn nicht lange überleben. Die Römer ruhten nicht, bis Karthago, in dessen Namen sie so sehr gedemütigt wurden, verbrannt, niedergerissen, umgepflügt, zu Staub zermalmt war. Keine andere Stadt der Antike wurde von ihren Gegnern so gründlich vom Erdboden getilgt wie die strahlende Metropole an der nordafrikanischen Küste. Mit der völligen Vernichtung der alten Konkurrentin, 36 Jahre nach dem Tod ihres legendären Heerführers, radierte Rom auch die Erinnerung der Karthager aus. Keine Zeile über Hannibal, verfasst von Chronisten aus seinem engsten Umfeld, hat sich erhalten, und die archäologischen Funde sind – gemessen an der Bedeutung und Strahlkraft des antiken Handelsimperiums auf dem Gebiet des heutigen Tunis, mehr als spärlich. Ein paar karthagische Ruinen, Fragmente von

Schiffen, Gräber, Kultobjekte, Münzen – aber nichts, das unmittelbar mit der Person Hannibals zu tun hätte, keine Zeile von seiner Hand, kein Gegenstand aus seinem Besitz, noch nicht einmal ein Fund auf den legendären Schlachtfeldern. Keine Waffen, keine Skelette, auch kein Elefantenzahn in den Alpen, der endlich beweisen würde, welche der zahlreichen zur Diskussion stehenden Täler und Pässe der Feldherr bei seiner spektakulären Gebirgstour (samt gewaltigem Heer und 37 Dickhäutern) mit seiner Anwesenheit beehrt hat.

Dem »wahren« Hannibal auf die Spur zu kommen, ist also äußerst schwierig, obwohl es unzählige Darstellungen des antiken Helden gibt. Sein dramatisches Leben lieferte Szenen über Szenen, die immer wieder Maler und Bildhauer inspiriert haben: Der Knabe beim Racheschwur im Tempel von Karthago, als junger Mann mit kühn in die Ferne gerichtetem Blick. Manchem Künstler gerät er als fanatischer Barbar, anderen als feiner Herr mit ziselierten Zügen. Am berühmtesten ist eine antike Bronzebüste, die in Capua gefunden wurde und einen bärtigen Mann mit entschlossenem Gesicht zeigt. Sie kommt dem »Image« des berühmten Feldherrn sicher am nächsten. Mehr aber auch nicht, denn alle bildlichen Darstellungen

Nur spärliche Reste zeugen von der Pracht der antiken Metropole Karthago.

des Karthagers haben eines gemeinsam: Sie sind nicht authentisch. Nicht, die Gemälde, nicht die Büsten, auch nicht die Münzporträts, die das Profil eines ernsten jungen Mannes zeigen, die gelockten Haare als Zeichen des Siegers mit Lorbeer bekränzt.

Alles, was wir über Hannibal und seine Heimat wissen, stammt aus der Feder seiner Feinde – römischen Geschichtsschreibern. In ihren Werken ist eine voreingenommene und tendenziell eher negative Perspektive vorgezeichnet. Erschwerend kommt hinzu, dass »Historiographie« im antiken Sinne nichts mit moderner Wissenschaft zu tun hat. Die Autoren, die fast alle später lebten als Hannibal, verfolgten mit ihren Schriften einen bestimmten, zum Teil sogar klar ausgesprochenen Zweck: die Ermahnung ihrer Zeitgenossen durch einen deutlich erhobenen moralischen Zeigefinger. Die glänzenden Taten der Römer in den Kriegen gegen Karthago, die vorbildlichen Männer der Vergangenheit sollten den schleichenden Sittenverfall, den die damaligen Chronisten zu beobachten glaubten, in ein grelles Licht tauchen. Diese erzieherische Absicht verstellte natürlich vielfach den klaren Blick auf die Ereignisse. Für die heutige Forschung ist es daher nicht leicht, anhand der überlieferten Texte die Wirklichkeit von ideologischen Zusätzen zu reinigen, die Wahrheit hinter der Propaganda zu entdecken.

Der karthagische Feldherr – für seine Gegner ein finsterer Barbar.

Die ältesten noch erhaltenen Schriften über Leben und Taten Hannibals stammen von dem griechischen Gelehrten Polybios (um 200–119 v. Chr.). Im Alter von etwa dreißig Jahren war er durch besondere politische Umstände an den Tiber gelangt: Die Römer hatten im Jahr 168 v. Chr. Makedonien erobert. Der griechische Städtebund verhielt sich in diesem Konflikt neutral. Das war den misstrauischen Senatoren offenbar nicht genug. Nach dem Ende des Krieges zitierten sie insgesamt eintausend Angehörige vornehmer griechischer Familien nach Rom, um sie – wie es hieß – »zu verhören«. Tatsächlich behielten sie die Adligen, unter denen sich

Der griechische Geschichtsschreiber Polybios hinterließ eine der wichtigsten Quellen zu Hannibals Leben.

auch Polybios befand, 17 Jahre lang als Geiseln fest.

Durch Zufall kam der spätere Historiker in Kontakt mit der Familie der Scipionen, freundete sich sogar mit ihnen an. Aus dieser berühmten Sippe gingen sowohl der Bezwinger des karthagischen Feldherrn als auch, eine Generation später, der Zerstörer des afrikanischen Reichs hervor.

Polybios war von den Chronisten, die Aufzeichnungen über die dramatischen Ereignisse um Hannibals Feldzug hinterlassen haben, zeitlich gesehen »am nächsten dran«. In seinen *Historien*, die in erster Linie den steilen Aufstieg Roms zur unangefochtenen Weltmacht zum Inhalt haben, behauptet er sogar, Hannibals legendären Marsch über die Alpen selbst zu Fuß nachvollzogen zu haben.

Die zweite, sehr umfangreiche Quelle zu Hannibals Leben und seinen Taten floss aus der Feder des römischen Chronisten Titus Livius (59 v. Chr –17 n. Chr.). Mit seinem Werk *Ab urbe condita* – »Seit Gründung der Stadt« – hat er eine nahezu vollständige Geschichte Roms bis in seine Epoche hinein, niedergeschrieben. Allein zehn Bücher der monumentalen Chronik widmet er dem Zweiten Punischen Krieg, den er den »hannibalischen« nennt.

Die Werke dieser beiden Geschichtsschreiber sind für die Wissenschaft Segen und Fluch zugleich. Denn Livius und Polybios widersprechen sich häufig in keineswegs unwichtigen Details. Da nimmt etwa das Heer der Karthager ganz unterschiedliche Wege, verfügt der Feldherr mal über mehr oder weniger Soldaten, Elefanten und Reiterei, mal tötet er mehr oder weniger Römer, hat andere Absichten und ist überhaupt ein ganz anderer Mensch. Die Suche nach Hannibals Lebensspuren bedeutet also in erster Linie eine Analyse der Informationen, die in den alten Texten überliefert sind:

Lassen sie sich verifizieren, sind sie in sich schlüssig oder enthalten sie gezielte Falschinformationen? Die Entschlüsselung von Hannibals Leben scheint eine »never ending story« zu sein, die auch in Zukunft noch zahlreiche Bücher füllen wird.

Ein Reich, so groß wie eine Kuhhaut

Unsere Spurensuche beginnt bei den Vorfahren jenes berühmtesten Karthagers, die aus Kleinasien, genauer gesagt aus der alten Handelsstadt Tyros an der Mittelmeerküste des heutigen Libanon stammten. Nicht anders als bei der großen Rivalin Rom, ist auch die Gründung Karthagos mit einem Mythos verbunden. Einer Überlieferung nach soll die phönizische Prinzessin Elyssa, von den Römern Dido genannt, mit einigen Getreuen per Schiff vor den Nachstellungen ihres Bruders Pygmalion aus Tyros geflohen sein. Die Heimatlosen suchten Asyl in einem Teil des heutigen Tunesien, in dem damals ein Fürst mit Namen Jarbas residierte. Der Regent, ein Mann mit Sinn für hinterhältigen Humor, schenkte den Entwurzelten gerade so viel von seinem Land, wie sie mit der Haut eines

Die Ruinen der alten phönizischen Stadt Tyros an der Küste des heutigen Libanon.

Didos Trick mit der Kuhhaut steht am Anfang des kometenhaften Aufstiegs von Karthago.

Ochsen umspannen könnten. Elyssa, nicht weniger gewitzt als ihr Kontrahent, ließ die Haut des Tieres in hauchdünne Riemen schneiden und zusammenknoten, sodass sie am Ende ausreichte, die Kuppe eines Hügels zu umspannen. Dieser Hügel war die Keimzelle der zukünftigen Metropole Karthago.

Die Überlieferung siedelt diese Geschichte im Jahr 814 v. Chr. an. Was auch immer sich damals im Einzelnen zugetragen haben mag, als historisch gesichert gilt lediglich die Gründung Karthagos als Ableger der phönizischen Stadt Tyros. Die Phönizier, ein Volk, das auch in der Bibel erwähnt wird, gehören wie die Ägypter, Assyrer oder Hethiter zu den alten Hochkulturen des Vorderen Orients. Schon um 1100 v. Chr. waren die geschickten und abenteuerlustigen Seefahrer vom östlichen Mittelmeer bis an die Straße von Gibraltar vorgestoßen, manche Quellen sprechen sogar von Vorstößen bis in den Atlantik. Auf ihren Fahrten gründeten die Phönizier Kolonien, die eher den Charakter von Handelsniederlassungen hatten. Daas seefahrende Volk hatte kein Interesse an der Schaffung eines ausgedehnten zusammenhängenden Reiches im klassischen Sinn, sondern an der Expansion seines Wirtschaftsimperiums.

Karthago, jener zunächst völlig unbedeutende Außenposten an der nordafrikanischen Küste, mauserte sich bald zu einem florierenden Handelszentrum. Die geografische Lage der Stadt auf halber Strecke zwischen der Ostküste des Mittelmeers und der Straße von Gibraltar, Afrika im Rücken und Europa vor der Tür, ließ die Märkte der aufstrebenden Metropole zu quirligen Umschlagplätzen von Waren aus allen Teilen der damals bekannten Welt anschwellen. Begehrte Luxusgüter wie Purpur aus Tyros, Leopardenfelle und Elfenbein aus Afrika, Weihrauch aus Arabien, Silber aus Spanien, griechische Vasen, ägyptische Salben und Parfums, Fayencen und Alabaster konnte der Besucher in den Basaren, Kontoren und Lagerhäusern bestaunen. Nicht zu vergessen die Sklaven, die Karawanen aus dem afrikanischen Hinterland verschleppten, und ohne die das antike Wirtschaftssystem nicht zu denken war. In den Straßen tummelte sich ein buntes Völkergemisch, man hörte die Sprachen aller Anrainer des Mittelmeers; Griechen, Gallier, iberische Kelten, Ägypter und Numidier gaben sich hier ein Stelldichein. Karthago wurde zum pulsierenden Anziehungspunkt für Krämer, Händler und Reeder und überflügelte schließlich sogar seine Mutterstadt Tyros an Ausdehnung, Einwohnerzahl und Betriebsamkeit. Die beiden Metropolen entfremdeten sich zu guter Letzt so weit, dass Alexander der Große 332 v. Chr. Tyros erobern konnte, ohne dass Karthago irgendwelche Anstrengungen unternahm, den Verwandten zu Hilfe zu eilen. Die »reichste Stadt der Welt«, wie Polybios sie nannte, konnte zwar ihre phönizischen Wurzeln nicht verleugnen, war aber längst zu einem eigenständigen und vor allem wirtschaftlich unabhängigen Machtzentrum geworden.

Reeder, Händler und Matrosen

Handel bedeutete Seefahrt und darauf verstanden sich die Erben der Phönizier besser als irgendein anderes Volk am Mittelmeer. Schon um das Jahr 460 v. Chr. unternahm der karthagische Kapitän Hanno eine legendäre Expedition, die seine kleine Flotte durch die Straße von Gibraltar und dann weiter Richtung Süden entlang der afrikanischen Westküste führte. Wie weit er in die damals noch völ-

Purpur

Die Farbe der Könige

Der Verkaufsschlager der phönizischen Händler war seit jeher Purpur, ein Farbstoff, den die Tuchfärber aus Schnecken gewannen, die am Grund des Mittelmeers leben. Der Überlieferung nach stieß ein Hirte zufällig auf die »Quelle« des berühmten Königsrots. Der Hund des Schäfers hatte am Strand eine Purpurschnecke aufgestöbert und gefressen. Als der Hirte die rote Schnauze des Tieres sah, glaubte er, es habe sich verletzt. Besorgt wischte er das vermeintliche Blut mit einem Tuch ab und stellte fest, dass der Hund Schalenreste im Maul hatte, die intensiv leuchteten. Diese zufällige Entdeckung legte den Grundstein für die Entwicklung einer für antike Maßstäbe absoluten Großindustrie, die Phönizien sogar seinen Namen gab. Denn der bedeutet nichts anderes als »Purpurland«. Die Purpurschnecken, denen die phönizischen Taucher nachstellten, sind Fleischfresser und leben ausschließlich in wärmeren Gewässern. Im Mittelmeer findet man sie hauptsächlich vor den Küsten Afrikas und des Nahen Ostens.

Der begehrte Farbstoff ist ein Drüsenschleim, der in der Atemhöhle des Tieres produziert wird. Der römische Autor Plinius der Ältere beschreibt in seiner Naturgeschichte *Historia Naturalis,* wie die Fischer an den wertvollen Rohstoff gelangen: »Sie zerschlagen die Schale und töten dabei die Schnecken mit einem einzigen Schlag eines Steines. Wenn dieser Schlag zu schwach ist, sodass die Purpurschnecke noch lebt, ist sie für die Färbung unbrauchbar, denn vor Schmerz lässt sie den Saft ausfließen.«

Purpurschnecken (lat. Purpuridae) produzieren den kostbarsten Farbstoff der Welt.

Das so gewonnene Sekret, dessen Farbe Plinius mit der einer schwarz schimmernden Rose vergleicht, war aber zunächst nur ein Rohstoff. Erst ein komplizierter Prozess der Weiterverarbeitung machte daraus das gewünschte Farbpigment. Die Färber kochten die Flüssigkeit mit verschiedenen Mineralien auf und setzten sie dem Sonnenlicht aus. Dabei verfärbte sie sich von Rot über Gelb und Grün am Ende in das gewünschte Violett. Die Dauer der

Sonnenbestrahlung war dabei von entscheidender Bedeutung. Durch lange Erfahrung gelang es den phönizischen Spezialisten, dem wertvollen Rohstoff verschiedene Schattierungen zu entlocken.

Noch heute zeugen die meterhohen Berge von Schalenresten neben den Ruinen der antiken Stadt Sidon davon, welches gewaltige Ausmaß die antike Farbenfabrikation besessen haben muss. Da sich in der Drüse der Schnecke nur ein winziger Tropfen des hochbegehrten Stoffes befindet, sind zur Herstellung von nur einem einzigen Gramm des reinen Pigments etwa 8000 Schnecken notwendig! Ein Rohstoff, der in der Antike mit Gold aufgewogen wurde, und für den man heutzutage nicht weniger als zwei Millionen Euro pro Kilo bezahlt.

Der römische Schriftsteller Plinius der Ältere (23–79 n. Chr.) beschrieb die antike Purpurproduktion in seiner »Naturgeschichte«.

lig unbekannte Welt des Schwarzen Kontinents vorstieß, ist umstritten. Möglicherweise gelangte die Expedition bis an die Mündung des Niger im Golf von Guinea.

In den bekannten Gewässern des Mittelmeers waren die Karthager ohnehin zu Hause. Mit ihren dickbäuchigen Frachtschiffen durchkreuzten sie den weiten Raum zwischen Spanien und der Levante, liefen die Balearen, Sizilien und Ägypten an. Die langsamen Lastentransporter waren allerdings eine leichte Beute für Seeräuber und für konkurrierende Handelsmächte wie die griechischen Stadtstaaten, die vor Übergriffen auf See nicht zurückschreckten. Die Schifffahrtsrouten mussten also militärisch gesichert werden: durch pfeilschnelle Kriegsschiffe, mit deren Entwicklung die Ingenieure der Seefahrernation neue Maßstäbe setzten.

Ein 1969 bei Ausschachtungsarbeiten im Hafen der westsizilianischen Stadt Marsala entdecktes Wrack belegte den damaligen Stand – nicht nur der Technik – eindrucksvoll: Die mit der Hebung betraute britische Unterwasser-Archäologin Honor Frost ließ die hölzernen Überreste aus dem dritten Jahrhundert vor Christus vorsichtig bergen. Zwischen den hervorragend gearbeiteten Balken

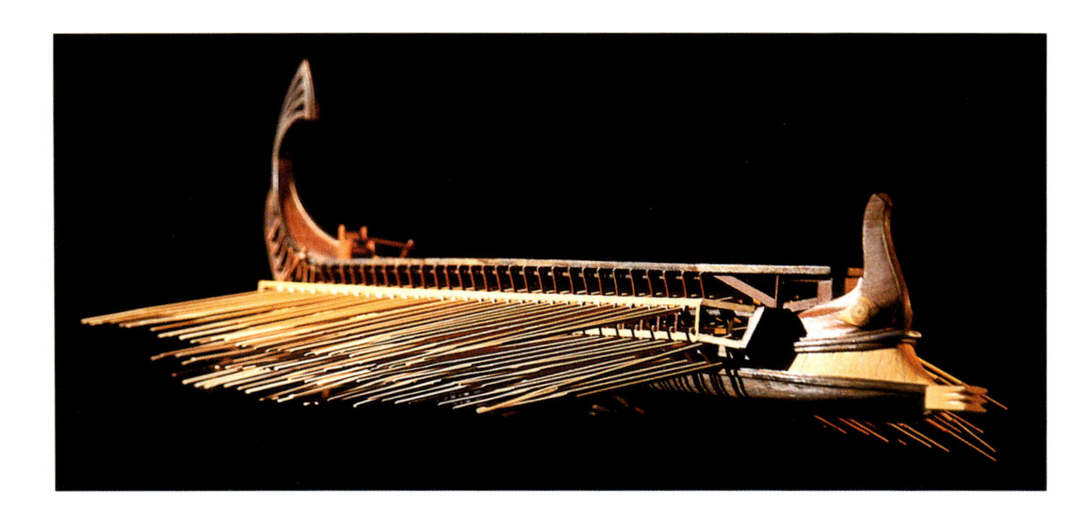

Schnell wie der Wind: Modell eines karthagischen Kriegsschiffs mit drei übereinander liegenden Ruderbänken.

und Brettern des Schiffsrumpfes fanden die Forscher Nahrungsreste, die für die exzellente Versorgung der Schiffsmannschaft sprachen. Der antike »Smutje« brachte nicht nur Ziegen-, Pferde-, Rind- und Schweinefleisch auf den Tisch, sondern bot den Männern auch eine Auswahl an Oliven, Nüssen und Früchten an. Zu ihrer großen Überraschung entdeckten die Archäologen auch pflanzliche Spuren, die sich bei genauerer botanischer Analyse eindeutig als Cannabis erwiesen. Es ist durchaus möglich, dass sich die Seeleute und Ruderer während ihrer anstrengenden Überfahrten damit ein wenig gute Laune verschafften oder die Droge vor der Schlacht kauten.

Von sensationeller Bedeutung aber war eine Entdeckung, die den unerwartet hohen technischen Standard der karthagischen Schiffsbauer offenbarte. Das 25 Meter lange Schiff mit je 17 Rudern auf jeder Seite,war nicht einfach auf Kiel gelegt und Stück für Stück fertig gebaut worden. Markierungen auf den geborgenen Planken und Balken zeigten vielmehr, dass die antiken Konstrukteure mit normierten und vorgefertigten Bauelementen arbeiteten. Das revolutionäre Verfahren bedeutete nicht nur, dass der Bau des Schiffes viel schneller vonstatten ging, auch Reparaturarbeiten konnten in Windeseile ausgeführt werden. Der Schiffstischler musste nur das Lager aufsuchen und das Ersatzteil mit der entsprechenden »Seriennummer« aus dem Regal ziehen, ganz so, wie heutzutage in einer großen Autowerkstatt.

Dem hohen Standard der Schiffsindustrie entsprach die Hafenanlage Karthagos, eine in der ganzen antiken Welt bewunderte technische Meisterleistung. Noch heute kann man ihre Umrisse im Stadtbild von Tunis erkennen. Nahe der Küste, unterhalb des Byrsahügels liegen dicht nebeneinander zwei Lagunen, die durch einen Landstreifen vom offenen Meer abgetrennt sind. Auffällig ist ihre unterschiedliche Form: An ein rechteckiges Becken schließt sich weiter landeinwärts ein kreisrundes an, mit einer kleinen Insel im Zentrum. Wer den Ursprung der Lagunen nicht kennt, könnte sie für eine Laune der Natur halten. Aber sie sind zweifelsfrei von Menschen geschaffen – das unscheinbare, von Gestrüpp überwucherte Überbleibsel eines technischen Wunderwerks aus dem dritten Jahrhundert vor Christus. Beim Bau der künstlich ausgeschachteten Anlage mussten nach Berechnungen von Archäologen nicht weniger als 235 000 Kubikmeter Erde bewegt werden, um die beiden Becken mit der erforderlichen Breite und Tiefe zu versehen.

Der Historiker Appian von Alexandria (95–165 n. Chr.) hinterließ in seinem umfangreichen Werk *Römische Geschichte* eine detail-

Karthagos Kriegshafen mit seiner kreisrunden Dockanlage war eine Meisterleistung der antiken Ingenieure.

reiche Beschreibung der ausgeklügelten Anlage: »Die beiden Häfen waren miteinander verbunden und besaßen eine gemeinsame, zwanzig Meter breite Einfahrt von See her, die man mit eisernen Ketten verriegeln konnte. Der erste Hafen war für die Handelsschiffe, und hier waren alle Arten von Schiffsausrüstung gesammelt. Im zweiten Hafen befand sich eine Insel, und große Kais waren herum gebaut, sowohl um den Hafen als auch die Insel. Diese Uferbefestigungen waren voller Docks, die Kapazitäten für 220 Schiffe besaßen. Zusätzlich gab es Lagerhäuser für ihre Takelage und sonstige Ausrüstung. Zwei ionische Säulen standen vor jedem Dock und verliehen dem Hafen wie der Insel das Aussehen einer fortlaufenden Säulenhalle. Auf der Insel hatte man das Haus des Admirals errichtet. Von dort gab der Trompeter Signale, trug der Herold die Befehle weiter, und der Admiral selbst konnte alles überblicken.«

Es muss ein überwältigendes Erlebnis gewesen sein, durch die mächtige, mit hohen Mauern bewehrte Einfahrt in den Handelshafen einzulaufen, entlang der wuchtigen Kais mit ihren dicht gedrängten Lagerhäusern, wo geschäftige Händler Waren aus aller Welt löschten oder neue Fracht übernahmen, wo von Sonnenaufgang an ein aufgeregtes Treiben herrschte, begleitet von Zurufen und Kommandos in allen Sprachen der Alten Welt. Und wie gewaltig muss dem Seemann, der zum ersten Mal die berühmte Metropole anlief, der kreisrunde Kriegshafen erschienen sein. Von riesigen Säulen gesäumt, ragt die künstliche Insel aus dem Wasser empor. Auf ihren überdachten Rampen ziehen die Dockarbeiter Schiffe für Reparaturen aufs Trockene, wird gehämmert, gehobelt und geteert, werden Taue geflochten und Segel geflickt. Hoch oben auf dem Dach thront der Gebieter über dieses wahre Wunderwerk an antikem Erfindungsreichtum, der Admiral in seinem Kommandostand.

Reste eines karthagischen Trockendocks mit schräger Rampe zum Heraufziehen der Schiffe.

Nicht nur der Hafen Karthagos hatte beeindruckende Dimensionen. Auf der verwundbaren Landseite der Metropole hatten die

Karthager einen zehn Meter starken Verteidigungswall aufgeschüttet. Zwischen dem Byrsahügel, der höchsten Erhebung, und dem Hafen erstreckte sich das Zentrum der antiken Stadt. Hier lagen der Marktplatz, die Verwaltungsgebäude und die Tempel. Wie in allen antiken Städten herrschte in den Wohnvierteln drangvolle Enge. Eine ständig wachsende Bevölkerungszahl – der antike Geograph

Die Reste der gewaltigen Stadtmauer auf dem Byrsahügel, der Keimzelle Karthagos.

Strabo spricht gar von 700 000 Einwohnern zur Zeit Hannibals – suchte zwischen den schützenden Mauern einen Platz zum Leben. Karthago wurde von einem regelrechten Bauboom erfasst, die Häuser entlang der engen, gewundenen Gassen schnellten immer noch weiter in die Höhe – sieben Stockwerke waren keine Seltenheit.

Doch es waren nicht nur die schiere Größe und die Pracht der Bauten, die Karthago zu einer einzigartigen Metropole machten. Wissenschaft und Kunst blühten, der florierende Handel sicherte die Staatseinnahmen und die politische Ordnung galt als äußerst stabil. Für den griechischen Philosophen Aristoteles und andere Theoretiker der Antike lag dies in der gelungenen Mischung verschiedener politischer Ordnungen wie Monarchie, Adelsherrschaft und Demokratie begründet. Jede einzelne in Reinform war nach der Überzeugung des Philosophen nicht überlebensfähig, sondern endete in sozialen Unruhen. Durch das Nebeneinander der verschiedenen Formen blieb Karthago davon verschont.

»Regierungs-Chefs« der Seemacht waren zwei von einem Rat gewählte »Sufeten«, denen ausgeklügelte Verfassungsorgane wie Senat, Staatsgerichtshof und eine Reihe von – heute würde man sagen – Ministerien, zur Seite standen. Die Masse der Bürger Karthagos konnte durch die Volksversammlung auf politische Entscheidungen Einfluss nehmen. Allerdings nur begrenzt, da alle wichtigen Posten, nicht anders als im republikanischen Rom auch, unter den alteingesessenen Adelsfamilien aufgeteilt wurden.

Aristoteles' positiver Bilanz, was die innenpolitischen Verhältnisse anbelangte, stellten viele Zeitgenossen eine negative Außenwirkung gegenüber. Das mächtige Handelsimperium hatte Neider, die Karthager galten bei ihren Nachbarn geradezu als Inbegriff des Krämers, der seine Kunden übers Ohr haut. So lässt der römische Dichter Plautus in einer seiner Komödien einen »Poenulus Hanno« auftreten, der ein Sammelsurium an Waren – Nüsse, Schuhriemen, Tröge, Spaten und Getreidegabeln – lautstark anpreist. Eine Parodie auf den damals in aller Welt bekannten, hart feilschenden Händler von der Küste Nordafrikas, dessen Produkte willkommen waren, er selbst dagegen nicht.

Spuren eines grausamen Kults? Das Symbol der Göttin Tanit auf einem Kindergrabstein.

Im Bann des Baal

Nichts nährte allerdings das Negativimage der antiken Weltstadt mehr, als die religiösen Bräuche ihrer Bewohner, die ihren Götterhimmel, in dessen Hierarchie Baal-Hammon und Tanit an oberster Stelle standen, einst aus dem Nahen Osten mitgebracht hatten. »Baal« bedeutet so viel wie »Herr« und war einst Anredeform und Beiname für ganz verschiedene Wesen, die von den Völkern zwischen Mesopotamien, Syrien und Palästina verehrt wurden. Hinter Tanit steckt ebenfalls eine altbekannte Göttin des Orients, »Astarte«, um die sich ein Fruchtbarkeitskult rankte. Die Karthager huldigten ihren Göttern mit geheimnisvollen Ritualen, zu denen angeblich auch die Opferung von Neugeborenen gehörte: »Dann verstummten die Instrumente. Das Feuer prasselte. Die Oberpriester schritten auf der mächtigen Steinplatte herum und betrachteten die Menge prüfend. Man benötige ein individuelles Opfer, eine vollkommen freiwillige Opferbereitschaft, die alle anderen mit sich reißen sollte [...] Um das Volk zu ermutigen, zogen die Priester daraufhin Pfrieme aus ihren Gürteln und brachten sich damit Wunden im Gesicht bei. Man ließ die vor der Umfassung am Boden liegenden Gläubigen eintreten, man warf ihnen ein Bündel fürchterlicher Eisenwerkzeuge zu, und jeder wählte seine Marter. Sie stachen sich Anstecknadeln mitten in die Brust, sie spalteten sich die Wangen; sie drückten sich Dornenkronen aufs Haupt; dann hakten sie sich mit den Armen unter, umschlossen die Kinder und bildeten einen weiteren Kreis, der sich zusammenzog und wieder ausdehnte [...]

Die barbarische Religion der Karthager: Realität oder nur phantastische Übertreibung der Gegner?

Allmählich traten die Leute bis zum Ende der Gänge vor; sie warfen Perlen, goldene Gefäße, Schalen, Leuchter in die Flammen; all ihre Reichtümer; immer prachtvoller und vielfältiger wurden die Opfergaben. Schließlich stieß ein schwankender Mann, ein Mann blass und grässlich in seinem Entsetzen, ein Kind; da sah man in den Händen des Kolosses eine kleine schwarze Masse; sie tauchte ein in die finstere Öffnung. Die Priester lehnten sich über den Rand der großen Steinplatte – und ein neuer Gesang erschallte, der die Freuden des Todes und die Wiedergeburt der Ewigkeit feierte [...]

Man hätte meinen können, die mit Menschen überquellenden Mauern stürzten ein unter dem Geschrei aus Entsetzen und mystischer Wollust. Dann betraten die Gläubigen die Gänge, schleppten die Kinder herbei, die sich an sie klammerten, und schlugen sie, um sie zum Loslassen zu bewegen und sie den roten Männern übergeben zu können. Erschöpft hielten die Musiker an den Instrumenten zuweilen inne; dann hörte man das Klagen der Mütter und das Knistern des Fetts, das auf die Kohlen tropfte [...] Mit bronzenen Schwingen nahmen die Tempeldiener die herabgefallene Asche auf; und sie warfen sie hoch in die Luft, damit sich das Opfer über die ganz Stadt verteile, bis ins Reich der Sterne hinauf.«

In dieser Passage seines 1862 erschienenen Romans *Salammbô* entwirft der französische Schriftsteller Gustave Flaubert ein ein-

Flauberts Romanheldin »Salammbô« war so populär, dass sie Ende des 19. Jahrhunderts sogar Konservendosen zierte.

drucksvoll-schauerliches Gemälde des antiken Karthago. Die antike Metropole gerät zum Sinnbild einer abgründigen, exotischen Welt, ekstatisch, grausam und lasziv, voll bedrohlicher, rauschartiger Bilder. Flauberts Zeitgenossen reagierten damals mit glühender Bewunderung, aber auch vehementer Kritik, die den Hang des Autors zu Kitsch und Sadismus anprangerte. Man mag von Flauberts phantasievoller Schilderung halten was man will, an der historischen Wahrheit geht sie nicht ganz vorbei.

Menschenopfer sind so alt wie der Homo sapiens und sein Glaube an höhere Mächte. Der grausame Brauch ist seit der Steinzeit in vielen Kulturen rund um den Erdball belegt, auch wenn die berühmt-berüchtigten Blutorgien der mittelamerikanischen Azteken, bei denen zu Ehren der Götter gleich hunderten von Gefangenen das Herz aus dem Leib gerissen wurde, wohl eher eine Ausnahme darstellten.

Auch in der Welt der vorderasiatischen Hochkulturen waren Menschenopfer bekannt. Berühmt ist in diesem Zusammenhang ein Zeugnis aus der Bibel, das einen »Tofet« genannten Kultplatz in Jerusalem erwähnt: »Siehe, ich will ein solches Unheil über diese Stätte bringen, dass jedem, der es hören wird, die Ohren gellen sollen [...] weil sie die Stätte voll unschuldigen Blutes gemacht und dem Baal Altäre gebaut haben, um ihre Kinder dem Baal als Brandopfer zu verbrennen, was ich weder geboten noch geredet habe und was mir nie in den Sinn gekommen ist. Darum siehe, es wird die Zeit kommen, spricht der Herr, dass man diese Stätte nicht mehr ›Tofet‹ und ›Tal Ben-Hinnom‹, sondern ›Würgetal‹ nennen wird.«

Drohende Worte des Propheten Jeremias gegen die abtrünnigen Israeliten, die dem jüdischen Gott untreu geworden sind und den menschenfressenden Götzen anderer Völker huldigen. Doch existierte der Brauch auch in Karthago? Stammt nicht fast alles, was wir über die antike Metropole wissen, aus der Feder ihrer Neider und Feinde? Und was kann schon barbarischer sein, als unschuldige Kinder zu töten und ihre Leichen dem Feuer zu übergeben? Ist das »Molk« genannte, grausige Ritual, das Chronisten beschreiben, vielleicht nur das Produkt böswilliger Gräuelpropaganda?

Eine sensationelle Entdeckung zu Beginn der zwanziger Jahre des letzten Jahrhunderts schien alle Zweifel an der Wahrheit der Überlieferung auszuräumen. Damals stießen Archäologen bei Ausgrabungen auf dem Gebiet Karthagos auf unzählige Urnen. In an die 20 000 kleinen Terrakotta-Gefäßen entdeckten sie unter anderem Asche und verkohlte Knochen von Kindern! Da keine der Urnen die sterblichen Überreste Erwachsener enthielt, konnte es sich nicht um ein normales Gräberfeld handeln. Die Fundstätte, die seit ihrer Entdeckung nach oben genannter Bibelstelle »Tofet« heißt, war offensichtlich ein klarer Beweis dafür, dass die antiken Nachrichten stimmten. Und als schließlich nicht nur in der Hauptstadt, sondern auch in den karthagischen Kolonien Nordafrikas, Siziliens und Sardiniens in der Folgezeit ähnliche Begräbnisplätze mit Urnen

In den zwanziger Jahren des vergangenen Jahrhunderts entdeckt: der »Tofet« von Karthago.

und steinernen Stelen freigelegt wurden, glaubte man, tatsächlich Indizien für einen rituellen Massenmord von unvorstellbaren Ausmaßen gefunden zu haben.

Mittlerweile macht sich unter den Forschern allerdings vorsichtige Skepsis breit. Jüngere akribische Untersuchungen der Überreste mit modernen Techniken warfen erste Fragen auf. So zeigte sich etwa, dass nicht alle Spuren von Kindern stammen. In manchen Gefäßen stießen die Wissenschaftler auf die Knochen von Lämmern, Vögeln oder anderer kleiner Tiere. Wieder andere Urnen enthielten die verbrannten Reste menschlicher Föten, also nicht lebensfähiger Frühgeburten. Das konnte man durch genaue anatomische Vergleiche nachweisen.

Eines von über 20 000 Kindergräbern, das die Archäologen in Karthago entdeckten.

Saß die Nachwelt bisher also doch der üblen Nachrede antiker Historiker auf? War am Ende das mythenumwobene, Grauen erregende »Molk«-Ritual nichts anderes als eine besondere Form der Bestattung von Kindern, die auf natürliche Weise verstorben waren? Übereigneten die Eltern – ganz im Gegenteil zur Überlieferung – die kleinen Toten mit priesterlicher Hilfe auf besonders würdevolle Weise der Gottheit im Jenseits? Es wäre nicht das erste Mal in der Geschichte, dass Missverständnisse zu einem verzerrten Bild der Wirklichkeit führten. So kursierte etwa in Arabien während des Mittelalters das Horrormärchen, dass Christen bei religiösen Zeremonien ihre Säuglinge zu ertränken pflegen. Dem Gerücht lag offensichtlich ein auf groteske Weise verzerrter Bericht über das Taufritual zugrunde, untermauert durch Unkenntnis und Angst vor einer fremden Religion und Kultur. Dass dies bis heute eine Quelle von Vorurteilen, Ängsten, Projektionen und Unterstellungen ist, zeigt gerade auch die gegenwärtige politische und militärische Konfrontation zwischen Abendland und Morgenland, die Pauschalurteile über den Islam provoziert und differenzierte Sichtweisen erschwert.

Für den Archäologen Achmed Ferjaoui vom »Institut National de Patrimoine«, der tunesischen Denkmalbehörde, ist ein weiterer

Aspekt von entscheidender Bedeutung: »Ich habe kürzlich einen Friedhof mit zahlreichen Gefäßen entdeckt, die Asche von verbrannten Kindern und Säuglingen enthielten«, erzählt er uns. »Die Begräbnisstätte kann man eindeutig auf die Zeit nach der Zerstörung Karthagos datieren, das heißt, auf eine Epoche, in der das ganze Gebiet schon römische Provinz war. Der Fund beweist, dass der Brauch der Verbrennung von Babyleichen auch damals noch fortgesetzt wurde. Und unter einer römischen Verwaltung wäre es für Eltern unmöglich gewesen, ihre Kinder in religiösen Zeremonien, noch dazu in so großer Zahl, zu opfern. Auch die älteren Tofets liefern keine eindeutigen Beweise für regelmäßige Kinderopfer im antiken Karthago. In der Mehrzahl der Fälle verbrannte man Kinder, die an Krankheiten verstorben waren, und gab sie damit symbolisch der Gottheit zurück.«

Baal-Hammon, die oberste Gottheit der Karthager.

Also doch nur böswillige Propaganda? »Ob daher die Karthager wirklich so ›grausam‹ waren, wie es die alten Berichte glauben machen, kann von heute aus nur schwer beurteilt werden«, so der Archäologe. Im Übrigen zeigten sich die Römer, die über die karthagische »Barbarei« gerne die Nase rümpften, keineswegs gegen Rückfälle in finstere Bräuche der Vorzeit gefeit. Im Augenblick höchster Not, nach der katastrophalen Niederlage von Cannae, als zwischen der Hauptstadt und dem Heer Hannibals keine schützende Legion mehr stand, brachten auch die römischen Priester ihren Göttern ein Menschenopfer dar, überliefert Livius: »Quintus Fabius Pictor wurde zum Orakel in Delphi geschickt, um dort in Erfahrung zu bringen, durch welche Bitt- und Sühnehandlungen man die Götter besänftigen und wie man künftig derartigen Niederlagen vorbeugen könne. [...] In der Zwischenzeit wurden nach Maßgabe der sibyllinischen Bücher einige außerordentliche Opfermaßnahmen vollzogen, bei denen ein Gallier und eine Gallierin, ein Grieche und eine Griechin auf dem Forum Boarium lebendig in einem von einem Stein abgeschlossenen Erdloch begraben wurden, das bereits früher der Aufnahme von Menschenopfern, einem in keiner Weise römischen Kultbrauch, gedient hatte.«

Auch wenn der Historiker es nicht versäumt, ausdrücklich zu betonen, dass die Einmauerung lebendiger Männer und Frauen

Nach der Niederlage von Cannae ersuchte der römische Senat die berühmte Seherin Pythia in Delphi um Rat.

ganz »unrömisch« gewesen sei, geschah sie, sogar mitten in Rom an einem öffentlichem Ort, dem »Forum Boarium«, dem alten Rindermarkt, und heute einer der touristischen Anziehungspunkte in der Ewigen Stadt wegen der berühmten »Bocca de verità«. Das von Livius geschilderte Ereignis zeigt, dass im dritten Jahrhundert vor Christus die Opferung von Menschen immer noch existierender Bestandteil einer religiösen Tradition war, die weder die Priester noch das Volk von Rom völlig abgelegt hatten. In Zeiten der Angst und

Verzweiflung suchten sie Zuflucht bei den uralten Ritualen der Vorfahren – genau wie ihre karthagischen Gegner, die ihren Schutzgöttern von Zeit zu Zeit ein besonderes Opfer brachten.

Sturm über Sizilien

Um die Mitte des dritten Jahrhunderts vor Christus beherrschte die karthagische Flotte unangefochten das westliche Mittelmeer. Teile des südlichen Spanien, die Balearen, Sardinien, Korsika und Sizilien waren mit Siedlungen der Punier übersät. Die Landnahme war keineswegs friedlich vonstatten gegangen, denn entlang der Küsten des Mittelmeers blühten schon die Kolonien eines anderen Seefahrervolkes. Seit dem sechsten Jahrhundert vor Christus hatten griechische Staaten wie Athen, Sparta und Korinth in verschiedenen Regionen des westlichen Mittelmeers Tochterstädte gegründet. Manche von ihnen, etwa Syrakus, waren im Laufe der Zeit zu imposanten Machtzentren herangewachsen und wollten der Expansion der nordafrikanischen Konkurrentin nicht tatenlos zusehen. Vor allem die Griechen auf Sizilien leisteten erbitterten Widerstand und verstrickten Karthago in eine endlose Folge von Kriegen.

In jener Epoche geriet auch ein kleiner Staat mit Namen Rom erstmals ins Blickfeld der punischen Seemacht. Der Stadt am Tiber, die sich in nichts mit der Macht und Pracht Karthagos messen konnte, war es um 470 v. Chr. gelungen, sich von der Herrschaft der Etrusker zu befreien. Jetzt schickte sie sich an, die Nachbarn auf dem italienischen Stiefel zu unterwerfen. Um dieses Vorhaben erfolgreich umsetzen zu können, suchte die junge römische Republik freundschaftliche Beziehungen zu Karthago. In einem Vertrag, der in den folgenden Jahrhunderten mehrfach erneuert wurde, steckten die beiden Mächte ihre Interessenssphären ab: Italien den Römern, die Inseln und der Seehandel den Karthagern – so könnte man die wesentlichen Punkte der Abkommen zusammenfassen. Und das entsprach auch den damaligen politischen, wirtschaftlichen und militärischen Absichten der beiden Völker. Während die Macht am Tiber ein großes, zusammenhängendes und von der Stärke ihrer Legionen oder durch Verträge mit »Bundesgenossen« befriedetes

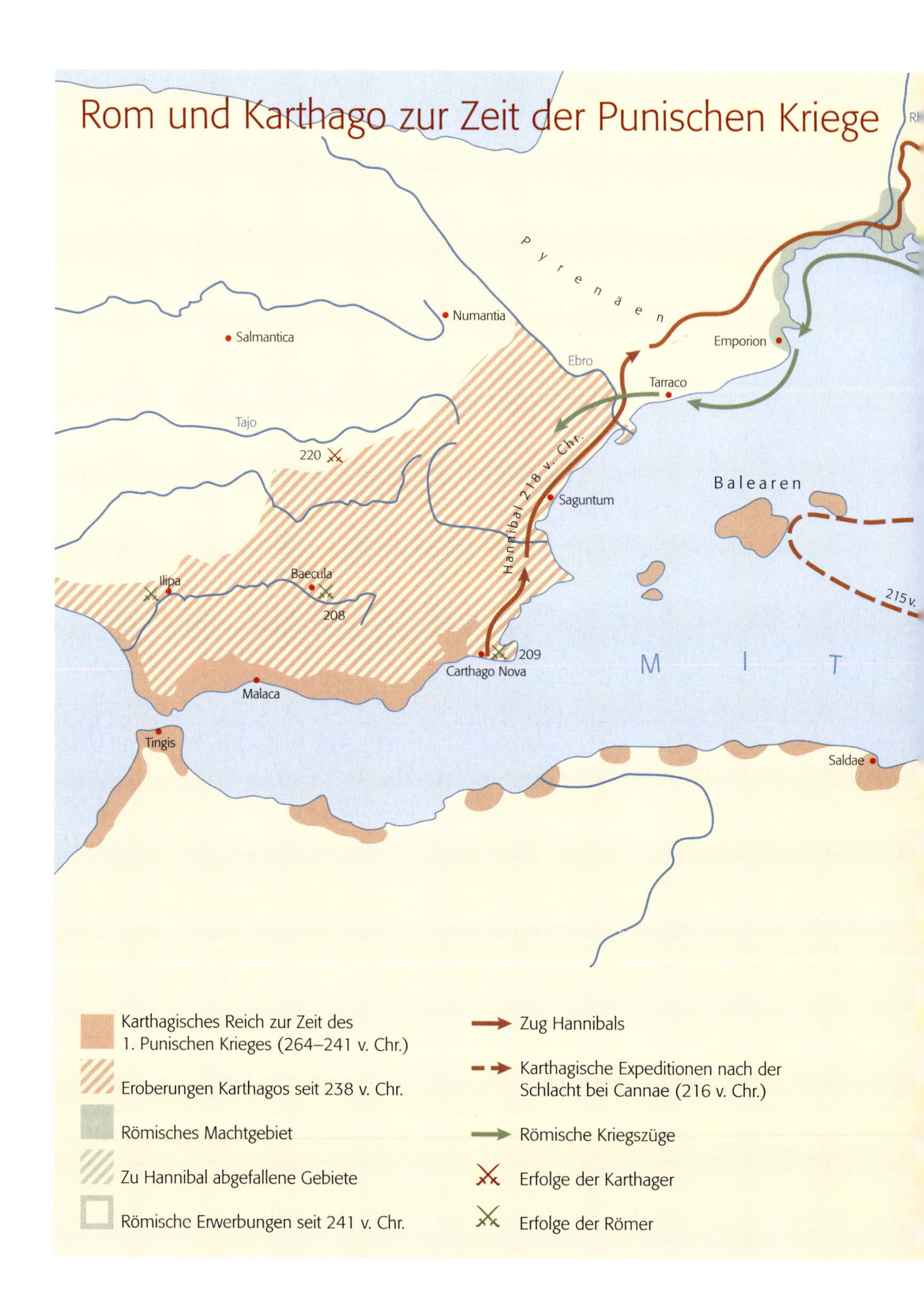

Rom und Karthago zur Zeit der Punischen Kriege
Pyrenäen
Numantia
Salmantica
Emporion
Ebro
Tarraco
Tajo
220
Hannibal 218 v. Chr.
Balearen
Saguntum
Ilipa
Baecula
208
215 v.
209
Carthago Nova
M I T
Malaca
Tingis
Saldae
Karthagisches Reich zur Zeit des 1. Punischen Krieges (264–241 v. Chr.)
Eroberungen Karthagos seit 238 v. Chr.
Römisches Machtgebiet
Zu Hannibal abgefallene Gebiete
Römische Erwerbungen seit 241 v. Chr.
Zug Hannibals
Karthagische Expeditionen nach der Schlacht bei Cannae (216 v. Chr.)
Römische Kriegszüge
Erfolge der Karthager
Erfolge der Römer

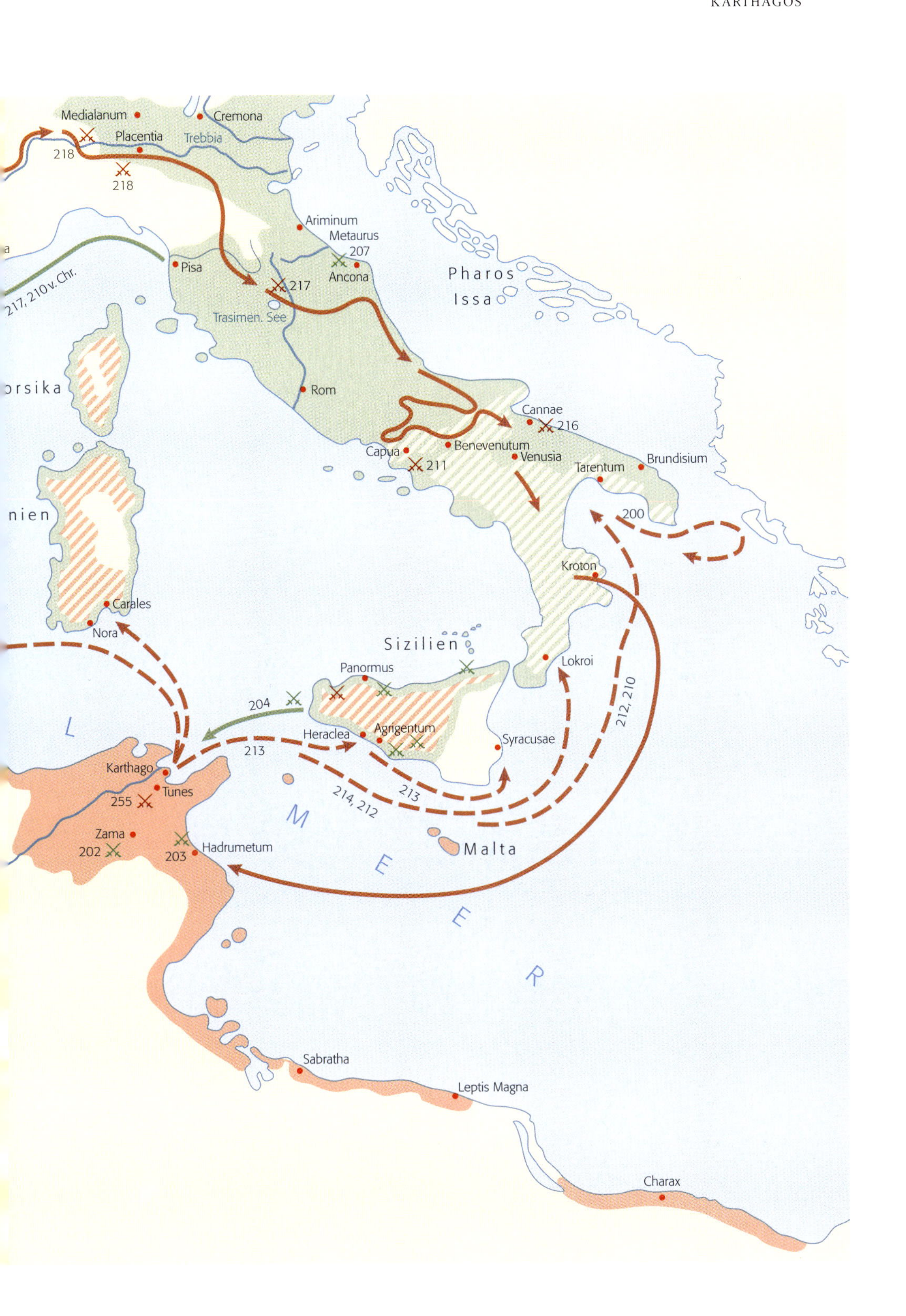
Medialanum
Cremona
Placentia
Trebbia
218
218
Ariminum
Metaurus
207
Pisa
Ancona
217, 210 v. Chr.
217
Pharos
Issa
Trasimen. See
orsika
Rom
Cannae
216
Capua
Benevenutum
Venusia
211
Tarentum
Brundisium
nien
200
Kroton
Carales
Nora
Sizilien
Lokroi
Panormus
212, 210
204
Heraclea
Agrigentum
Syracusae
213
L
Karthago
Tunes
255
213
214, 212
M
Zama
202
203
Hadrumetum
Malta
E
E
R
Sabratha
Leptis Magna
Charax

Reich anstrebte, wollte Karthago seine Handelsbeziehungen stärken und mit Hilfe seiner Flotte die Zahl der Stützpunkte auf den Inseln des Mittelmeers erhöhen.

Die beiden Mächte kamen sich auch deshalb nicht ins Gehege, weil die Militärmaschinerie Roms ganz durch die Unterwerfung Italiens gebunden war. Die endlosen Kriege gegen Nachbarvölker wie die Samniten oder die in der Poebene ansässigen Gallier führten den ambitionierten Militärstaat sogar mehr als einmal an den Rand des Abgrunds. Um die Mitte des dritten Jahrhunderts vor Christus hatte sich die Situation allerdings grundlegend geändert. Vom Arno bis nach Kalabrien hallte Italien vom Marschtritt der römischen Legionen wider. Bis an die Straße von Messina war das Land fest im Griff der neuen Macht am Tiber, deren Expansionsdrang damit allerdings nicht befriedigt war.

Der römische Senat liebäugelte mit Sizilien, jener fruchtbaren Region mit ihren griechischen Kolonialstädten, die sich zur Hälfte in karthagischem Besitz befand. Die junge, selbstbewusste Großmacht wartete nur auf eine günstige Gelegenheit. Und die kam, als eine Horde marodierender Söldner gegen ihren Arbeitgeber, den Herrscher von Syrakus, rebellierte. Um den Aufstand der Söldner, die sich in Messana, dem heutigen Messina, verschanzt hatten, niederzuschlagen, rief der Monarch in seiner Not sowohl die Karthager als auch die Römer zu Hilfe.

Während sich die Senatoren noch hitzige Wortgefechte über die politischen Folgen eines Sizilien-Unternehmens lieferten, machte die punische Armee bereits Nägel mit Köpfen und besetzte kurzerhand die Stadt. Brüskiert durch das rasche Einschreiten der Karthager entsandten die Römer ebenfalls Truppen – und der an sich unbedeutende Konflikt eskalierte. Keine der beiden Parteien konnte ahnen, dass damit ein über zwanzig Jahre andauerndes, für beide Seiten äußerst verlustreiches militärisches Ringen begonnen hatte.

Jene militärischen Auseinandersetzungen, die 264 v. Chr. ihren Ausgang nahmen und als Erster Punischer Krieg in die römische Geschichtsschreibung eingingen, verlangten der Führung am Tiber eine schwierige strategische Entscheidung ab: »Da aber die Kartha-

Die Seeschlacht bei den Ägatischen Inseln südwestlich von Sizilien besiegelte die Niederlage der Karthager im Ersten Punischen Krieg.

ger unbestritten das Meer beherrschten, standen die Waagschalen des Krieges im Gleichgewicht. [...] Da die Römer also sahen, [...] dass Italien oft von den feindlichen Seestreitkräften verwüstet wurde, während Libyen vom Krieg völlig unberührt blieb, entschlossen sie sich, gleich den Karthagern sich aufs Meer zu wagen«, berichtet Polybios. Ein Schritt, den die eingefleischten »Landratten« nur aus einer Zwangslage heraus taten. Aber so lange sie der feindlichen Flotte nichts entgegenzusetzen hatten, konnten sie trotz der Überlegenheit ihrer Legionen keine endgültige Entscheidung herbeiführen.

Bei ihrem Versuch »sich aufs Meer zu wagen«, gingen die Römer äußerst effizient vor. Als Vorbild für ihre nagelneue Kriegsflotte diente ein gestrandetes karthagisches Schiff, das umgebaut und mit einer entscheidenden technischen Neuerung versehen wurde: Auf dem Bug der Boote brachten die Konstrukteure eine mehrere Meter lange, mit einem Widerhaken an der Spitze versehene Enterbrücke an. Der beim Angriff hochgezogene Laufsteg krachte nach dem Rammen eines feindlichen Schiffes auf dessen Deck, sodass die für den Landkrieg ausgerüsteten, schwer gepanzerten römischen Soldaten über die antike »Gangway« den Gegner in gewohnter Weise attackieren konnten.

Die Strategie ging auf. In zwei Seeschlachten – zunächst bei Mylä im Jahr 260 v. Chr., vier Jahre später dann am Vorgebirge des Economus – siegten die Legionäre auf dem fremden Element über die verdutzten Karthager. Als kurze Zeit später ein römisches Heer auf dem Gebiet des heutigen Libyen landete, schien ein rasches Ende der Kämpfe greifbar nah. Doch das Blatt sollte sich wenden: Die römischen Legionen wurden vernichtend geschlagen, die gesamte heimkehrende Flotte wurde von einem schweren Sturm verschlungen und um Sizilien entspann sich ein zäher Kleinkrieg. Hamilkar Barkas, Oberkommandierender der punischen Armee und Vater Hannibals, setzte den Invasoren dort heftig zu. »Barkas« – »der Blitz«, ein stolzer Beiname, den der erfolgreiche Krieger führte, stammte aus einer der einflussreichsten Familien Karthagos, die ihren Aufstieg nicht nur ihrem Vermögen, sondern vor allem den Meriten verdankte, die sie auf vielen Schlachtfeldern der Vergangenheit erworben hatte. Der alte Geldadel, der in Karthagos Senat dominierte, beäugte den Erfolg des »Barkiden«-Clans allerdings misstrauisch und versagte dem Feldherrn bei den Kämpfen um Sizilien die notwendige zusätzliche militärische Unterstützung. Das sollte sich rächen: Rom konzentrierte nach dem ersten Afrika-Debakel alle Energien und legte eine neue Flotte auf Kiel. 241 v. Chr. brachte sie bei den Ägatischen Inseln den gegnerischen Schiffen eine so vernichtende Niederlage bei, dass der karthagische Senat keine Chance mehr sah, das Blatt zu wenden und sich in Friedensverhandlungen fügte.

Hannibals Vater Hamilkar, genannt »Barkas«, der Blitz.

Die Römer diktierten einen Vertrag, der Karthago aller Inseln zwischen Italien und dem afrikanischen Festland einschließlich Sizilien beraubte. Die italienische Küste sollte in Zukunft für afrikanische Handelsschiffe tabu sein. Außerdem verpflichteten sich die Verlierer zur Zahlung von 3200 Talenten in Silber als Kriegsentschädigung. Eine enorme Summe, denn die antike Gewichtseinheit »Talent« bezeichnete immerhin knapp dreißig Kilogramm. »Der Krieg also, der um Sizilien zwischen Rom und Karthago ausgebrochen war, fand ein solches Ende und unter solchen Bedingungen, nachdem er vierundzwanzig Jahre lang ohne Unterbrechung gedauert hatte, unter allen Kriegen, von denen wir durch die Geschichte wissen, der langwierigste, ununterbrochenste und schwerste«, kommentiert Polybios den Ausgang des blutigen Ringens, das die Kräfteverhältnisse im Mittelmeerraum grundlegend verändernte. Das im Vergleich zu Karthago immer noch kleine Rom mit seinen bescheidenen Backsteinbauten hatte sich zur Hauptstadt eines bedeutenden Reiches aufgeschwungen und einen Platz im Konzert der damaligen Großmächte erobert. Die nordafrikanische Metropole dagegen hatte nicht nur ihre wichtigen Kolonien und Stützpunkte verloren – am Horizont braute sich längst neues Unheil zusammen.

Aufstand der Söldner

Vor den mächtigen Mauern der Stadt lagerten die Söldner, die von den verschiedenen Kriegsschauplätzen zurückgeströmt waren und nun auf die Zahlung ihres Lohns warteten. Hamilkar, der den Sold noch erhöht hatte, um seine Männer in den schwierigen Kämpfen auf Sizilien bei der Stange zu halten, stieß mit seinen Forderungen im Senat auf Granit. Denn nach den vielen Feldzügen und den hohen Reparationszahlungen waren die Kassen leer und die Zahl derer, die vor der Stadt kampierten und drohend die ausstehende Bezahlung für den jahrelangen Dienst einforderten, schwoll täglich an. Jetzt zeigte sich die gefährliche Seite des punischen Systems, in dem ausschließlich Fremde für den Militärdienst angeworben wurden: Es funktionierte nur, so lange ein nicht abreißender Strom an Gold und Silber oder Aussicht auf reiche Beute die angeheuerten Krieger bei Laune hielt.

Die Bürger Karthagos begegneten der unübersehbaren, bunt zusammengewürfelten Horde, die sich lautstark am Fuß der Stadtmauern bemerkbar machte, mit wachsendem Unbehagen. Vor den Toren tummelten sich bärtige Gallier in karierten Hosen, dunkelhäutige numidische Reiter, spanische Kelten mit Zöpfen, Griechen in schwerer Rüstung und wilde Männer von den Balearen, die keine andere Waffe besaßen als eine aus Bast geflochtene Schleuder, die sie allerdings mit tödlicher Präzision einsetzten. Dazu gesellten sich Entwurzelte und Ausgestoßene aus allen Städten des Mittelmeerraums, Männer, die nichts mehr zu verlieren hatten. Der Krieg war ihr Leben. Wie Nomaden zogen die Söldner von Schlachtfeld zu Schlachtfeld, schleppten ihre Habseligkeiten und die in Jahren zusammengeraffte Beute mit sich, häufig begleitet von einem Tross aus Frauen und Kindern. Oft traten die im Feld herangewachsenen Söhne in die Fußstapfen der Väter, die ihrerseits seit frühester Jugend nichts anderes als dieses wüste Wanderleben gekannt hatten. Die Verzögerungstaktik des hilflosen karthagischen Senats ließ die Situation schließlich eskalieren. Über den dreijährigen Krieg, der nun begann, urteilte Polybios, dass er, »so weit unsere geschichtliche Kunde zurückreicht, in seinen Methoden alle anderen an Grausamkeit und Ruchlosigkeit weit übertroffen« habe. Während die Metropole selbst durch ihren gewaltigen Mauerring geschützt war, stand das gesamte Hinterland bald in Flammen. Die von Karthago kolonialisierten Völker Libyens liefen zu den Rebellen über, schließlich meuterten auch noch die Söldner auf Sardinien und Korsika. In seiner Not trug der hundertköpfige Senat der Stadt dem nach dem Sizilien-Feldzug ins Abseits gedrängten Hamilkar das Oberkommando über die Streitkräfte an. Tatsächlich gelang es ihm in einem zähen und blutigen Feldzug, die Rebellen immer weiter zurückzudrängen und in eine tödliche Falle zu locken: In einer engen Schlucht ließ er die Aufständischen erst wochenlang aushungern, und das Lager der zu Tode erschöpften Männer schließlich von Kriegselefanten überrennen.

Auch wenn der erfahrene Soldat den Untergang Karthagos abgewendet hatte, zog der Aufstand noch einen empfindlichen Verlust nach sich. Denn für den römischen Senat war die Militäraktion der Punier gegen die rebellierenden Soldaten auf Sardinien ein Bruch des Friedensvertrags. Rom nutzte die Gunst der Stunde und besetzte kurzerhand die Insel. Die ausgeblutete nordafrikanische Großmacht hatte dem nichts entgegenzusetzen. Sie musste sich in einen weiteren, demütigenden Vertrag fügen, der ihr die letzte bedeutende Kolonie im Mittelmeer entriss und obendrein die Zahlung von weiteren 1200 Silbertalenten abverlangte.

Ein Kind des Krieges

In diesen Jahren äußerster Bedrohung der Heimat war Hannibal recht behütet auf dem stattlichen Landgut seines Vaters herangewachsen. 247 v. Chr., kurz bevor Hamilkar an die sizilianische Front abberufen wurde, war er in Karthago zur Welt gekommen. Der Name seiner Mutter ist nicht überliefert, wohl aber, dass sie noch drei Söhnen und mehreren Töchtern das Leben schenkte. Mit neun Jahren allerdings nahm Hannibals Leben eine überraschende Wendung, die seiner Kindheit auf dem Land ein jähes Ende setzte.

Nach der Niederschlagung des Söldneraufstands suchte die Regierung nach Möglichkeiten, den herben Verlust der Kolonien wettzumachen – freilich ohne dabei Rom noch einmal in die Quere zu kommen. Die Wahl fiel auf Spanien. Das Land, größtenteils von kel-

Eine legendäre Szene: Der Überlieferung nach schwor Hannibal, die Römer auf ewig zu hassen.

tischen Stämmen besiedelt, war berühmt für seine reichen Silbervorkommen und befand sich, vorerst wenigstens, außerhalb der römischen Interessenssphäre. Darüber hinaus lag an Spaniens Küste die alte phönizische Kolonie Gades – ein idealer Anlaufpunkt für die punische Flotte.

Die Leitung der Spanien-Expedition wurde Hamilkar Barkas übertragen. Bevor der Feldherr mit seinen Söhnen auf die iberische Halbinsel übersiedelte, soll es in Karthago zu einer denkwürdigen Szene gekommen sein, an die sich – nach einem Bericht des römischen Historikers Cornelius Nepos (ca. 100–25 v. Chr.) – Hannibal später noch genau erinnert: »Mein Vater Hamilkar brachte, als ich ein kleiner Bub war, nämlich nicht älter als neun Jahre, und er als Feldherr nach Spanien aufbrach, in Karthago [...] ein Tieropfer dar. Während diese göttliche Handlung ausgeführt wurde, fragte er mich, ob ich mit ihm ins Lager aufbrechen wolle. Nachdem ich das gerne angenommen hatte und ihn bat, er solle nicht zögern mich mitzunehmen, sprach er: ›Ich werde es tun, wenn du mir das Versprechen gegeben hast, das ich verlange‹. Zugleich führte er mich zum Altar, bei dem er opferte. Nachdem er alle anderen weggeschickt hatte, befahl er mir zu schwören, niemals Freundschaft mit den Römern zu pflegen. Ich habe diesen dem Vater geleisteten Eid bis in diese Zeit so bewahrt.«

Nach einer Opferzeremonie bittet Hannibal seinen Vater, ihn auf den Feldzug nach Spanien begleiten zu dürfen.

Ob diese berühmte Szene, die auch Polybios und Livius überliefern, wirklich stattgefunden hat, ist umstritten. Sollte sie erfunden sein, verfolgten die Autoren damit eine bestimmte Absicht: Sie wollten die Motivation Hannibals, Rom anzugreifen, als etwas vollkommen Irrationales charakterisieren. Alles, was der Karthager tat, geschah demnach aus blindem Hass, obendrein in einem Schwur am Altar bekräftigt. Damit lieferten sie eine einfache Erklärung für den Ausbruch des späteren Krieges und sprachen Rom von aller Schuld frei.

237 v. Chr. zieht Hamilkar mir seinen Söhnen, die er stolz »Löwenbrut« nennt, von Karthago nach Spanien. Für Hannibal sollte es ein langer Abschied werden – erst 36 Jahre später wird er, als weltberühmter Held, den Boden der Heimat wieder betreten. Vorerst aber teilt der Neunjährige das Schicksal anderer karthagischer Kinder aus gutem Hause: Er muss lernen. Hamilkar hat für seine Sprösslinge einen Privatlehrer aus Griechenland engagiert. Sosylos aus Sparta unterrichtet die Jungen, die einmal als Feldherrn und Politiker in die Fußstapfen des Vaters treten sollen, in den klassischen Fächern der damaligen Zeit: griechische Literatur, Geschichte, Arithmetik, Geometrie, Astronomie und Geografie. Es gilt als gesichert, dass Hannibal auch mehrere Sprachen beherrschte, was bei dem »multikulturellen« Söldnerheer, das ein karthagischer Armeeführer lenken musste, im Grunde unerlässlich war.

Während der kleine Hannibal seinen Homer studierte und sich in die Sagen seines Lieblingshelden Herakles vertiefte, unterwarf sein Vater innerhalb weniger Jahre die Stämme, die im Süden Spaniens siedelten. Forscher bezeichnen sie als »Keltiberer«, eine aus Kelten – wie den in Frankreich lebenden Galliern – und anderen eingewanderten Stämmen entstandene Mischkultur. Der Karthager ging dabei nicht nur mit brachialer Gewalt vor. Er verstand es, die »Urspanier«, die traditionell immer große Kontingente im punischen Söldnerheer gestellt hatten, auch vertraglich zu binden. Ziel der ganzen Unternehmung war schließlich die ungestörte Ausbeutung der Silberminen. Eine römische Gesandtschaft, die Hamilkar in dieser Zeit empfing, zeigte sich mit den Entwicklungen ganz zufrieden. Denn der Strom an Edelmetall, der nach Karthago zu fließen begann, stellte auch die pünktliche Zahlung der vereinbarten Kriegsentschädigungen sicher.

229 v. Chr. ertrinkt der erfolgreiche Spanien-Eroberer während der Belagerung einer Stadt in einem Fluss. Karthago hatte seinen bis dahin fähigsten Feldherrn verloren und Hannibal die schützende Hand des Vaters. Von nun an war der Achtzehnjährige völlig auf sich gestellt. Das spanische Heer hebt als Nachfolger Hasdrubal auf

In der Bucht von Cartagena gründeten die Karthager ihren wichtigsten Stützpunkt in Spanien.

den Schild. Der neue Anführer, der mit einer Schwester Hannibals verheiratet ist, macht seinem Vorgänger alle Ehre. Er treibt die Kolonialisierung der Iberischen Halbinsel konsequent voran und gründet eine neue Stadt an der Mittelmeerküste, Carthago Nova, das heutige Cartagena.

Hasdrubals engagierte Expansionsbemühungen sorgen für heftige Diskussionen unter den römischen Senatoren. Vor allem fürchten sie, Karthago könnte seinen politischen Einfluss über die Pyrenäen nach Norden ausdehnen und sich gar mit dem Angstgegner der Römer, den Galliern, verbünden. Daher drängen sie auf ein weiteres Abkommen, das eine Nordgrenze der karthagischen Kolonie in Spanien festlegt. Die 226 v. Chr. tatsächlich getroffene Vereinbarung, die als »Ebro-Vertrag« in die Geschichtsschreibung einging, ist unter Althistorikern heiß diskutiert. Denn nicht alle Spezialisten setzen den spanischen »Ebro« mit dem in der römischen Überlieferung »Iberus« genannten Fluss gleich. Pedro Barceló, Historiker an der Universität Potsdam, hält den wesentlich weiter südlich gelegenen Rio Segura für die damals vereinbarte Grenze. Wenn das zutrifft, dann würde allerdings die Stadt Sagunt außerhalb des karthagischen Hoheitsgebietes liegen. Für den Ausbruch des späteren Krieges zwischen Rom und Karthago spielt sie die Schlüsselrolle. Denn ihre Eroberung durch Hannibal wurde von den Römern als eindeutiger Vertragsbruch angesehen. Daher ist der Forscherstreit über den wahren »Iberus« auch eine Auseinandersetzung über die Schuldfrage am Krieg. Wer hat die Vereinbarung gebrochen – Rom oder Karthago? Ein Thema, das mit Sicherheit noch für einige Doktorarbeiten gut ist.

Mit dem plötzlichen Tod seines Schwagers Hasdrubal, der einem mysteriösen Mordanschlag eines Sklaven erliegt, schlägt die Stunde Hannibals. 221 v. Chr., im Alter von 26 Jahren, ruft ihn das spanische Heer zum Nachfolger des Ermordeten aus. Für die Soldaten konnte kein anderer in Frage kommen als der Sohn des großen Hamilkar. Er hatte sich längst auf dem Schlachtfeld einen Namen gemacht, war neben seiner akademischen Ausbildung in alle Feinheiten des Kriegshandwerks eingeweiht, hatte politischen Verstand entwickelt und persönlichen Mut bewiesen. Trotz des Widerstands der politischen Gegner des Barkiden-Clans, bestätigt der Senat in Karthago schließlich die Wahl. Ausgerechnet der Römer Livius singt das schönste Loblied auf den jungen Feldherrn, das aus der Antike

Jede Epoche hatte ihre eigenen Vorstellungen von Hannibal – hier ein Holzschnitt aus dem Jahr 1575.

überliefert ist: »Er zeigte, wenn es galt, Gefahren entgegenzugehen, Kühnheit im höchsten Grade, während der Gefahren selbst im höchsten Grade Besonnenheit. Durch keine Mühsal konnte sein Körper erschöpft, sein Mut gebrochen werden. Hitze und Kälte konnte er gleich gut ertragen; die Menge seiner Speisen und Getränke wurde vom natürlichen Bedürfnis, nicht von der Genusssucht bestimmt. Seine Zeiten für Wachen und Schlafen waren nicht nach Tag und Nacht geschieden; was ihm die Geschäfte übrig ließen, gönnte er dem Schlaf, aber der wurde weder durch ein weiches Lager noch durch Stille herbeigerufen; im Gegenteil, viele haben ihn oft mit einem Soldatenmantel zugedeckt zwischen den Wachen und Posten der Soldaten auf dem Boden liegen sehen. Seine Kleidung hob sich von Seinesgleichen keineswegs ab; doch seine Waffen und Pferde fielen auf. Er war bei weitem der beste Soldat zu Pferde als auch zu Fuß. In das Gefecht ging er als Erster, hatte es einmal begonnen, dann schied er als Letzter.«

Der Text entwirft das Bild eines asketischen Kriegers, der das Leben seiner Soldaten teilte, sich selbst abverlangte, was er seinen Männern zumutete. Auch andere römische Chronisten kommen zu einem ähnlichen Urteil. Keiner unterstellte ihm »Genusssucht und Lüsternheit«, die übliche Charakterisierung für einen orientalischen Potentaten, wenngleich sie auch die dunkle Seite seines Charakters erwähnten: »Diesen so großen Tugenden des Mannes hielten übergroße Fehler die Waage: eine unmenschliche Grausamkeit, eine mehr als punische Unredlichkeit; er hatte keinen Sinn für das, was wahr, keinen Sinn für das, was unantastbar ist; ihn band keine Gottesfurcht, kein Eid, keine fromme Gewissenhaftigkeit«, heißt es ganz kritisch bei Livius.

Das ist das Bild eines skrupellosen Machtmenschen, eines größenwahnsinnigen Egomanen, der sich über alle akzeptierten Normen hinwegsetzt, der sich weder Verträgen noch Moral oder Religion verpflichtet fühlt. Interessant ist nur, dass Livius' Lob sehr viel konkreter ausfällt als seine Kritik – die Beschreibung der negativen Eigenschaften Hannibals wirkt stereotyp und propagandistisch eingefärbt. Zumal man nicht sagen kann, dass der Karthager tatsächlich unmenschlicher war als seine Kontrahenten. Giovanni

Wilde Krieger: Iberische und gallische Söldner bildeten die Hauptmasse von Hannibals Heer.

Brizzi, Historiker an der Universität von Bologna, macht das multikulturelle Heer des Karthagers für den schlechten Ruf seines Anführers verantwortlich: »Wenn Hannibal als besonders grausam galt, dann hat das eher damit zu tun, dass seine Armee aus Söldnern bestand. Ganz verschiedene Volksgruppen waren darunter, die ihre eigenen Kriegssitten mitbrachten. Die Gallier etwa waren Kopfjäger, die den Toten die Köpfe abschlugen und als Trophäen mitnahmen. Die numidischen Reiter schnitten ihren Gegnern die Seh-

Chronik

Karthago und die Punischen Kriege

um 800 v. Chr.	Gründung Karthagos
509	Erster Freundschaftsvertrag zwischen Rom und Karthago
348 und 306	Weitere Freundschaftsverträge
um 270	Nach Siegen über die Samniten und König Pyrrhus beherrscht Rom ganz Mittel- und Unteritalien
264–241	**Erster Punischer Krieg**
260	Seesieg des Konsuls C. Duilius bei Mylä
247	Geburt Hannibals
241	Friedensschluss: Karthago verzichtet auf seinen sizilianischen Besitz und zahlt eine hohe Kriegsentschädigung. Sizilien wird erste römische Provinz
238–237	Karthago muss Sardinien und Korsika an Rom abtreten
225–222	Nach den Gallierkriegen setzen sich die Römer in Oberitalien fest
218–201	**Zweiter Punischer Krieg**
218	Hannibal marschiert von Spanien aus über die Alpen nach Italien
217	Sieg Hannibals am Trasimenischen See
216	Vernichtende Niederlage der Römer bei Cannae
212	Die Römer erobern Syrakus
210	Publius Cornelius Scipio erhält das Oberkommando über die römischen Truppen in Spanien
207	Hannibals Bruder Hasdrubal fällt in der Schlacht am Metaurus
202	Niederlage Hannibals bei Zama
201	Friedensabkommen: Karthago verliert alle Besitzungen in Übersee
192–188	Krieg Roms mit Antiochos III. von Syrien, in dessen Diensten Hannibal steht
183	Tod Hannibals durch Selbstmord
149–146	**Dritter Punischer Krieg**
146	P. Cornelius Scipio Aemilianus zerstört Karthago, die Provinz Africa entsteht

nen an den Beinen durch, eine Verletzung, an der man elend zugrunde ging. Diese Kampfmethoden der verschiedenen Söldnergruppen trugen zweifellos zum Image des grausamen Feldherrn bei, auch wenn sie nicht seinem persönlichen Verhalten entsprachen. Im Gegenteil: Es wird sogar überliefert, dass sich Hannibal weiblichen Gefangenen gegenüber sehr ritterlich benahm – was durchaus nicht den damals üblichen Gepflogenheiten entsprach.«

Für unsere Begriffe sind die Kriegszüge jener Zeit ohnehin eine einzige Ansammlung von Abscheulichkeiten. Die Eroberer einer Stadt plünderten nicht nur, sie mordeten, folterten und vergewaltigten. Männer, Frauen und Kinder gehörten genauso zur Kriegsbeute wie ihre Habe, mit der man nach Gutdünken verfahren konnte. Gefangene, sofern sie nicht von ihren Verwandten ausgelöst wurden, verkauften die Sieger als Sklaven. Was all diese Gepflogenheiten anbelangte, unterschieden sich die Römer aber keineswegs von dem Feldherrn aus Nordafrika. Auch Hannibals angebliche Gottlosigkeit kann man in Zweifel ziehen. Er führte nämlich stets eine Statuette seines Lieblingsgottes Melquart bei sich. Das zentrale Heiligtum dieses Kultes lag bei Gades in Spanien. Die Griechen identifizierten den orientalischen Gott als den berühmten Helden Herakles, der der Sage nach einst von Spanien eine Rinderherde über die Alpen bis nach Italien getrieben hatte. Und Hannibal schickte sich an, ein zweiter Herakles zu werden, ja er wollte ihn sogar noch übertreffen ...

»Der denkwürdigste aller Kriege«

Die Auseinandersetzung, die über die Zukunft der westlichen Mittelmeerwelt entscheiden sollte, entzündete sich wie schon beim Ersten Punischen Krieg an einem lokalen Konflikt. Die Stadt Sagunt an der spanischen Küste geriet in eine militärische Auseinandersetzung mit ihren iberischen Nachbarn, die unter dem Schutz der Karthager standen. Hannibals Truppen eroberten nach monatelanger Belagerung mit Billigung der karthagischen Regierung die einst von Griechen gegründete Kolonie, die ihrerseits einen Pakt mit Rom geschlossen hatte. Der römische Senat reagierte prompt und schickte eine Delegation nach Karthago, die einen sofortigen Truppenabzug und die Auslieferung Hannibals forderte. Natürlich rechneten die Diplomaten nicht damit, dass diese Bedingungen erfüllt würden. Die Entscheidung für einen Krieg war am Tiber längst gefallen.

Die juristische Frage, wer bei der »Sagunt-Affäre« einen Bruch der bestehenden Verträge begangen hatte, lässt sich, wie schon erwähnt, nur schwer beantworten. Sie ist letztlich auch nebensächlich. Denn der Konflikt lag damals sozusagen schon »in der Luft«, ähnlich wie am Vorabend des Ersten Weltkriegs. Die Ermordung des österreichischen Thronfolgers Franz Ferdinand geriet 1914 zwar zum unmittelbaren Anlass, aber die Ursache der Katastrophe war die lange schwelende militärische und wirtschaftliche Konkurrenz der europäischen Nationen. Ähnlich lag der Fall bei Rom und Karthago. Früher oder später mussten die beiden antiken Großmächte in ihrem Expansionsdrang von neuem aneinander geraten.

Man schrieb das Jahr 218 v. Chr. als Hannibal ein gewaltiges Heer von Carthago Nova aus in Bewegung setzte. Der »denkwürdigste aller Kriege«, wie Livius ihn nannte, hatte begonnen. Der junge Feldherr hatte seine strategischen Möglichkeiten wohl durchdacht. Seit dem Ersten Punischen Krieg hatte – Ironie der Geschichte – eine Umkehrung der bislang bestehenden Verhältnisse stattgefunden. Roms Flotte beherrschte nun das Mittelmeer und konnte jederzeit ein Invasionsheer nach Nordafrika übersetzen, um Karthago anzugreifen. Und Hannibal, dem Nachfahren des berühmtesten Seefahrervolkes der Antike, blieb nichts anderes übrig, als einen Feldzug zu Land zu führen. Er musste den Krieg ins römische Mutterland hineintragen, um alle militärischen Kräfte des Gegners zu binden. Er wollte direkt ins Herz des Gegners stoßen – und das ging nur über den Landweg, durch das heutige Spanien und Frankreich.

Im Gebiet der Rhône-Mündung allerdings konnten ihm römische Legionen den Weg verstellen. Aber wenn er nach Norden ausweichen, dann nach Osten abbiegen, seine Truppen über die Alpen führen und Rom quasi in den Rücken fallen würde? Ein zweifellos riskantes Unternehmen, das aber durchaus auch Vorteile mit sich brachte. Denn auf dem langen schwierigen Marschweg konnte er, vor allem im Norden Italiens, mit dem großen Zulauf von Galliern rechnen, die den Karthager als Befreier vom römischen Joch begrüßen würden.

Vor dem Aufbruch in unbekannte Gefilde hatte Hannibal die Verhältnisse zu Hause geordnet. 40 000 Soldaten ließ er unter dem Kommando seines Bruders Hasdrubal (der Jüngere) in Spanien zurück, um die Kolonie gegen eine wahrscheinliche römische Invasion von See her zu sichern. Auch zum Schutz Karthagos rekrutierte er Truppen, denn die Römer könnten den Spieß umdrehen und von Sizilien aus ihrerseits die Hauptstadt des Gegners angreifen. Hannibals Frau Imilke und ihr gerade erst geborener Sohn reisten nach Karthago zurück. Über das weitere Schicksal der beiden schweigen die Quellen. Wie ihr Feldherr, so mussten auch die Soldaten ohne ihre Familien auskommen. Denn Hannibal hatte seinen Truppen angesichts des schwierigen Marsches untersagt, ihre Frauen und Kinder mitzunehmen. Schließlich kam es bei dem geplanten Coup nicht zuletzt auf Schnelligkeit an, und die wäre mit dem großen Tross aus Frauen und Kindern, der die antiken Heerzüge meist begleitete, nicht gewährleistet.

Was die Zusammensetzung seines Heeres anbelangte, traf der Feldherr eine Entscheidung zugunsten der Reiterei. Zwar stellten die rund 40 000 Fußsoldaten, die sich hauptsächlich aus Iberern rekrutierten, die Hauptmasse des Heeres, doch die berittenen Truppen waren der Trumpf, den er gegen die Römer ausspielen wollte. Die Erfahrungen vergangener Kämpfe hatten nämlich die Gefährlichkeit der gut organisierten Legionen Roms offenbart. Hannibal wusste, dass seine Krieger der gepanzerten Wucht der tief gestaffelten römischen Reihen in einer offenen Feldschlacht kaum gewachsen sein würden. Aber mit den in Nordafrika angeworbenen numidischen Kavallerieregimentern – ins-

Aus den Ureinwohnern Spaniens, den Iberern, rekrutierte Hannibal gefürchtete Reiter.

gesamt 4000 Mann – verfügte er über eine der schlagkräftigsten Truppen seiner Zeit. Hinzu kamen rund 6000 iberische Reiter, die zum Teil zu zweit auf einem Pferd in den Kampf zogen.

Die bis heute berühmtesten Teilnehmer an dem legendären Feldzug aber waren die 37 Kriegselefanten, mit denen Hannibal den Legionen Roms zusetzen wollte. Der Einsatz der Dickhäuter als Kampfmaschinen hatte eine lange Tradition. Schon 326 v. Chr. entging Alexander der Große nur knapp einer Niederlage gegen ein Heer in Indien, das mit zweihundert Elefanten antrat. Der Angriff der antiken »Panzer« hinterließ bei den Soldaten des Welteroberers einen so nachhaltigen Eindruck, dass sie sich weigerten, weiter in den Subkontinent vorzudringen. Und im Jahr 280 v. Chr. bezwang der Grieche Pyrrhus mit seinem Heer und 26 Kriegselefanten die Römer, allerdings unter so großen Verlusten an Männern und Tieren, dass man noch heute bei besonders teuer erkauften Erfolgen von einem »Pyrrhus-Sieg« spricht.

»Noch ein solcher Sieg und ich bin ruiniert«, soll der Grieche Pyrrhus nach einer Schlacht ausgerufen haben.

Der taktische Erfolg beim Einsatz der Tiere war in erster Linie ihrer Größe zu verdanken. Den heranstürmenden tonnenschweren Kolossen konnte keine feindliche Schlachtreihe standhalten. Und die psychologische Wirkung der stampfenden und trompetenden Dickhäuter – erst recht wenn der Angegriffene solche Wesen noch nie zuvor erblickt hatte –, war ebenfalls nicht zu unterschätzen. Allerdings darf man dabei nicht an die Giganten denken, die noch heute die afrikanischen Savannen in Herden durchziehen. Die Tiere, die Hannibal mitführte, gehörten zur mittlerweile ausgestorbenen Art des »Waldelefanten«, der deutlich kleiner war als die Verwandten in der Steppe. Auf dem Rücken der Tiere befestigten die Karthager für die Schlacht eine Art Plattform, von der aus Bogenschützen und mit langen Lanzen bewaffnete Krieger den Gegner von oben aufs Korn nehmen konnten. Gelenkt wurde der Elefant von einem »Mahout«, einem Treiber, der auf dem Nacken des Tieres in den Kampf ritt. Er hatte meist über viele Jahre ein enges Verhältnis zu »seinem« Elefanten aufgebaut, der die Kommandos seines Treibers befolgte – meistens jedenfalls. Der Einsatz der schweren Vierbeiner in der Schlacht, das belegen antike Berichte, konnte nämlich auch buchstäblich »nach hinten losgehen«. Denn so einschüchternd und robust die Tiere auch wirken mögen, sind sie doch höchst sensibel, leicht reizbar und äußerst schmerzempfindlich. Daher verfügten antike Heere, die auf den Einsatz von Kampfelefanten im gegnerischen Heer vorbereitet waren, über Spezialtrupps, die den Tieren mit Fernwaffen zu Leibe rückten, oder versuchten, die ungeschützten Beine zu verletzen. Durch den Schmerz in Rage geraten, wüteten die Dickhäuter gegen Freund und Feind – eine gefährliche Situation, gegen die es nur ein letztes Mittel gab: »Von den Elefanten wurden mehr von den Führern als von den Feinden getötet. Sie hatten einen gewöhnlichen Meißel mit einem Hammer; diesen pflegte der Führer, wenn die Tiere anfingen zu wüten und gegen die eigenen Leute zu rennen, zwischen den Ohren einzusetzen, genau bei dem Gelenk, das den Nacken mit dem Kopf verbindet, und mit einem sehr kräftigen Schlag hineinzutreiben. Dieses Verfahren hatte man als das schnellste zum Tod eines so massigen Tieres entwickelt, wenn man die Hoffnung, es zu lenken, aufgeben musste«, berichtet Livius.

Kriegselefanten, die »Panzer der Antike«, waren eine oft überschätzte Waffe.

Eine unendliche Geschichte

Hannibals Truppen kamen zügig voran. Innerhalb weniger Monate durchquerte das gewaltige Heer Spanien und die Pyrenäen. Durch Kundschafter wusste der Feldherr, dass in der Gegend der heutigen Stadt Marseille, wie vorhergesehen, römische Legionen lauerten. Planmäßig wichen die karthagischen Truppen nach Norden aus, um dann Richtung Osten einzuschwenken. Dort wartete ein neuer, mächtiger Gegner: die Alpen.

Hannibals Bezwingung des Hochgebirges hat wie keine andere seiner Taten die Phantasie der Nachwelt beschäftigt. Ein Heer von mehreren zehntausend Soldaten, dazu ein paar tausend Pferde und 37 Kampfelefanten auf schmalen Pfaden über Schwindel erregende Passhöhen zu führen, und das auch noch im Winter, ist zweifellos die legendärste Leistung des Karthagers – aber auch die unter Historikern und Archäologen am meisten diskutierte.

Der scheinbar endlose Forscherstreit darüber, welchen Weg Hannibals Heer durch die Alpen eingeschlagen hat, ist innerhalb der Geschichtswissenschaft ein Unikum. Keine andere – für den Verlauf der Ereignisse letztlich unbedeutende – Detailfrage der Weltgeschichte hat mehr Publikationen hervorgebracht. Eine kaum zu überblickende Schar von Historikern, pensionierten Lateinlehrern, alpenländischen Lokalpatrioten oder einfach vom Thema Besessenen, hat sich seit dem 19. Jahrhundert in die Frage verbissen. Manch einen verfolgte sie ein Leben lang, wie den englischen Arzt M. A. Lavis-Trafford, der sich in den fünfziger Jahren des vergangenen Jahrhunderts als Pensionär in den französischen Alpen niederließ, um sich bis zu seinem Tod ausschließlich diesem Rätsel zu widmen. Gelöst hat auch er es nicht.

Der Grund für den mit Vehemenz geführten Gelehrtendisput liegt in der simplen Tatsache begründet, dass ein absoluter Beweis für die Wahl der einen oder anderen Route bislang nicht zu finden war. Letztlich könnte nur die Archäologie eine Antwort liefern, etwa durch die Entdeckung eines Grabes, eines Elefantenskeletts, einer Inschrift oder typischer Waffen. Neuerdings sind Forscher in dieser Hinsicht sogar recht optimistisch. Denn das beängstigende

Einer der vielen möglichen Wege, die Hannibal bei seiner Alpenüberquerung eingeschlagen haben könnte.

Abtauen der Alpengletscher, Indiz für einen bedrohlichen Klimawandel, hat für Archäologen einen positiven Effekt. Das schmelzende Eis gibt Geheimnisse preis, die über Jahrtausende in einem natürlichen Tresor verschlossen waren und perfekt erhalten sind. Der bisher spektakulärste Fund war die Leiche eines Mannes aus der Jungsteinzeit, der es als »Ötzi« zur Berühmtheit brachte. Forscher hegen jetzt die Hoffnung, vielleicht auf einen verunglückten Soldaten Hannibals zu stoßen, den das Gletschereis konserviert hat. Das wäre freilich eine Sensation, die um die Welt ginge. Bisher allerdings existiert noch kein einziger authentischer Fund, der einen der in Frage kommenden Pässe als den richtigen identifizieren würde.

Hannibals Zug über die Alpen war eine logistische Meisterleistung.

So müssen sich die Streithähne in Sachen Hannibal-Route nach wie vor auf das gründliche Studium der antiken Autoren Livius oder Polybios konzentrieren und versuchen, die historischen Schilderungen mit der heutigen Geograhpie in Einklang zu bringen. Keine besonders leichte Aufgabe, denn die Beschreibungen der Chronisten lassen kaum Rückschlüsse auf ein bestimmtes Gelände zu. Erschwerend kommt hinzu, dass die beiden Texte ganz unterschiedliche Wege beschreiben. Polybios scheint auf den ersten Blick der verlässlichere Autor zu sein, denn er berichtet, dass er die Route Hannibals zu Fuß nachvollzogen und damit vor Ort Erkundigungen eingezogen habe. Allerdings lag zum Zeitpunkt seiner Reise, wenn er sie denn unternommen hat, der Marsch des karthagischen Feldherrn schon etwa vierzig Jahre zurück. Der Grieche muss also, nicht anders als sein römischer Kollege Livius, eine ältere Beschreibung als Grundlage benutzt haben. Möglicherweise standen ihm die Aufzeichnungen des Sosylos zur Verfügung, Hannibals Privatlehrer, der insgesamt sieben Bücher über die Unternehmungen seines Zöglings verfasst haben soll, die allerdings nicht erhalten sind.

Ein Blick auf eine Reliefkarte der Alpen zeigt, dass von der Rhône her zwei große Einschnitte in West-Ost-Richtung verlaufen. Im Süden das Tal der Durance, weiter nördlich die Schluchten der Isère. Entlang der beiden Flüsse gelangt auch der moderne Reisende zu verschiedenen Pässen, die nach Norditalien führen. Die antiken Schilderungen lassen sich tatsächlich jeweils einem der erwähnten Flüsse zuordnen. Polybios gibt durch die Erwähnung der Allobroger einen wichtigen geografischen Hinweis. Der Keltenstamm, der am Fluss Isère siedelte, hatte es offenbar auf die von Hannibals Heer mitgeführte Nahrung, Ausrüstung und Pferde abgesehen. Die wilden

Krieger besetzten Bergpässe, ließen Steine, Speere und Pfeile auf die Eindringlinge regnen, und kehrten bei Einbruch der Dunkelheit wieder in ihre Hütten zurück. Der pünktliche Feierabend sollte den gallischen Recken zum Verhängnis werden. Hannibal überwältigte das Dorf der Allobroger in einem nächtlichen Handstreich.

Bei Livius findet dieses Ereignis keine Erwähnung. Seine Beschreibung der berühmten alpinen Großtat passt geografisch eher zu dem Tal der Durance. Doch damit beginnen die eigentlichen Komplikationen erst. Denn beide Anmarschwege verzweigen sich und führen zu verschiedenen Pässen, die allesamt ihre eifernden Propheten gefunden haben. In der engeren Auswahl sind: der Kleine Sankt Bernhard, der Mont Cenis, der Col du Clapier, der Col du Mont Genèvre, der Col de la Croix und der Col de la Traversette.

Einer der jüngeren Beiträge zur »Frage der Fragen« stammt von dem Münchner Althistoriker Wolfgang Seibert, der mit einer salomonischen Antwort überrascht: Hannibal wählte zwei Routen! Vor dem Aufstieg habe er sein Heer geteilt. Eine Abteilung sei die Durance aufwärts über den Col du Mont Genèvre gezogen, die andere entlang der Isère über den Kleinen Sankt Bernhard. Mit der Theorie des »gesplitteten« Heereszuges steht der Gelehrte in der Forschergemeinde zwar weitgehend allein, aber er hat gute Gründe für seine Annahme. Seibert nähert sich der Frage nämlich von einer Seite, die bisher kaum Beachtung gefunden hat: Die Alpenüberquerung stellte Hannibal vor schwierige logistische Probleme. Die Versorgung von Mensch und Tier mit ausreichend Nahrung musste – zumal im Winter – gesichert werden. Deshalb hatten Gesandte vor Beginn des Feldzugs bei verschiedenen Bergstämmen gegen Bezahlung Lebensmittel- und Futterkontingente anlegen lassen und sogar Winterschuhe bestellt. Trotzdem hätte die Konzentration von so vielen Soldaten und Tieren an einem Ort zu Versorgungsengpässen geführt. Man denke nur an die Futterrationen die Elefanten und Pferde pro Tag benötigten. Auch die schiere Länge des Heereswurms stellte ein Problem dar. An Engpässen, in Schluchten oder auf Bergpfaden, wo Mann hinter Mann gehen musste, hätte sich die Armee auf dutzende von Kilometern aufgefädelt und wäre zur leichten Beute für Angreifer geworden. Es scheint also nicht unlogisch, das Heer zu teilen, die Abteilungen dadurch kompakter und wendiger zu halten und die Ressourcen am Wegesrand nicht völlig überzustrapazieren. Und noch ein Argument hat Seibert auf seiner Seite: Hannibal hatte schon zuvor bei der Überquerung der Pyrenäen sein Heer einmal geteilt.

Wo auch immer, in der erstaunlich kurzen Zeit von etwa neun Tagen hatte die karthagische Armee die höchste Stelle des Gebirges erreicht. Doch damit war die Aufgabe keineswegs gelöst. Glaubt man Livius, dann begann mit dem Abstieg in Richtung Italien der dramatischste Teil des Unternehmens: »Schrecklich kämpften sie sich dort ab, weil der Firn dem Tritt keinen Halt gab und den Fuß auf der abschüssigen Fläche allzu rasch ausgleiten ließ. Daher brachen sie, mochten sie nun Hände oder Knie beim Aufrichten zu Hilfe nehmen, wieder zusammen, weil auch ihre Stützen selbst ausrutschten. Da gab es auch keine Stämme oder Wurzeln in der Gegend, an denen mit der Hand oder dem Fuß sich jemand hätte hochstemmen können. So wälzten sie sich auf lauter glattem Firn und Schneematsch.«

Die mit Eis und Schnee nicht vertrauten Menschen und Tiere brachen sich die Knochen auf den rutschigen Flächen oder stürzten zu Tode. Schließlich kam der Vormarsch an einem scheinbar unüberwindlichen Hindernis ins Stocken. Ein Stück des Serpentinenpfades entlang einer steilen Felswand war abgerutscht, und es gab keine Möglichkeit, die Stelle zu umgehen. Jetzt musste Hannibal auf das Geschick seiner Pioniere vertrauen: »Danach wurden die Soldaten zum Wegebau an die Steilwand geführt, über die allein der Weg möglich war. Da das Gestein gebrochen werden musste, so türmten sie die in der Nähe gefällten und gekappten ungeheuren Bäume zu einem gewaltigen Holzstoß auf; diesen setzten sie in Brand, da sich auch ein gewaltiger Wind erhoben hatte, der das Feuer richtig anfachen konnte, und machten das glühende Gestein durch darüber gegossenen Essig mürbe. Den auf diese Art ausgebrannten Felsen sprengten sie mit Werkzeug auseinander und in mäßig fallenden Serpentinen schufen sie ein sanftes Gefälle, dass nicht allein die Packpferde, sondern auch die Elefanten hinabgeführt werden konnten.«

▷ *Die meisten Elefanten Hannibals überlebten die Strapazen der Alpenüberquerung nicht.*

Das Verfahren, mit Hilfe von Feuer und Essig Felsen zu sprengen, das auch der Römer Plinius aus dem Bergbau überliefert, scheint im ersten Moment nicht unglaubwürdig. Jeder kennt aus dem Haushalt die Fähigkeit von Essigsäure, Kalkablagerungen aufzulösen. Erhitzen erhöht diese Wirkung noch. Allerdings ist selbst die konzentrierte Säure nur leicht ätzend. Um Tonnen von Kalkgestein so zuzusetzen, dass es brüchig wird oder gar zerfällt, benötigt man daher ein Vielfaches an Essig. Der Transport wäre unter keinen Umständen zu bewerkstelligen gewesen. Und außerdem wäre der Prozess auch äußerst zeitraubend gewesen. Dennoch ist es denkbar, dass die Karthager tatsächlich Essig anwandten – aber in kleinen Mengen und unter eher magischen Vorzeichen. Antike Naturforscher schrieben der Säure eine besonders »kalte Natur« zu, weil sie in reiner Form bei etwa 16 Grad Celsius zu Kristallen erstarrt, die an Eis erinnern. Durch das gleichzeitige Einwirken der gegensätzlichen Kräfte von Hitze und Kälte glaubten die Bergleute der Antike, Steine quasi innerlich zerrütten zu können. Tatsächlich brachte wohl ausschließlich das gewaltige Feuer, von dem Livius spricht, die erwünschte Wirkung, weil die extrem hohe Temperatur in dem gefrorenen Stein Risse und Sprünge erzeugte.

Nach nur 15 Tagen erreichte Hannibal Anfang Dezember schließlich Norditalien. Glaubt man den Überlieferungen, dann hatte die Alpenüberquerung fürchterliche Verluste gefordert: Mehr als 20 000 Mann – die Hälfte seiner Truppen – und zahllose Pferde waren dem mörderischen Wintermarsch zum Opfer gefallen. Das Schicksal der 37 Dickhäuter in Hannibals Armee verliert sich in der Ungenauigkeit der Chroniken. Wie es scheint, gelang es dem Karthager, zumindest einige Tiere bis nach Italien zu führen. In den folgenden berühmten Schlachten gegen die Römer finden die Kampfelefanten aber keine Erwähnung mehr. Am Ende waren sie wohl dem langen Marsch und dem ungewohnten Klima nicht gewachsen.

Historiker wie Wolfgang Seibert halten diese Verlustangaben für völlig übertrieben und sehen darin einen weiteren Beleg für die propagandistische Verzerrung der Geschichte durch die römischen Chronisten. Die ungeheuere Zahl an Toten soll die Skrupellosigkeit des karthagischen Feldherrn belegen, seinen zwanghaften Hass auf Rom und seinen Leichtsinn, durch den er das Leben von zehntausenden Soldaten verspielt.

Sieg über Sieg

Auf italienischem Boden angekommen, schien Hannibals Kalkül aufzugehen: Zu tausenden schlossen sich gallische Krieger seinen Truppen an. Ihre Stämme waren erst wenige Jahre zuvor in zähen blutigen Kämpfen von den Römern unterworfen worden. Jetzt sahen sie die Gelegenheit gekommen, das verhasste Joch abzuschütteln.

Die Ankunft des karthagischen Heeres traf das Oberkommando am Tiber dennoch nicht unvorbereitet. Denn die Pläne des Karthagers waren den römischen Kundschaftern nicht verborgen geblieben. Rom reagierte und Konsul Cornelius Scipio, der Hannibal mit seinen Legionen in Südfrankreich erwartet hatte, verlegte seine Truppen rasch nach Norditalien.

In Norditalien gewinnt Hannibal Verbündete unter den Anführern der gallischen Stämme.

Am Flüsschen Ticinius, dem heutigen Ticino, trafen die gegnerischen Heere zum ersten Mal aufeinander. Für die Römer war der junge Feldherr noch ein völlig unbeschriebenes Blatt. Ganz im Vertrauen auf ihre sieggewohnten Legionen glaubten sie, mit dem frechen Eindringling leichtes Spiel zu haben. Doch schon das erste Gefecht belehrte sie eines Besseren. Auf dem Höhepunkt des Kampfes brachte Hannibal seine überlegene Reiterei ins Spiel und fügte den römischen Legionen schwere Verluste zu. Konsul Scipio selbst geriet nach der Überlieferung des Polybios mitten ins Kampfgetümmel, wurde verwundet und konnte nur durch den todesmutigen Einsatz seines Sohnes gerettet werden.

Ob diese Anekdote stimmt, lässt sich nicht mehr beweisen. Vielleicht hat sie der Chronist dem jungen Scipio nur nachträglich angedichtet. Der damals erst Zwanzigjährige wird nämlich noch von sich reden machen und unter dem Namen »Africanus« in die Geschichte eingehen. Während er zusammen mit dem verwundeten Vater in wilder Flucht zu Pferd den karthagischen Verfolgern entkommt, weiß er noch nicht, dass diese Niederlage nur das Vor-

Wahrheit oder Legende? Scipio rettet seinen verwundeten Vater aus dem Schlachtgetümmel am Ticinius.

spiel zu viel größeren Katastrophen ist, und der Mann aus Karthago sein ganzes Leben beherrschen wird. Ebensowenig ahnt Hannibal, dass er schon bei seinem allerersten Kampf auf italienischem Boden auf seinen zukünftigen Bezwinger getroffen ist. Vorerst sah es jedenfalls nicht so aus, dass der junge Feldherr aus Nordafrika irgendwie aufzuhalten wäre.

Die Niederlage am Ticinius zwang den römischen Senat, seine Pläne zu ändern. Eigentlich hatte man Karthago von Sizilien aus angreifen wollen. Nun wurde der zweite Konsul, Tiberius Sempronius Longus, mit seinen Legionen eilends von der Insel zurückberufen. Der Kommandeur vereinigte seine Truppen mit den Resten von Scipios Armee und zog dem Feind entgegen. In der Nähe des Flüsschens Trebia wollte Sempronius den Gegner stellen. Gegen den Rat seines verwundeten Mitkonsuls ließ er an einem Dezembermorgen des Jahres 218 v. Chr. angreifen und lief prompt ins Verderben. Denn Hannibal hatte den Ort der Schlacht so gewählt, dass die römischen Truppen durch den Fluss waten mussten. Zitternd vor Kälte entstiegen sie am anderen Ufer dem Wasser und waren in diesem Zustand dem Angriff der ausgeruhten und aufgewärmten Iberer hilflos ausgesetzt.

Wieder gab die überlegene Kavallerie Hannibals den Ausschlag. Aus einem Hinterhalt stießen die Reiter in die Flanke des römischen Heeres, das in Panik geriet und zurück über den Fluss floh. Tausende starben – erschlagen von den nachsetzenden Numidiern – in den Fluten. Zum ersten Mal blitzte hier das taktische Geschick des Karthagers auf, seine Gerissenheit, über die sich römische Zeitgenossen so entrüsten. Für den Historiker Giovanni Brizzi prallten damals nicht nur zwei Kriegsparteien aufeinander, sondern auch ganz unterschiedliche Mentalitäten: »Hannibal war ein General griechischen Zuschnitts. Man darf nicht vergessen, dass ihn ein Spartaner erzogen hatte. Von einem griechischen General stammt der Ausspruch: ›In einem Feldherrn müssen zwei Seelen wohnen: ein Löwe und ein Fuchs‹. Der Fuchs entspricht der Tradition der Hellenen am meisten. Schon Homer lobt Odysseus als den ›Listenreichen‹. In der griechischen Welt schätzte man die Gerissenheit und die Intelligenz in der Kriegsführung. Die Tradition der Römer war dagegen eher ritterlich ausgerichtet; für sie soll der Krieg eine Art offen geführter Zweikampf sein. Hier prallten also zwei völlig verschiedene Welten aufeinander.«

Auch den zuversichtlichsten Senatoren musste nun klar geworden sein, dass mit dem jungen Feldherrn ein Gegner auf den Plan getreten war, der alle früheren an Gefährlichkeit weit übertraf. Sie wählten zwei neue Konsuln, die in aller Eile die wichtigsten Pässe des Apennins sperrten und Hannibal so zu einer weiteren, wenn auch nicht so schwierigen »Kraxeltour« durch das italienische Gebirge zwangen. Der Weg endete mitten in den Sümpfen am Mündungsgebiet des Arno. Die damals noch nahezu unwegsame, Malaria verseuchte Urlandschaft forderte Opfer an Männern und Tieren. Auch Hannibal selbst kam nicht ungeschoren davon. Er zog sich eine Augenentzündung zu, die zu einer halbseitigen Erblindung führte. Der Makel ließ den Ruf des Feldherrn aber keineswegs sinken – in der Antike galt Einäugigkeit oder Blindheit als ein Zeichen von Weisheit oder hellseherischen Fähigkeiten. So trug die Behinderung sogar noch zum wachsenden Nimbus des Karthagers bei.

Der Trasimenische See in Etrurien sollte zum Schauplatz der nächsten blutigen Begegnung werden. Diesmal ging das römische Heer einer genialen List Hannibals auf den Leim. Er hatte am Ufer des Sees Unmengen von Lagerfeuern anzünden lassen, ein Lichtermeer, das den römischen Beobachtern signalisieren sollte, dass die Hauptmasse des karthagischen Heeres am Wasser lagerte. In Wirklichkeit hatte der Feldherr nur eine kleine Abteilung dort zurückgelassen und das Gros der Armee auf den angrenzenden Hügeln zusammengezogen. Als die Legionen unter Führung ihrer Konsuln im Morgengrauen des 20. Juni 217 v. Chr. das vermeintliche Lager angriffen, liefen sie in eine tödliche Falle. Im Kessel zwischen dem Seeufer und den Hügeln gefangen, sahen sie von allen Seiten karthagische Truppen heranstürmen. In ihrer Not versuchten die umzingelten römischen Soldaten in den See zu entkommen, wo sie zu tausenden von der gegnerischen Reiterei erschlagen wurden. Auf dem mit zahllosen Toten übersäten Ufer lag auch die Leiche von Konsul Flaminius.

Der Trasimenische See, Schauplatz einer verheerenden Niederlage der Römer.

Die Stunde des Strategen

Der Senat von Rom verhängte den Ausnahmezustand über die Republik, in deren Verfassung für den Fall einer extremen Bedrohung eine außerordentliche Maßnahme vorgesehen war: Die Einsetzung eines Diktators, eines »starken Mannes« mit beinahe uneingeschränkten Vollmachten, dem die politisch Verantwortlichen zutrauten, das Ruder herumzureißen. Merkwürdigerweise kürten sie für diese Aufgabe einen Mann, der nach antiken Begriffen schon ein Greis war: den fast siebzigjährigen Quintus Fabius Maximus, der als »Cunctator«, der »Zauderer«, in die Geschichte eingehen sollte.

Es entsprach dem Temperament, vielleicht aber noch mehr der Erfahrung und Intelligenz des Alten, den offensichtlich genialen Gegner nicht mehr im Feld stellen zu wollen. Stattdessen verfolgte Fabius die Strategie, Hannibal ins Leere laufen zu lassen. Der Diktator befahl, nach dem Prinzip der »verbrannten Erde«, Dörfer und Bauernhöfe in Flammen aufgehen zu lassen, um der feindlichen Armee Ressourcen zu entziehen. Ansonsten umkreiste der vorsichtige Römer mit seinen frisch ausgehobenen Legionen den Feind, vermied aber jede Berührung. Hinter dieser Taktik stand die Überlegung, dass der Unterhalt einer so großen Armee wie der karthagischen in Feindesland äußerst schwierig war. Fabius konnte darauf spekulieren, dass die feindlichen Soldaten dem Klima nicht gewachsen waren, Seuchen erlagen, an Mangelernährung zu Grunde gingen oder desertierten. Würde er nur lange genug warten, dann löste sich der Gegner sozusagen von alleine auf.

Viele Senatoren teilten diese Hoffnung allerdings nicht. Sie drängten auf eine militärische Entscheidung. Fabius' Stern sank endgültig, als Hannibal raffinierterweise bei seinen Plünderungszügen durch Italien ausgerechnet die Landgüter des Diktators verschonte. Dadurch geriet der Römer in den Verdacht, heimlich mit dem Gegner zu kollaborieren. Nach Ablauf seiner einjährigen Amtszeit wurde er denn auch nicht wieder gewählt.

Stattdessen setzte der Senat auf das klassische System und ernannte zwei Konsuln: Lucius Ämilius Paulus und Gaius Terentius Varro. Vor allem Varro, ein bei der Bevölkerung der Tiberstadt populärer Politiker, weil er aus kleinen Verhältnissen stammte, drängte zu einer Entscheidungsschlacht. Nicht weniger als acht Legionen, also 80 000 Mann Fußtruppen und 6000 Reiter ließ er rekrutieren – die bis dahin größte Armee, die ein Römer jemals befehligt hatte. Die gigantische Übermacht sollte den frechen Karthager samt seinen Söldnern von italienischem Erdboden fegen. Hannibal – man schrieb bereits das Jahr 216 v. Chr. – war mittlerweile bis in den Süden des Stiefels vorgedrungen und ließ sein Heer auf einer großen Ebene an der Adriaküste nahe einem kleinen Ort mit Namen Cannae lagern. Dort wollten die römischen Oberbefehlshaber im Vertrauen auf ihre erdrückende Übermacht den Gegner zum Kampf stellen. Cannae sollte als eines der berühmtesten Schlachtfelder in die Annalen der Weltgeschichte eingehen, in einem Atemzug genannt mit Waterloo oder Verdun.

Am Morgen des 2. August nahmen fast 90 000 Römer und etwa 50 000 Karthager ihre Schlachtformation ein. Niemals zuvor in der europäischen Geschichte waren so gigantische Heeresmassen aufeinander geprallt. Die minutiösen Beschreibungen der antiken Historiker erlauben es, den Verlauf des welthistorischen Ringens ge-

Die Schlacht von Cannae

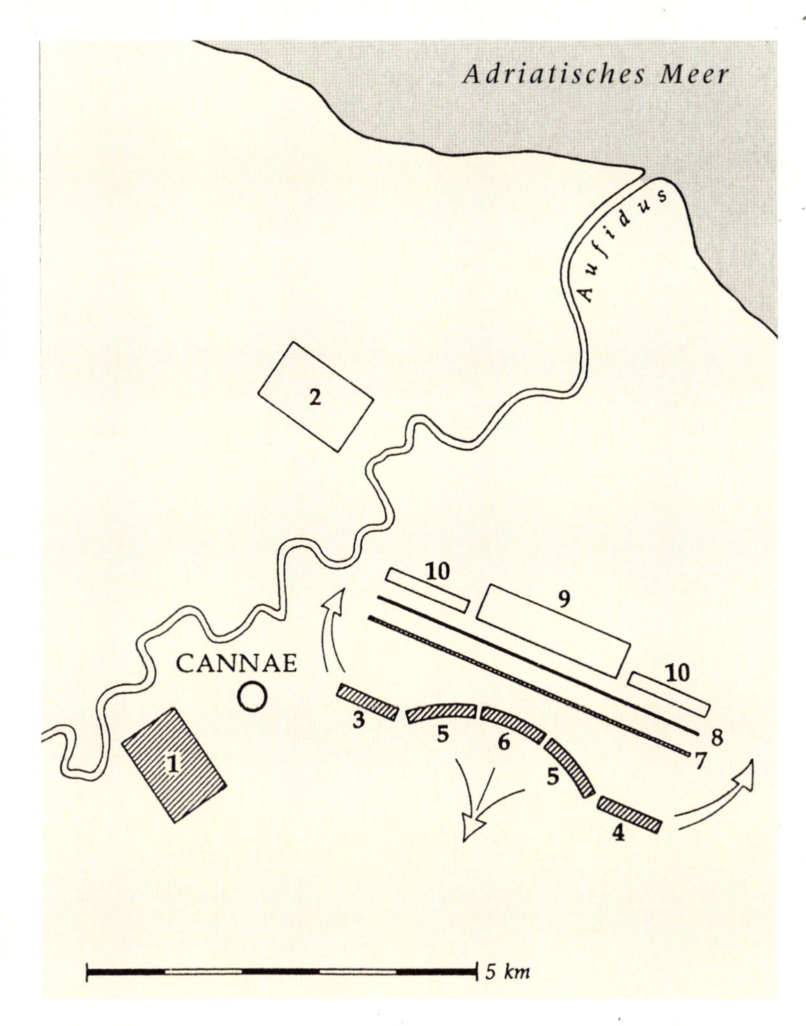

Der berühmte »Halbkreis von Cannae«: Hannibal hatte seine Fußtruppen in einer dünnen Bogenlinie aufgestellt. Beim Aufprall der römischen Legionen zogen sie sich langsam zurück und überflügelten dabei unmerklich die Masse des feindlichen Heeres, bis sie vollständig umzingelt war.

1 Lager der Karthager
2 Lager der Römer
3 Schwere Reiterei der Karthager
4 Leichte Reiterei der Karthager
5 Afrikanisches Fußvolk der Karthager
6 Iberisches und gallisches Fußvolk der Karthager
7 Karthagische Leichtbewaffnete
8 Römische Leichtbewaffnete
9 Römische Legionen
10 Römische Reiterei

Die Schlacht von Cannae: Hannibals größter Triumph und bis heute Inbegriff für die vollständige Vernichtung der gegnerischen Armee.

nau zu rekonstruieren. Bis heute ist die Schlacht von Cannae ein Lehrstück in Strategiekursen angehender Offiziere. Auch der preußische General von Schlieffen, der die Aufmarschpläne der deutschen Armee im Ersten Weltkrieg entwickelt hatte, hinterließ in seinen militärtheoretischen Schriften eine eindrucksvolle Schilderung des Schlachtverlaufs aus der Sicht eines »Profis«: »Mit einem beträchtlichen Feinde vor sich, dem Meer hinter sich, befand sich der karthagische Feldherr in einer keineswegs günstigen Lage. Der sieggewohnten, gefürchteten, geschlossenen und tief gegliederten römischen Phalanx hatte Hannibal nur eine dünne Front seiner iberischen und gallischen, schlechter bewaffneten und im Nahkampf weniger geübten Hilfsvölker entgegengestellt, mit deren Zurückweichen er von vornherein gerechnet hatte. [...] Dafür standen aber seine Reserven auf beiden Flügeln, und Hannibal wusste, dass auch ein die Mitte siegreich durchbrechender Gegner dem tödlichen Flankenstoß der Flügelarmeen ausgesetzt wird. Jedenfalls sollte das Zentrum nur so lange Widerstand leisten, bis die römische Reiterei auf beiden Flügeln von der überlegenen karthagischen geworfen war. Dann sollten die Reserven, die auf beide Flügel der dünnen Front verteilt waren, gegen die Flanken der schwerfälligen römischen Masse einschwenken, während Hasdrubal mit der karthagischen Reiterei sie im Rücken angriff. In der Tat kommt die Vorwärtsbewegung der Römer nach anfänglichem Erfolge zum Stehen. [...] Ein längliches Viereck ist zum Halten gezwungen, hat nach allen Seiten Front gemacht und wird von allen Seiten auf das Wütendste angegriffen. Die Römer werden immer mehr zusammengedrückt. Hilf- und wehrlos erwarten sie den Tod. Auf engem Raum sind 48 000 Leichen zu Bergen geschichtet. Tausende fallen noch im Dorfe Cannae und in beiden Lagern in die Hände der Sieger.«

Aus der Feder des Römers Titus Livius (59 v. Chr.–17. n. Chr.) floss einer der umfangreichsten Berichte über Leben und Taten Hannibals.

Selbst die gigantischen Materialschlachten des Ersten Weltkriegs brachten nicht so vielen Menschen in so kurzer Zeit den Tod. Das fürchterliche Gemetzel, so berichtet Livius in seinem Werk *Ab urbe condita* zog sich noch über den folgenden Tag hin. Wie in der Antike üblich, versetzten die Sieger den schwer Verwundeten, für die es keinerlei medizinische Versorgung gab, den Gnadenstoß: »Manche suchten blutbedeckt mitten in dem Leichenfelde aufzustehen. Da die Morgenkälte ihre Wunden zusammenzog, waren sie aus der Ohnmacht erwacht und wurden nun vom Feind erneut niedergeschlagen. Einige, denen man die Oberschenkel und die Kniekehlen durchgehauen hatte, fand man

noch lebend vor. Sie entblößten ihren Nacken und forderten dazu auf, auch ihr restliches Blut zu vergießen.«

Auch Konsul Paulus blieb auf dem Schlachtfeld und nicht weniger als achtzig Senatoren. Hannibal hatte etwa 6000 Mann verloren, nur ein Achtel der römischen Verluste. Durch seine brillanten taktischen Maßnahmen hatte er den Ausgang des blutigen Dramas für sich entschieden und einen zahlenmäßig fast zweifach überlegenen Gegner geschlagen. Von jetzt an eilte ihm der Ruf voraus, der genialste Taktiker seiner Zeit zu sein. In den Metropolen rund um das Mittelmeer nannte man seinen Namen mit Ehrfurcht. Wer konnte diesen Mann noch aufhalten? Die Tage Roms schienen gezählt.

Ein verspielter Sieg?

Was nach Cannae geschah, gehört zu den großen Rätseln, die Hannibal seinen Biographen aufgegeben hat. Nach dem einzigartigen Triumph war der Weg nach Rom frei – aber er beschritt ihn nicht. Von seinen Offizieren bedrängt, die Gunst der Stunde zu nutzen und im Handstreich die vom Schutz der Legionen entblößte Hauptstadt des Gegners zu nehmen, weigerte er sich entschieden. Schon die antiken Chronisten sahen darin den vielleicht einzigen, aber letztlich fatalen Fehler des großen Feldherrn. In der Überlieferung des Livius schleudert Marhabal, der Oberbefehlshaber der numidischen Kavallerie, seinem Chef wütende Worte entgegen: »Zu siegen verstehst du, Hannibal, den Sieg zu nutzen, verstehst du nicht!« Auch moderne Historiker kamen zu einem ähnlichen Urteil. Das merkwürdige Zaudern, Rom anzugreifen, sei der Anfang vom Ende des genialen Karthagers gewesen.

Allerdings gibt es auch andere Stimmen. Wolfgang Seibert etwa sieht die Entscheidung des Feldherrn in einer nüchternen und richtigen Einschätzung der Lage begründet. Auch wenn Hannibal im Vergleich zu seinen Gegnern in der Schlacht von Cannae weit weniger Männer verloren hatte, so waren 6000 Soldaten gemessen an der Größe seines Heeres doch ein empfindlicher Verlust. Der zweijährige Nonstop-Feldzug hatte seine Truppen völlig ausgelaugt. Sie benötigten dringend eine Ruhepause. Außerdem waren sie in keiner Weise für die Bezwingung einer Stadt gerüstet. Während einer vermutlich Monate andauernden Belagerung Roms wäre seine Kavallerie nutzlos, sie müsste aber dennoch versorgt werden. Und die schlechten Erinnerungen an Sagunt dürften sicher ebenfalls ihren Teil zu Hannibals Ablehnung beigetragen haben.

Darüber hinaus hatte der bisherige Kriegsverlauf dem Sieger trotz aller Erfolge eine beunruhigende Tatsache vor Augen geführt: Der Gegner verfügte über ein im Vergleich zu Karthago unerschöpfliches Reservoir an Soldaten. Während des gesamten Krieges, so geht aus der erhaltenen »formula togatorum«, dem Verzeichnis aller waffenfähigen Bürger Roms hervor, war der Senat jederzeit in der Lage, bis zu 700 000 Mann zu rekrutieren. Von solchen Zahlen konnte Hannibal nur träumen. Er wusste, dass er – um nicht nur einzelne Schlachten, sondern den Krieg zu gewinnen – die politischen Strukturen der Republik zerschlagen musste. Eine Möglichkeit war, das durch viele Verträge geknüpfte Geflecht des Bundesgenossensystems zu zerreißen. Indem er nur römische Bürger als Kriegsgefangene nahm, die Angehörigen der von Rom unterwor-

Hannibal, der strahlende Sieger. Verpasste er nach Cannae die Chance seines Lebens?

fenen italienischen Nachbarn aber ziehen ließ, hoffte er, ein politisches Signal zu setzen: Hannibal war gekommen, Italien und die angrenzenden Länder vom römischen Joch zu befreien. Eine Botschaft, die kaum gehört wurde. Wenn Hannibal nach Cannae einen Fehler beging, so war es in erster Linie die grundsätzliche Fehleinschätzung Roms und seiner »sozii«. So nannte man in der Tiberstadt die oft nach langen Kriegen unterworfenen und am Ende durch einen Pakt zu militärischem Beistand verpflichteten Städte und Stämme Italiens. Nur wenige liefen – sei es aus Treue zum Bündnispartner oder aus Angst vor der Rache Roms – zu den Karthagern über.

Der Triumph von Cannae war sicher ein Punkt, an dem Hannibal sich darüber klar werden musste, welche Kriegsziele er eigentlich verfolgte. Die dauerhafte Besetzung und Kolonisierung Italiens? Ein solches Unternehmen wäre weder praktisch durchführbar gewesen noch entsprach es den politischen und ökonomischen Planungen des Karthagers. Die vollständige Zerstörung Roms? Auch das lag nicht in seinem Sinn. Das geht aus einem Freundschaftsvertrag hervor, den Hannibal mit Philipp V. von Makedonien abschloss. Das Abkommen enthält eine Passage über eine politische Neuordnung nach dem Sieg in Italien. Danach soll Rom auch in Zukunft noch eine – wenn auch geringere – Rolle im Konzert der Mittelmeermächte spielen. Ein Beweis dafür, dass Hannibal nie an seine vollständige Vernichtung dachte. Letztlich wollte er nichts anderes als den römischen Senat an den Verhandlungstisch zwingen, um die demütigenden Verträge aus der Zeit nach dem Ersten Punischen Krieg zu revidieren und damit Karthago wieder den Freiraum zu verschaffen, den die Handelsmacht im Mittelmeer benötigte. Doch wenn er darauf spekuliert hatte, dass ihm Rom nach so vielen Niederlagen in Folge ein Friedensangebot unterbreiten würde, musste Hannibal diese Hoffnung rasch begraben. Für Giovanni Brizzi stößt das Genie Hannibals hier an seine Grenzen. Der auf dem Schlachtfeld so flexible Taktiker ist als Politiker in der Denkweise seiner griechischen Erzieher befangen: »Hannibal dachte, er könne Rom mit ein paar gewonnenen Schlachten in die Knie zwingen. Das wäre ihm vielleicht mit einem Staat wie Makedonien oder in Kleinasien gelungen. Denn so agierte man in der hellenistischen Welt: Man verlor eine Schlacht und dann setzte man sich mit dem Sieger zusammen und schloss einen Friedensvertrag. Das galt als zivilisiertes Verhalten. Aber Rom war da ganz anders. ›Keiner ist Sieger, solange der Besiegte nicht zugibt, besiegt zu sein‹, lautet eine römische Weisheit. Die Römer weigerten sich einfach, sich als geschlagen zu erklären. Und damit hatte Hannibal nicht gerechnet.«

Ein Blick in die römische Geschichte hätte ihm zeigen müssen, dass die Stadt der sieben Hügel eine unglaubliche Zähigkeit auszeichnete. Ihre Kraft wuchs mit dem Maß an Bedrohung, nicht zuletzt, weil ihre Bürger die heimatliche Scholle verteidigten und in Notzeiten eine Parteien und soziale Schranken übergreifende Solidarität aufbrachten. Dieses Phänomen spiegelt auch ein Bericht des Livius wider. Er beschreibt den Empfang, der dem geschlagenen Varro, einem der Verlierer von Cannae, in Rom zuteil wurde: »Gerade in dieser Stunde der Not beseelte die Bürgerschaft eine so erhabene Gesinnung, dass sehr viele Menschen aller Stände dem Konsul bei seiner Rückkehr trotz einer so schweren Niederlage, für die er selbst doch einen beachtlichen Teil der Verantwortung trug, entgegengingen und ihm dafür dankten, dass er den Staat nicht ganz aufgegeben habe. Als Heerführer Karthagos hätte er jede Strafe zu gewärtigen gehabt.«

Die Schilderung der Ereignisse mag geschönt sein, aber sie spricht für die Besonnenheit der Regierenden am Tiber und das Zusammenrücken der Menschen unter dem Eindruck der Gefahr. Nur bei der einfachen Bevölkerung scheint die Furcht vor dem Karthager groß gewesen zu sein. Das berühmteste Indiz dafür ist der bereits geschilderte Vollzug eines Menschenopfers zur Besänftigung der Götter. Die politische Führung am Tiber hingegen behielt die Nerven und mobilisierte alle Reserven. Schon ein Jahr nach Cannae standen wieder zwanzig Legionen unter Waffen, finanziert durch eine Halbierung des Münzwerts. Auch der abgesetzte Fabius Maximus »Cunctator« wurde reaktiviert. Durch den Schaden klug geworden, folgten die Senatoren nun seiner umsichtigen Strategie und vertrauten ihm das Oberkommando über die Truppen an. Aber Italien war inzwischen nicht mehr der einzige Kriegsschauplatz. Wie

Hannibal richtig vorausgesehen hatte, schickte Rom ein Expeditionsheer nach Spanien, um den wichtigsten Stützpunkt der Karthager in Europa und gleichzeitig Hannibals Nachschubroute aufs Korn zu nehmen. Die Legionen unterstanden Publius Cornelius Scipio, der am Ticinus nur knapp mit dem Leben davongekommen war, und seinem Bruder. Es war ihnen nach einigen Scharmützeln tatsächlich gelungen, einen Brückenkopf auf der Iberischen Halbinsel zu behaupten und von dort aus in das Hinterland der punischen Kolonie einzufallen. Der Krieg hatte sich mittlerweile zu einer Fehde zweier Familien entwickelt. Dem Scipionen-Clan stand nämlich in Spanien kein Geringerer als Hasdrubal, der Bruder Hannibals, gegenüber. Als er eine Schlacht gegen die Römer an der Ebromündung verlor und auch nicht verhindern konnte, dass ihm die römischen Brüder Sagunt entrissen, reagierte Karthago prompt. Zum Schutz der lebenswichtigen Kolonie schickten die Regierenden nicht weniger als 40 000 Soldaten auf die iberische Halbinsel – zumal nach Cannae der Sieg in Italien gewiss schien.

Während sich die Scipionen mit Hasdrubal einen wechselhaften Kleinkrieg lieferten, machte Hannibal von italienischem Boden aus internationale Politik. Es gelang ihm, den mächtigen makedonischen König Philipp V. für einen militärischen Beistandspakt zu gewinnen. Dem Erben des großen Alexander war schon seit Jahren das Ausgreifen Roms auf die Illyrische Küste, das heutige Kroatien, ein Dorn im Auge. Damit war noch ein weiterer Schauplatz militärischer Aktionen eröffnet. Für antike Verhältnisse hatte der Konflikt die Dimension eines Weltkriegs angenommen.

Der lange Anfang vom Ende

Hannibal konnte in dieser Phase noch einen weiteren diplomatischen Erfolg feiern. Obwohl seine Umwerbung der römischen Bundesgenossen weitgehend fehlschlug, liefen drei bedeutende Städte zu ihm über. Capua, damals die zweitgrößte Metropole Italiens, Syrakus und Tarent wechselten ins karthagische Lager. In Tarent konnte sich allerdings eine kleine römische Besatzung in der Burg über der Stadt verschanzen. Jahrelang werden sie dort ausharren,

Capua, die zweitgrößte Stadt Italiens, begrüßt Hannibal als Befreier.

ohne zu kapitulieren. Einmal mehr ein Symbol des zähen römischen Selbstbehauptungswillens. Noch mehr Oberwasser bekamen die Römer durch die Nachschubprobleme, die Hannibal immer mehr zusetzten. Während die Römer vor der Haustür kämpften, mussten karthagische Truppen entweder über See herangeschafft werden und riskierten dabei, die römische Flotte zu kreuzen, oder auf dem Landweg über die Alpen marschieren. Doch seit sich römische Legionen in Nordspanien Hasdrubal erfolgreich in den Weg stellten, war auch dieses Einfallstor blockiert. Der karthagische Feldherr stand ungeschlagen mitten im Herzen des Feindeslandes, verfügte aber nicht über genügend Truppen, um dem Gegner den tödlichen Stoß zu versetzen. Und Rom nutzte die Gunst der Stunde.

Ein italienischer Verbündeter nach dem anderen wurde kaltgestellt, ohne dass Hannibal dies verhindern konnte. Der Senat schickte den Konsul Claudius Marcellus nach Sizilien, um das ins feindliche Lager übergelaufene Syrakus in die Knie zu zwingen. Zwar reagierte die Regierung in Karthago sofort und schiffte Truppen ein, die der bedrängten Stadt zu Hilfe eilen sollten. Doch das Entsatzheer – immerhin 30 000 Mann – wurde beim heutigen Palermo vernichtend geschlagen. Damit waren auch die Würfel über Syrakus gefallen. Allerdings gestaltete sich die Belagerung viel schwieriger als die Römer erwartet hatten. Denn die Verteidigung der Metropole organisierte kein Geringerer als der größte Wissenschaftler seiner Zeit: Archimedes. Der Mathematiker, Naturwissenschaftler und Ingenieur war zwar alles andere als ein Mann des Krieges, aber sein Erfindungsreichtum stattete die Verteidiger der Stadt mit raffinierten Wurfmaschinen und Abwehrwaffen aus, die dem Gegner schwer zu schaffen machten. Ganze zwei Jahre lang trotzten die Syrakusaner den wütenden Attacken der Legionäre – bis sie den Fehler begingen, einen Ausfall gegen den Belagerungsring zu unternehmen. Der Gegenangriff der Römer brachte die Stadt zu Fall. Während die Soldateska längst plündernd und mordend durch die Gassen zog, soll Archimedes, so erzählt die Legende, unbeeindruckt von Lärm und Getöse, über einem geometrischen Problem gebrütet haben. Den römischen Soldaten, der in seine Studierstube stürmte, empfing er mit den Worten: »Störe mein Kreise nicht!« Seine Zerstreutheit wurde dem berühmten Gelehrten am

Bei der Eroberung von Syrakus findet der berühmte Mathematiker Archimedes den Tod.

Ende zum Verhängnis. Er fand im Jahr 212 v. Chr. durch römische Waffen einen gewaltsamen Tod.

Ein Jahr später befand sich auch Capua, die zweitgrößte Stadt Italiens im Würgegriff der Legionen. Durch einen Entlastungsangriff auf Rom versuchte Hannibal, das Oberkommando am Tiber zu bewegen, Truppen von der belagerten Stadt abzuziehen, um dem wichtigen Verbündeten Luft zu verschaffen. Damals übrigens – und nicht etwa nach der Schlacht von Cannae – wurde der bekannte Schreckensruf »Hannibal ante portas« geprägt. In Wirklichkeit aber war die Gefahr für Rom gering. Der Senat durchschaute den Plan des Karthagers und dachte gar nicht daran, die Belagerung von Capua abzubrechen, zumal der Feldherr überhaupt keinen Versuch unternahm, die Hauptstadt ernsthaft zu attackieren. Stattdessen stürmten römische Truppen die Mauern Capuas, während sich die Stadtoberhäupter mit einem Fluch für Hannibal auf den Lippen in ihre Schwerter stürzten.

Ohne eine bedeutende Truppenverstärkung – das musste Hannibal inzwischen klar geworden sein – war auf dem italienischen Kriegsschauplatz keine Entscheidung zu erzwingen. Deshalb fieberte er Botschaften aus Spanien entgegen. Nur von dort konnte der alles entscheidende Nachschub kommen. Tatsächlich trifft 211 v. Chr. die Nachricht von einem großen Sieg auf der Iberischen Halbinsel ein. Hasdrubal hatte die römischen Truppen vernichtend geschlagen, die beiden Brüder aus dem Scipionen-Clan waren in der Schlacht gefallen. Und Hannibal selbst rang ein Jahr später zwei Legionen des Konsuls Marcellus nieder. Das Blatt schien sich für die Karthager zum Guten zu wenden.

Der Sohn der Schlange

In dieser neuen schweren Krise Roms betritt ein junger Mann die politische Bühne: der erst 25-jährige Publius Cornelius Scipio. Er bewirbt sich erfolgreich um das spanische Oberkommando – gegen den Vorbehalt mancher Senatoren, die dem unerfahrenen Mann einen so wichtigen Posten nicht zutrauen.

Publius Cornelius Scipio Africanus (235–183 v. Chr.), Hannibals ebenbürtiger Gegner.

Schon den jungen Scipio umgibt eine Aura des Außergewöhnlichen. In Rom fällt er dadurch auf, dass er es an keinem Tag versäumt, den Tempel des Jupiter aufzusuchen, um mit der Gottheit Zwiesprache zu halten. Bald raunt man sich in den Gassen der Hauptstadt zu, der fromme Mann sei selbst nicht ganz von dieser Welt, ein mysteriöses Wesen von halb göttlicher Abstammung wie Alexander der Große. Der junge Feldherr, so gibt Livius die Gerüchte wider, »sei im Beilager mit einer gewaltigen Schlange empfangen, und im Schlafgemach seiner Mutter sei sehr oft die Erscheinung dieses Wunderzeichens gesehen worden«.

Für Scipio ist der Krieg gegen Hannibal nicht nur eine nationale Aufgabe – er ist auch eine Sache der Familienehre. Der Römer hat Vater und Onkel gegen die Karthager in Spanien verloren und trägt selbst schon Narben punischer Waffen am Leib. Fünf Jahre zuvor war er am Ticinus nur ganz knapp mit dem Leben davongekommen und auch die Tragödie von Cannae hatte er aus nächster Nähe miterlebt. Mit ihm, der wie Hannibal nicht nur aus einer vornehmen Familie stammte, sondern auch hoch gebildet war, trat vor allem aber ein Mann auf den Plan, der dem Karthager an Scharfsinn in nichts nachstand.

Schon seine erste große militärische Operation gegen Hannibal gelang: 209 v. Chr. nahm er die spanische Hauptstadt der Feinde, Carthago Nova, im Handstreich. Mit ihrem Fall stand das Schicksal der gesamten Kolonie auf dem Spiel. Wenn dieser Krieg überhaupt noch zu einem glücklichen Ausgang für Karthago führen konnte, dann musste man jetzt alles auf eine Karte setzen und die Entscheidung in Italien herbeiführen. 208 v. Chr. macht sich ein gewaltiges Heer unter Hasdrubal auf den Weg, dem Bruder zu Hilfe zu eilen. Ein zweites Mal überwinden karthagische Truppen die Alpen und wenige Wochen später wälzt sich das Heer von etwa 30 000 Soldaten durch das nördliche Italien. Rom ist in heller Aufregung. Wenn die beiden feindlichen Armeen sich vereinen, droht ernste Gefahr.

In dieser Situation kommt dem Senat das Glück zu Hilfe. Die Kuriere Hasdrubals laufen römischen Häschern in die Arme. Nicht eine einzige Nachricht kann zu Hannibal durchdringen. So wartet er untätig auf die Ankunft seines Bruders, statt ihm in Gewaltmärschen entgegenzueilen. Das Verhängnis nimmt seinen Lauf. Rom mobilisiert in Windeseile mehrere Legionen und wirft sie den Eindringlingen entgegen. Obwohl Hasdrubal ein erfahrener Feldherr ist und schon mehrfach das Schlachtfeld als Sieger verlassen hatte, fehlt ihm doch das strategische Genie des Bruders. Bei Metaurus läuft er in genau dieselbe Falle, mit der Hannibal einst in Cannae seine Gegner vernichtet hatte. Die römischen Feldherren hatten aus ihren verheerenden Niederlagen gelernt, die Schlagkraft ihrer Reiterei verbessert und wendeten jetzt ihrerseits erfolgreich die Überflügelungstaktik an. Das karthagische Heer geht unter, Hasdrubal fällt im Kampf.

Die Römer lassen Hasdrubal enthaupten und schicken den Kopf ins Lager Hannibals.

Einige Tage später schleudert ein Bote ein Paket über die Palisaden von Hannibals Heerlager. Ein entsetzliches Geschenk der Römer für den Feldherrn: Unter den zurückgeschlagenen Tüchern kommt ein abgeschlagener Kopf zum Vorschein. Aus den entstellten Gesichtszügen starren den Karthager die toten Augen seines Bruders an – ein Moment, der sicher zu den schwärzesten in Hannibals Leben gehörte. Denn in die Trauer um den getöteten Bruder dürfte sich die bittere Einsicht gemischt haben, dass der Krieg gegen Rom nicht mehr zu gewinnen war.

Duell der Giganten

Noch einmal unternimmt der karthagische Senat eine gewaltige Anstrengung, um die spanische Kolonie zu retten. 70 000 Mann werden rekrutiert, um sich den Truppen Scipios entgegenzuwerfen. Bei Ilipa treffen die Heere aufeinander – die Schlacht sollte das Cannae der Karthager werden. Der junge Römer vernichtet den Gegner, mit einem Heer, das nicht einmal halb so groß ist. Damit ist nicht nur die Entscheidung auf der Iberischen Halbinsel gefallen – das Blatt des Krieges wendet sich jetzt endgültig gegen Karthago.

Während Hannibal seit mittlerweile 15 Jahren, ohne eine Entscheidung erzwingen zu können, durch Italien zieht, landet Scipio 203 v. Chr. mit mehreren Legionen an der nordafrikanischen Küste. Die Situation Karthagos ist alles andere als aussichtsreich. Neben den Römern bedroht auch ein nordafrikanischer Regionalfürst mit Namen Massinissa die Hauptstadt. Der Gebieter über Stämme der Numidier, der in Spanien im Sold Karthagos gegen die Römer gekämpft hatte, nutzte nach der Niederlage der punischen Truppen die Gunst der Stunde, wechselte das politische Lager und ging eine Allianz mit Rom ein.

Die wendigen Reiter der Numidier, die seit alters her im Nordwesten Afrikas siedelten, stellten im karthagischen Söldnerheer bewährte Kavalleriekontingente. Doch Massinissa hatte für die Zukunft eine andere Vision als eine Karriere als einfacher Vasall der Händlerrepublik. Er hatte sich auf die Fahne geschrieben, die halbnomadisch lebenden Stämme der Wüste in einem unabhängigen

Das tragische Schicksal der punischen Prinzessin Sofoniba hat Maler und Dichter inspiriert.

Königreich zusammenzuführen. Ein Vorhaben, das nicht überall auf Gegenliebe stieß. Ein anderer Fürst mit Namen Syphax hatte nicht nur die Herrschaft über einen großen Teil Numidiens an sich gerissen, er düpierte Massinissa auch im Kampf um eine schöne Frau namens Sofoniba. Syphax hatte die anmutige punische Prinzessin, die ursprünglich Massinissa versprochen war, geheiratet, und war fortan auch politisch der Stimme seines Herzens gefolgt. Aus Zuneigung zu seiner Frau willigte er in ein Bündnis mit Karthago ein.

Sofoniba, die legendäre Schöne, gehört zu den großen tragischen Frauengestalten der Geschichte. Denn im Kampf um die punische Metropole gerät sie zwischen die Fronten und wird am Ende dem politischen Kalkül geopfert. Ihre ergreifende Geschichte hat gleich mehrere antike Autoren zu längeren Erzählungen inspiriert. Auslöser des Dramas ist Scipios Afrika-Feldzug, der von Anfang an erfolgreich verläuft. Er schlägt die vereinten Heere des Syphax und der Karthager in die Flucht, der Herrscher und seine Gattin geraten in Gefangenschaft. Massinissa sieht sich am Ziel seiner Träume – endlich soll die Schöne ihm gehören. Doch da interveniert Scipio. Der erfahrene Krieger fürchtet die Waffen dieser Frau offenbar mehr als die Speere der Punier. Die schöne Prinzessin könnte ihre Verführungskünste dazu benutzen, auch Massinissa zurück ins punische Lager zu ziehen. Gegen alles Bitten und Betteln verlangt der römische Feldherr ihre Auslieferung. Um Sofoniba die Schmach zu ersparen, im Triumphzug durch die Stadt am Tiber geschleppt zu werden, überreicht ihr der verzweifelte Fürst einen Becher mit Gift. Sie stirbt in seinen Armen.

Immerhin, das tragische »Damenopfer« fördert die Karriere des Numidiers beträchtlich. In einem Friedensangebot, das Scipio dem karthagischen Senat unterbreiten lässt, stellt der Römer unter anderem die Bedingung, dass Massinissa als König Numidiens anerkannt wird. Die weiteren Punkte des Vertragsentwurfs sahen den Rückzug Hannibals aus Italien vor, die Abtretung Spaniens und sämtlicher Inseln, die Auslieferung der Flotte und die Zahlung von 5000 Talenten in Silber. Und die Regierenden in Karthago gingen sofort auf die Bedingungen ein! Wieder einmal zeigte sich der fundamentale Unterschied im politischen Taktieren der beiden Kontrahenten. Rom hatte ein halbes Dutzend Schlachten verloren,

Vor der Schlacht von Zama sollen sich Hannibal und Scipio, die größten Feldherren ihrer Zeit, zu einer Unterredung getroffen haben.

ohne an Verhandlungen mit dem Feind auch nur zu denken. Karthago unterlag ein einziges Mal und war sofort bereit einzulenken. Die Händlerrepublik nahm lieber das kleinere Übel eines kostspieligen Friedens in Kauf als das unberechenbare Risiko weiterer Kämpfe vor der Haustür einzugehen – zumal ihr fähigster Feldherr, Hannibal, für die Verteidigung nicht zur Verfügung stand. Der Waffenstillstand trat also in Kraft. Entsprechend dem Friedensabkommen berief der Senat auch Hannibal zurück. Seit er seine Heimat Karthago verlassen hatte, waren 36 Jahre vergangen. Er betrat ein Land, das ihm fremd sein musste, nicht viel mehr als eine dunkle Erinnerung an ferne Tage der Kindheit. Diesem Land hatte er seine ganze Jugend geopfert – umsonst. Zwar ungeschlagen, aber doch besiegt traf er in Karthago ein.

Die Würfel schienen längst gefallen, als die Kämpfe plötzlich noch einmal aufflammten. Bewohner Karthagos hatten ein gestrandetes Versorgungsgeschwader der Römer geplündert. Eine willkommene Beute, denn in der Stadt herrschte durch die Blockade Scipios ein dramatischer Mangel an Nahrungsmitteln. Die Römer forderten Genugtuung. Der Vorfall eskalierte. Offenbar im Vertrauen auf die Talente Hannibals kündigten die Karthager den Waffenstillstand wieder auf.

Ein paar Monate später stehen sich in der Nähe der nordafrikanischen Stadt Zama die beiden größten Feldherrn ihrer Zeit Auge in Auge gegenüber, jeder mit einem Heer von etwa 50 000 Mann unter Waffen. Glaubt man den Chronisten, dann trafen sich Hannibal und Scipio zu einer Unterredung im Niemandsland zwischen den gegnerischen Truppen. Der Karthager bietet Frieden an und warnt den Römer: Er, Scipio, habe den Krieg eigentlich schon gewonnen. Mit einem Frieden könne er unsterblich werden, mit einer Schlacht riskiere er, alles zu verlieren. Scipio lehnt ab. Die meisten Historiker bezweifeln, dass diese Unterredung wirklich stattfand. Zu offensichtlich schimmert bei der Schilderung dieser Begegnung der beiden berühmten Kontrahenten die Lust der antiken Autoren am dramatischen Effekt durch die Zeilen. Die nachfolgende Schlacht und ihr Ausgang freilich stehen nicht in Frage.

Trotz des massiven Einsatzes von Kriegselefanten unterliegt Hannibal in der Schlacht von Zama.

Hannibals Heer war ein bunt zusammengewürfelter Haufen aus Veteranen, jungen völlig unerfahrenen Rekruten und einem Hilfsheer, das sein Verbündeter, der König von Makedonien zur Verfügung gestellt hatte. Außerdem konnte der Karthager auch Kriegselefanten zum Einsatz bringen. Allerdings dürfte er sich über eine eklatante Schwäche seiner Aufstellung keinen Illusionen hingegeben haben: Dadurch dass Massinissa mit seinen numidischen Reitern zu den Römern übergelaufen war, verfügte der Gegner über eine weit überlegene Kavallerie. Sie sollte den Ausschlag geben.

Schon der Beginn der Schlacht verlief für Hannibal wenig ermutigend. Die Attacke der heranpreschenden Elefanten verpuffte in den römischen Reihen, weil Scipio seine Soldaten Gassen bilden ließ, sodass die Kolosse ins Leere liefen. Beim Zusammentreffen der Hauptmasse der Heere kam es zur Katastrophe. Die neu angeworbenen Söldner wichen vor der beängstigenden Wucht der römischen Schlachtreihen zurück, drehten schließlich um und prallten bei ihrer Flucht gegen die Reihen der altgedienten Veteranen Hannibals in der hinteren Kampflinie. In diesem Chaos hatten die römischen Legionen und vor allem Massinissas Reiter leichtes Spiel. Hannibal hatte seinen Meister gefunden, und Scipio erhielt von den Römern den ehrenvollen Beinamen »Africanus«.

Odyssee

Hannibal hatte nur eine Schlacht verloren, Karthago aber den Krieg gegen Rom. Während der Feldherr auf der Flucht war, akzeptierte der Senat die Bedingungen der Römer, die noch einmal verschärft worden waren: jeglicher Verzicht auf die Führung von Kriegen außerhalb Afrikas; Kriegsführung innerhalb Afrikas nur mit Zustimmung Roms. Die Reparationszahlungen hatten sich auf 10 000 Talente Silber verdoppelt. Immerhin, der gegnerische Feldherr musste nicht, wie sonst üblich, ausgeliefert werden. Und trotz aller Demütigungen war die glänzende Metropole ohne Verwüstungen aus der Katastrophe hervorgegangen. Obwohl die Sieger der reichen Konkurrentin gewaltige Reparationszahlungen aufbürdeten, schädigten sie damit die vitale Wirtschaft der Handelsmacht nicht dauerhaft. Die Stadt erholte sich schnell von der bitteren Niederlage von Zama, und auch der große Feldherr feierte nach wenigen Jahren, in denen er sich offenbar als Geschäftsmann betätigt hatte, ein politisches Comeback. 196 v. Chr. wurde Hannibal zum Sufeten gewählt, in das höchste politische Amt Karthagos, vergleichbar dem römischen Konsulat.

Scipios Verhalten Frauen gegenüber galt als untadelig. Der Überlieferung nach gab er eine schöne Gefangene ihrem Verlobten zurück.

Der Politiker Hannibal bewies nicht minder Elan und Angriffslust als der Feldherr. Er entwickelte einen enormen Reformeifer und setzte unter anderem durch, dass Senatsmitglieder nicht mehr auf Lebenszeit, sondern nur für ein Jahr gewählt wurden; darüber hinaus verabschiedete er ein Gesetz, das den Ämterkauf verbot. Heutzutage würde man von »Demokratisierungsmaßnahmen« sprechen. Die Verfassungsänderungen zielten ganz offensichtlich darauf ab, die alteingesessenen, einflussreichen Familien der karthagischen Oberschicht in ihrer Macht zu beschneiden. Das sollte dem Staatsmann Hannibal zum Verhängnis werden.

Eine Delegation von Männern, die von den jüngsten politischen Maßnahmen verprellt waren, reiste nach Rom und bezichtigte Hannibal der Konspiration mit Antiochos III., einem mächtigen Fürsten Kleinasiens und Erzrivalen der aufstrebenden Großmacht am Tiber. Die misstrauischen Senatoren, die sich ohnehin wegen der politischen Rolle, die der alte Angstgegner neuerdings wieder spielte, unbehaglich fühlten, ergriffen die Gelegenheit und forderten die Auslieferung Hannibals. Die politische Allianz zwischen Rom und der mächtigen Opposition im eigenen Land ließ ihm keine Wahl, als seiner Heimat den Rücken zu kehren.

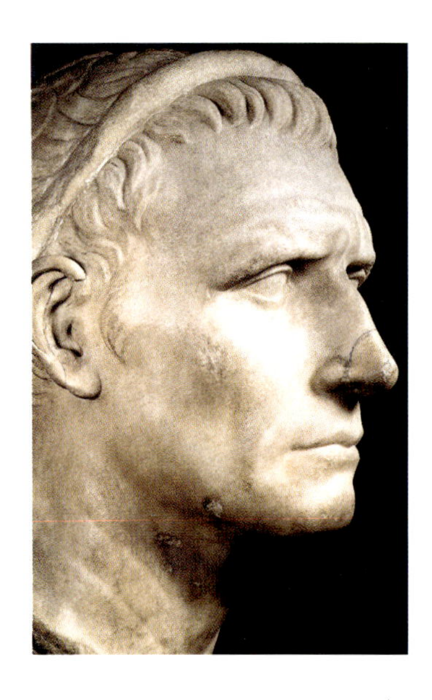

Antichos III. (241–187 v. Chr.) war nach dessen Flucht aus Karthago der mächtigste unter den Gönnern Hannibals.

Von nun an verlief die Karriere des legendären Kriegers ganz nach der Devise »die Feinde meiner Feinde sind meine Freunde«. So ist seine erste Anlaufstelle der schon erwähnte Antiochos III., der in Antiochia an der Küste der heutigen Türkei residierte. Der mächtige Monarch entstammte dem Herrschergeschlecht der Seleukiden, eine der Nachfolgedynastien Alexanders des Großen. Das beeindruckende Reich des ehrgeizigen Regenten erstreckte sich über Persien bis an die Grenzen Ägyptens und Indiens. In der Absicht, das alte Alexanderreich wiederherzustellen, schielte er auch nach Griechenland, das sich Rom durch den Sieg über Philipp V. von Makedonien als Kolonie einverleibt hatte. Da kam ihm Hannibal, dessen strategisches Genie schon damals legendär war, gerade recht. Allerdings setzte er ihn nicht als Oberbefehlshaber über sein Landheer ein, sondern merkwürdigerweise als Kommandant einer Flotte, die das mit den Römern verbündete Rhodos angreifen sollte – erfolglos.

Rom hatte inzwischen ein über 40 000 Mann starkes Heer aufgestellt, über den Hellespont gesetzt und bedrohte das Kernland des Seleukidenreiches. Sein König rekrutierte die doppelte Menge an Soldaten und schickte sie siegesgewiss den Legionen entgegen. Bei Magnesia, auf dem Gebiet der heutigen Türkei, etwa hundert Kilometer nordöstlich von Izmir, trafen die beiden Streitmächte aufeinander. Die römischen Truppen unter dem Kommando von Lucius Cornelius Scipio, dem Bruder des Siegers von Zama, brachten dem weit überlegenen Gegner eine verheerende Niederlage bei. Nicht weniger als 50 000 Tote sollen das Schlachtfeld mit ihrem Blut getränkt haben. Ein Gemetzel, das Hannibal, von seinem Arbeitgeber zum Zuschauer degradiert, wohl an Cannae erinnerte: »Tja, Antiochos, dieses Heer dürfte den Römern genügen, auch wenn sie noch so gierig sind«, soll er laut Livius den Untergang der seleukidischen Armee sarkastisch kommentiert haben. Mit der furchtbaren Niederlage musste der ambitionierte Herrscher seine Träume vom neuen Alexanderreich begraben – und der Karthager war gut beraten, sich nach einem neuen Gastgeber umzusehen, wollte er nicht Gefahr laufen, den Römern in die Hände zu fallen. Durch seine Liaison mit dem Erzfeind Antiochos galt Hannibal den Senatoren endgültig als »Staatsfeind Nummer Eins«, den die Herren am Tiber ein für alle Mal ausschalten wollten. Von nun an sollte der Heimatlose keine Ruhe mehr finden. Wo er sich auch aufhielt, musste er die Häscher Roms fürchten.

Nach einer Zwischenstation in Gortyn auf Kreta und einem Aufenthalt bei König Artaxias von Armenien, wo sich der Feldherr und Politiker Hannibal als Architekt und Städteplaner verdingte, suchte er Zuflucht bei König Prusias I. von Bithynien, einem nicht minder überheblichen Fürsten wie der Seleukide Antiochos, aber bei weitem nicht so mächtig. Trotzdem hatte auch dieser Teilerbe des Alexanderreichs große Ambitionen und glaubte, den berühmten Sieger der Schlacht von Cannae als Trumpfkarte ausspielen zu können. Die Großmachtsphantasien des Königs richteten sich auf das Nachbarreich Pergamon.

Noch einmal musste sich der karthagische Feldherr auf die schwankenden Planken eines Kriegsschiffs begeben. Er sollte als Admiral der bithynischen Flotte die an Qualität und Anzahl weit überlegenen Boote des Feindes bezwingen. Eigentlich ein hoffnungsloses Unternehmen. Doch da blitzt das strategische Genie des alten Kriegers noch einmal auf. Hannibal weiß, dass nur eine völlig unerwartete Finte den vorprogrammierten Ausgang der Seeschlacht verändern kann. Und tatsächlich ersinnt er die kampfentscheidende Kriegslist. Er lässt Tongefäße mit Giftschlangen füllen und auf die Schiffe des Gegners katapultieren. Das »biologische Kampfmittel« verfehlt seine Wirkung nicht. Auf den Decks und Ruderbänken bricht Panik aus. Die Verwirrung der Feinde nutzt Hannibal geschickt aus und erringt den Sieg.

Das allerdings sollte auch sein letzter Triumph sein. Denn Prusias blendete eitle Selbstüberschätzung, die ihn gegen den ausdrücklichen Rat des Karthagers schließlich in einen Feldzug gegen Pergamon trieb, bei dem er unterlag. Der militärisch in die Enge getriebene Monarch benötigte das Wohlwollen Roms, um politisch zu überleben. Eine Gesandtschaft des Prusias plauderte – absichtlich oder aus Versehen? – am Tiber aus, dass sich der meistgesuchte Feind der Römer in einem Landhaus in der Nähe der bithynischen Hauptstadt Nikomedia aufhalte. Das Schicksal Hannibals war besiegelt. 183 v. Chr. umstellen die Häscher Roms das Haus. Um der Gefangennahme zu entgehen, begeht der große Feldherr Selbstmord durch Gift. Im selben Jahr stirbt sein großer Widersacher Scipio, der Sieger von Zama. Der römische Feldherr, mit Sicherheit der Einzige, der dem Karthager auf dem Schlachtfeld ein ebenbürtiger Gegner war, hatte Rom verbittert den Rücken gekehrt. Er war, wie Hannibal, das Opfer einer politischen Intrige geworden. Ja, man unterstellte ihm sogar dasselbe Vergehen, nämlich eine Konspiration mit Antiochos III. Hinzu kamen Korruptionsvorwürfe. Der Beschuldigte hatte sich geweigert, vor einer Untersuchungskommission auszusagen, hatte alle politischen Ämter abgegeben und sich auf sein Landgut zurückgezogen. Bis zu seinem Tod soll er Rom nie wieder betreten haben.

»…Carthaginem esse delendam…«

35 Jahre nachdem Hannibal sich das Leben genommen hatte, stand erneut ein römisches Heer in Nordafrika. Aber diesmal ging es für Karthago nicht mehr um Sieg oder Niederlage, diesmal ging es um alles. Denn das Kriegsziel der Legionen hieß: vollständige Zerstörung der Stadt. Eine Schlüsselrolle in diesem als Dritter Punischer

Krieg in die Geschichtsbücher eingegangenen Konflikt spielte Massinissa. Er nutzte seine politische Allianz mit Rom, um auf Kosten Karthagos seine numidischen Großreich-Phantasien endlich in die Tat umzusetzen. Die Karthager, die sich die ständigen militärischen Übergriffe des Wüstensohns nicht länger gefallen lassen wollten, schlugen zurück. Um die Positionen der rangelnden Parteien zu untersuchen, schickte der römische Senat 153 v. Chr. eine Delegation nach Nordafrika. Unter den Gesandten war ein schon betagter Prominenter aus der Tiberstadt: Marcus Porcius Cato. Er hatte in seinem Leben schon alle politischen Ämter bekleidet, die man im republikanischen Rom innehaben konnte und zudem viel gelesene Bücher über Medizin, Rhetorik, Kriegswesen, Rechtswissenschaften und Landwirtschaft verfasst. Im römischen Senat gehörte er zur Fraktion der absoluten »Hardliner«, vor allem was die Behandlung Karthagos betraf. Der für seine Sittenstrenge bekannte – und wohl auch vielfach belächelte – Unbestechliche ging durch folgenden Ausspruch in die Geschichte ein: »Ceterum censeo, Carthaginem esse delendam« – »Im Übrigen bin ich der Meinung, dass Karthago zerstört werden muss.« Offenbar pflegte er den Satz immer wieder in seine Reden einzuflechten, auch wenn sie ganz andere Themen betrafen. Ironie der Geschichte: Ausgerechnet der »Vernichtungsprediger« tat sich auch als politischer Gegner des mächtigen Scipionen-Clans hervor und verwickelte den berühmten Sieger der Schlacht von Zama in einen Korruptionsprozess, der dessen letzte Lebensjahre verdüsterte.

Unerbittlich forderte der einflussreiche Römer Cato (234–149 v. Chr.) die Zerstörung Karthagos.

Bei seiner Visite in Nordafrika fand Cato alle seine Befürchtungen bestätigt: Karthago war, ist und wird auch in Zukunft eine Gefahr für Rom darstellen! Über die wahren Beweggründe Catos und anderer Kriegstreiber lässt sich nur spekulieren. Das seiner Kolonien und der Flotte beraubte Karthago stellte keine unmittelbare militärische Gefahr für die Großmacht Rom dar. Aber die noch immer pulsierende Handelsstadt war zweifellos eine Konkurrentin. Die gefüllten Geldtru-

Der ausgeklügelten Belagerungstechnik der Römer waren die Karthager nicht gewachsen.

hen konnten vielleicht irgendwann auch dazu genutzt werden, neue Söldner anzuwerben. Und die Erinnerung an Cannae saß tief.

Als das Dauergeplänkel zwischen Massinissa und Karthago in einem Krieg eskalierte, hatte Rom endlich einen Grund, gegen den verhassten Feind vorzugehen. Die Karthager rekrutierten nämlich ein Heer von 60 000 Mann und zogen gegen die Numidier ins Feld – ein klarer Verstoß gegen den Friedensvertrag des Jahres 201. Rom reagierte prompt und schiffte Legionen nach Nordafrika ein. Der karthagische Senat, der den Ernst der Lage begriff, bot die sofortige Kapitulation an. Doch Rom hatte dieses Mal andere Pläne und stellte schrittweise immer unannehmbarere Bedingungen: Die Auslieferung von 300 Geiseln aus vornehmen Familien, dann die Aushändigung aller Waffen und schließlich nichts weniger als die komplette Räumung und Zerstörung Karthagos. Seine Bürger sollten rund 15 Kilometer vom Meer entfernt neu angesiedelt werden. Damit war das eigentliche Kriegsziel der Römer offenkundig.

Die Bürger der afrikanischen Metropole waren entschlossen, ihre Heimat bis zum letzten Mann zu verteidigen. Während die Legionäre einen Belagerungsring um Karthago zogen, arbeiteten in der belagerten Stadt die Waffenschmieden auf Hochtouren, verstärkten Bautrupps in aller Eile die Verteidigungsanlagen, wurden freigelassene Sklaven zu Soldaten ausgebildet. Karthago trotzte der Belagerung drei Jahre lang, da es immer wieder verwegenen karthagischen Seeleuten gelang, mit ihren Versorgungsbooten durch die Linien der lauernden römischen Kriegsschiffe zu schlüpfen. So lange die Stadt nicht völlig abgeriegelt war, konnte sich die Belagerung noch weitere Jahre hinziehen. Konsul Scipio Aemilianus, der 147 v. Chr. das Kommando von seinem erfolglosen Vorgänger übernahm, ging als Erstes daran, das lebensrettende Nadelöhr zu verschließen. Er ließ eine Mauer aufschütten, die den Eingang des Hafens blockierte. Damit war die Stadt endgültig von der Außenwelt abgeschnitten – und es war nur noch eine Frage von wenigen Wochen, bis das Schicksal dieser einst so schillernden Metropole an der Küste Afrikas besiegelt war.

Stumme Zeugen der dreijährigen Belagerung Karthagos – römische Katapultgeschosse.

Die Verzweiflung der Eingeschlossenen und die Erschöpfung der Belagerer trieb beide Seiten in Exzesse der Grausamkeit. Römische Kriegsgefangene wurden auf die Mauerkrone gezerrt und dort vor den Augen ihrer Kameraden abgeschlachtet. In den Gassen der Stadt regierten bald Hunger und Seuchen. Räuberbanden drangen in Häuser ein und pressten den wehrlosen Bewohnern durch Folter die letzten Lebensmittel ab. Glaubt man den Chronisten, dann fand der Feuerschlund des Baal-Hammon reiche Nahrung in diesen Wochen. Ohne Aussicht auf Erlösung von den Leiden opferten viele Eltern ihre Kinder lieber dem menschenfressenden Gott, als sie verhungern zu sehen. Die Straßen waren mit Leichen übersät, die Überlebenden warfen ihre

Toten in leer stehende Häuser, denn es gab innerhalb der Mauern keinen Friedhof, und niemand hatte mehr die Kraft, Gräber auszuheben. Ein grauenhafter Gestank hing zwischen den Gebäuden, ein Gemisch aus Unrat, Fäkalien und verwesenden Menschen.

Der Untergang Karthagos war nicht mehr aufzuhalten. Die ausgemergelten Verteidiger hatten die letzten Reserven mobilisiert, einem erneuten Angriff der Legionäre gegen die Hafenmauer hielten sie nicht mehr stand. Die ersten Römer erklommen die Zinnen, erste Teile des Heeres strömten in die Bresche und drangen in die Gassen der Stadt ein. Aber noch immer ergaben sich die Bewohner der stolzen Metropole nicht wehrlos in ihr Schicksal. Jede Familie verteidigte ihr Haus bis zum Letzten, in jedem Stockwerk erwartete die Angreifer erneut bitterer Widerstand. Der blutige Häuserkampf um Karthago tobte Tage und Nächte.

Der antike Schriftsteller Appian (ca. 100–165 n. Chr.) hat in seinem Werk über die römische Geschichte eine bewegende Schilderung der letzten Stunden Karthagos hinterlassen: »Dann gab es neue Schreckensszenen. Das Feuer breitete sich aus und brannte alles nieder [...] Der Krach wurde immer lauter und viele stürzten mit den Steinen zwischen die Toten. Andere lebten noch, vor allem alte Männer, Frauen und kleine Kinder, die sich in den letzten Winkeln der Häuser verkrochen hatten. Einige waren verletzt, einige mehr oder weniger verbrannt und schrieen schrecklich. Andere wiederum stürzten aus großer Höhe mit den Steinen, den Balken und dem Feuer in die Tiefe und wurden schrecklich deformiert, zerquetscht und verstümmelt. Das war aber noch nicht das Ende ihrer Leiden. Denn die Männer, die die Straßen reinigten und den Schutt mit Äxten, Hacken und Boootshaken entfernten, um die Straßen passierbar zu machen, zerrten mit diesen Werkzeugen Tote und Lebende zusammen in Löcher, schleppten sie herum wie Balken oder Steine und wälzten sie herum mit ihren eisernen Werkzeugen. Und Menschen wurden dazu benutzt, um einen Graben aufzufüllen. [...] Pferde galoppierten darüber, zertraten Gesichter und Schädel, nicht aus Absicht der Reiter, sondern durch ihre kopflose Hast.«

Die Belagerung endete in einem Blutbad, das fast neunzig Prozent der Bevölkerung Karthagos den Tod brachte.

Nach sechs Tagen lagen neun Zehntel der Einwohner Karthagos erschlagen in Straßen und Häusern. Angesichts des schrecklichen Blutbads offenbar milde gestimmt, sicherten die Römer den Verteidigern der Festung zu, ihr Leben zu schonen, wenn sie freiwillig aufgaben. Darauf ergoss sich ein Strom von Menschen aus der Zitadelle, froh, ein Leben in Sklaverei gegen den sicheren Tod eintauschen zu können. Doch damit war der letzte Akt des Dramas noch nicht vorüber. Im Tempel der Heilkunst, der die Zitadelle krönte, drängten sich neunhundert römische Deserteure, für die es keine Gnade gab. Sie setzten das Gebäude in Flammen und begingen lieber Selbstmord, als sich einem grausamen Strafgericht auszuliefern. Polybios, ebenfalls Augenzeuge der Schrecken, berichtet noch von einer weiteren Tragödie am Rande: Ein Mann, in Purpur gewandet, tritt mit einem Olivenzweig in der Hand aus einem Tempel der Zitadelle – Hasdrubal, der karthagische Oberkommandierende. Während er vor Scipio in die Knie geht und um sein Leben bittet, erscheint eine Frau mit zwei Kindern auf dem Dach eines nahe gelegenen Gebäudes. Sie schleudert ihrem Ehemann wütende Worte der Verachtung ins Gesicht, dann stürzt sie sich mit ihren Kindern in den Tod.

Karthago brannte 17 Tage und Nächte lang. Dann hatten die Flammen die reichste Stadt der damaligen Welt in einen qualmenden Schutthaufen verwandelt. Was noch stand, mussten die überlebenden Bewohner niederreißen. Als allerletzter Akt der Tragödie folgte das feierliche Ritual der Verfluchung und Auslöschung des Ortes. Römische Priester zogen symbolisch einen Pflug durch den Schutt und streuten Salz über die Ruinen. Nie mehr sollte nach dem Willen der Sieger an diesem Platz eine Stadt entstehen und ihr Haupt gegen Rom erheben. Die prachtvolle Metropole, die seit ihrer Gründung fast 700 Jahre lang die Beherrscherin der Meere war, hatte aufgehört zu existieren.

Schmähliches Ende einer stolzen Stadt: Der karthagische Oberkommandierende Hasdrubal fleht den Eroberer Scipio an, sein Leben zu schonen.

Angesichts des Vernichtungswerks, für das er verantwortlich war, soll Scipio in Tränen ausgebrochen sein. Ein Anfall tiefer Melancholie habe den Sieger überkommen, berichtet sein Lehrer Polybios, Chronist und Begleiter auf dem Feldzug. Unbewusst sei dem Konsul folgender Satz über die Lippen gekommen: »Der Tag wird dereinst kommen, an dem das heilige Troja fällt, und Priamos, der Herr der Speere und Priamos' Volk.«

Als Polybios nach dem Sinn der Worte fragt, entgegnet der Siegreiche: »O Polybios, es ist ein großer Sieg, aber ich weiß nicht warum, ich empfinde Furcht darüber, dass eines Tages jemand denselben Befehl über meine Heimatstadt verhängen wird.«

Fortuna, die Göttin des Glücks, das weiß der Sieger, ist eine launische Gönnerin und Menschenwerk nicht für die Ewigkeit gemacht, auch nicht das große Rom.

Triumph und Untergang liegen oft nah beieinander. Das hatte auch Hannibal erfahren müssen. Mehr noch: Paradoxerweise war er gerade durch seine großen Erfolge zum Totengräber seiner Heimatstadt geworden. Denn sein einzigartiger Siegeszug durch Italien hatte den Regierenden in Rom den Stachel einer Furcht eingepflanzt, den sie ein für alle Mal ausreißen wollte. Der »metus punicus«, die punische Bedrohung, die man in Rom noch Jahrzehnte nach Hannibals Tod empfand, entsprach damals längst nicht mehr den wirklichen politischen Verhältnissen. Die Furcht nährte sich ausschließlich aus der Erinnerung an den Sieger von Cannae.

Aber einen Hannibal gibt es eben nur einmal. Keiner der übrigen Feldherren Karthagos verfügte über ähnliche Talente. Die große Metropole an der Küste Nordafrikas triumphierte über Rom ausschließlich in der Person ihres legendären Heerführers. Als Staat war sie Rom nie gewachsen. Die Tiber-Republik konnte nicht nur auf die größeren Ressourcen an Menschen und Material zurückgreifen, sie besaß auch das modernere politische System. In ihren Armeen kämpften Bürger, die ihre Scholle verteidigten. Das machte sie auf die Dauer gesehen Söldnerheeren doch überlegen. Vor allem aber hatte sich die römische Bundesgenossen-Politik bewährt. Indem die Führung in Rom den unterworfenen Völkern Italiens nicht nur Pflichten aufbürdete, sondern auch Rechte einräumte, hatte sie ein stabiles politisches Gebilde geschaffen, das Hannibal nicht aufsprengen konnte. Es wurde durch die ungeheuren gemeinsamen Anstrengungen des Krieges sogar noch gefestigt. Vor allem aber hatte der Krieg den Römern den Vorwand verschafft, sich im westlichen Mittelmeer festzusetzen. Wenn Hannibal angetreten war, sie in die Knie zu zwingen, dann hatte er das Gegenteil erreicht: den Aufstieg Roms zur Weltmacht.

GEORG GRAFFE

Kampf um Rom – Das langsame Sterben einer Weltmacht

Allegorie auf den Untergang des Römischen Reiches aus dem 17. Jahrhundert von Giovanni Pannini.

S.P.Q.R.

Der Kinderkaiser Romulus Augustulus auf einem Münzportait. Noch trägt er das perlenbestickte Diadem, Zeichen seiner Kaiserwürde.

»Man kann sagen, dass alle alte Geschichte
sich in die römische hineinergießt,
gleichsam in einen Strom, der in einen See mündet –
und die ganze neuere Geschichte wieder
von der römischen ausgeht.«

LEOPOLD RANKE,
EPOCHEN DER WELTGESCHICHTE (1854)

Weltreiche können untergehen – und keiner merkt es. Ob der neunjährige Kaiser Romulus Augustulus an jenem 28. August des Jahres 476 n. Chr. begriffen hatte, wie ihm geschah? Ob überhaupt einige der über fünfzig Millionen Einwohner des Imperium Romanum auch nur im Entferntesten ahnten, dass spätere Geschichtsschreiber mit diesem Datum einmal das Ende einer über tausendjährigen Ära markieren würden?

Ja, selbst Odovacar, jener germanische Heerführer, der an diesem Schicksalstag im großen Thronsaal von Ravenna energisch vortrat und den minderjährigen Herrscher des Weströmischen Reiches kurzerhand für abgesetzt erklärte, hatte die weltpolitische Dimension seiner Tat wohl kaum vor Augen. Ihm ging es bei seinem Putsch einzig und allein darum, den Wohlstand Italiens für sich und die seinen in Anspruch zu nehmen!

Denn gerade das verweigerte man ihm. Erst wenige Monate zuvor hatte ein anderer Heerführer mit Namen Orestes den ungeliebten Kaiser Iulius Nepos vertrieben und seinen eigenen Sohn an dessen Stelle gesetzt. Jenen minderjährigen Romulus, der nun, souffliert vom Vater, Entscheidungen von weltpolitischer Tragweite treffen sollte! Der für Einheit und Stabilität sorgen soll in einem riesigen Weltreich, das in dieser Epoche der Menschheitsgeschichte von einer ständigen, völkerwandernden Umtriebigkeit erfüllt ist; das sich mühsam Richtung Zukunft schleppt, wie ein lahm gewordener Riese, der bei jedem Schritt schwitzt und stöhnt, und augenscheinlich kurz vor dem Kollaps steht. Doch jetzt kommt er. Der starke Odovacar. Der tapfere Odovacar. Der germanische Heerführer aus dem kalten Norden. Vielleicht wäre er schon zufrieden, wenn man sich an höchster Stelle dazu durchringen könnte, ihm und seinen Leuten ein bisschen Land zuzuweisen. Siedlungsraum dort, wo die Zitronen blühen. Als Belohnung – weil man als Söldner für Rom öfters und wagemutig den Kopf hingehalten hat, oder zumindest dafür, dass man sich aus einer Position der Stärke heraus immer wieder mit den Römern arrangiert. Aber zu diesem Entgegenkommen sind Orestes und sein Söhnchen in keiner Weise bereit. Bisher, so denken sie, sei es noch immer gelungen, die Germanen von der

Bereits 21 Jahre vor der Absetzung des letzten römischen Kaisers plünderten die Vandalen 455 n. Chr. Rom.

Besiedlung Italiens, dem Herzen des Römischen Imperiums, abzuhalten. Selbst in jenen Schicksalsjahren 410 und 455 n. Chr., als Rom von barbarischen Horden erobert und geplündert worden war, hatte man die Germanen schließlich doch wieder zum Abzug bewegen können. Warum nicht auch jetzt? »Italien den Römern« – das ist die kaiserliche Maxime, an der man festhalten will – bis zuletzt. Denn Rom ist der »nucleus«, der Kern des ganzen Imperiums. Und man kann einen Kern gewiss nicht herausschälen, ohne die ganze Frucht zu zerschneiden.

Kein Bleiberecht für Odovacar also. Man wird ihn zurückdrängen. Mit militärischen Mitteln. Wenn man schon nicht die Kraft hat, die »Barbaren« daran zu hindern, anderswo in den ferneren Provinzen des Landes zu siedeln ... Doch Orestes und sein Söhnchen überschätzen ihre Kräfte. Oder unterschätzen sie die des Odovacar? Die Germanen kämpfen mit der Entschlusskraft von Menschen, die keine Wahl haben. Natürlich wird Odovacar nicht den Rückweg über die Alpen antreten, er wird natürlich nicht anderen, nachrückenden, hungrigen Volksstämmen direkt in die kampfbereiten Arme laufen. Die Sache ist verwickelt: Einerseits ist er zwar der Angreifer, andererseits ist er aber auch der Gejagte. Seit geraumer Zeit schon müssen die Germanen dem Druck Hunderttausender Menschen ausweichen, die aus rätselhaften Gründen zahlreich aus dem Osten herbeiströmen! Über die Alpen, nach Süden, sind Odovacar und seine Vorväter gedrängt worden. Man kann nicht sagen, dass sie ihr Glück dort freiwillig suchten. Nun aber sind sie da und fordern ihren Anteil am Wohlstand ein; am besseren Leben, das vor ihrer Nase ausgebreitet zum Greifen nahe daliegt. Wie eine reife Frucht, die man pflücken muss, ehe sie vom Baum fällt und verfault.

Viele von Odovacars Gefährten wissen ja genau, was römische Lebensqualität ausmacht, schließlich haben sie dafür schon ihr Leben eingesetzt. Manche Schlacht haben sie geschlagen, in Gallien und anderen Teilen des Imperiums, als Söldner, Seite an Seite mit »echten« Römern, im Auftrag Roms – oder besser: im jeweiligen Auftrag eines Heerführers, der sich auf das Wohl Roms berief. Sie haben dabei vieles gelernt. Nun ist ihre Stunde gekommen. An diesem Tag noch wird das Stammland der großen Römer ein germanisches Königreich werden. Es wird ihr Reich werden. *Ihre* Heimat. Dabei ist es eigentlich schon längst ihre Heimat. Offenbar haben sie es nur noch nicht gemerkt. Und die anderen auch noch nicht.

Soldaten mit Schönheitsfehlern

Längst waren im vierten und fünften Jahrhundert viele Germanen bereits altgediente Haudegen der römischen Armee, waren kurz- oder langfristig angeworben, je nach politischer Wetterlage. Manchmal schon in der zweiten und dritten Generation. Die überlegene Kampfestechnik des römischen Militärs hatten sie dabei genau kennen gelernt und kopiert. Längst war die Zeit, da sie als Kimbern und Teutonen mit feuergehärteten Holzspießen gegen das scharfe Metall der Römer mutig, aber chancenlos ins Feld gezogen waren, vorbei. Schon Anfang des zweiten Jahrhunderts nach Christus hatte der ehrwürdige Konsul unter Kaiser Trajan, Plinius der Jüngere, festgestellt, dass man in der römischen Armee den Unterschied zwischen römischen Soldaten und angeworbenen, germanischen Kämpfern eigentlich nur noch daran ausmachen könne, dass die Germanen eigentümliche Socken unter ihren Sandalen zu tragen pflegten – ein Erkennungszeichen, das sich bis in unser heutiges Deutschland hinübergerettet zu haben scheint. Die Männer und Frauen nördlich der Alpen waren jedenfalls nie vom Klima verwöhnt. »Grimmig, blaue Augen, rötliche Haare, stattlicher, aber nur zum Angriff tauglicher Körperbau« –, so bärbeißig hatte sie der römische Historiker Tacitus in seinem Standardwerk *Germania* im ersten Jahrhundert nach Christus beschrieben. Von der dunklen Landschaft und dem miesen Wetter geprägt, schlicht im Geiste, urwüchsig und kriegerisch! Ideale Soldaten also, allerdings mit außergewöhnlichen »Macken«. Etwa jenem merkwürdigen Charakterzug, den Tacitus im 24. Kapitel ausführlich als Dummheit würdigt, wenngleich diese selten gewordenen Wesensarten in der Selbstauffassung der Deutschen bis heute als hohe Tugenden gelten: Verlässlichkeit und Treue. Wenn »sie« – so wundert sich der Weltmann aus Rom – beim Würfelspiel als Pfand ihre Freiheit ein-

Die urwüchsigen Germanen übernahmen im römischen Heer meistens die körperlich anstrengendsten Arbeiten.

setzten, dann würden sie sich doch tatsächlich freiwillig und ohne zu klagen in die Knechtschaft begeben, wenn Fortuna ihnen dann nicht hold sei. »Ipsi fidem vocant« –, so resümiert Tacitus ebenso kopfschüttelnd wie abschätzig: »Sie nennen es Treue« – was, klärt er seine römischen Leser gleich auf, in Wirklichkeit doch nichts anderes sei als dummer »Starrsinn an verkehrter Stelle«. Dass man diese opferbereite Neigung und den Hang zur Selbstkasteiung für römische Interessen freilich auch Gewinn bringend einsetzen könnte, wenn man es nur richtig anstellte, das leuchtete nicht nur Tacitus ein, sondern auch vielen römischen Feldherrn.

So war es denn nach den ersten blutigen Begegnungen zwischen Nord und Süd im ersten Jahrhundert vor Christus gelungen, die Germanen hier und da mit Versprechungen und Geld zu »zähmen«. Nach und nach ließen sie sich sogar für römische Zwecke einspannen. In den folgenden Jahrhunderten waren es immer wieder Germanen, die für Rom die Kastanien aus dem Feuer geholt hatten. Als

Söldner oder als umerzogene Kriegsgefangene hatten sie mit barbarischem Eifer und Mut im Namen des Imperiums gekämpft, während sich der kultivierte Römer auf seinen Landgütern gemütlich zurücklehnen konnte – oder zumindest einem bevorzugten, bäuerlichen Leben frönte. Von den verwöhnten Städtern mal ganz abgesehen, die sich bei kostenlosem »Brot und Spielen« zu Tode amüsieren mochten. Die einst so kampfeslustigen Römer waren spätestens im dritten und vierten Jahrhundert mehr und mehr zu Zivilisten mutiert, die zur Verteidigung ihres riesigen Imperiums Soldaten aus den fernsten Provinzen anheuern mussten. Und da kamen vor allem die Germanen in Frage, die keine homogene Volksgruppe bildeten, sondern in eine große Anzahl einzelner Stämme und Sippen zersplittert waren. Trotz ihrer sprachlichen Verwandtschaft hatten die verschiedenen Volksgruppen untereinander kaum Gemeinschaftssinn entwickelt, verspürten wohl kaum so etwas wie »nationale Identität«. So geschah es nicht selten, dass Ost- und Westgoten, Alemannen, Sachsen, Angeln, Burgunder, Rugier und Wandalen in wechselnden Koalitionen als Schutztruppen für das Römische Reich fungierten und dabei auch gegen ihresgleichen zu Felde zogen. Alles kein Problem, solange die Motivation durch eine herausragende Führerpersönlichkeit und der Sold stimmten.

Denn materieller Gewinn und Wohlstand, das bedeutete nicht weniger als ein schönes Stück vom Kuchen der um Lichtjahre weiterentwickelten römischen Kultur, die eine bessere Versorgung, bessere medizinische Betreuung und eine in jeder Hinsicht höhere Lebensqualität versprach. Das Beste daran war, dass man als germanischer Söldner im Militärdienst für Rom seinen persönlichen Lebensstandard gewaltig steigern konnte, ohne das eigene Erbe völlig vergessen zu müssen. Rom war tolerant gegenüber ausländischen Bräuchen und Gewohnheiten. An den Feuern der Feldlager werden sich die Männer aus dem Norden wieder und wieder die alten, die eigenen Geschichten erzählt haben. Von den legendären Taten der Vorfahren schwärmten sie dann, von ihrem Mut und ihrer Unabhängigkeit. Und bestimmt werden sie sich in den schillerndsten Farben den unglaublichen Triumph des Jahres 9 n. Chr. ausgemalt haben, als der große Germanenführer Arminius drei komplette Legionen unter dem römischen Feldherrn Quinctilius Varus im Teutoburger Wald vollständig aufgerieben hatte. Mit frischem Mut und kräftigen Händen hatten die Vorfahren die High-Tech-Invasoren aus dem fernen Süden vernichtet! Mehr als 20 000 Feinde hatten sie in die Sümpfe geschickt und den römischen Kaiser Augustus zur Verzweiflung getrieben: »Varus, Varus, gib mir meine Legionen wieder.«

Fiasko im Teutoburger Wald – auf sumpfigem Terrain konnten die Römer die organisierte Kampfkraft ihres Heeres nicht zur Geltung bringen.

Ja, man durfte stolz sein und selbstbewusst und unabhängig – und hatte wohl auch das Recht, sich im Zweifelsfall zu nehmen, was man gerade brauchte. Notfalls wechselte man einfach wieder die Seite. Wer oder was war schon »Rom«?

Die Römer, Pragmatiker, die sie waren, arrangierten sich mehr schlecht als recht mit dieser wetterwendischen Wirklichkeit. Was sollten sie auch anderes tun? War es denn nicht ein Gebot praktischer Vernunft in schwerer werdenden Zeiten, mit Geld und der großzügigen Verteilung von Bürgerrechten im Handumdrehen aus schwer besiegbaren Feinden todesmutige Bundesgenossen zu machen, selbst wenn es mit deren Bekenntnis zum römischen Kaiser nicht so weit her war? Das international operierende Imperium Romanum war durchaus fremdenfreundlich – wenn es um seinen globalen Erhalt ging.

Wie Rom entstand – eine Legende

Einst regierte in Alba Longa, einer Stadt in Mittelitalien, der weise Herrscher Numitor, so erzählt die Legende. Numitor soll ein Nachfahre des sagenhaften Stammvaters Aenaeas gewesen sein, jenes Helden von Troja und Sohnes der Göttin Aphrodite, der einst unter Lebensgefahr seinen Vater und seinen Sohn aus dem brennenden Troja gerettet hatte und dann mit beiden über die wilde See des Mittelmeeres nach Latium geflüchtet war. Dem Erbe dieses edlen, tapferen Ur-Großvaters erweist sich Numitor nun würdig: Er regiert klug und milde, und sein Volk liebt ihn.

Sein Bruder Amulius ist genau das charakterliche Gegenteil von Numitor: Aufbrausend und ungerecht ist er, voller unbändiger Gier, besessen davon, alle Macht an sich zu reißen. Ohne Skrupel stürzt er bei erster Gelegenheit seinen Bruder vom Thron und zwingt Numitors Tochter, Rhea Silvia, Priesterin zu werden. Auf diese Weise glaubt Amulius, die Gefahr einer möglichen Nachkommenschaft aus dem Geschlecht seines Bruders gebannt zu haben. Ein verhängnisvoller Irrtum – denn im Heiligen Hain der Vestalinnen nähert sich der Kriegsgott Mars der Königstochter und zeugt mit ihr Zwillinge: Romulus und Remus. Die Geburt dieser gefährlichen Konkurrenten, die ja alle Ansprüche auf den Thron geltend machen können, bleibt Amulius nicht lange verborgen. Außer sich vor Wut lässt er die Mutter in den Kerker werfen und befiehlt, die Zwillinge sogleich im Tiber zu ertränken. Doch seine Diener arbeiten nachlässig – oder sind es vielleicht Skrupel, die sie den Mordplan nur halbherzig ausführen lassen? Vielleicht ist alles auch göttliche Fügung: Der Korb mit den Kindern, den die Schergen bei Hochwasser am Uferrand absetzen, verfängt sich jedenfalls in den Zweigen eines Feigenbaums. Und der abfallende Wasserpegel des Tibers lässt das Gefährt mitsamt seiner kostbaren Menschenfracht bald im Uferschlamm stranden.

Die »Kapitolinische Wölfin« säugte der Legende nach die Gründerväter Roms, Romulus und Remus.

Die klagenden Schreie hilfloser, hungriger Säuglinge, die aus dem Korb dringen, rufen eine Wölfin auf den Plan, die in dem dichten Gebüsch nahe des Ufers ihr Versteck hat. Wird die Wölfin, ein wildes, blutrünstiges Tier, die Kinder fressen? Am Ende erweist sie sich barmherziger als die Menschen: Sie leckt den Schlamm von den Kindern, trägt sie behutsam in ihren Bau und säugt sie mit ihrer Milch. So wachsen die Säuglinge im Schutze eines Raubtieres heran.

Eines Tages, so erzählt die Legende weiter, durchstreift der Schweinehirte Faustulus, Knecht des entmachteten Numitor, die Gegend am Tiber. Merkwürdige, halb menschliche, halb tierische Laute erwecken seine Neugier – und er entdeckt hinter einem Gebüsch auf einer Lichtung die »Kinder der Wölfin«. Erschüttert vom Schicksal der Kleinen, nehmen er und seine Frau die Waisen zu sich, ohne zu ahnen, dass sie in Wirklichkeit die Nachkommen des alten Königs in ihrer bescheidenen Hütte beherbergen. Alles wird erst offenbar, als nach einem Streit mit den Hirten des Numitor die beiden Geschwister vor den entmachteten König gebracht werden: Der erkennt in den Gesichtern der jungen Männer seine eigenen Züge wieder.

Als offenbar wird, wie infam und skrupellos Amulius gehandelt hat, beschließen Romulus und Remus, bittere Rache zu nehmen. Sie stürmen den Palast von Alba Longa, erschlagen den Großonkel und verhelfen ihrem Großvater wieder zum Thron. Der rechtschaffene Numitor ist wieder König von Alba Longa. Zum Dank wird den Zwillingen gestattet, am Ort ihrer wundersamen Errettung durch die Wölfin eine eigene Stadt zu gründen. Doch Herrschaft und Besitz sind nun einmal die Väter der Zwietracht, das gilt auch für die bisher unzertrennlichen Zwillinge. Im Streit darüber, wer von beiden Brüdern nun endgültiger Namensgeber und Bauherr der neuen Stadt werden soll, kommt es zu keiner Einigung. Schließlich soll ein Orakel entscheiden: Der Flug eines Vogels wird die Antwort bringen. Aber so vieldeutig wie der Himmel ist auch die Flugbahn eines Vogels, die dieser in ihn hineinschreibt! Nur die größere Zahl der Anhänger des Romulus lässt das unklare Orakel letztendlich zu seinen Gunsten ausgehen. Es ist ein »falscher« Sieg, den Romulus erringt! Schon zieht er selbstbewusst die heilige Furche, die die Grenzen der Stadt bestimmt und errichtet eine schützende Mauer.

Eine Provokation für den unterlegenen Remus! Voller Spott springt der über die noch kleine Stadtmauer – eine harmlose Aggression und doch ein tödlicher Fehler. Aufgebracht und blind vor Zorn erschlägt der Bruder den Bruder. Die Worte, die Romulus bei seiner Bluttat angeblich hervorstieß, sollten für mehr als tausend Jahre eine Warnung sein für alle, die danach trachteten, Roms Recht und Gesetz zu verletzen: »So wie Remus möge es jedem ergehen, der über meine Mauern springt!«

Im Land der unbegrenzten Möglichkeiten

Wie ambivalent Roms Haltung gegenüber den neuen Bundesgenossen tatsächlich war, zeigt sich schon Ende des ersten Jahrhunderts im Werk des Historikers Tacitus. In seinen Schriften spiegelt sich der Zeitgeist seiner unschlüssigen Epoche, eine schleppende Pro- und Contra-Diskussion, die der aktuellen Einwanderungsdebatte unserer Tage ganz ähnlich ist. Einerseits sind ihm die kulturlosen »Barbaren«, die »ohne jede Sitte« essen und trinken, ein Graus; andererseits rühmt er die Kraft und unverfälschte Natürlichkeit dieser Menschen, »die behütete Sittsamkeit« der Frauen, die »weder durch lüsterne Schauspiele noch aufreizende Gelage« verdorben seien. Von dieser Warte aus betrachtet ist es durchaus vorstellbar, dass die Germanen den verweichlichten Bürgern Roms als leuchtendes Beispiel vor Augen geführt werden könnten. Dass sie eine Vorbildfunktion ausüben sollten, von der sich mancher Römer, klammheimlich, einen belebenden Anstoß erhoffte. Eine Rückbesinnung auf alte Werte, die mit der Zeit verloren gegangen waren und die vielleicht mit diesen Einwanderern zurückkehren würden.

Der römische Geschichtsschreiber Tacitus schrieb das antike Standardwerk über das Land der Germanen, das in der Vorstellung der Römer von Dunkelheit, Kälte und Gefahr geprägt war.

So hatte man sich denn als Germane in dieser pragmatischen Gesellschaft nach und nach durchgesetzt. Vom Feind zum »Bundesgenossen«, Freund wäre zu viel gesagt, vom Soldaten zum mehr oder weniger geachteten Bürger, wenngleich eher »zweiter Klasse«. Schließlich war man sogar ins Offizierskorps vorgedrungen; ja, man hatte es endlich gar zum »magister militum«, zum Armeeführer, gebracht und alte Kameraden nachgezogen. Zwischen den Jahren 395 und 408 n. Chr. war es tatsächlich ein germanischer Heerführer namens Stilicho, der faktisch die Herrschaft im gesamten Weströmischen Reich ausübte. Kurz: Man hatte an Einfluss und Macht gewonnen. Macht über die Armee, über das Rückgrat Roms.

Dass man den eigentlichen Sinn hinter diesem riesigen Imperium Romanum nicht ganz begriff, war unerheblich. Rom war einfach da! Eine Naturerscheinung, eine gottgegebene Wirklichkeit, deren Ende im Bewusstsein der spätantiken Menschen einem Weltuntergang gleichgekommen wäre. Rom – das war so gewiss wie Sommer und Winter, wie Herbst oder Frühling. Dieses »Weltreich«, das alles zu umschließen beanspruchte und das schon den Urahnen blutig zugesetzt hatte. Gab es neben seinen Schrecken und seinen Verheißungen denn so etwas wie eine berechenbare Gesamtgröße, die mit einfachem Menschenverstand wirklich fassbar war? Als territoriale Fläche vielleicht? Kaum vorstellbar. Als Quersumme aller möglichen Truppenführer, die sich überall im Reich um die Macht balgten? Zu verwirrend. »Was war Rom?« Weder Odovacar noch seine Vorfahren konnten diese Frage zufrieden stellend beantworten.

Kein Wunder, war doch die Gesellschaftsstruktur Roms so ganz anders als ihre archaische Stammeskultur. Schon Tacitus hatte die Gemeinsamkeit der germanischen Völker vor allem an ihrer Sprache festgemacht, die sich, wie der Märchensammler und Germanist Jacob Grimm viel später erkannte, etwa um 500 v. Chr. als spezieller Dialekt aus dem Indogermanischen entwickelt hatte. Diese Sprache und die kulturelle Rückständigkeit waren – zumindest in den Augen der Römer – die Hauptmerkmale des germanischen »way of life«. Weitere Details unkonventioneller Lebensführung, die dem römischen »Otto-Normal-Bürger« unangenehm in seine kultivierten Augen stachen, waren die ulkigen langen Hosen, die abstoßende, struppige Barttracht, der ruppige Umgangston, die Verehrung düsterer, unsympathischer Göttergestalten und – besonders augenfällig – der durchgängige Volkscharakter, der einen zivilisierten Römer ebenso beunruhigte wie er einer germanischen Gesamtstaatenbildung völlig zuwider lief: die unkontrollierbare anarchi-

Für die »kultivierte« römische Gesellschaft waren die Germanen der Inbegriff des Barbaren.

sche Freude an Eigenständigkeit und Unabhängigkeit, die sich im überschaubaren Sippenverband frei und ursprünglich entfaltete.

Dieser Hang zur Freiheit und Individualität wirkte im Getriebe des gigantischen römischen Verwaltungsstaates wie Sand. Für einen Römer unvorstellbar »barbarisch«: Die Germanen lebten ein Leben ohne ausgetüftelten Verwaltungs- und Beamtenapparat, ja, ohne Schrift sogar, aber dafür mit einem Häuptling an der Spitze, einem Fürsten »zum Anfassen«, der nachvollziehbare Entscheidungen traf und ein Recht sprach, dessen Normen ausschließlich mündlich tradiert wurden. Eine eher »spontane« Gesellschaft, mit einem Hang zu hitzigem Kriegertum und launischer Flexibilität. Wenn der Hunger kam, musste Beute gemacht werden. Wenn die alten Äcker nichts hergaben, musste man neue suchen. Eine Gesellschaft, die den Stand des Kriegers höher einschätzte als den des Bauern, des Handwerkers oder des Kaufmanns und die sich damit vom römischen Bürgertum der Spätantike gänzlich unterschied. Eine Gesellschaft, der die abstrakten Großreichsideen des Imperium Romanum fremd blieben, und die am Ende doch die überlegene zu sein schien.

Kaiser und Könige

Mit dem immer stärker werdenden Eindringen germanischer Einflüsse in die römische Gesellschaft und mit der Germanisierung des römischen Offizierskorps kam es zu einer Entwicklung, durch die der römische Reichsgedanke zunehmend zurückgedrängt wurde. Auffällig ist dabei, dass im vierten und fünften Jahrhundert nach Christus ein altes staatspolitisches Problem erneut dramatisch eskalierte, an dem die römische Politik seit langer Zeit litt, das man aber bislang noch jedes Mal in den Griff bekommen hatte: die mögliche Zersplitterung der Reichseinheit durch die Parteinahme der Soldaten für ihren jeweiligen Heerführer.

▷ Die römische Militärmaschine war bis in die Details »durchgestylt«: hier die Uniformen eines Standartenträgers und eines Befehlshabers.

Schon seit der Heeresreform des Gaius Marius, der unter dem zunehmenden Druck der Kimbern und Teutonen gute hundert Jahre vor Christi Geburt das klassische römische Bürgerheer in eine schlagkräftigere Berufsarmee verwandelt hatte, identifizierten sich

die Soldaten mehr und mehr mit ihrem Heerführer, als mit der abstrakten Reichsidee oder gar dem Senat im fernen Rom. Und es dauerte auch nicht lange, da setzte der berühmte Gaius Julius Caesar bei der Durchsetzung seiner politischen Ziele ganz unverblümt auf die persönliche Unterstütung durch »seine« Truppen.

Was damals noch bei patriotischen Traditionalisten heftigen Anstoß erregte – und Caesar letztendlich das Leben kosten sollte – war spätestens unter den so genannten »Soldatenkaisern« des dritten Jahrhunderts zur Normalität geworden. Wie der Name schon sagt, entschieden die jeweiligen Truppen jetzt über den Anspruch auf kaiserliche Würde, am Senat vorbei und höchst launenhaft. In den knapp fünfzig Jahren zwischen 235 und 284 n. Chr. brachte diese Militäranarchie rund siebzig Kaiser und Usurpatoren hervor. Ein politisches Desaster, welches das Römische Reich interessanterweise dennoch nicht zu Grunde gerichtet hat.

Doch nun, Anfang des fünften Jahrhunderts war die Regionalisierung der Machtansprüche dramatisch weit vorangeschritten. Es war längst gängige Praxis geworden, dass in jenen Provinzen, die vom Römischen Imperium abbröckelten und die mit der Gewalt des Schwertes »befriedet« werden mussten, jene Heerführer das Sagen bekamen, die den Coup ausführten. Und oft genug waren das Germanen. Da wurden nach einem Sieg ganz nach Belieben lokale Königtümer auf römischem Boden ausgerufen, und die Grenzen des Reiches nach Lust und Laune ignoriert; da wurden ganze Provinzen in kleine Herrschaftssprengel aufgeteilt, etwa Spanien oder Nordafrika; da wurden schließlich wenig motivierte römische Truppenverbände von wieder erstarkenden regionalen »Nationalisten« weggedrängt, wie in Britannien.

Was war in diesem Spiel, bei dem die Karten täglich neu gemischt wurden, der römische Staat noch wert? Was der Kaiser? Das Römische Kaisertum, seit fast 500 Jahren, seit Augustus, ungebrochen, war in dieser Phase der Geschichte wohl kaum noch mehr als eine verblassende Idee, eine verdämmernde Erinnerung an bessere Zeiten, in denen ein mächtiger Herrscher regierte, und nicht ein neunjähriger Knabe, der sich als Kaiser ausgab! Ein alter Zopf, den man getrost hätte abschneiden können. Doch zu diesem Zeitpunkt der Geschichte gab es wohl niemanden, der sich so etwas Unvorstellbares wirklich ausgemalt hätte. Selbst in seinen allerkühnsten Träumen nicht!

… und keiner hat's gemerkt

Unspektakulär wird es gewesen sein, und kaum einer der Beteiligten wird die Tragweite ermessen haben. Am ehesten noch dürfte den drei, vier Senatoren, die den Kinderkaiser Romulus Augustulus an jenem Sommertag des Jahres 476 n. Chr. in seiner Residenz in Ravenna als Berater umstanden haben mögen, die Tragweite des Vorfalls bewusst gewesen sein. Ihnen wäre ein gewisses Gespür für alte Traditionen noch am ehesten zuzutrauen; eine Ahnung dessen, was das »Alte Rom« einst war. Und doch mussten wohl auch sie längst begriffen haben, dass die Germanen die politische Landkarte der westlichen Mittelmeerwelt vollständig und vor allem nachhaltig verändert hatten.

Dass die Welt längst im Umbruch war, hatten die Senatoren das denn nicht am eigenen Leib verspürt? Die alten Würdenträger der Stadt besaßen kaum mehr als ihre klingenden Titel, in Zeiten, in denen der Kaiser längst nicht mehr in Rom residierte. Rom war längst nicht mehr Rom! Die alte Gründungsmetropole, aufgegeben von den amtierenden Kaisern. Vielleicht war gerade das der entscheidende Fehler gewesen: Der Auszug des Kaisers aus dem symbolträchtigen Zentrum gute 150 Jahre vor dem Sturz des Romulus; zunächst die Verlagerung der Residenz ins sichere Konstantinopel durch den Namensgeber Kaiser Konstantin und – was vielleicht noch schlimmer war – der Umzug des weströmischen Herrschaftssitzes nach Ravenna unter Kaiser Honorius im Jahr 402 n. Chr. Gewiss, Ravenna, von schützenden Sümpfen umgeben, war eine viel sicherere Bastion, lag viel näher bei den schützenden Heeren, die die Nordgrenze bewachten, als Rom. Aber hatte nicht mit diesem Umzug der ganze Niedergang seinen Anfang genommen? War mit Rom nicht das Symbol staatlicher Identität schlechthin geopfert worden? Jetzt war die Form ihrer Traditionswahrung augenscheinlich dürftig und substanziell ausgehöhlt. Und nun auch noch dieser minderjährige Knabe, den sie mit dem Ehrentitel »Augustus« ansprachen und dabei so taten, als wäre alles beim Alten. Gegen den Widerstand des Oströmischen Reiches war er durch seinen Vater – einen Heerführer – an die Macht geputscht worden. Auch er also nur ein Usurpator, nichts anderes als ein Soldatenkaiser, ein Hochverräter, dem zudem die Verwaltung des riesigen Reiches in keiner Weise zuzutrauen war!

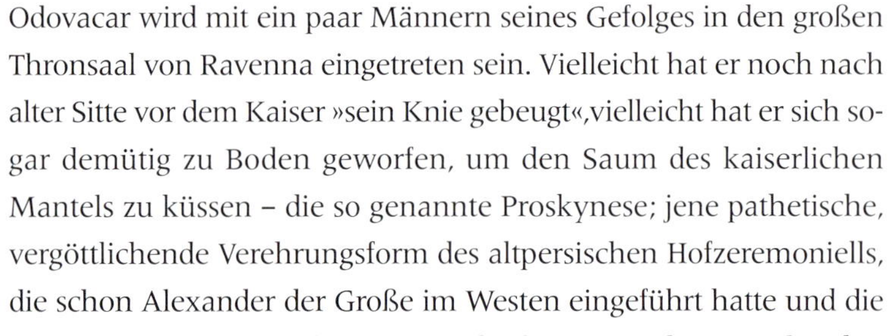

Odovacar wird mit ein paar Männern seines Gefolges in den großen Thronsaal von Ravenna eingetreten sein. Vielleicht hat er noch nach alter Sitte vor dem Kaiser »sein Knie gebeugt«,vielleicht hat er sich sogar demütig zu Boden geworfen, um den Saum des kaiserlichen Mantels zu küssen – die so genannte Proskynese; jene pathetische, vergöttlichende Verehrungsform des altpersischen Hofzeremoniells, die schon Alexander der Große im Westen eingeführt hatte und die bis zum Ende des Römischen Reiches bei Hofe Etikette war. Noch bis heute hat dieser Routine-Ritus der Antike in der Liturgie der katholischen Kirche, bei der feierlichen Priesterweihe, überlebt.

Der germanische Heerführer Odovacar setzt den römischen Kinderkaiser Romulus ab. So überlegen bildet ein Schulbuch der Goethezeit den Germanenführer ab.

Dann aber wird Odovacar sich erhoben haben und zielstrebig auf das Kind zugegangen sein. Demonstrativ wird er dem kleinen Romulus Augustulus jene zweireihige Perlenstickerei, deren Mitte ein Edelstein zierte, vom kaiserlichen Kopf genommen haben. Er wird diese »Entkrönung« des Kaisers nicht übermäßig hastig oder gar mit Gewalt durchgeführt haben. Warum auch? Dieser kleine Junge war ihm nicht einmal so gefährlich, dass er ihn hätte ermorden lassen müssen. Kein Haar würde er ihm krümmen. Im Gegenteil, auf den Gütern des reichen Lukullus bei Neapel würde der gestürzte Kaiser bis an sein Lebensende das luxuriöse Leben eines Ex-Monarchen genießen dürfen.

Eigentlich gab es nur einen Grund, diesen Knaben vom Thron zu stoßen: Wenn Odovacar sich jetzt, ganz nach alter Heerführer-Sitte, zum König ausrufen lassen würde, dann war in diesem neuen Königreich einfach kein Platz mehr für einen Kaiser, der von hier aus über ein Weltreich zu herrschen beanspruchte, das in den letzten Jahren höchstens noch auf dem Papier Bestand hatte und das nun, an jenem 28. August des Jahres 476, sogar aufgehört hatte, auf diese bescheidene Weise zu existieren. Italien war mit diesem Tag, mit dem Ende der kaiserlichen Dynastie, ein germanisches Königreich geworden, herausgelöst aus dem riesigen Imperium. Ein kleiner Einzelstaat unter Führung eines germanischen Abenteurers.

Altes und neues Rom

Das idyllische Herrenhaus in Lindheim, in dem vor über hundert Jahren der österreichische Dichter Sacher-Masoch einen jener besonderen Liebesromane schrieb, durch die der Begriff des »Masochismus« geprägt wurde, ist der Sommersitz von Professor Alexander Demandt, einem Althistoriker der Universität Berlin. Er gilt als Spezialist in Sachen »Untergang Roms«. Wir besuchen den Wissenschaftler an einem Augusttag im Jahrhundertsommer 2003, und die feuchte Kühle, die von den herrschaftlichen Wiesen auf die Terrasse weht, ist eine wunderbare Entschädigung für die Autobahnfahrt unter sengender Sonne.

Gibt es einen besseren Ort, um über Geschichte zu plaudern? Gerade auch über ihren Ernst, über die vielfachen, menschlichen Tragödien, die hinter so sachlichen Begriffen wie »Völkerwanderung« oder »germanische Infiltration« stecken. Hier in Lindheim wird Geschichte im wahrsten Sinne des Wortes fassbar, denn neben dem 300 Jahre alten Herrenhaus ist auf dem von Historie durchwachsenen Grundstück nämlich noch ein aus schweren Feldsteinen gemauerter Turm erhalten, in dem auf dem Höhepunkt des Hexenwahns im 17. Jahrhundert 26 Menschen vor ihrer Hinrichtung eingekerkert waren. Der Professor hat für diese unglücklichen Opfer der Geschichte, die alle namentlich bekannt sind, eine Gedenktafel anbringen lassen. Wie ein Mahnmal erinnert uns der alte Turm an

Rekonstruktion Roms Ende des dritten Jahrhunderts nach Christus. Keine andere Metropole konnte es damals mit diesem »Nabel der Welt« aufnehmen.

diesem Nachmittag daran, dass sich die Geschichtswissenschaft nicht nur mit dem Aufzählen von Daten und Fakten begnügen darf, sondern das, was hinter ihnen verborgen liegt, sichtbar machen muss: die Qual und die Mühsal, aber auch die Freude, die im Durchleben von Zeit liegt. Nur so wird Geschichte lebendig, und nur so lässt sich etwas aus ihr lernen.

Lässt sich aus der Geschichte Roms etwas lernen? Glaubt man den vielen Büchern, die seit Montesquieus 1734 geschriebenem Werk über Größe und Dekadenz des Römischen Reiches auf den Markt geflutet sind, so scheint der »Fall Roms« geradezu ein Paradebeispiel dafür zu sein, wie man aus der Geschichte politische Lektionen ziehen kann. Seit nunmehr fast 300 Jahren wird regelmäßig – meist mit erhobenem Zeigefinger – die Geschichte von der »degenerierten, römischen Spaßgesellschaft« aufgewärmt, die von urwüchsigen, unverfälschten Völkern überrannt worden sei. Die Absicht, die sich dahinter verbirgt, war und ist in fast allen Fällen gleich durchsichtig: Es geht darum, gesellschaftliche Sitten und Traditionen anzumahnen, von denen man fürchtet, sie gingen verloren. Da wird dann der Untergang des Römischen Reiches dazu benutzt, einer konservativen Politik das Wort zu reden.

Aber es geht auch andersherum: Besonders seit dem 11. September 2001, vermehrt noch nach dem jüngsten Irak-Krieg, wird das imperiale Gebaren der USA gerne mit dem Verhalten Roms gleichgesetzt – und den Vereinigten Staaten damit auch ein ähnliches Ende wie dem römischen Staat prophezeit. »Ist Amerika das neue Rom?«, fragte etwa am 31. August 2002 der Leitartikler der »TAZ«. Und die oft zitierte Warnung von Paul Kennedy, Autor des Buches *Aufstieg und Fall der großen Mächte,* vor einem »imperial overstretch«, einer Überdehnung der Macht durch dauernde Militäreinsätze in aller Welt, scheint direkt in Richtung des altrömischen Politikversagens zu weisen. Aber ganz so einfach ist die Sache mit dem Untergang nun auch wieder nicht.

Professor Demandt hat ganze 210 Theorien gezählt, die alle von sich behaupten, sie würden den genauen Grund offen legen, der am Ende zum Untergang des riesigen Reiches führte. Von A wie »Aberglaube« bis Z wie »Zweifrontenkrieg«. »Es gibt nicht nur Theorien, die die Ursache in gesellschaftlichen, religiösen, wirtschaftlichen oder sonst irgendwie längerfristigen Entwicklungsprozessen zu entdecken suchen, sondern auch solche, die den Untergang ganz abenteuerlich erklären – etwa mit einem einzigen überraschenden Argument«, schmunzelt der Althistoriker. »Zum Beispiel die Theorie, dass sich die Römer aufgrund ihrer bleiernen Wasserleitungen schleichend selbst vergiftet hätten. Diese Meinung kommt beim interessierten Publikum wahrscheinlich gerade deswegen so gut an, weil sie so abstrus und überaus phantastisch ist!«

Demandt hat bei seiner Spurensuche nach den Wurzeln dieser Theorie schnell festgestellt, dass sie wohl ursprünglich auf eine kurze Notiz des römischen Architekten Vitruv zurückgeht, der bereits im ersten Jahrhundert vor Christus feststellte, dass Wasser aus Tonröhren gesünder sei als das durch Bleirohre geleitete. Blei könne sich nämlich in Bleiweiß verwandeln, sich dann im Körper festsetzen und »den Körperteilen die wertvollen Eigenschaften des Blutes

entziehen. Daher scheint es ganz und gar nicht gut, dass man das Wasser durch Bleiröhren leitet, wenn wir der Gesundheit zuträgliches Wasser haben wollen«, resümiert der antike Ökologe Vitruv.

Ein gefundenes Fressen für moderne Untergangstheoretiker mit reichlich Phantasie: Die Römer hätten sich kollektiv vergiftet – eine Theorie, die gut zum erstarkten Umweltbewusstsein unserer Epoche passt. Und wenn auch das Blei aus Wasserrohren nicht alle Römer auf einen Schlag umgebracht haben kann, so habe doch gerade darin die besondere Nachhaltigkeit des Niedergangs gelegen, folgern die Vertreter dieser Meinung ganz zeitgemäß: Niemand hätte den Prozess bemerken können, eben weil er so schleichend vonstatten ging. Niemand habe ihn daher aufgehalten. Besonders heimtückisch sei gewesen, dass der Bleiabrieb aus Wasserrohren die Fruchtbarkeit der Römer nachhaltig geschädigt habe. Aufgrund der Kinderlosigkeit sei Rom letztendlich nicht mehr fähig gewesen, sich zu verteidigen. Das Alte Rom – ein krankes Rom, vergiftet und ohne Chance gegen die Horden, die aus dem Norden hereinstürmten.

Durch solche Bleirohre floss das Trinkwasser in römische Haushalte; hier die erhaltene Hauptwasserleitung in Ostia, dem Hafen Roms.

Der Fall des Imperiums also eingeleitet durch Umweltsünden? »Bei näherer Überlegung wird man sich aber schnell fragen, warum die Fortpflanzung im gesamten Römischen Reich gelitten haben soll, wenn doch bestenfalls in den Hauptstädten das Problem mit den Bleirohren eine Rolle gespielt haben könnte – und das schon offenbar 500 Jahre vor dem Ende des Römischen Reiches, zur Zeit des Vitruv!« Professor Demandt lächelt: »Und überhaupt: Führt eine Bleivergiftung wirklich zu Unfruchtbarkeit? Ein Mediziner würde da wohl eher abwinken.«

Es ist mit den Theorien, die den Untergang Roms erklären wollen, ein bisschen so, als ob man im Kaffeesatz nach seinem Schicksal forschen würde: viel Aberglaube, viel Mythos, viel Mutmaßung

– und eine gewisse Portion Gruseln, weil das, was der einst so glänzenden Hochkultur Rom zustieß, schließlich auch unserer westlichen Zivilisation noch bevorstehen könnte. Apokalypse now! Es ist eine alte Erkenntnis der Bestseller-Autoren: Geschichte wird erst so richtig spannend, wenn sie in Science-Fiction mündet.

Tausend Jahre Rezession

Eine Frage, die bei aller Mutmaßung über den Untergang Roms immer im Hintergrund steht, ist aber wirklich aufregend. Denn sie berührt die Grundproblematik menschlicher Existenz und macht den Fall Roms zu einem möglichen Lehrstück für die Gegenwart. Es ist die Frage danach, inwieweit Menschen überhaupt im Stande sind, ihr Schicksal zu beeinflussen. Und wenn, dann wie? Hätten die Alten Römer überhaupt eine Chance gehabt, ihren Untergang abzuwenden – etwa durch politische Maßnahmen oder Reformen, welcher Art auch immer? Oder war das Ende nur das logische Ergebnis eines unabänderlichen Zyklus, dem ein Großreich ebenso unterworfen ist wie jeder Organismus, der geboren wird, aufwächst, alt wird und schließlich stirbt? Asche zu Asche, Staub zu Staub?

Das »süße Leben« soll die Römer letztlich in den Untergang geführt haben, meinen Kulturkritiker schon seit der Antike.

»Auch wenn das ›Wie‹ des Untergangs viele Fragen aufwirft«, lenkt Professor Demandt unseren philosophischen Ausflug wieder auf den Boden der historischen Tatsachen zurück, »so ist doch Folgendes nicht von der Hand zu weisen: Der Untergang des Römischen Reiches ist nicht an einer bestimmten Schlacht festzumachen oder daran, dass alle Römer niedergemacht wurden oder plötzlich ausstarben. Ganz im Gegenteil, das Leben ging einfach weiter. Aber der kulturelle Verlust, der nach dem Ende des glorreichen Imperiums einsetzte, der war atemberaubend und beispiellos. Rom stürzte in eine Art ›dunkles Mittelalter‹!« Spätestens ab dem sechsten Jahrhundert verfielen die Städte des weströmischen Reiches, irgendwann wusste niemand mehr, wie man ein prachtvolles Haus baut, oder eben auch nur eine Wasserleitung aus Bleirohren fachgerecht repariert. Der Handel – einst mit dem gewaltigen, 80 000 Kilometer umspannenden, römischen Straßennetz so perfekt organisiert – stagnierte. Der rapide Rückfall in eine Tauschgesellschaft, die von Geldwirtschaft kaum mehr etwas wusste, war dramatisch.

Wenn man heute in die Auslagen eines guten Münzantiquariats schaut, wird man römische Münzen zuhauf finden, aber meist vergeblich nach einer guten Münze des siebten oder achten Jahrhunderts suchen. Bestenfalls lässt sich eine laienhafte, spiegelverkehrte Nachprägung griechischer oder römischer Münzbilder aus früher keltischer Zeit auftreiben, oder ein durchlochter römischer Goldsolidus, der viele Jahre nach seiner Prägung irgendeinem Germanen vom Hals baumelte – als funkelndes Schmuckstück. Und mehr noch: Welche Kunstschätze sind uns aus dieser Zeit bekannt? Welche Herrschernamen sind uns geläufig, welche Künstler und Schriftsteller? Die Bilanz fällt mager aus. Fast tausend Jahre sollte es dauern, bis man wieder an den hohen Standard der antiken Kultur anknüpfen konnte. Tausend Jahre Menschheitsgeschichte, in der die gesellschaftliche und technologische Entwicklung einfach Pause machte.

Römische Münzen finden sich zu Hauf in Antiquariaten – schwerlich aber aus der finsteren Zeit des siebten Jahrhunderts.

Das imposante Gemälde von Thomas Couture aus dem 19. Jahrhundert versammelt alle Phantasien zum Thema »Toll trieben es die Alten Römer«.

Paradies und Schweinestall

Aber zurück zum »Wie« des Untergangs, zu den Theorien und gerne bemühten Klischees. Deshalb eines schon einmal vorweg: An der viel beschworenen Dekadenz der Römer kann es nicht gelegen haben! Selbst wenn bereits ein so prominenter Gesellschaftsanalytiker wie Friedrich Engels den Fall des Römischen Reiches ganz klar als »Versumpfung einer untergehenden Zivilisation« entlarvt zu haben glaubte und die Dekadenztheorie bis heute die wahrscheinlich populärste Ansicht widerspiegelt. Was der Historienmaler Thomas Couture im Jahr 1847 in seinem berühmten Wandbild »Die Römer der Verfallszeit« (das mit fast fünf mal acht Metern übrigens zu den größten Leinwandgemälden des 19. Jahrhunderts zählt) so trefflich auf den Punkt brachte, haben seitdem ganze Generationen von Gesellschaftskritikern gläubig nachgesprochen: Die Dekadenz war es! Die »übertriebene Verfeinerung« der Gesellschaft! »Fatal ist«, so spricht der gute Couture auch heutigen Gegenwartsskeptikern aus der Seele, »dass die Verfeinerung mit einer deutlichen Vulgarisierung einhergeht. Der Dekadente ist faul: Er hält es nicht mehr für nötig, die Bedürfnisse zu sublimieren. Er baut nichts mehr auf, sondern verlangt sofortige Befriedigung. Schon bald interessiert ihn nichts mehr als Essen, Trinken und Kopulieren. Die erheblichen Mittel, über die ein Spätling verfügt, täuschen noch Fülle und Reichtum vor. Doch wo Marmor und Mosaiken blenden, da ist längst nur noch der Schweinestall.«

Allen gängigen Klischees und Thomas Couture zum Trotz: Auf dem Höhepunkt des sittlichen Verfalls ging es dem Römischen Reich eher gut. Lassen wir einmal die frühe Zeit der römischen Kaiser an uns vorüberziehen, jene hundert Jahre, die seit Jesu Tod am Kreuz vergangen waren, und in denen das Römische Reich zu bis dahin nie gekannter Größe expandierte. Es ist eine Zeit extremer gesellschaftlicher Aufsplitterung und »Globalisierung«, in der die althergebrachten Vorbilder und Tugenden, die ehernen Grundsätze Roms, kräftig an Strahlkraft verlieren – bei dem »Mann auf der Straße« ebenso wie bei den politischen Führern. An die Stelle gesellschaftlicher Einheit rückt individuelle Selbstverwirklichung und Pluralität der Lebensformen. Eine Zeit extremer »Dekadenz«.

Die politischen Leitfiguren machen es vor: Schon der zweite Kaiser Roms, der Nachfolger des legendären Augustus, Kaiser Tiberius (14–37 n. Chr.), erwirbt sich seinen berüchtigten Namen nicht allein damit, dass seine sadistischen Grausamkeiten so überaus »ausgesucht« und »individuell« sind, wie der römische Geschichtsschreiber Sueton erzählt, sondern weil er es in puncto »sexuelle Dekadenz« selbst für antike Verhältnisse außergewöhnlich weit treibt: So lässt er etwa auf Capri ganze Scharen von Knaben und Mädchen zusammenbringen, um neue, außergewöhnliche Beischlafmethoden zu erfinden.

Erotisches Mosaik, ganz im Geschmack der Zeit, aus Pompeji, der Stadt, die 79. n. Chr. unter der Lava des Vesuvs verschüttet wurde.

Es ist die große Zeit außergewöhnlicher Exzesse aller Art. Marcus Gavius Apicius heißt zum Beispiel jener Zeitgenosse des Tiberius, der mit seinem umfassenden Werk *De re coquinaria*, »Über die Kochkunst«, das gastronomische Niveau Roms in bisher unbekannte Höhen hebt und den modischen Trend angibt. Als ultimativen Genuss preist er exquisite Delikatessen wie Flamingozungen oder Hahnenkämme – abgeschnitten vom noch lebenden Tier – oder das Fleisch von mit Honigwein ernährten Schweinen. Apicius ist nicht kleinlich, wenn es um leibliche Freuden geht: An die 140 Millionen Sesterzen verprasst er im Zuge seiner ausufernden Festgelage, eine unfassbare Summe, mit der man damals gut sechzig Millionen Menschen, also sozusagen die ganze Bevölkerung des Römischen Reiches, hätte satt bekommen können. Immerhin kann Apicius für sich in Anspruch nehmen, sein Schlemmerleben in höchster Konsequenz gelebt zu haben. Denn als er schließlich feststellen muss, dass sein Vermögen auf nur mehr zehn Millionen Sesterzen zusammengeschmolzen ist (was eigentlich gar nicht so wenig ist, wenn man bedenkt, dass viele römische Lohnarbeiter mitsamt ihrer Familie mit 2000 Sesterzen im Jahr auskamen), und er daher fürchten muss, dass seine Festessen bescheidener ausfallen werden als bisher, »schlürft er« – wie es der Schriftsteller Martial so schön ausdrückt – den »Gipfel aller seiner Schlemmerei«: Er schluckt eine tödliche Dosis Gift.

Kaiser Gaius Caligula soll »unbegrenzt schrecklich« gewesen sein und allen erdenklichen Lastern gefrönt haben.

Über den Nachfolger des Tiberius, Caligula, dessen gesamte Familie übrigens zuvor von Kaiser Tiberius ausgelöscht worden war, braucht man eigentlich kaum Worte zu verlieren. Der Name des Regenten (37–41 n. Chr.) steht bis heute synonym für alle Laster dieser Welt. »Caligula kann man sich am besten als Kind vorstellen, dem man erlaubt hat, unbegrenzt schrecklich zu sein«, fasst Anthony Blond in seiner Skandalgeschichte römischer Herrscher das kaiserliche Persönlichkeitsprofil sehr plastisch zusammen. Aber es war wohl noch schlimmer: Caligulas Grausamkeit, seine Egozentrik und sein Größenwahn hatten ein solches Ausmaß, dass einige moderne Historiker sich nur damit zu behelfen wussten,

diesen unglaublichen Abgrund an Verderbtheit als Folge einer massiven Erkrankung zu deuten: als Enzephalitis, als Hirnentzündung, die in totaler Schizophrenie mündete.

Caligulas Nachfolger auf dem Thron, sein Onkel Claudius, war da schon eher das Gegenteil – allerdings in so starker Ausprägung, dass es vielleicht auch schon als krankhaft anzusehen ist, in jedem Fall aber zum höchsten Amt im Staate kaum befähigt: als trotteliger Gelehrter, hinkend, stotternd, wird er beschrieben; als einer, der sich vor kräftigen Soldaten hinter Vorhängen versteckt und der es hinnimmt, wenn ihm seine liebestolle Ehefrau auf der Nase herumtanzt: Kaum ist er einmal auf Reisen und daher aus dem kaiserlichen Haus, lässt Gattin Messalina eine rauschende Hochzeitsfeier veranstalten – für sich und einen schneidigen Prätorianer-Offizier! Überraschend genug, dass sich Claudius doch ganze 13 Jahre auf dem kaiserlichen Thron hält.

Was Peter Ustinov als Kaiser Nero in dem berühmten Hollywood-Klassiker zum Besten gibt, dürfte eher eine Untertreibung der tatsächlichen Verhältnisse in der Zeit um 64 n. Chr. sein: Dass dieser Adoptivsohn des Claudius zur Leier sang, während zunächst Rom und dann auch die von ihm an Kreuze geschlagenen Christen brannten, wird zwar gezeigt; dass aber Nero seinen Lieblingsknaben Sporus auf alle erdenkliche Weise in eine weibliche Person zu verwandeln suchte, um ihn schließlich offiziell zu heiraten, zur »Kaiserin« von Rom zu krönen und ihn in aller Öffentlichkeit inniglich zu küssen, war den Hollywood-Produzenten dann doch zu jugendgefährdend, um es in Szene zu setzen. In seinen Lucilius-Briefen nennt der Nero-Erzieher Seneca übrigens die weit verbreitete »Ablehnung der normalen Lebensart« eine »Krankheit der Zeit« und fordert dazu auf, »den Weg einzuhalten, den die Natur vorgeschrieben hat« (ep. 122, 17–18). Solche frommen Appelle verhallten aber offenbar ungehört – nicht nur in Palastgängen, sondern auch in den Gassen der öffentlichen Straßen.

◃ Ein »Klassiker« der römischen Geschichte: Der dekadente Kaiser Nero tanzt vor dem brennenden Rom, das er selbst hat anzünden lassen.

Auf Nero (54–68 n. Chr.) folgen in nur einem Jahr gleich drei Kaiser – jeder von ihnen alles andere als ein Ausbund an Tugend. Kaiser Galba gilt als geizig, kleinkariert und schikaniert seine Soldaten. Otho wird bald nachgesagt, er habe bereits mit Nero gemein-

Manche Kaiser, etwas Vitellius, konnten ihr Amt nur Wochen oder Monate genießen, bevor sie Rivalität und Intrige zum Opfer fielen.

same Orgien veranstaltet und mit diesem selbst sexuell verkehrt. Und Vitellius stirbt in einem blutigen Straßenkampf, bevor er sich »kaiserlich« entfalten kann; kurz zuvor ist er durch Vespasian gestürzt worden, der mit dem Kolosseum dem Volk später jene gigantische Vergnügungsarena schenkt, in der sich von da an beinahe täglich jeder Bürger an blutigen Gladiatorenschlachten und Hinrichtungen satt sehen darf. Mord und Totschlag werden zu einem öffentlichen Fest stilisiert – ein wahrhaft dekadentes gesellschaftliches Programm, das sich in diesem ersten Jahrhundert nach Christus mehr und mehr etabliert.

Aber all das scheint die Stabilität des Staates in keiner Weise erschüttert zu haben. Rom festigt in diesen Jahren außenpolitisch seine Stellung als Weltmacht und erweitert seine territorialen Besitztümer. Um das Jahr 117 erreicht das Imperium unter Trajan (98–117 n. Chr.) und seinem Nachfolger Hadrian (117–138 n. Chr.), beide ihren Zeitgenossen wohl bekannt als exzessive Liebhaber junger Knaben, seine größte Ausdehnung. Etwa 150 Millionen Menschen stehen nun von Britannien bis Nordafrika, von Mesopotamien bis Spanien unter der Herrschaft und dem kulturellen Einfluss Roms. Der erste große Lenker all dieser Schicksale, Trajan, lässt sich denn auch nicht lumpen, als es nach seinem Sieg gegen die Bewohner des Balkans, die Daker, etwas zu feiern gibt: Im Kolosseum veranstaltet er eine sage und schreibe 123 Tage dauernde gigantische Schlachtschau, in der sich fast 10 000 Gladiatoren und 11 000 wilde Tiere gegenseitig massakrieren.

Es ist im Grunde erstaunlich, dass solche Gräuel der Beliebtheit römischer Imperatoren auch in den Augen der Nachwelt offenbar keinen Abbruch getan haben. Noch heute verkaufen sich die Reproduktionen der Kaiser-Köpfe in den zahlreichen Andenkenläden Roms ausgesprochen gut. Neben Nero, dem absoluten Verkaufsschlager, wartet Trajan gleich dutzendfach, in unschuldig weißes Kunstmarmor gegossen, auf Käufer – passenderweise gleich neben schamlos feilgebotenen Mussolini-Büsten. Niemand scheint hier in Rom an dieser schrägen Heroen-Verehrung Anstoß zu nehmen. Schon gar nicht an dem hübschen Geschenkkarton mit den Statuetten Hadrians, der es in puncto politischer Brutalität mit seinen Vorgängern durchaus aufnehmen konnte, wenngleich er in persönlichen Belangen eher als »Sensibelchen« gelten muss: Den Selbstmord seines Geliebten Antinous soll er »wie ein Weib beweint« haben, ist in der *Historia Augusta* aus dem vierten Jahrhundert überliefert.

Kaiser Hadrian stürzte der Selbstmord seines Geliebten Antinous in eine tiefe Krise.

Überhaupt muss ihm der Gedanke an den Tod doch recht nahe gegangen sein, vor allem wenn es ihn persönlich betraf: Der Regent (117–138 n. Chr.) ging als Erbauer einer der gigantischsten Grabstätten, die je verwirklicht wurden, in die Weltgeschichte ein. Sein monumentaler Versuch, Unsterblichkeit zu erlangen, ragt noch heute als eines der unübersehbaren Wahrzeichen Roms hoch über den Tiber: die »Engelsburg«. Hadrians Mausoleum, ein Stein gewordenes Symbol für ein dekadentes Lebensgefühl, das kaum ein Maß kannte.

Dennoch ließ sich der große Historiker Edward Gibbon 1776 dazu hinreißen, die Epoche jener etwa achtzig Jahre, die mit Trajan begann und mit dem »Philosophen auf dem Thron«, Marc Aurel, endete, als »die glücklichsten Jahre der Menschheit« zu bezeichnen. Das ist natürlich angesichts bluttriefender Exzesse der reine Unfug, aber wirtschaftlich und politisch gesehen ging es dem Rom dieser Tage blendend, von Untergang weit und breit keine Spur!

Chronik

Das 1000-jährige Reich – der Aufstieg

Der Flug der Vögel bestimmte der Legende nach den Ort, an dem Rom gegründet wurde.

753 v. Chr. Sagenhafte Gründung Roms durch die Zwillinge Romulus und Remus

ca. 510 Vertreibung des letzten etruskischen Königs Tarquinius. Die Römer schwören jedem Königtum ab und entscheiden sich für die Staatsform der Republik

450 »Zwölf-Tafel-Gesetz« – erste schriftliche Fixierung römischen Rechts

396 Die nördlich von Rom gelegene Etruskerstadt Veji wird von den Römern erobert – der Startschuss für die gewaltige Expansionspolitik des römischen Imperiums. Ein halbes Jahrtausend später umfasst das Römische Reich sämtliche Mittelmeer-Regionen, nebst Teilen Germaniens und Britanniens

387 Erster Einfall der Gallier in Rom. Die Stadt wird mit der Servianischen Stadtmauer gesichert

298–290 Dritter Krieg mit den Samniten, die verbündet sind mit Sabienern, Umbrern, Etruskern, Galliern und Lukanern. Am Ende wird Rom Herrscherin über Mittelitalien

272 Sieg über das griechische Tarent. Rom beherrscht jetzt das bis dahin griechische Unteritalien

241 Friedensschluss mit dem großen Gegner Karthago. Sizilien wird römische Provinz, später auch Korsika und Sardinien

216 Römisches Trauma: Der Karthager Hannibal besiegt nach seiner legendären Alpenüberquerung die Römer in der Kesselschlacht von Cannae

202 Scipio besiegt Hannibal in der Entscheidungsschlacht von Zama. Abtretung Spaniens an Rom

148 Nach drei Kriegen wird Makedonien römische Provinz

146 Zerstörung Karthagos. Römische Provinz »Africa«

113–101 Kämpfe gegen Kimbern und Teutonen enden mit deren Vernichtung bei Aix-en-Provence und in der Po-Ebene, gute sechzig Kilometer südwestlich Milans

111	Nach erfolgreichem Feldzug gegen König Jugurtha wird Numidien, das heutige Algerien, römische Provinz
88–79	Bürgerkrieg. Zum ersten Mal führt ein Römer, Sulla, Legionäre gegen Rom und ernennt sich zum Diktator
73	Sklavenaufstand unter dem Gladiator Spartakus entwickelt sich zur ernst zu nehmenden Bedrohung des Reiches
58–50	Gaius Julius Caesar erobert Gallien
45	Caesar zum Diktator auf Lebenszeit ernannt
44	Eingefleischte Republikaner ermorden Caesar, in dessen Machtstellung sie eine Bedrohung des Staates sehen
31	Sieg des Oktavian (Augustus) über seinen Rivalen Antonius in der Seeschlacht zu Actium (Griechenland). Antonius und seine Verbündete und Geliebte Kleopatra begehen Selbstmord. Ägypten wird nach 3000 Jahre währender Selbständigkeit römische Provinz
27	Oktavian erhält den Ehrennamen Augustus (der Erhabene). Er ist Princeps (erster Bürger), erhält später alle konsularische Gewalt auf Lebenszeit und wird Pontifex Maximus (höchster Priester). Unter seiner Herrschaft beginnt die Pax Augusta, die fast vierzigjährige »goldene Friedenszeit« des Römischen Reiches

An der Via Appia, der prachtvollen Ausfallstraße Roms, ließen sich vornehme Römer repräsentative Grabstätten einrichteten.

Spaßgesellschaft

Zugegeben: Die Frage, wer oder was »dekadent« ist, wird seit jeher auf einem weiten Feld unterschiedlicher Interpretation abgehandelt. Ob blutige Gemetzel, sexuelle Ausschweifung, architektonische Gigantomanie, sinnlose Verschwendung oder einfach fortschreitende Korruption die »Dekadenz« einer Gesellschaft anzeigen, wird je nach persönlicher Meinung und Vorliebe entschieden. Der Begriff ist relativ modern – er taucht das erste Mal in den philosophischen Zirkeln des 17. Jahrhunderts auf, in denen man dem Phänomen des zyklischen Kulturverfalls auf die Spur zu kommen sucht. »Décadence« – das scheint von Anfang an ein Ideologiebegriff gewesen zu sein, der mit wechselndem Inhalt angefüllt werden kann. Manchmal sogar mit positivem, denkt man etwa an die Verehrung von Lebensekstase und sinnlichem Raffinement bei Mallarmé oder Oscar Wilde. Was ist »Dekadenz«? Was ist »Verfall«? Alles eine Sache der Interpretation!

Zweifelhafte Superstars im Fernsehen und die bislang ungekannte Schwemme von Promi-Biographien auf dem Büchermarkt seien, so liest man etwa, ein sicheres Indiz für die »vollendete Dekadenz des deutschen Kulturbetriebs«. An anderer Stelle ist wiederum zu hören, dass die »neue Dekadenz« sich darin äußere, dass immer weniger Menschen in unserem Staat bereit sind, eine Familie zu gründen und Kinder aufzuziehen. Grundsätzlich gilt: Eine De-

Vor allem das prüde 19. Jahrhundert malte sich das dekadente Leben der Römer in wilden Farben und Formen aus.

kadenz kommt selten allein! Ein ganzes Bündel unerfreulicher Zeiterscheinungen wird zumeist für den kulturellen Absturz verantwortlich gemacht, und es stellt sich dann schnell die Frage, welche dieser zahlreichen Symptome den endgültigen Ausschlag für den jeweiligen kulturellen Niedergang gegeben haben könnten. Oder handelt es sich letztlich doch um eine unteilbare Summe von Einzelphänomenen, die immer zeitgleich und immer miteinander verknüpft auftreten? Ist »Dekadenz« ein Sammelbegriff und Synonym für »falsches Leben«? Für die grundsätzliche und tief greifende Versündigung am eigentlichen Lebenssinn? Die gegenwärtige Dekadenzdiskussion scheint Letzteres zumindest nahe zu legen – der Blick in die römische Geschichte übrigens auch!

Denn tatsächlich sind die dem »Cäsarenwahn« verfallenen Herrschertypen der frühen römischen Kaiserzeit keine schwarzen Schafe aus der Welt der High Society. Das damalige Verhalten der »Oberen Zehntausend« wird flankiert von jenen flächendeckenden gesellschaftlichen Erscheinungen, die auch wir in unserer spätkapitalistischen Gesellschaft als beunruhigende Symptome einer umfassenden Gesamtentwicklung deuten. Zum Beispiel »dramatischer Rückgang der Geburtenzahlen« oder »gesellschaftliche Überalterung«. Diese Phänomene sind offensichtlich stets Teil des Gesamtszenarios und auch der Antike bestens vertraut. Schon der erste römische Kaiser, Augustus, versucht gegenzusteuern und erlässt zahlreiche Gesetze, die den Bevölkerungsrückgang stoppen sollen: Junggesellen und unverheiratete Paare werden steuerlich und erbrechtlich schlechter gestellt, ein System von Prämien für arme, kinderreiche Ehepaare wird eingeführt. Diese Familienreform ist alles andere als ein »Reförmchen«, die Maßnahmen gehen viel weiter als es in einem modernen demokratischen Staat durchsetzbar wäre: Familien mit mindestens drei Kindern werden von der Steuer befreit; Männern im Staatsdienst wird bei anhaltender Kinderlosigkeit die Beförderung verweigert; Kinderlose haben keine Chance, ein hohes Amt zu erreichen und so weiter und so weiter. Aber ähnlich wie in unserer Gesellschaft die bescheidene Anhebung des Kindergeldes kaum Wirkung zeigt, so haben auch in der Antike die drakonischen Maßnahmen keinen Effekt. Die Römer konnten – genau wie wir – den herrschenden Zeitgeist nicht mit Gesetzen aushebeln. Grabsteine sind da ein sicheres Indiz: Von etwa 3000 erhaltenen Grabinschriften aus der römischen Kaiserzeit verzeichnen lediglich die Hälfte überhaupt Kinder, und auf nur 171 Monumenten ist von mehr als einem Nachkommen die Rede. Steigender Wohlstand und wachsendes Bildungsniveau gehen nun mal mit schrumpfenden Geburtenraten einher, wie die Entwicklung zu allen Zeiten auch in anderen Kulturen zeigt. Mit einer durchschnittlichen Geburtenzahl von immer noch ein, zwei Kindern pro Frau, nimmt sich die bundesdeutsche Statistik vergleichsweise noch günstig aus, wenngleich die Wissenschaftler vom Statistischen Bundesamt gnadenlos vorrechnen, dass im Jahr 2002 in Deutschland etwa 122 000 Menschen weniger geboren wurden als starben. Eine Entwicklung mit steigender Tendenz. Bis zum Jahr 2050 könnte der Anteil der über Sechzigjährigen auf fast vierzig Prozent steigen! Eine Zwei-Klassen-Gesellschaft droht. Vor diesem Hintergrund ist es geradezu tröstlich, dass die alten Römer noch massiver als wir unter Nachwuchssorgen litten – und dass der römische Staat trotz dieser Probleme fast noch ein halbes Jahrtausend fortbestand.

Das vorübergehende Rezept, das dem Bürgerverlust erfolgreich entgegenwirkte, könnte aus dem politischen Almanach der Gegenwart entnommen sein: Kontrollierte Einwanderungspolitik! Über fünf Jahrhunderte hat dieses Instrument gesellschaftlicher Fortentwicklung dem Römischen Reich offenbar gute Dienste geleistet. Warum es am Ende doch versagte, zumindest was den Erhalt und die Tradierung der römischen Kultur angeht, wird noch zu fragen sein.

Kaiser Vespasian machte sich beim römischen Volk durch den Bau des Kolosseums, einer riesigen Vergnügungsarena, beliebt.

Untergang en gros

Stichwort »geistig-kultureller Niedergang«: Mehr noch als Bohlen, Küblböck und sämtliche Privatsender zusammen es je vermögen, wurde im Jahre 79 n. Chr. mit dem Kolosseum in Rom eine Unterhaltungskultur ins Leben gerufen, die alles in den Schatten stellt, was heute »Spaßkultur« heißen mag, und die als das Symbol für schlechten Geschmack und Kulturverfall schlechthin gelten darf. »Brot und Spiele«, dieses immer gültige Motto vollendeter Dekadenz

Schon die Italienreisenden des 18. Jahrhunderts begeisterten sich für die architektonischen Meisterleistungen Roms, vor allem für das Kolosseum.

– in Rom wurde es geboren. Die »industrielle Vollverspaßung der Gesellschaft«, wie sie Alexander von Schönburg in seinem Buch *Tristesse royal* speziell für unsere Gegenwart beklagt – 1900 Jahre vor unserer Zeit ist sie perfekt verwirklicht. An gut zweihundert Tagen im Jahr wurde den bis zu 55 000 Zuschauern in der 48,5 Meter hohen »Kalksteinschüssel« genau das geboten, was »die Einschaltquote« seinerzeit verlangte, sprich: was die Menschen damals sehen wollten. Nämlich wie Lebewesen andere Lebewesen möglichst raffiniert massakrieren. Tiere gegen Tiere. Tiere gegen Menschen. Menschen gegen Menschen. Frauen und Kinder inklusive. Bei freiem Eintritt versteht sich, Verpflegung gratis.

Bedenkt man, dass im »Amphitheatrum Flavianum«, so der Name des volkstümlich »Kolosseum« genannten Monumentalbaus, in den gut 350 Jahren seines Spielbetriebs fast täglich Menschen zerfleischt wurden – pro Jahr werden es etwa tausend Opfer gewesen sein –, so kann man sich leicht ausrechnen, dass das kaum fußballfeldgroße Arenenrund wahrscheinlich jenen Ort auf der Welt re-

Mord und Totschlag in kultivierter Kulisse: In diesem Gemälde des 16. Jahrhunderts schwingt jede Menge Kritik an den »unchristlichen« Sitten Roms mit.

»Venationes«, Tierhatzen mit fremdländischen Bestien, waren die »Top-Acts« der römischen Unterhaltungskultur.

präsentiert, an dem das meiste Menschenblut im Boden versickert ist. Der Historiker Karl-Wilhelm Weeber nennt diesen gesellschaftlichen Exzess beim Namen: Ein »aus Blutgier, Sadismus und Massenpsychose gemischtes Gift« sei an diesem Ort jahrhundertelang versprüht worden – unter dem Motto »Freizeit und Entspannung«! Und das Kolosseum zu Rom war beileibe kein Einzelfall römischer Grausamkeit. Die Römer unterhielten ein regelrechtes Netz von insgesamt 186 Amphitheatern in ihrem Riesenreich. Eine global operierende Entertainment-Industrie, die von Staats wegen die Massenproduktion von Abscheulichkeiten betrieb.

Dennoch: Das gesellschaftliche Ende war mit diesem Abgrund an Kulturverfall keineswegs besiegelt. Rom existierte von da an noch 400 Jahre weiter. Einen direkten Zusammenhang zwischen dieser kulturellen Dekadenz und dem Untergang des Imperiums zu konstruieren, wäre in etwa so, als wolle man heute die Gräuel des Dreißigjährigen Krieges für unsere derzeitige Wirtschaftskrise verantwortlich machen.

Stichwort »Reformstau«: Die oft kritisierte Unfähigkeit unserer Gesellschaft, angestammte Besitzstände veränderten Realitäten anzupassen, gab schon römischen Politikern Grund zur Klage; auch sie mussten schmerzlich erfahren, dass gesellschaftliche »Meinungsbildungsprozesse« ihre Zeit brauchen: Ob es Cato war, der im zweiten Jahrhundert vor Christus die mangelnde Tatkraft des Staates kritisierte, wenn es darum ging, den lebensgefährlichen Gegner Karthago endlich auszuschalten (»ceterum censeo Carthaginem esse delendam!«); oder Cicero, der im ersten Jahrhundert vor Christus in großen Reden den Verfall der Sitten bejammerte (»o tempora, o mores!«); oder der Dichter Catull, der in seinem Gedicht 43 gleich sein ganzes Jahrhundert verdammte (»o saeclum insapiens et infacetum!«) oder der satirische Literat Juvenal, Zeitgenosse Hadrians, der in seinem Gesamtwerk die ganze Palette furchtbarer Missstände ausbreitete, von der allgemein grassierenden Korruption bis hin zur staatlich geförderten Grausamkeit bei Gladiatorenspielen. Die Liste der antiken Gesellschaftskritiker ließe sich beliebig fortsetzen ...

Die Ausrüstung der Gladiatoren war in einem Regelkanon vorgeschrieben.

Die Klage, dass »nichts vorangehe«, war auch damals schon genauso alltäglich, wie die fortwährende Beschwerde der Alten über die Verwahrlosung der Jugend und den Verfall der Gegenwart. Dass diese andauernde Litanei aber in den großen Krisenzeiten des vierten und fünften Jahrhunderts ausgerechnet berechtigter gewesen sein sollte, als in den tausend Jahren zuvor, kann schwerlich einleuchten. Als hellsichtige Prophezeiungen eines nahenden Untergangs können diese Allerweltsbeschwerden sicher nicht gelten.

Stichwort »Gefälle zwischen Arm und Reich«: Karl-Wilhelm Weeber hat ausgerechnet, dass schon zu Caesars Zeiten, also im ersten Jahrhundert vor Christus, das Einkommen der Superreichen ungefähr 10 500-mal so hoch war wie das Einkommen der armen, ein-

Der Tod als letzte Würze rauschender Feste. »Bedenke, dass du sterben wirst!« – eine Mahnung, die hinter aller römischen Lebenslust steht.

fachen Leute. Nur einige wenige Jahrzehnte später, während der Kaiserzeit im ersten Jahrhundert nach Christus, hatte sich dieses Verhältnis auf 1 zu 17 000 dramatisiert. Die Schere zwischen Arm und Reich klaffte in einer so eklatanten Weise auseinander, wie dies sonst in der Geschichte kaum zu beobachten ist. Zum Vergleich: Auf dem Höhepunkt der Industriellen Revolution um 1880 in England etwa lag das Verhältnis von Arm und Reich »nur« bei 1 zu 6000!

Würden wir heute die Alten Römer mit einer Zeitmaschine besuchen, würde uns wahrscheinlich dieser ungewohnt scharfe Kontrast zwischen Arm und Reich als erster Eindruck heftig irritieren – nebst der sicher befremdlichen Tatsache, dass in der römischen Gesellschaft niemand jemals wirklich »allein« war, sondern dass »Kommunikation« hier ein wirkliches direktes Miteinander meinte. Distanz und Privatheit waren sehr rare Güter in einer Welt, in der alle Informationen den Weg der persönlichen Mitteilung gehen mussten und alle Arten von »Medien« noch unbekannt waren.

Gleichwohl: Das soziale Ungleichgewicht in der römischen Gesellschaft der Antike war atemberaubend, und zu anderen Zeiten und in anderen Gesellschaften haben schon wesentlich geringere soziale Spannungen ausgereicht, um das Fass zum Überlaufen zu bringen. Dass im Alten Rom niemals auch nur der Versuch einer Revolution von unten stattgefunden hat, ist nur zu einem Teil mit der geschickten Politik der Machthaber zu erklären, die mit großzügigen Schenkungen und »Brot und Spielen« jede aufkommende Unruhe zu dämpfen verstanden. Ganz wesentlich dürfte zum »sozialen Frieden« beigetragen haben, dass die römische Gesellschaft äußerst durchlässig konzipiert war. Ein Charakteristikum, das sich mit der »Globalisierung« des Römischen Reiches seit der Kaiserzeit noch verstärkte.

Vom Tellerwäscher zum Millionär – das war der römische Traum, der sich freilich ebenso schnell in umgekehrter Richtung erfüllen mochte. Bei aller objektiven Ungleichheit dürfte in dieser Gesellschaft ein allgemeiner Konsens darüber vorgeherrscht haben, dass jeder seines Glückes Schmied sei, so lange die Götter ihm gewogen waren. Dass der Starke in dieser erbarmungslosen Welt eher überleben würde als der Schwache, auch mit diesem »Naturgesetz« hatte man seinen Frieden gemacht. Die Richtigkeit dieser Ansicht wurde den Römern ja Tag für Tag vor Augen geführt: Die Geschichte ist voll von freigelassenen Sklaven, die über Nacht zu Millionären wurden; von Kriegsgefangenen und Underdogs, die als Gladiatoren plötzlich zu Superstars der Arena heranreiften; von Politikern wie Caesar, die sich lebensgefährlich hoch verschuldeten, alles auf eine Karte setzten – und gewannen. Wer hätte solchen Männern die Frucht ihres Einsatzes, ihres Glückes verübeln können? Was war einzuwenden gegen die, die sich im Wettlauf um Macht und Geld als erfolgreich erwiesen? Für eine Revolution, die das Alte Rom in seinen Grundfesten hätte erschüttern können, waren die Spannungen zwischen Arm und Reich offensichtlich nicht groß genug, weil die soziale Ungleichheit auf breiter Front schlicht als Realität akzeptiert wurde.

Stichwort »Niedergang der politischen Kaste«: War das Versagen immer schlechterer Staatsführer schuld am Untergang Roms? Diese These, die auf dem Verdacht einer »Negativauslese« beim politischen Führungspersonal fußt, wird vor allem in jüngster Zeit häufig diskutiert. Und zwar nicht nur, wenn es um das Alte Rom geht – Parallelen zur Gegenwart drängen sich durchaus auf. Damals förderten Ämterschacher, Korruption Stil und »Vitamin-B« einen Ausleseprozess, bei dem wahre Talente nicht selten auf der Strecke blieben und übelste Gestalten das Staatsruder in die Hand bekamen. Man denke nur an den beispiellosen Staatsterror unter Sulla und seinen Spießgesellen 82 v. Chr.

Der trunkene Gott Dionysos wird von zwei Lustknaben gestützt. Solche mythologischen Darstellungen prägen bis heute die Vorstellungen von römischen Orgien.

Geschadet hat das der Einheit des Imperiums gleichwohl nie. Immer wieder fand sich jemand, der das Ruder irgendwie herumriss, Fehler korrigierte. Der »Schweinestall«, von dem Thomas Couture sprach, wurde dann einfach ausgemistet. Und zwar gründlich. Massive Krisen scheinen geradezu die Voraussetzung dafür gewesen zu sein, dass tief greifende und wirksame Reformen auf den Weg gebracht wurden. Die Widerstandskraft Roms gegenüber allen Auflösungstendenzen war so stark, dass letztlich sogar die Teilung in ein West- und ein Oströmisches Reich unter Diokletian Ende des dritten Jahrhunderts nach Christus den Fortbestand des Imperiums zunächst nicht gefährdete. Alles konnte Rom ertragen; Rom, das unter vielen Schmerzen zur sichersten Gewissheit der gesamten antiken Welt herangereift war. Rom, der kulturelle Schmelztiegel, in den, wie Leopold von Ranke es 1854 auf den Punkt brachte, »sich alle alte Geschichte hineinergießt, gleichsam in einem Strom, der in einen See mündet«. Ganze Dynastien wahnhafter Kaiser hatte Rom ertragen – niemals hatten sie die Einheit und den Fortbestand des Imperiums in Frage stellen können. Schon gar nicht hatten das die ständigen »Feindberührungen« an den weitläufigen Grenzen des Reiches vermocht. Und selbst die Aufteilung in unterschiedliche Verwaltungszonen, zuletzt in West- und Ostrom, hat das felsenfeste römische Staatsbewusstsein (»civis Romanus sum« – »Ich bin ein römischer Bürger!«) nicht erschüttert.

Man macht es sich also zu einfach, wenn man leichtfertig die Antike zum Kronzeugen gegen die Unbehaglichkeiten unserer Gegenwart aufbaut, wie es etwa der Autor Alexander von Schönburg tut, wenn er schreibt: »Show [...] Materialismus, Hedonismus, Körperkult und Jugendkult, was insgesamt ein wenig an die ausgehende Antike erinnert, bevor sie von Lava verschluckt und von den Barbaren überrannt wurde.« Ein eingängiges Untergangsszenario, doch kaum mehr als ein weit verbreitetes, falsches Klischee. Die Barbaren »überrannten« nicht. Nichts berechtigt dazu, einen rund 500 Jahre währenden Infiltrationsprozess mit einem Blitzkrieg gleichzusetzen. Dekadenz und Materialismus wiederum sind frühe und dauerhafte Erscheinungen in einer Kultur, die lange gut damit leben konnte,

Den Untergang von Pompeji stilisierte die christliche Nachwelt gerne zur Apokalypse einer sündigen Welt, die von der Rache Gottes heimgesucht wird.

gerade weil sie über Jahrhunderte tendenziell ihre Reformfähigkeit und Flexibilität daraus bezog. Und schon gar nicht verstarb Rom an den Folgen von Erdbeben und Vulkanausbrüchen. Der Vesuv verschüttete im Einweihungsjahr des Kolosseums, 79 n. Chr., gerade einmal das Provinzstädtchen Pompeji. Das war gewiss eine Katastrophe, die viel Furore machte, aber eine sehr lokale. Erst die Nachwelt hat »Die letzten Tage von Pompeji« mit ungeheurer Bedeutung aufgeladen und zum Symbol für den infernalischen Untergang der Antike gemacht. Woran ging Rom also dann zugrunde?

Wenn Völker wandern

Da saßen wir einst, etwa zwölfjährig, im Schulunterricht und hatten soeben ein merkwürdiges Wort gelernt: »Völkerwanderung«. Der Geschichtslehrer hatte langatmig ausgeholt, hatte klangvolle Völkernamen abgeschnurrt, hatte davon gesprochen, dass Langobarden, Goten, Alemannen und vor allem Hunnen die Welt grundlegend verändert hätten. Aber wie? Durch ihre Wanderung! Ihre »Wanderung«? Warum, wohin und weshalb? Was unter dieser »Wanderung« zu verstehen war, blieb uns schleierhaft – und ist auch für phantasiebegabte Erwachsene als reale, erlebbare Wirklichkeit kaum auszumalen. Was überhaupt sind »Völker«? Allein schon der Begriff macht Schwierigkeiten. Unser Lehrer sprach damals von »Abstammung«, »Blut«, »Vermischung« und »Rasse«, und die Unsicherheit seiner Definitionen so kurz nach dem Zweiten Weltkrieg war deutlich spürbar. Eine Wandkarte wurde entrollt, vielleicht die langweiligste und zugleich verwirrendste meiner gesamten Schulzeit. Sie bildete ein ausgedehntes Europa ab, das sich von Spanien bis östlich des Schwarzen Meeres erstreckte, von Norwegen bis Nordafrika, die ganze Alte Welt in unübersichtlicher Einheit, ohne die späteren Nationalgrenzen. Stattdessen war die Karte mit einer Unzahl bunter Pfeile übersät, die tendenziell alle von Osten nach Westen wiesen. Dazwischen jede Menge dekorativ gekreuzter Schwerter: Schlachtensymbole, zur besonderen Freude des Lehrers garniert mit einer reichen Auswahl an Jahreszahlen.

Das also war die »Völkerwanderung«! Wirklich eine »Wanderung«? »Gewandert« im wörtlichen Sinn wurde damals, im vierten, fünften und sechsten Jahrhundert nach Christus kaum; die Migrationsbewegung ganzer Völker glich wohl eher einem Wettlauf – ums Überleben. Es war die große Suche unzähliger Großfamilien und Stämme nach einem Auskommen, einer Existenz, die Zukunft versprach. Der tiefe Wunsch, endlich eine »Perspektive« zu haben, die Sehnsucht nach einer besseren Welt, die sicher oft genug enttäuscht wurde. Die Völkerwanderung war ein großes blut- und tränenreiches Drama, aufzusplittern in das individuelle Elend zahlloser Einzelschicksale, wenn sie denn je in den Focus der Geschichtsschreibung gelangt wären. Als reines Zahlenwerk des Schulunterrichts, als kühle Beschreibung großer Massenbewegungen, blieb aber alles unkonkret und leblos. Tote Geschichte eben, die die wichtigen Fragen nicht beantwortete. Warum nämlich waren die Menschen gewandert? War es bittere Not oder doch pure Kampfes- und Eroberungslust? Oder sollte es vielleicht reine Freude am Abenteuer gewesen sein, die hunderttausende Menschen dazu nötigte, ihre angestammte Heimat zu verlassen und das Glück in der verheißungsvollen Fremde zu suchen? Zwang vielleicht gar ein rätselhaftes, dunkles Gesetz die Menschen unbewusst zur großen Auseinandersetzung mit sich selbst und anderen? Eine eindeutige Antwort auf diese Frage blieb uns der Lehrer damals schuldig. Genau wie die heutigen Geschichtsbücher, in denen das Resümee ähnlich dürftig ausfällt: »Bis heute sind nicht alle Gründe für die ungewöhnlichen Wanderungen in den ersten Jahrhunderten nach Christus geklärt.«

Ganz sicher waren äußerst unterschiedliche Faktoren die Ursache. Ein merkwürdiges Zusammenspiel verschiedenster Zufälle dürfte die Wanderwelle in Gang gesetzt haben. Das Klima verschlechterte sich, aus welchen Gründen auch immer. Flutkatastrophen an der Nordseeküste drängten die Menschen nach Süden. Steigende Geburtenraten bei germanischen Stämmen führten dazu, dass der heimische Wald und das bewirtschaftete Land nicht mehr genug an Nahrung hergaben. Gleichzeitig drang die Nachricht von wärmeren, fruchtbaren Landschaften irgendwo im Süden an die Ohren der

Schon Darstellungen des 19. Jahrhunderts zeigen: Die Völkerwanderung war ein großes gesellschaftliches Durcheinander.

Hungrigen. Nicht zuletzt waren es ja die Römer selbst, die mit ihren Grenzsoldaten auch die glückliche Botschaft von ihrer überlegenen Kultur in alle Winkel der damals bekannten Welt trugen. Sie exportierten ganz neue, bis dahin ungeträumte Sehnsüchte.

Etwa zeitgleich, Mitte des vierten Jahrhunderts, setzte von Osten her noch zusätzlich ein ungewöhnlich heftiger Menschenandrang in Richtung Zentraleuropa ein: Völker, die einem noch massiveren Druck aus dem fernsten Osten auszuweichen suchten. Was war die Ursache? Die Zeitgenossen munkelten von göttlicher Strafe und Weltuntergang. Die fremden, Furcht einflößenden Gesichter aus unbekannten Welten galten ihnen bald als »Geißel der Götter«. Nur in solch extremen Bildern vermochten sie ihrer Ratlosigkeit und ihren Ängsten Luft zu machen; nur so konnten sie das Ausmaß der Gewalt begreifen, mit der die Heere des Hunnenkönigs Attila nach Westen vorstießen.

In der Folge dieses beispiellosen Eroberungsfeldzugs der mongolischen Reiterheere fielen nicht nur Städte und Bastionen, sondern auch bis dato sicher geglaubte Wahrheiten. Das antike Weltbild wankte. Spätestens mit dem Jahr 410 n. Chr., als die Westgoten zum ersten Mal in das Herz der Alten Welt, nach Rom, vorstießen und die Stadt ausplünderten, hätte klar werden müssen, dass es nichts auf dieser Welt gibt, was Dauerhaftigkeit verbürgen könnte. Ein tief greifender Pessimismus ist denn auch das Kennzeichen dieser Epoche. In höchster Steigerung bedeutete das die ratlose Abwendung von allem Irdischen, wie sie das frühe, christliche Mönchtum mit großem Erfolg predigte. Dass mit all dem Unglück freilich der Keim eines ganz neuen Bewusstseins gelegt war, durch das später die Entwicklung des ganzen Mittelalters einschließlich unserer Neuzeit geprägt werden sollte, das konnten die Menschen am Rande der Antike nicht ahnen.

Uns aber lehrt es viel über die unkalkulierbare Mechanik der Geschichte. Hätte je das Christentum seine gestaltende Kraft entfalten können, wenn nicht gerade damals die Menschen so bedürftig gewesen wären, die tröstliche Botschaft von der jenseitigen, der »besseren Welt«, zu hören? Und ohne das Christentum als dem kulturbestimmenden Faktor des Mittelalters hätte es keine Reformation gegeben. Ohne Reformation aber keine Aufklärung. Und ohne Aufklärung keine Moderne, keine Gegenwart. Der Karren der Geschichte wäre einfach in irgendeine andere Richtung geholpert.

Welt im Umbruch

Der Druck der Hunnen auf die germanischen Stämme in Osteuropa vervollkommnete das große gesellschaftliche Durcheinander, das man heute »Völkerwanderung« nennt. Attila, der Hunnenkönig, war sozusagen der Vollender des gesellschaftlichen Chaos, das im fünften Jahrhundert herrschte. Aber läuteten er und die nach Süden drängenden Stämme damit das Ende Roms ein? Seit rund zweihundert Jahren waren die Grenzen des Römischen Reiches längst nicht mehr das, was sie einmal waren: solide und für Barbaren schier unüberwindliche Hindernisse. Der Limes, jene technisch ausgefeilte Schutzbarriere aus einem ausgeklügelten System von Gräben, Palisaden, Erdwällen und Wachtürmen, der die Nordgrenze des Imperiums sicherte, wurde 233 n. Chr. zuerst von den Alemannen überrannt. Solange freilich der Durchbruch nur einzelne Teile der Grenze berührte, war es den Römern regelmäßig gelungen, die An-

So stellte sich der Maler Arnold Böcklin im 19. Jahrhundert den Zug der Goten vor.

greifer zurückzuwerfen; selbst wenn sie sich, wie just in diesen Jahren an der Ostgrenze am Euphrat, der kämpferischen Sassaniden erwehren mussten, also einen Zweifrontenkrieg führten.

Doch die zunehmend unüberschaubare Schar umherziehender Sippen- und Stammesverbände ließ die enorme Länge der römischen Reichsgrenze zum Problem werden. Die mobilen Alemannen und Sachsen, wenig später auch Goten und Franken, zogen nördlich der Grenze über das Weichselgebiet bis hin zur Schwarzmeerküste, wo sie die Römer sogar mit Schiffen attackierten. Am geographisch genau entgegengesetzten Ende des Weltreiches brannte es derweil nicht minder: Britannien, ohnehin ein Krisenherd seit Caesars Zeiten, wurde um die Mitte des fünften Jahrhunderts endgültig »römerfrei«, und, was sehr viel schlimmer war, selbst der 117 Kilometer lange Hadrianswall mit seinen 11 000 Wachsoldaten konnte den Sturm der Kelten aus dem Norden auf Dauer nicht stoppen.

Germanische Krieger überqueren den Rhein. Seit Mitte des vierten Jahrhunderts war die Flut germanischer Einwanderer nicht mehr in den Griff zu bekommen.

In Spanien richteten sich derweil die Westgoten häuslich ein, in Nordafrika die Wandalen. Ende des fünften Jahrhunderts dürften dann auch in Gallien und Germanien kaum mehr römische Soldaten gesichtet worden sein. In Italien regierte zu dieser Zeit bereits Odovacar, der germanische Heerführer, der keine zwei Jahrzehnte

später von einem anderen Germanen, von Theoderich, vom wackligen Thron gestoßen wurde.

Das Weströmische Reich war damit erloschen, das antike Rom, einst Zentrum eines Reiches, in dem das gesamte Mittelmeer zu einem Binnensee geworden war, lebte jetzt nur noch als »Ostrom« weiter; als byzantinisches Reich mit dem Zentrum Konstantinopel, jener neu gegründeten Stadt, die mit ihren soliden Mauern und in strategisch günstigerer Lage dem Siedlungsdruck der Völker besser widerstehen konnte. Vom achten Jahrhundert an wehrte man hier heftige Angriffe der Araber ab, später der Türken. Erst 1453 fiel dann auch dieses Traditionslager der antiken Kultur unter dem Ansturm der heiligen Kämpfer des Islam. Das römisch-byzantinische Konstantinopel nannte sich fortan »Istanbul«, nach dem altgriechischen »eis ten polin«, was nicht mehr heißt als »in die Stadt«. Lenkt man den historischen Blick auf Konstantinopel, dann kann man mit Fug und Recht behaupten, dass es eigentlich erst dieser schicksalhafte 29. Mai des Jahres 1453 war, an dem das römische Weltreich endgültig unterging.

Die »Völkerwanderung«, die Überwindung Roms durch Fremde, besiegelte zweifelsohne das Ende des Weltreichs – aber besiegelte sie auch den Untergang des Imperiums? Lässt sich wirklich vom Ergebnis eines historischen Prozesses auf seine Ursache schließen? Und kann die Tatsache, dass Rom von fremden Angreifern überwunden wurde, gleichzeitig auch als Erklärung für seine seinerzeitige, erstaunliche Schwäche herhalten? War Rom nicht in all den Jahrhunderten seiner Existenz immer von äußeren Feinden bedroht, mochten sie nun Tarquinius, Hannibal, Jugurtha, Spartakus, Mithridates oder Vercingetorix heißen? Die Erfolgsgeschichte des Imperiums bestand ja gerade darin, dass Rom am Ende immer und über alle Gegner mit expansiver Leichtigkeit triumphiert und die feindlichen Völker einfach geschluckt hatte.

Warum aber war nun im vierten und fünften Jahrhundert alles ganz anders? War alles vielleicht eine Frage der Motivation? Der inneren Einstellung? Der »Moral«? Oder gab es dafür vielleicht ganz handfeste, biologische Gründe?

Das Römerreich um 117 n. Chr.
OCEANUS ATLANTICUS
BRITANNIA
Londinium
BELGAE
Colonia
Rhenus
Albis
Schlacht im Teutoburger Wald 9 n. Chr.
GERMANI
Sequana
Lutetia
Liger
GALLIA
Danuvius
Rhenus
HISPANIA
Tagus
Olisipo
Iberus
Tarraco
Rhodanus
Massilia
Pisae
ITALIA
Ancona
Lugnano
Roma
Corsica
Sardinia
Baleares
Tingis
Malaca
Carthago Nova
MARE
Sicilia
Syracusae
Carthago
MAURETANIA
Mellta (Malta)
AFRICA
Das Römische Reich von Augustus bis Trajan († 117 n. Chr.)
Wichtige Schlacht

DACIA
Danuvius
ESIA
THRACIA
378 n. Chr.
Adrianopel
Byzantinum
EDONIA
PONTUS EUXINUS
MARE CASPIUM
ARMENIA
PONTUS
ASIA
ASSYRIA
Tigris
MESOPOTAMIA
Ephesus
Athenas
Antiochia
Euphrates
SYRIA
Susa
Babylon
Creta
Cyprus
Damascus
ERNUM
ARABIA
Alexandria
Memphis
AEGYPTUS
SINUS ARABICUS
Nilus

Mikroskopische Feinde

Als der amerikanische Archäologe Dr. David Soren von der University of Arizona 1989 in der Stadt Lugnano, gute 110 Kilometer vor Rom, bei der Grabung nach Überresten einer alten Villa auf einen antiken Friedhof stieß, konnte er nicht ahnen, welche Bedeutung sein archäologischer Fund einmal erlangen sollte. In monatelanger Arbeit wurden damals mehr als fünfzig Amphoren mit bizarrem Inhalt geborgen – sie enthielten menschliche Knochen. Das Überraschende: Die menschlichen Überreste aus dem fünften Jahrhundert nach Christus maßen in keinem Fall mehr als einen Meter. Ganz offensichtlich handelte es sich ausnahmslos um Kinder, die hier vor 1500 Jahren bestattet worden waren. Eine nähere Untersuchung förderte ungewöhnliche Indizien zu Tage. Fast alle Schädelknochen waren auffällig porös und narbig – aber kaum ein Knochen wies Verletzungen auf, die auf äußere Gewalteinwirkung hätten schließen lassen, wie das etwa bei einem Opferritual der Fall gewesen wäre. Wie also waren diese Kinder zu Tode gekommen? Die Frage blieb zunächst ungeklärt.

Teile eines Kinderskeletts in einer tönernen Amphore aus Lugnano.

Dr. Robert Sallares vom Institute of Science and Technology der Universität Manchester in England gilt in Archäologenkreisen als der Spezialist schlechthin in Sachen DNA-Analyse. Für ihn sind selbst staubkornkleine Proben organischer Substanzen so etwas wie riesige Abenteuerlandschaften, die er mit modernstem, ausgefeiltem, elektronischem Werkzeug durchreist. Immer auf der höchst spannenden Suche nach Zellresten, in denen die Bausteine alter Erbsubstanzen schlummern könnten.

Als er im Frühjahr 2001 die Knochen eines etwa zweijährigen Säuglings aus dem Lugnano-Fund zur Analyse vorbereitet, sind viele Fachkollegen skeptisch. Welche DNA – außer der des Kindes – sollte schon an den alten Knochen zu finden sein, wenn überhaupt noch irgendetwas zu finden war? Am wahrscheinlichsten doch die des Kindes selbst. Dr. Sallares hat eine ganz konkrete Vermutung. Er glaubt, dass es Krankheitserreger gewesen sein müssen, die vor über 1500 Jahren den Tod der Kinder verursacht haben. Nun gilt es, den genetischen Fingerabdruck des mikrobischen Killers zu finden – eine Suche nach der sprichwörtlichen Stecknadel im Heuhaufen. Es ist unendlich schwer, den speziellen genetischen Code einer Bakterie oder eines Virus an einem Knochenfragment aufzustöbern, dessen eigene organische Substanz sowie zusätzliche Verunreinigungen und Ablagerungen aus über 1500 Jahren Liegezeit den Forscher ständig irreführen. Doch Dr. Sallares findet in diesem Sommer des Jahres 2001 nach unzähligen Versuchen tatsächlich am Splitter des Beinknochens das Fragment einer fremden DNA. Computergestützte Vergleiche mit den Gen-ketten zahlreicher Mikroben und Bakterien bringen schnell Gewissheit: Zu 98 Prozent stimmt der Gencode des DNA-Strangs mit einem noch heute existierenden, gefährlichen Einzeller überein: dem »Plasmodium falciparum«, dem Erreger der Malaria! Und unter den vier bekannten Stämmen gilt »Plasmodium falciparum« als der aggressivste und tödlichste. Nun erklären sich auch eindeutig die porösen Veränderungen an den Schädelknochen der Skelette: als Symptom einer fortgeschrittenen, schweren Malaria-Infektion!

Dem toten Kind wurde sein Spielzeug, eine aus einem Knochenstück geschnitzte Puppe, ins Grab beigegeben.

Der Fund von Lugnano und seine wissenschaftliche Aufarbeitung liefern einen sensationellen Beweis: Zum ersten Mal wird wis-

Die Anopheles-Mücke, die den gefährlichsten Malaria-Erreger, Plasmodium Falciparum, überträgt.

senschaftlich nachgewiesen, dass die Malaria bereits in der römischen Antike wütete und dass der von der weiblichen Anopheles-Mücke auf den Menschen übertragene Parasit schon früh seinen Weg aus den Tiefen Afrikas, wahrscheinlich über Sardinien, bis in die Mitte Italiens gefunden hatte. Die Pressemeldungen, die im Frühjahr 2001 in Windeseile um alle Welt gingen, waren denn auch ebenso schnell wie sensationell aufgemacht: »Nunmehr scheint sich die seit längerem kursierende Theorie, wonach eine tödliche Malaria-Epidemie im fünften Jahrhundert nach Christus den Niedergang des Römischen Reiches eingeleitet hat, zu bestätigen.«

Kampf um Rom

Professor Demandt rührt skeptisch in seinem starken Kaffee. Zum zweiten Mal sind wir bei ihm in Lindheim zu Gast und wieder scheint die Sonne so, als wolle sie einen ganzen Sommer an einem einzigen Tage bestreiten. Wir sitzen auf der Terrasse im Schatten und genießen Kaffee und Streuselkuchen. Nicht ganz mückensicher, aber garantiert malariafrei.

Weltweit gesehen ist diese gefährliche Parasiten-Erkrankung immer noch auf dem Vormarsch. Die Weltgesundheitsbehörde hat unlängst die Zahl von weltweit 300 bis 500 Millionen mit Malaria infizierten Menschen bekannt gegeben. 41 Prozent der Weltbevölkerung leben in Malariagebieten. Für jährlich 2,7 Millionen Opfer endet die persönliche Leidensgeschichte tödlich. Ein Heilmittel für die chronisch verlaufende Krankheit ist bis jetzt nicht gefunden. Der Sieg über die Malaria – er ist zweifellos eines der dringendsten Aufgaben für die Mediziner der Zukunft.

»Schon lange sprachen viele historische Indizien dafür, dass die Malaria auch im Italien der späten Antike weit verbreitet war«, meint Professor Demandt. »Einige Leute behaupten sogar, dass es die Angst vor einer Epidemie war, die den Hunnenkönig Attila letztlich davon abgehalten hat, Rom zu besetzen und zu plündern, als er 452 vor den Toren der Stadt stand. Aber das ist reine Spekulation.«

Der Althistoriker blättert im Werk des antiken Schriftstellers Marcus Terentius Varro, der um 27 v. Chr. geboren wurde und das hohe Alter von fast neunzig Jahren erreichte. In seinen *Tres libri de re rustica*, seiner »Landbaulehre«, warnt er vor einer weit verbreiteten Krankheit, deren Ursache er auf kleine Tierchen, auf »bestiolae«, zurückführt; erstaunlich hellsichtig, wenn man bedenkt, dass Varro gute 1800 Jahre vor Robert Koch lebte, dem modernen Entdecker der Bakterien. Auch dass die Krankheit sich vor allem in Sumpfgebieten ausbreitet, weiß der antike Landwirtschaftstechnologe schlüssig zu begründen. Der Professor zitiert: »Gewisse winzige, für das Auge nicht sichtbare Tierchen brüten dort und gelangen mit der Luft über Mund und Nase in den Körper, wo sie Krankheiten hervorrufen, die schwer zu heilen sind.« Wahrscheinlich beschrieb Varro tatsächlich die Malaria, richtig bewiesen aber ist die frühe Existenz der Krankheit auf römischen Fluren erst durch die Forschungsergebnisse des Dr. Sallares.

Die Tiberauen – noch bis kurz nach dem Zweiten Weltkrieg Brutstätten für Mückenschwärme, die Malaria übertrugen.

»Es ist doch interessant«, holt der Professor aus, »neue wissenschaftliche Methoden produzieren auch neue historische Theorien. Indem man Geschichte beobachtet, bildet man sich selbst in ihr ab, wie in einem Spiegel. Die Bedeutung der Geistesepochen für die Auffassung vom Niedergang Roms entspricht gewöhnlich deren Bedeutung für das Geschichtsbild der Geistesepochen.«

Will sagen: Die DNA-Analyse als neue Möglichkeit archäologischer und historischer Forschung eröffnet auch ganz neue Perspektiven. Perspektiven, die ganz und gar geprägt sind von unserer modernen Weise zu denken und zu erklären. Die Inhalte werden durch diese Sichtweise neu generiert. Oder anders gesagt: Die Idee, dass Roms Untergang durch eine Malaria-Epidemie eingeleitet wurde, entsteht erst auf dem Boden der neuen technologischen Möglichkeiten. Und nicht nur das: Die Attraktivität einer ganz neuen Theorie wirkt auf die modernen Massenmedien wie ein Schlüsselreiz, wie ein Magnet. Das umso mehr, wenn die Botschaft sich auch noch in eine einzige Schlagzeile zusammenraffen lässt. Und wenn dann die Forschung noch im zeitgeistigen Gewand einer High-Tech-Industrie daherkommt, wird »die historische Sensation« als griffige Kurzmeldung im Bruchteil einer Sekunde um den Globus geschickt. Rom geht dann wieder einmal »ganz neu« und »ganz anders« unter.

»Dabei wird doch bei genauerer Betrachtung schnell klar, dass dieser Gedanke die gleichen Argumentationsmängel aufweist wie die Bleirohr-Theorie!« Professor Demandt legt bedenklich die Stirn in Falten. »Ein einzelner Fall macht es ja nicht sehr wahrscheinlich, dass im gesamten riesigen Römischen Reich die Menschen an Malaria wegstarben. Und selbst wenn: Warum betraf es dann nur die Römer und nicht auch die Angreifer aus dem Norden und Osten? Der Stechrüssel der Anopheles-Mücke macht doch sicherlich keinen Unterschied zwischen Freund und Feind!«

Der Professor hat Recht. Wahrscheinlich ist es tatsächlich so, dass jede Epoche der Menschheitsgeschichte ihre eigene Historie konstruiert. Die Betrachtung der Entstehungsgeschichte römischer Untergangstheorien zeigt das ganz deutlich. Während noch die frühen Christen den spürbaren Niedergang als ganz nahes, von Christus verheißenes Weltende interpretierten, verstand sich Karl der Große im neunten Jahrhundert als Sachwalter eines immer noch bestehenden, niemals untergegangenen Roms: Als Kaiser eines »Heiligen Römischen Reiches Deutscher Nation«. Übrigens hat sich, zumindest in Habsburger Kaiser-Kreisen, dieses Verständnis immerhin bis 1806 gehalten; bis zu diesem Zeitpunkt sah sich der österreichische Kaiser noch als Erbe des römischen Imperiums und trug neben vielen anderen Bezeichnungen den Titel des »Rex Romanorum«, des Königs der Römer.

Die Renaissance wiederum akzeptierte den Untergang des heidnischen Rom als lange zuvor abgeschlossenes Ereignis – verband aber mit der Wiederentdeckung der antiken Kultur die Hoffnung auf Neubelebung vergessener Fähigkeiten. Von all den Kost-

Die Theatermaske am Amphitheater von Ostia wirkt wie ein Abwehrzauber gegen böse Dämonen.

barkeiten, die man staunend aus der Erde grub und die eine dumpfe Erinnerung an verschüttete Talente wachriefen, sollte eine Vorbildfunktion für die Gegenwart ausgehen. Eine Durchlüftung gotisch-scholastischer Enge war das Ergebnis, mit dem frischen Wind gesunder Diesseitigkeit, wie er mit den Zeugnissen aus antiker Zeit herbeiwehte. Der Humanismus der Lutherzeit setzte verstärkt auf Bildung und Wissenschaft, um zu ergründen, »was die Welt im Innersten zusammenhält« – oder eben auch nicht. Nun wurden erste Fragen nach den Gründen für den Niedergang der antiken Kultur gestellt, erste Ansätze einer systematischen, archäologischen Spurensuche waren erkennbar. Spätestens aber in der Zeit der Reformation verwandelt sich *Demut,* das Charakteristikum des Mittelalters, in *Denk-Mut,* dieser schönen Erfindung der Moderne. Mit den Werkzeugen der erwachenden Vernunft wollen die frühen Wissenschaftler dem Mechanismus von kulturellen Auf- und Abstiegen auf die Spur kommen. Mit der Aufklärung im 18. Jahrhundert war dann der Boden für eine Vielfalt von Deutungsmustern endgültig bereitet. Und daran hat sich bis heute nichts geändert: Je nach ideologischer Ausrichtung stehen unterschiedlichste Meinungen und Untergangstheorien nebeneinander. Sozialwissenschaftler machen die Kluft zwischen Arm und Reich für den Niedergang im Alten Rom verantwortlich; Ökonomen und Ökologen sprechen von »Ausbeutung« und »Erschöpfung der Ressourcen«; Politikwissenschaftler vom Versagen der Politiker [...] Geschichtsdeutung wird im zwanzigsten Jahrhundert zu einer Frage der jeweiligen Gruppenzugehörigkeit, zu einem Resultat der jeweils herrschenden Ideologie.

»All diese vielen verschiedenen Theorien ... Und die Malaria-These passt gut zur Jahrtausendwende, wie der Computer oder das Handy«, meint Professor Demandt zum Abschied. »Sie ist einfach modern. Gleichwohl erhöht eine solche Theorie den Verdacht, dass der Untergang Roms in Wirklichkeit immer ein Konstrukt der Nachwelt ist. Vielleicht sogar neuerdings ein Konstrukt der Medien. Hunderte von Historikern, Archäologen, Buchautoren und Filmemachern haben den Mythos fortgeschrieben. Und es sind ihre Interpretationen, die Rom immer wieder neu untergehen lassen.«

Zwischenruf

Wissenschaftstheoretiker haben inzwischen in allen Details beschrieben, wie der menschliche Erkenntnisprozess abläuft. Sie haben genau analysiert, wie jeder Beobachter dem Beobachteten erst seine Bedeutung verleiht. Das gilt zumal für den Gegenstand der Geschichte, die zweifellos das Konstrukt ihres Beobachters ist. Es gibt in unserer Welt nun einmal keine Position, die außerhalb dieses Verhältnisses von Subjekt und Objekt aufzusuchen wäre. Es gibt keine Weltwahrnehmung außerhalb unseres Sichtfeldes, unsere »Brille« tönt die Geschichte, erschafft sie erst. Ja, wir können nicht einmal behaupten, dass sie außerhalb unserer Vorstellung überhaupt existieren würde. Der zeitgenössische Philosoph Niklas Luhmann hat diese entscheidende Erkenntnis in folgendem kurzen, hübschen Satz zusammengefasst: »Die Welt wird immer als eine sich beobachtende Welt zum Thema.«

Alles was über Geschichte gesagt werden kann, ist so gesehen nichts anderes als eine Selbstauskunft über uns und unsere Gegenwart. Nur über diesen »Umweg« lassen sich demnach geschichtliche Feststellungen treffen; und das gilt auch für den Untergang Roms.

Insofern ist es gar nicht falsch, dass wir immer dann, wenn wir über die Antike reden, ausdrücklich auch über uns sprechen, wie es ja auch beim »Fall Rom« meistens geschieht. Hier – in Bezug auf unsere Gegenwart – wird Geschichte auch erst wirklich relevant. Wie hatte Professor Demandt bei unserem Abschied gesagt – und es hatte sich wie ein Trost angehört: »Das anhaltende Krisengefühl im heutigen Europa sichert dem langsamen Niedergang und schließlichen Fall Roms seine innere Nähe zu unserer Zeit. Rom bleibt sozusagen immer aktuell!« Daher wohl auch das starke Interesse der Medien an diesem Thema, das natürlich unser Interesse spiegelt!

Die Bilanz an diesem Tag in Lindheim fällt für uns enttäuschend und befriedigend zugleich aus: Rom und sein Untergang sind Konstrukte der Nachwelt, und abgelöst von unserer Gegenwart wird man die Frage nach den historischen Ursachen und Gründen wohl niemals ganz befriedigend klären können. Gleichzeitig aber ermu-

Rom wie es der Italienreisende Goethe zu Gesicht bekam: Nur zerborstene Säulen zeugen von einstiger Pracht.

tigt diese Erkenntnis zu einem befreiten, eher spielerischen Umgang mit der Historie. Spekulative Fragen wie »Was wäre, wenn?« oder »Könnte es nicht auch ganz anders gewesen sein?« sollten nicht mit Bausch und Bogen als »unwissenschaftlich« diffamiert werden. Denn schließlich mündet auch hehre Wissenschaft letzten Endes immer in Interpretation und Mutmaßung. Und tatsächliche »Kinderfragen« sind stets legitimer Ausdruck der berechtigten Art und Weise, wie Menschen sich der Wirklichkeit der Vergangenheit nähern können. Eben mittels ihrer Gegenwart, die solche Fragen nun mal verlangt.

Im Gedankenspiel, also auf einer eher emotionalen Ebene, erleben wir dann vielleicht viel intensiver den Zeitgeist der Antike nach, als es mit der Faktenliebe historischer Wissenschaft möglich wäre. Der lästige wissenschaftliche Zwang, streng in Kausalitäten zu denken, entfällt; Intuition und Mitgefühl erlangen stattdessen eine größere Bedeutung.

Und ist nicht dieser Anspruch auch gerechtfertigt? Muss denn wirklich alles, was geschieht, immer einen Grund haben, den es dann aus dem Datenmaterial heraus zu sezieren gilt? Kann der Untergang Roms, wenn es ihn denn tatsächlich gegeben haben sollte, nicht auf purem Zufall beruhen? Auf einer bloßen Laune des Schicksals? Und darf dieser Vorgang nicht unergründlich und diffus sein? Und anrührend?

Der spielerische Versuch, sich phantasievoll der Antike zu nähern, beginnt bei der Suche nach den Menschen. Wie haben sie gelebt, gefühlt, gedacht, gelitten? Was lässt sich davon nachempfinden? Und was könnte diese Menschen in ihrem tiefsten Inneren in so heftiger Weise ergriffen haben, dass man sich gut vorstellen kann, sie hätten dieses innere Erlebnis als totale Revolution empfunden? Als Zeitenwende. Als Ende. Tatsächlich ist in der Welt der Römer der Augenblick eines so tief greifenden Bewusstseinswechsels aufzuspüren. Ein Flügelschlag der Geschichte, eine historische Sekunde, die alles verändert hat. Dieses weltanschauliche Erdbeben ist sogar auf den Tag genau zu datieren: Es ist der 27. Oktober des Jahres 312.

Die Reste einer riesigen Konstantin-Statue lagern heute im Hof der Kapitolinischen Museen in Rom.

Visionen

An diesem Tag hat ein Kaiser ein spirituelles Erlebnis. Gaius Flavius Valerius Constantinus, den man später einmal als »Konstantin I., den Großen« verehren wird, steht vor seinem Zelt. Nur ein paar Stunden trennen ihn noch von der Schlacht seines Lebens. Irgendwo hinter den sanften Hügeln, ganz in der Nähe des Tibers, dieser wichtigen Lebensader Roms, bereiten sich die Truppen seines Gegners Maxentius auf den großen Angriff vor.

Die Schlacht seines Lebens – erst jetzt, mit vierzig Jahren, wird er sie schlagen. Sein leuchtendes Vorbild Alexander der Große war kaum dreißig, als er bereits die ganze Welt erobert hatte! Daran muss er jetzt denken. Und daran, wie schwer es ihm in den letzten Monaten gefallen ist, sich nur bis hierher, bis vor die Tore Roms durchzubeißen. Auf dem Weg von seiner Provinz Gallien in das Herz Italiens haben die oberitalienischen Städte stärkeren Widerstand geleistet, als er erwartet hatte. Jetzt ist sein Heer erschöpft, außerdem zahlenmäßig den Truppen des Maxentius weit unterlegen. Schon ist es später Oktober geworden und bald wird der Winter kommen. Die Entscheidung wird in Rom fallen, so oder so ...

Er wird kämpfen, um für Rom zu siegen, auch wenn seine skeptischen Generäle ihn eindringlich davor warnen. Doch für ihn gibt es nur diese eine Möglichkeit: Dass er, der Verwalter der Provinz Gallien, sich zum strahlenden Alleinherrscher über das ganze Imperium aufschwingen wird; dass er Rom »befreit«. Aber er weiß auch: Sein Gegner hat das gleiche Ziel. Auch Maxentius, Sohn des vorletzten Kaisers, beruft sich auf das Wohl Roms und wird seine Machtgier mit dem Schicksal der Stadt verbinden.

Konstantins Blick wandert Richtung Süden. Irgendwo dahinten schlägt das »Herz des Imperiums«: Rom. Mit eigenen Augen hat er diese Stadt noch nie gesehen. Seine Wiege stand Welten entfernt, in Naissus, dem heutigen Nisch in Serbien. Rom – das ist für ihn keine Stadt mit Straßen und Gebäuden, sondern die Verheißung eines Weltreichs, eine gigantische Idee, ein Gedanke mit kosmischer Dimension. Und nun wird er sich an die Spitze dieser Idee setzen, gegen die dreifach überlegene Streitmacht des Maxentius antreten, gegen die kürzlich verstärkte Aurelianische Stadtmauer anrennen und um jeden Preis siegen, selbst dann, wenn er damit einen blutigen Bürgerkrieg entfesseln wird.

Vom westlichen Himmel fallen die Strahlen der Nachmittagssonne auf das Zelt des Feldherrn und übergießen die weiße Leinwand mit dem warmen, harten Licht klarer Herbsttage. Die Leben spendende Kraft der Sonne hat er immer gepriesen. Auf Münzbildern hat er die Sonne als Gottheit verehrt, als »sol invictus«; als unbesiegbaren Gott Apollo hat er das Licht der Welt zum Idol der Anbetung verklärt. Wahrscheinlich war das auch die einzige Gottesidee, die sich in den so verschiedenen Provinzen des riesigen Reiches als gemeinsamer Nenner durchsetzen ließ, neben den vielen regionalen Kulten und Bräuchen, deren Zahl niemand mehr überblickt ... Ihm waren die Götter jedenfalls stets gewogen gewesen, er schien vom Schicksal auserwählt.

Als Sohn einer Kneipenwirtin und eines verliebten Offiziers war er am 27. Februar 273 n. Chr. geboren worden. Und wie es in diesen merkwürdigen Zeiten so ging: Die wirren politischen Umstände ließen seinen Vater, diesen fleißigen, pflichtversessenen Soldaten aus einfachsten Verhältnissen, zuletzt zum Großkaiser aufsteigen, zu einem der zwei mächtigsten Männer des Staates.

Das war mehr als eine großartige, verwunderliche Schicksalswendung in unruhigen Zeitläufen gewesen. Und das Erstaunlichste bei alledem war, dass sein Vater diesen rasanten Aufstieg im Haifischbecken der Rivalen überhaupt überlebt hatte! Denn Aufstieg und Fall liegen ganz dicht nebeneinander in dieser Zeit. Das Leben ist vom Tod nur getrennt durch eine hauchdünne Wand, empfindlich und durchscheinend wie Papier. Zuletzt war vielleicht doch Gift im Spiel, wer weiß das schon. Jedenfalls starb nach kurzer Zeit der Vater in Britannien an einer seltsamen Blutkrankheit, die ihm zuletzt alle Kraft raubte. Das treue Heer hatte darauf ihn, den Sohn, zum neuen Augustus, zum Großkaiser, ausgerufen.

Doch was ein Heer im fernen Britannien will, das ist nicht immer das, was andere wollen. In Rom sah man in ihm bestenfalls einen »Caesar«, einen Thronaspiranten in zweiter Linie, nur einen Juniorpartner der Macht.

Und einen Rivalen! Das Mord- und Totschlagskarussell musste erst noch ein paar weitere Runden drehen, bis seine Stunde kommen sollte. Erst als Severus, der Augustus der westlichen Reichshälfte, ermordet worden war und zunächst sein Freund und künftiger Schwiegervater Maximianus erneut auf dem Thron Platz genommen hatte, entwickelten sich die Aussichten zu seinen Gunsten. Maximianus' Tochter Fausta heiratete er dann bereits im Dezember des Jahres 307 n. Chr. Und schon kurz danach, war er in einer glanzvollen Zeremonie durch seinen Schwiegervater erneut und offiziell zum zweiten Augustus gekürt worden. Zweifellos ein großer Triumph. Aber wie lange überlebt man im späten Rom als zweitmächtigster Mann im Staate? Die Regierungszeit vieler seiner Vorgänger war nicht in Jahren, sie war bestenfalls in Monaten messbar. Überall lauerten Konkurrenten – und Gift war schnell in Wein gemischt. Er aber hatte sich nicht ermorden lassen. Er war wachsam und schnell – dennoch hatten sie ihm seine Augustuswürde wieder aberkannt, kaum ein paar Wochen später, als die Machtverhältnisse sich wieder einmal verschoben, während des so genannten »Kaiserrats« (in der Nähe des heutigen Wien), bei dem man seinen Gönner und Schwiegervater Maximianus in den endgültigen politischen Ruhestand beförderte. Doch er war stark geblieben, hart wie sein Vater, unnachgiebig und zäh bis zur Skrupellosigkeit. Ja, er war sogar so weit gegangen, seinen glücklosen Schwiegervater zwei Jahre später hinrichten zu lassen, als der – frustriert über seine Absetzung – den Staatsstreich probte. In den folgenden vier Jahren hatten seine militärischen Erfolge ihn und sein Heer zur starken Macht im Römischen Reich werden lassen.

Und jetzt standen er und seine getreuen Soldaten keine zwanzig Meilen vor Rom – um sich endlich das zu holen, was ihm zustand: Die Alleinherrschaft! Am nächsten Tag ...

Aber noch ist alles offen. Noch weiß Konstantin nicht, dass er morgen tatsächlich triumphieren wird. Dass sein großer Rivale Maxentius, der sich in dieser Minute so siegessicher rüstet, den kommenden Tag nicht überleben wird; dass sein Erzfeind mitsamt seiner schweren Feldherrnrüstung in den Tiber stürzen und jämmerlich ersaufen wird.

Mit Konstantins Triumph über seinen Gegner Maxentius begann auch der Siegeszug des Christentums.

Eher sind die Karten in diesem Moment für Konstantin ungünstig gemischt: Sein Heer ist erschöpft, und Maxentius führt fast dreimal so viele Soldaten ins Gefecht. Doch der Feind wird, vielleicht trunken von der Aussicht auf einen schnellen Sieg, einen schweren Fehler machen: Er wird die gut geschützte Festung Rom verlassen, er wird gar auf einer provisorischen Pontonbrücke (denn die alte »Milvische« reicht nicht aus, um das riesige Heer aufzunehmen) über den Tiber setzen, um Konstantin auf freiem Feld bei Saxa rubra zu stellen. Aber sein Gegner Konstantin wird ihn überraschend zurückdrängen, es wird am Tiber zu einem erbitterten Kampf kommen, Maxentius wird plötzlich hinter sich den Fluss sehen, der ihm den schnellen Rückzug unmöglich macht – und der ihm am Ende den Tod bringen wird.

Der 28. Oktober 312 n. Chr. wird ein Tag sein, an dem alles anders werden wird. Ein Wimpernschlag der Weltgeschichte, aber von ungeheurer Bedeutung für alles, was kommen wird.

Konstantin starrt in die Strahlen der späten Sonne, die jetzt den ganzen Himmel purpurn färben. Kein Windhauch rührt sich, der Tag versinkt in dämmriger Betäubung. Schon leuchten die ersten Sterne am Firmament. Sind sie nicht geheime Zeichen einer Gottheit? Ebenso wie die schweren Wolken. Wie lebendige Wesen, wie urzeitliche Tiere, ziehen sie von Westen her über das Firmament. Verschlüsselte Botschaften aus einer göttlichen Welt. Wer kann sie deuten? Schwarze Vögel jagen kreischend vorüber. Lange schon ist es her, da erkannten die Priester der Väter, die Auguren, den Ausgang des Schicksals aus dem Flug der Vögel. Und jetzt?

Wie ein aufgehender Vorhang eröffnet die ziehende Wolke ein Muster aus Licht, den Reigen blinkender Sterne dahinter – ein Kreuz aus Lichtpunkten. War es nicht seine Mutter gewesen, die gläubige, einfache Frau, die so begeistert von der Kraft des gekreuzigten Jesus gesprochen hatte, als er noch Kind war, damals im fernen Moesien, wo seine Wiege stand?

Auf »Christus«, den Gekreuzigten, hatte sie all ihre Hoffnungen gesetzt – gegen alle Einwendungen und Warnungen des Vaters, der von den Christen nicht viel hielt; weniger, weil er ihren Glauben, den er kaum kannte, verabscheute, sondern eher, weil sie als staatsfeindlich, störrisch und eigenbrötlerisch galten. Wohl waren diese Christen auch ein wenig im Kopfe verdreht, so glaubte der Vater, denn sie waren fröhlich bereit, schweres Leid oder gar den Märtyrertod auf sich zu nehmen.

Das freilich war auch zu bewundern. Konstantin selbst hatte mit eigenen Augen gesehen, wie Soldaten, die sich zu Christus bekannten, Männer, die frei von Todesfurcht zu sein schienen, mit einem Gebet auf den Lippen glücklich starben; die sich im Tod mit ihrem Christus vereinten, wie sie sagten. Kein Zweifel: Dieser »Christus« war ein mächtiger Held, ein großer Herrscher, ein wahrer Augustus, der es verstand, Soldaten mit Zuversicht und Kampfesmut zu erfüllen. Und wie in einem Brennglas konzentrierte sich alle Verehrung der Gläubigen nur auf diese eine Person, sie verlor sich nicht in der schier unendlichen Vielstimmigkeit römischer Ober- und Untergötter, die mit ihrer ausufernden Zahl zugleich ihre alleinige Autorität einbüßten.

Christus – Imperator des Himmels. Der strenge Monotheismus des Christentums förderte die Bedeutung des Kaisers als oberster Instanz.

Das Ganze war seinem eigenen politischen Konzept nicht unähnlich. War nicht *ein* Augustus, *ein* Kaiser der Schlüssel zur Befriedung eines Reiches, das sich in Rivalitätskämpfen aufrieb?

Das Kreuz am Himmel! Gleich heute Abend noch würde er es als Feldzeichen auf die Schilde seiner Soldaten malen lassen. Dabei war nichts zu verlieren, da war er sich ganz sicher, aber alles zu gewinnen. Es würde auf die Christen unter seinen Soldaten im günstigen Falle wie ein Aufputschmittel wirken; es würde aber selbst diejenigen motivieren, die *nicht* glaubten. Denn vom rituellen Aufstrich der Farbe würde Magie ausgehen, würden sich der Zauber und die Energie einer kultischen Handlung entfalten, die immer ihre Wirkung tut, wenn sie so kurz vor einem Augenblick, bei dem es um alles geht, vollzogen wird.

Das Kreuz als Feldzeichen würde neu und alt zugleich sein. Es würde ein revolutionäres Symbol sein, in dem sich Vergangenheit und Zukunft in idealer Weise vereinten. Denn als uralte Darstellung der Speichen des Sonnenrades würde es dem Sonnengott Reverenz erweisen und damit der althergebrachten Ideologie Rechnung tragen. Aber zugleich würde es modern sein, indem es an den Opfertod des Jesus von Nazareth gemahnen würde, des Idols der Christen. Und als Feldzeichen, der römischen Standarte nicht unähnlich, würde es außerdem die politische Macht des Stärkeren repräsentieren und den einfachen Soldaten im Kampfe nicht fremd sein.

Gewiss, auf die Christen selbst würde das Kreuz, dieses römische Marterwerkzeug, an dem jener jüdische Rabbi in Jerusalem so elend verblutete, sicherlich zunächst befremdlich wirken. Aber man würde ihnen dieses Zeichen als das *ihre* einreden können. Vielleicht würde es sogar in ferner Zukunft einmal das weit verbreitete Symbol des Fisches an Popularität überrunden, einfacher und klarer wie es war. »In hoc signo vinces!« – »In diesem Zeichen wirst du siegen!«, das würde er jedem seiner Soldaten noch heute Abend zurufen. Und er war überzeugt, er würde sie damit, jeden einzelnen von ihnen, mit tiefer Zuversicht erfüllen ...

Die Vision Kaiser Konstantins gehört zu den umstrittensten »Wundern« der Geschichte.

Chronik

Das 1000-jährige Reich – der Untergang

9 n. Chr.	Im Teutoburger Wald erleidet das Heer des Quinctilius Varus gegen den Cheruskerfürsten Arminius eine vernichtende Niederlage. Rom verzichtet danach weitgehend auf Expansion in Richtung Norden und legt seine Nordgrenze mit einem Schutzwall, dem Limes, fest
14	Tod des Augustus. Mit Tiberius und seinen kaiserlichen Nachfolgern fassen Dekadenz und politische Unmoral gesellschaftlich Fuß
64	Rom brennt. Kaiser Nero macht die Christen für die Katastrophe verantwortlich – und lässt sie verfolgen
67	Der Apostel Petrus wird in Rom gekreuzigt. Über seiner Grabstelle wird später der Petersdom errichtet
70	Eroberung Jerusalems und Zerstörung des Tempels durch Titus, den späteren Kaiser
77	Ausdehnung der römischen Herrschaft in Britannien
79	Der Vesuv bricht aus. Unter seinen Lavaströmen wird die Stadt Pompeji begraben. Das Kolosseum wird eingeweiht
86	Kaiser Domitian schmückt sich mit dem Titel »Dominus et Deus«, Herr und Gott
98–117	Kaiser Trajan unterwirft die Daker. Mit der Eroberung des Nabatäer-Reichs (Provinz Arabia), der Unterwerfung Armeniens und Mesopotamiens erreicht das Imperium 115 n. Chr. seine größte Ausdehnung
121	Aufhebung des Rechts, eigene Sklaven nach Belieben töten zu dürfen
161–180	Marc Aurel, der »Philosoph auf dem Thron«, regiert umsichtig und schreibt seine »Selbstbetrachtungen«
180–192	Ende des Adoptivkaisertums. Commodus, Sohn Marc Aurels, übernimmt die Macht und herrscht wie ein orientalischer Gottkönig
193/94	Fünf Kaiser lösen sich in nur einem Jahr als Herrscher ab
219	Kaiser Elagabal führt als Priester des syrischen Sonnengottes Baal staatlich den Sonnenkult ein

235 Mit Maximius Thrax beginnt die Ära der »Soldatenkaiser«

250 Große Christenverfolgung unter Kaiser Decius

ab 254 Goten, Alemannen und Franken dringen auf das Reichsgebiet vor. Im Jahr 258 wird der obergermanisch-rätische Limes aufgegeben

270 Kaiser Aurelian lässt die Aurelianische Mauer zur Sicherung Roms errichten

303 Letzte große Christenverfolgung unter Kaiser Diokletian

306 Maxentius, Sohn des Kaisers Maximianus, wird in Rom von den Prätorianern zum Augustus ausgerufen (so wie Konstantin von seinen Truppen). In den Folgejahren sind es vier Augusti, die um die Herrschaft wetteifern

312 Kaiser Konstantin I. siegt über Maxentius an der Milvischen Brücke. Seinen Sieg schreibt er offiziell der Hilfe des Christengottes zu

313 Gleichstellung und Religionsfreiheit für Christen

325–337 Konstantin ist Alleinherrscher. 325 beruft er das erste christliche Konzil in Nicäa ein; 330 macht er Konstantinopel zur neuen Hauptstadt des Reiches

378 In der Schlacht von Adrianopel besiegen die einfallenden Goten Kaiser Valens. Die Landbrücke zwischen West- und Ostrom, das heutige Kosovo, wird verstärkt von gotischen Einwanderern besiedelt. Die Verbindung zwischen den Reichsteilen ist zunehmend gestört

395 Beim Tod des Kaisers Theodosius, der das Christentum zur Staatsreligion erklärt hat, wird das Imperium endgültig in ein West- und ein Oströmisches Reich geteilt

410 Die Westgoten unter Heerführer Alarich plündern Rom

452 Papst Leo I. erreicht durch Verhandlungen mit Hunnenkönig Attila den Abzug des mongolischen Reitervolks

455 Die Vandalen unter Geiserich plündern Rom

476 Absetzung des letzten römischen Kaisers Romulus Augustulus durch den germanischen Heerführer Odovacar. Rom existiert von hier ab nur noch als »Ostrom«. Tausend Jahre später fällt auch diese Bastion unter dem Ansturm der islamischen Eroberer

S.P.Q.R.

Was sah Konstantin wirklich?

Mit der Nutzung des Kreuzes als militärischem Feldzeichen beginnt die Erfolgsgeschichte des Christentums als Weltreligion. An deren Anfang steht, so ist es nun einmal, ein blutiger Sieg und der Tod des Maxentius. Bereits die so genannte Mailänder Konstitution aus dem Folgejahr 313 gewährte den Christen uneingeschränkte Religionsfreiheit; ein schier unfassbarer Wandel der Verhältnisse, nachdem eben noch unter Kaiser Diokletian härteste Verfolgung geherrscht hatte. Vorsteher von Gemeinden und Bischöfe, die gestern noch als Staatsverbrecher und Top-Terroristen galten, waren über Nacht zu geachteten Bürgern geworden und zu Komplizen der Staatsmacht. Denn dem Christentum haftete nun der Ruf an, die Religion der Sieger zu sein. Knappe sieben Jahrzehnte später wird das Christentum sogar zum staatlich verordneten allein selig machenden Weg werden, zur Staatsreligion. Diese Verquickung von Politik und Religion war es, die den Christen den großen Erfolg brachte, die aber auch massive Probleme mit sich bringt – bis heute.

◃ »Treu bis in den Tod«. So erotisch stellte sich der Maler Herbert Schmalz 1888 den Märtyrer-Tod der Christen in der römischen Arena vor.

Von Karl, dem »Großen«, der seine politische Legitimation im neunten Jahrhundert auf die Krönung durch den Papst gründete, über den großen Investiturstreit des Mittelalters, in dem die Menschen die grundsätzliche Frage zu klären suchten, ob denn nun der Kaiser oder der Papst der Welt vorstehe, bis hin zu Martin Luthers Zwei-Reichen-Lehre, dem Bismarck'schen Kulturkampf oder der gegenwärtigen Debatte um die Frage, ob der Staat eigentlich die Kirchensteuer einziehen solle: Die gesamte Kirchengeschichte lässt sich als Tagebuch einer schwierigen Ehe lesen. Als Geschichte der problematischen Verbindung von Staat und Kirche, die mit Kaiser Konstantin an der Milvischen Brücke ihren Anfang nahm.

Gewiss, der Bericht von Kaiser Konstantin, der am Himmel das christliche Gotteszeichen gesehen haben soll, verklärt legendenhaft die tatsächlichen Ereignisse. Konstantins Biograph Eusebius erzählt uns davon in seiner geschönten Lebensbeschreibung des Kaisers, den er im Übrigen unkritisch und rückhaltlos verehrte. Und einmal abgesehen davon, dass bereits in der Spätantike mindestens vier verschiedene Versionen dieses »christlichen Erweckungserleb-

Christliche Symbole, eingeritzt im vierten Jahrhundert in die Wände der Callisto-Katakombe, einer der größten christlichen Begräbnisstätten der Antike.

nisses« kursierten, hat Eusebius seine Schilderung erst Jahrzehnte nach dem eigentlichen Ereignis zu Papier gebracht. Zu diesem Zeitpunkt hatte man ohne Frage bereits von höchster Stelle eine publikumswirksame Version zurechtgezimmert, die den politischen Kurswechsel mit hinreichender göttlicher Beglaubigung ausstattete.

Der früheste Bericht über die Vision des Kaisers stammt von einem anonymen Lobredner, der bereits ein Jahr nach Konstantins Sieg die Highlights der kaiserlichen Politik vor der versammelten Hofgesellschaft in einer pompösen Ansprache pries: »Welcher Gott, welche gegenwärtige Majestät hat Dich [Konstantin] so aufgemuntert, dass Du gegen alle Ratschläge der Menschen und gegen die Warnungen der Opferschauer und obwohl fast alle Deine Begleiter und Führer nicht nur still murrten, sondern auch offen ihre Angst bekundeten, von Dir allein aus erkanntest, dass die Zeit der Befreiung der Stadt gekommen war? Du hast, Konstantin, tatsächlich irgendeine geheime Verbindung mit dem göttlichen Geist, der, nachdem er alle Sorge um uns den minderen Göttern überlassen hat, allein Dich gewürdigt hat, sich Dir direkt zu zeigen.«

Wie sich Gott allerdings Konstantin offenbarte, das lässt dieser frühe Bericht offen. Kein Wort von Christus. Und schon gar nicht vom Kreuz. Sah Konstantin am Himmel tatsächlich den Christengott? Das Kreuz? Eine mutmachende Inschrift? Oder alles auf einmal, wie die späteren, ausführlichen Varianten dieser »Konstantinslegende« weismachen wollen? Diese Fragen geben auch heute noch Anlass zu unterschiedlichsten Spekulationen.

Der schwedische Geologe Jens Omrö glaubt, endlich das Geheimnis gelüftet zu haben – 1691 Jahre nach der mysteriösen Himmelserscheinung. In den Gebirgshängen der Abruzzen entdeckte sein Forscherteam im vergangenen Jahr einen riesigen Krater mit einem Durchmesser von 140 Metern, offenbar verursacht von einem gewaltigen Meteoriteneinschlag. So genannte »Sekundärkrater« im weiteren Umfeld des riesigen Erdlochs seien sichere Indizien dafür, dass die Detonation des Himmelskörpers mit der gewaltigen Energie einer Ein-Kilotonnen-Atombombe erfolgte. Ein »Impact« von dieser Gewalt würde – so der Professor – Himmelserscheinungen erzeugen, wie wir sie von Atomversuchen kennen: Ein riesiger, weit sichtbarer Pilz dürfte sich damals in die Atmosphäre erhoben haben, ist sich Geologe Omrö sicher. Vielleicht ein Pilz, der einem Kreuz ähnelte?

Mit Hilfe von Bodenproben kann man den Zeitpunkt des kosmischen Ereignisses recht genau datieren: vor 1700 Jahren, da sind sich die Wissenschaftler einig, muss der Meteorit auf die Erde gestürzt sein. Der Gedanke, dass es ebendieses »himmlische Ereignis« gewesen sein könnte, das Konstantin zum Christentum bekehrte, kommt nicht nur in christlichen Kreisen gut an.

Angesichts des wachsenden Bedarfs an christlichen Grabstätten wuchsen die Katakomben Roms zu riesigen Labyrinthen heran.

Schon 1993 vertrat der Historiker Peter Weiss die Meinung, dass die Vision Konstantins ihre naturwissenschaftliche Ursache in einem so genannten »Halo-Effekt« gehabt habe, einer ring- oder säulenartigen Lichterscheinung um die Sonne, die Konstantin zunächst in Zusammenhang mit dem von ihm auf Münzbildern verehrten Sol-Apollo gebracht habe, und die später dann einfach auf Christus übertragen worden sei. Andere zeitgenössische Forscher wiederum meinen, am wissenschaftlich rekonstruierten Sternenhimmel des Oktober 312 n. Chr. eine Gestirnkonstellation ausmachen zu können, die am westlichen Firmament deutlich als »Christogramm« zu deuten wäre. Demnach habe Konstantin das Kreuz aus einem Sternbild herausgelesen, was bei den Abertausenden von Leuchtpunkten am Himmel sicherlich keine große Phantasie verlangt, aber auch nicht so spektakulär ist, dass man deswegen ein ganzes Heer in Aufruhr versetzen würde.

Wie auch immer: Die Frage, die sich ganz grundsätzlich stellt, ist, ob in der römischen Antike überhaupt ein reales Ereignis Grundlage für die kaiserliche Entscheidung sein musste, oder ob es nicht vielmehr ausreichte, göttlichen Beistand zu behaupten, sozusagen als formale Bestätigung politischer Entscheidungen »von ganz oben«. In anderen frühen Kulturen ist solch ein himmlischer Wink ja durchaus gängige Praxis und fester Bestandteil bei allen wichtigen politischen Beschlusslagen gewesen. Überirdisches bürgte für ultimative Wahrheit. Wer hätte etwa die real existierende Göttlichkeit der Pharaonen in Frage gestellt, selbst wenn es dafür an handfesten, naturwissenschaftlich greifbaren Beweisen ganz sicher mangelte? Wer hätte in Frage gestellt, dass sich die Göttlichkeit des Kaisers Augustus bei seinem Tod in Gestalt eines Adlers manifestierte, der in den Himmel aufstieg und hinter den Wolken verschwand? Zeugen, die diese mysteriösen Erscheinungen bestätigten, ließen sich in der Antike sicher zuhauf finden – auch wenn wir heute natürlich wissen, dass es ganz objektiv nicht so gewesen sein kann. Die Wirklichkeit spricht in ihrer Zeit die ihr jeweils gemäße Sprache. Und Visionen sind so eine Sprache, in der die Antike zu reden gewohnt ist.

Schließlich war es nicht die erste Vision, die Konstantin zuteil wurde! Schon zwei Jahre zuvor war er nach erfolgreichen Grenzkriegen gegen die Germanen und nach Beseitigung seines aufmüpfigen Schwiegervaters von Gott mit einem herabsinkenden Lorbeerkranz belohnt worden, wie der seinerzeitige Festredner vor versammelter Hofgesellschaft öffentlich verkündete. Damals hieß der freigiebige Gott freilich noch »Apollo« und nicht Christus. Vielleicht ist das ja auch der Grund, warum bis heute noch kein Naturwissenschaftler Interesse gezeigt hat, diese ungewöhnliche göttliche Erscheinung ebenfalls mit modernen naturwissenschaftlichen Erklärungen zu erhellen.

Angesichts der mageren Quellenlage ist es gleichwohl verständlich, dass die Spekulation blüht und dass man nach Konkretem sucht. Was trieb Konstantin an? War er wirklich der fromme

Herrscher, der wahre Christ, als den ihn vor allem das Mittelalter beschrieb? Zieht man in Betracht, dass Konstantin den eigenen Schwiegervater, später gar den leiblichen Sohn und kaum ein Jahr danach auch die eigene Ehefrau kaltblütig beseitigte, kann man an eine tiefe, innere, christliche Berufung eher nicht glauben. Wahrscheinlich war Konstantin, den man später deswegen »den Großen« nannte, in Wirklichkeit ein Pragmatiker der Macht; ein »Machiavellist«, der rechtzeitig erkannte, dass kein Weg an der erstarkenden Macht der Christen vorbeiführte. Schon die letzte schwere Christenverfolgung unter Diokletian kaum sechs Jahre zuvor war ja im Grunde nichts anderes als das Eingeständnis, dass der Einfluss der Christen im Reich inzwischen so groß geworden war, dass ihm mit friedlichen Mitteln nicht mehr beizukommen war. Diokletians Reaktion auf die veränderte Weltlage war allerdings nicht mehr zeitgemäß. Mochte früher, als fast die ganze römische Gesellschaft der kleinen Schar früher Christen skeptisch und misstrauisch gegenüberstand, die massive Drohung mit der Macht des Schwertes noch nachhaltig gewirkt haben, so konnte dies Anfang des vierten Jahrhunderts den enormen Zulauf der Menschen zum Christentum nicht mehr stoppen. Die gesellschaftliche Stimmung war umge-

Papst und Kaiser: Angeblich schenkte Kaiser Konstantin dem Papst Sylvester die kaiserlichen Herrschaftszeichen und ausgedehnte Ländereien.

schlagen und die Staatsmacht nicht in der Lage, diese Veränderung für eine allgemeine Neuorientierung zu nutzen. Anders Konstantin, der die eskalierende Krise des römischen Staates nutzte und im goldrichtigen Moment auf jenen Zug aufsprang, der sich bereits merklich in Richtung Zukunft in Bewegung gesetzt hatte.

Neue Horizonte

Seit diesem Tag war Rom etwas anderes – auch wenn die Menschen der damaligen Zeit die fundamentale Verwandlung ihres Lebens nicht augenblicklich wahrgenommen haben. Man lebte. So wie man eben immer lebte, ohne ein tieferes Bewusstsein dafür zu entwickeln, auf welchen Fundamenten und Traditionen die eigene Existenz ruht. Ähnlich wie heute, wo vielen Menschen vielleicht niemals bewusst wird, das all ihr Handeln, ihre Wünsche, ihr ganzes Streben geprägt werden von einer ganz besonderen – einer christlichen – 2000 Jahre alten Kultur, so kam auch damals wahrscheinlich nur wenigen römischen Bürgern in den Sinn, dass ihre Lebenswelt zusammengesetzt war aus den überkommenen Bruchstücken alter Tradition. Während unter den neuen, revolutionären Ideen die soliden, alten Bausteine des antiken Lebens langsam zerbröselten, entstand weder Chaos noch ein irgendwie auffälliger »Mangel an Alltag«. Gleichwohl breitete sich bei aller routinierten Betriebsamkeit jene schleichende Ratlosigkeit aus, die jeden Kulturwechsel begleitet. Man kann es vielleicht »gesellschaftliche Angst« nennen – dieses Symptom, das mit einem fundamentalen Wertewandel einhergeht. Einige Historiker haben das vierte Jahrhundert nach Christus denn auch »Age of Anxiety« getauft, das »Jahrhundert der Angst«. Es war eine Zeit, in der das Alte zerbrach und das Neue noch nicht trug. Eine Zwischen-Zeit, zutiefst beunruhigend.

Mit dem Triumph Kaiser Konstantins und dem Siegeszug des Christentums gab das Alte Rom buchstäblich seinen Geist auf: Was war Rom noch ohne seine alte, schützende Götterschar? Was war die ganze, tausend Jahre alte Tradition noch wert, ohne den festen Glauben an all das, was Rom einst groß und stark gemacht hatte? Was galten die vielen Standbilder in den Tempeln noch, die ver-

Roms Circus Maximus: Hier – und nicht wie oft behauptet im Kolosseum – fanden die großen Wagenrennen der Antike statt.

göttlichten Kaiser der glorreichen Vergangenheit? Und was war mit dem uralten Gefühl exklusiver Erwähltheit, dem Stolz, als römischer Bürger mehr wert zu sein als alle anderen Menschen auf der Welt? Nach der neuen Lehre sollten alle Menschen plötzlich Brüder sein. Wie kann ein Staat, der bislang stets auf die Kraft des Schwertes vertraut hatte und dessen ganzes Streben auf Expansion und Sicherung des Machtbereiches gerichtet war, damit umgehen, dass die neuen gesellschaftlichen Leitmotive »Barmherzigkeit« und »Liebe« heißen sollen, wie es der Gottessohn aus Nazareth verlangte? Über fast drei Jahrhunderte hinweg waren die römischen Bürger den christlichen Phantasten mit Unverständnis, Unterdrückung und Gewalt begegnet; nun hatte sich dieser kulturelle Antipode zum neuen Fundament der Gesellschaft gewandelt. Und im Zuge dieser Entwicklung wurden sogar ehrwürdige, Jahrhundertealte Traditionen abgeschafft wie etwa die Gladiatoren-Spiele, in denen sich doch all das widerspiegelte, was die römische Identität einst ausgemacht hatte. Einem treuen, wertkonservativen Römer alten Schlages wird sich bei so viel verwirrender Modernität sicherlich der Magen umgedreht haben!

Und was war mit den Germanen? Zumindest theoretisch verwischte die christliche Religion alle Nationalitätengrenzen – mit dem Anspruch, dass jeder Mensch unterschiedslos und unabhängig von Geschlecht und Nation ein Kind des gleichen Gottes sei. Auch die Barbaren mussten von nun an, zumindest wenn sie getauft waren, als gleichwertige Mitglieder der christlichen Weltgemeinschaft betrachtet werden. Dass sich diese Religion unter dem Einfluss des Apostel Paulus zu einem religiösen Internationalismus bekannte und ethnische Zugehörigkeiten keine Rolle mehr spielten, wenn es um die Austeilung des göttlichen Heils ging, das war sicher einer der Schlüssel zum Welterfolg des Christentums. »Abwehr« und »Ausgrenzung« waren Parolen von gestern, nun sollte es um »Integration« und die »Aufnahme« anderer Völker gehen.

Dass diese Aufgabenstellung die politischen Möglichkeiten der Zeit überforderte, verwundert kaum. Denn auch mit Einführung der neuen Religion und ihres revolutionären Wertesystems blieb das politische Instrumentarium doch dasselbe. Persönlicher Ehrgeiz, Beutestreben, Machthunger – das sind die immer gleichen Motive politischen Handelns. Und selbst wenn unter starken Kaisern wie Konstantin oder Theodosius die Stabilität des Staates noch gewährleistet werden konnte, so ist doch das fünfte Jahrhundert im Weströmischen Reich durch die zermürbende fortwährende Rivalität der Kaiser mit den germanischen Heerführern gekennzeichnet.

Der politische Fehler, der den Niedergang Roms forcierte, war, dass es ganz nach alter Sitte immer noch der Kaiser sein sollte, der das bunte Völkergemisch des riesigen Reiches zusammenhielt. Er sollte der Anker in einem Imperium sein, über das der deutsche Philosoph Johann Gottfried Herder Ende des 18. Jahrhunderts schrieb: »Ein zusammengezwungenes Reich von hundert Völkern und hundertzwanzig Provinzen ist ein Ungeheuer, kein Staatskörper.« Dieses »Ungeheuer« zu zähmen, dazu bedurfte es in jedem Fall eiserner Fäuste und ausgeprägten Machtbewusstseins, das den schwachen Kaisern der späten Antike fehlte. Mit ihrer Schwäche geriet die römische Reichsidee ins Wanken. Denn so leistungsfähig in puncto Verwaltung und Organisation der Staat auch sein mochte: Bis zuletzt hing in diesem Imperium alles ab von der einen Person, die – als sie noch »Augustus« hieß – so wunderbar zentralistisch alles bündelte. Eine neue Ausrichtung des gesamten gesellschaftlichen Systems in Zeiten der Schwäche wäre nötig gewesen, eine Verteilung von Macht und Zuständigkeiten auf mehrere Schultern. Für eine demokratische Gesellschaftsordnung waren die Menschen dieser Zeit freilich noch nicht reif. Und das Christentum als neue Orientierungsgröße hatte gerade in diesem Punkt nichts Wesentliches beitragen können; ganz im Gegenteil: Es förderte mit seiner monotheistischen Ausrichtung auf den einen Gott ganz unmittelbar die Zuspitzung auf das eine Kaisertum. Im Himmel herrscht Gott; auf Erden der Kaiser – dieser Ordnungsgedanke sollte von nun an die abendländische Geschichte beherrschen.

Keine Experimente!

Integration im Zeichen des Kreuzes! Multi-Kulti im Bewusstsein neuer christlicher Orientierung! Im Frühjahr des Jahres 376 n. Chr. hatte man tatsächlich unter dem Druck der Verhältnisse das politische Experiment gewagt. Allerdings war alles viel zu laienhaft und dilettantisch ausgefallen!

Am oströmischen Kaiserhof zu Antiochia in Syrien war eine Delegation von Westgoten vorstellig geworden und hatte ihr Leid geklagt: Ein furchtbares Reitervolk aus der Tiefe Asiens sei in ihre Siedlungsgebiete nördlich der Donau eingebrochen. Man habe vor dieser schrecklichen Gefahr nach Süden ausweichen müssen, über die römische Donaugrenze hinweg, in die Provinz Moesien. Nun bitte man untertänigst um Schutz und Siedlungsrecht auf römischem Reichsgebiet. Kaiser Valens (364–378 n. Chr.) stellte den Fall im Kronrat zur Diskussion. Einerseits war die Aufnahme von Germanen in das Reich in den letzten 300 Jahren immer wieder gängige Praxis gewesen – und man hatte damit mal gute, mal schlechte Erfahrungen gemacht. Andererseits hatte es sich gezeigt, dass die

ewigen Scharmützel mit den Germanen an den römischen Reichsgrenzen durch diese tolerante Haltung auch nicht in den Griff zu bekommen waren. Immer noch hatte der inzwischen 250 Jahre alte Stoßseufzer des römischen Historikers Tacitus seine aktuelle Berechtigung: »Tam diu Germania vincitur!« – »So lange schon wird Germanien besiegt!«

Der Kaiser entschied sich, bei allen Bedenken, schließlich für die Anerkennung der Asyl-Anträge. Sein Bescheid wird vor allem auch deswegen günstig beeinflusst worden sein, weil die Germanen Christen waren, die von einem gewissen »Wölfchen« (Wulfila), einem kraftvollen, christlichen Missionar aus Nikomedien, bekehrt worden waren. Dieser Wulfila vertrat das etwas abseitige Bekenntnis seines Kirchenlehrers Arius, der in Christus zwar einen »wahren Menschen«, aber keineswegs einen »wahren Gott« sehen wollte. Diesem »christlichen Sonderweg«, der übrigens später als ketzerische Verirrung blutig verfolgt werden sollte, stand offensichtlich auch Kaiser Valens nahe, und vielleicht – so könnte man mit einigem Recht spekulieren – war ihm die Stärkung des arianischen Glaubens auf römischem Reichsgebiet durch die Einwanderer wichtiger als die Grenzfrage.

Wie auch immer: bei den Germanen großer Jubel und großes Kofferpacken. Umzug in das gelobte Land der schönen Straßen, der besseren Chancen, der Fleischtöpfe. Doch die Ankunft der Neubürger gerät zum Fiasko – ein frühes Beispiel für eine völlig fehlgeschlagene Integrationspolitik. Die Politiker glauben, »der Markt« würde schon alles regeln. Keine Betreuung für die Ankömmlinge, keine Schulen, die mit den kulturellen Besonderheiten der neuen Heimat vertraut machen, kein Nachhilfeunterricht, keine Bürgerkunde. Und auch die Regelung des schnell ausufernden Transitverkehrs über die Donau durch einen Statthalter gerät bald außer Kontrolle. Der römische Historiker Ammianus Marcellinus vergleicht die anbrandende Asylantenwelle mit einem Ausbruch des Ätna und klagt über die bittere Tatsache, dass clevere Geschäftsleute den naiven Neuankömmlingen »einen toten Hund für einen Fürstensohn« verkaufen. Betrug statt Integration, kein Wunder, dass sich rasch Unzufriedenheit und Enttäuschung breit machen. Die

◃ *Bischof Wulfila verkündete den Westgoten die christliche Lehre, allerdings in der später als ketzerisch verurteilten arianischen Interpretation.*

Die germanischen Siedler haben Rom keineswegs »überrollt«; während des jahrhundertelangen Einwanderungsprozesses gingen unter ihrem Einfluss nach und nach römische Errungenschaften verloren.

Germanen werden, das ahnen die römischen Provinzverwalter, eher früher als später in gewohnter Manier zum Schwert greifen, wenn sich die Zustände nicht ändern. Doch anstatt die Probleme beherzt anzugehen, greifen die Statthalter Roms tief in die Mottenkiste rabiater Diktatoren: Man lädt den Anführer der Germanen, Fritigern, zu einem Gastmahl zwecks »einvernehmlicher Gespräche«. Und will ihm dann zwischen Hauptgang und Nachspeise die Kehle durchschneiden! Ein dürftiges politisches Konzept.

Allein schon der Lärm, der dadurch entsteht, dass zuvor die Gefolgschaft des germanischen Heerführers in den Fluren des Palastes von Marcianopel niedergemacht werden muss, alarmiert die vor den Toren lagernde Germanenarmee. Fritigern fällt es nicht schwer, seinen »Gastgebern« schnell klar zu machen, dass sein möglicher Tod die erbosten Massen vor den Toren nicht gerade freundlich stimmen wird und erwirkt damit seine Freilassung, ohne dass ihm ein Haar gekrümmt wird. Zuvor muss er allerdings noch hoch und heilig versprechen, dass er nunmehr Frieden mit der römischen Bevölkerung halten werde.

Einmal auf freiem Fuß, denkt Fritigern natürlich nicht im Traum daran, seine erpressten Schwüre von gestern einzuhalten und macht sich sogleich daran, die Provinz zu plündern. Vor allem die Waffenfabriken. Der Rest dieser traurigen Geschichte ist schnell erzählt und zeigt, dass es den römischen Kaisern damals nicht nur an neuen politischen Ideen mangelte, sondern dass sie immer noch in den alten, abgewetzten machtpolitischen Kategorien dachten: Es wird überliefert, dass Valens den zu erwartenden ruhmreichen Sieg über die Germanen nicht gerne mit seinem Mitkaiser Gratian, der mit seinen Truppen von der Rheingrenze herbeieilte, habe teilen wollen. Persönlicher Ehrgeiz führt dazu, dass sich Valens am 9. August des Jahres 378 n. Chr. schon mal auf eigene Faust bei der Stadt Adrianopel auf das feindliche Germanenheer stürzt. Die vernichtende Niederlage seiner Truppen sollte er selbst nicht mehr erleben – er stirbt inmitten des blutigen Gemetzels.

Von diesem Zeitpunkt an sind die Germanen nicht mehr vom römischen Reichsgebiet zu vertreiben. Der Donauraum geht für die Römer verloren, ebenso das heutige Kosovo – jene geographische Wespentaille zwischen Donau und Adria, die als Korridor West- mit Ostrom verband. Die geistige Teilung des physisch gespaltenen Staatskörpers ist jetzt nur noch eine Frage der Zeit. Und was sich noch schlimmer auswirkt: Die Chance für eine friedliche und für das Reich förderliche Integration der Germanen, die in dieser Sekunde der Geschichte vielleicht noch bestanden hätte, ist dauerhaft vertan. Schon der Kirchenvater Rufinus erkannte Anfang des fünften Jahrhunderts nach Christus, dass in dieser Auseinandersetzung zwischen Römern und Germanen so viel Porzellan zerschlagen wurde, dass nichts mehr zu kitten war. Die Schlacht von Adrianopel galt ihm als fundamentaler »Anfang aller späteren Übel«.

Es ist nur folgerichtig, dass die römische Kultur mit ihrem angestaubten, politischen Instrumentarium von nun an erst einmal endgültig und tief greifend überwunden werden musste – damit viel später, erst im Mittelalter, unter dem vereinenden Zeichen des christlichen Kreuzes das alte Erbe des einstigen römischen Weltreichs als ein gemeinsamer Schatz der europäischen Völker wieder entdeckt werden konnte.

Vom Nutzen der Pausen

»Bleibt zu fragen: Was wäre, wenn?« Neugierig blicke ich Professor Demandt an, während der sich über den deutschen Sauerbraten mit Beilage hermacht. Diesmal treffen wir uns in der Mensa der Freien Universität Berlin, und das betriebsame studentische Schmausen an kunststoffbeschichteten Tischen scheint die Lust an unkonventionellen, »unwissenschaftlichen« Fragen zu steigern. »Was wäre, wenn es mit der römischen Integrationspolitik geklappt hätte und wenn der Zuwachs an germanischen Neubürgern geradezu einen Innovationsschub im Imperium ausgelöst hätte? Wären wir dann heute alle römische Bürger? Hätte die Antike sich störungsfrei weiterentwickeln und weltweit expandieren können?«

Professor Demandt lächelt. »Gewiss wäre dann die weitere Geschichte ganz anders verlaufen, soviel steht fest«, meint er zögerlich. »Aber ob überhaupt ein so großes Reich auf Dauer bestehen kann, ist grundsätzlich sehr fraglich. Es gibt jedenfalls bis heute in der gesamten Weltgeschichte bestenfalls ein Beispiel dafür: China. Und das ist ein wirklicher Sonderfall!« Tatsächlich haben sich im Allgemeinen sämtliche Vorstellungen, die sich Menschen jemals von ihrem organisierten Miteinander gemacht haben, früher oder später als allzu statisch und für den dynamischen Prozess des Lebens als untauglich erwiesen. Oft waren es gänzlich unkontrollierbare Einflüsse – Krankheiten, Naturkatastrophen oder Entdeckungen – die das Ruder der Geschichte plötzlich in eine ganz andere Richtung rissen, als es die Staatsplaner vorausgesehen hatten. Politische Planwirtschaft ist eine Utopie, die sich nicht mit der Wirklichkeit verträgt.

»Aber nehmen wir tatsächlich einmal an, die Integration der Germanen in die römische Gesellschaft hätte geklappt, und der massive Wechsel des religiösen Selbstverständnisses hätte sogar neue Kräfte im alten Staat geweckt.« Professor Demandt hat Feuer gefangen: »Eines wäre dann doch klar: Es hätte keinen Stillstand in der Entwicklung gegeben. Die tausend Jahre kulturelle Pause zwischen 500 und 1500 wären den Menschen erspart geblieben, und man hätte nicht erst im Zeitalter Luthers wieder jenen Standard erreicht, den die Römer Jahrhunderte zuvor schon genossen.«

Das Kolosseum – steingewordenes Symbol für alles, was römisches Selbstbewusstsein ausmachte.

»Ein Vorteil also«, stelle ich fest. »Wir wären heute glatte tausend Jahre weiter!« Professor Demandt hebt skeptisch die Augenbrauen. »Wäre das tatsächlich ein Gewinn? Vielleicht wäre es alles andere als ein Vorteil für uns gewesen, wenn die Weltgeschichte ohne Pause vorwärts galoppiert wäre. Wir wären tausend Jahre weiter, gewiss. Für unsere technologischen Fähigkeiten mag das stimmen. Aber mental wären wir immer noch dort, wo wir heute sind: unreif und unfähig, unsere Probleme ohne Kriege in den Griff zu bekommen. Aller Wahrscheinlichkeit nach hätten wir uns auf einem höheren Stand der Technik längst gegenseitig vernichtet!«

Vielleicht. Vielleicht wäre mit dem schnelleren Fortschritt schon der Dreißigjährige Krieg zum atomaren Inferno geraten. Vielleicht ist es wirklich ein Gewinn, wenn die Geschichte dann und wann einmal Pause macht ...

GÜNTHER KLEIN

Die Autoren

Georg Graffe, Jahrgang 1957, studierte Philosophie und Geschichte an den Universitäten Mainz und Edinburgh. Seit 1987 ist er Mitarbeiter der IFAGE-Filmproduktion, Wiesbaden. Georg Graffe ist Autor und Regisseur zahlreicher Fernsehdokumentationen, darunter *Terra X* (ZDF), *Höllenfahrten* (ZDF), *Schauplätze der Weltkulturen* (BR), *2000 Jahre Christentum* (ARD) und zuletzt *Imperium* (ZDF).

Hans-Christian Huf, geboren 1956 in Starnberg, studierte Geschichte und Politik in München und Bordeaux. Seit 1987 in der Redaktion Geschichte und Gesellschaft beim ZDF tätig, entwickelte er zahlreiche erfolgreiche Primetime-Geschichtsreihen. Seine Begleitbücher zu den Serien sind Bestseller, darunter *Sphinx 1–6, Quo Vadis 1–2, Himmel, Hölle und Nirwana* und zuletzt bei Econ *Söhne der Wüste* sowie *Mit Gottes Segen in die Hölle.*

Günther Klein, geboren 1956 in Flensburg, studierte evangelische Theologie, Kunstgeschichte und Journalistik in München, Wien, Berlin und Mainz. Seit 1983 ist er als Autor und Regisseur bei verschiedenen Sendern tätig, u. a. als Autor und Regisseur für die ZDF-Dokumentarreihen *Reisebilder aus der DDR, Politische Justiz in der DDR* sowie zahlreiche Kulturfeatures. Seit 1991 ist er Redaktionsleiter der IFAGE-Filmproduktion in Wiesbaden. Für seine Arbeit wurde Klein u. a. mit dem Europäischen Filmpreis (für *Eifel*) und dem Bayerischen Fernsehpreis (*Im Zeichen des Kreuzes – 2000 Jahre Christentum*) ausgezeichnet.

Matthias Unterburg, geboren 1967, studierte Geschichte und Soziologie in München und London. Nach dem Ende der Studienzeit war er als freier Mitarbeiter in verschiedenen Produktionsfirmen und beim ZDF in Mainz tätig. Seit 1997 arbeitet er als freier Autor und Regisseur für verschiedene Sender und zeichnet verantwortlich für zahlreiche TV-Produktionen.

Literatur- und Quellenverzeichnis

Imperium – Vom Aufstieg und Fall großer Reiche

Demandt, Alexander: *Der Fall Roms. Die Auflösung des römischen Reiches im Urteil der Nachwelt,* München 1984

Demandt, Alexander (Hrsg): *Das Ende der Weltreiche. Von den Persern bis zur Sowjetunion,* München 1997

Kennedy, Paul: *The Rise and the Fall of the Great Powers. Economic Change and Military Conflict from 1500 to 2000,* New York 1987

Kuczynski, Jürgen: *Ein Leben in der Wissenschaft der DDR,* München 1994

Tod am Nil – Macht und Ohnmacht der Pharaonen

Assmann, Jan: *Herrschaft und Heil,* München 2000

Ausstellungskatalog: *Staat aus dem Stein,* München 1981

Ausstellungskatalog: *Kleopatra – Ägypten um die Zeitenwende,* München 1989

Ausstellungskatalog: *Pharao – Kunst und Herrschaft im Alten Ägypten,* Kaufbeuren 1997

Ausstellungskatalog: *Ägypten 2000 v. Chr.,* München 2000

Beckerath, Jürgen von: *Chronologie des pharaonischen Ägypten, MÄS 46,* Mainz 1997

Bowman, Alan K.: *Egypt after the Pharaohs,* London 1986

Brunner, Hellmut: *Die Geburt des Gottkönigs,* Wiesbaden 1964

Cassius Dio: *»Römische Geschichte«,* in: *Loeb Classical Library,* übersetzt von Earnest Cary, Harvard University Press 1916

Klengel, Horst: *Hatuschili und Ramses, Hethiter und Ägypter – ihr langer Weg zum Frieden,* Mainz 2002

Lehner, Mark: *The complete Pyramids,* London 1997

Lucan: *»Pharsalia«,* in: *Masters of Latin Literature,* übersetzt von Jane Wilson Joyce, Cornell University Press, 1993

Plutarch: *»Antonius«,* in: *Große Griechen und Römer, Band V,* eingeleitet und übersetzt von Konrat Ziegler, Zürich/Stuttgart 1960

Ratie, Suzanne: *Hatschepsut – die Frau auf dem Pharaonenthron,* Wiesbaden 1976

Reeves, Nicholas: *Echnaton – Ägyptens falscher Prophet,* Mainz 2002

Samson, Julia: *Nefertiti and Cleopatra – Queen-Monarchs of Ancient Egypt,* London 1997

Stadelmann, Rainer: *Die Ägyptischen Pyramiden – Vom Ziegelbau zum Weltwunder,* Mainz 1991

Tyldesley, Joyce: *Hatschepsut – der weibliche Pharao,* München 1997

Vittmann, Günter: *Ägypten und die Fremden im ersten vorchristlichen Jahrtausend,* Mainz 2003
Volkmann, Hans: *Kleopatra,* München 1953

Sturm über Persien – Tödlicher Irrtum eines Weltreichs

Hinweis zur Schreibung der Eigen- und Ortsnamen im Text: Zahllos sind die Varianten der Schreibung altpersischer und überhaupt antiker Eigen- und Ortsnamen. Im Buch folgen wir den in Deutschland gängigsten Übertragungen, selbst wenn inzwischen in der Forschung wissenschaftlich korrektere Fassungen vorliegen.

Beaumont, Hervé/Held, Suzane: *Persien,* München 2000
Bengtson, Hermann: *»Griechische Geschichte von den Anfängen bis in die Römische Kaiserzeit«,* in: *Handbuch der Altertumswissenschaft Abt. 3, Teil 4/5.,* München 1977, S. 337
Briant, Pierre: *»Milestones in the Development of Achaemenid Historiography in the Times of Ernst Herzfeld«,* in: Gunter, Ann/ Hauser, Stefan (Hrsg.): *Herzfeld Symposium,* Washington DC (Smithsonian Institution) 2001
Curtis, John: *Ancient Persia,* London 2000 (British Museum)
Hammond, Nicholas: *Alexander der Große. Feldherr und Staatsmann,* München/Berlin 2001
Herodot: *Historien.* Deutsche Gesamtausgabe, übers. V. A. Horneffer, hrsg. v. H.W. Haussig, Stuttgart 1971
Keegan, John: *A History of Warfare,* London 1993
Keegan, John: *Die Maske des Feldherrn,* Reinbeck 2000
Koch, Heidemarie: *Es kündet Dareios der König. Vom Leben im persischen Großreich,* Mainz 1992
Koch, Heidemarie: *Persepolis. Glänzende Hauptstadt des Perserreichs,* Mainz 2001
Ober, Josiah: *»Conquest Denied. The Premature Death of Alexander the Great«,* in: Cowley, Robert (Hrsg.): *What If?,* New York 2000, S. 37–56
Sekunda, Nicholas: *The Persian Army 560–330 BC,* Oxford 1992 (Osprey Elite 42)
Trümpelmann, Leo (Hrsg.): *Persepolis. Ein Weltwunder der Antike,* München 1988 (Ausstellungskataloge der Prähistorischen Staatssammlung München Band 14)
Warry, John: *Alexander 334–323 BC. Conquest of the Persian Empire,* Oxford 2000 (Osprey Campaign Series 7)
Wiesehöfer, Josef: *Das antike Persien,* Zürich/ Düsseldorf 1998
Wiesehöfer, Josef: *»Der Zusammenbruch des Perserreichs der Achämeniden«,* in: Demandt, Alexander (Hrsg.): *Das Ende der Weltreiche. Von den Persern bis zur Sowjetunion,* München 1997, S. 9–17

Hannibal – Triumph und Tragödie Karthagos

Barceló, Pedro: *Hannibal,* München 1998
Bagnall, Nigel: *Rom und Karthago. Der Kampf ums Mittelmeer,* Berlin 1995
Christ, Karl: *Hannibal und Scipio Africanus – Die Großen der Weltgeschichte,* Zürich 1971
Christ, Karl (Hrsg.): *Hannibal, Wege der Forschung 371,* Darmstadt 1974
Cornelius Nepos: *De viris illustribus. Biografien berühmter Männer,* Zweisprachige Ausgabe, Stuttgart 1997
Flaubert, Gustave: *Salambo,* München 2001
Heuss, Alfred: *Römische Geschichte,* München/Wien/Zürich 2001
Huß, Werner: *Geschichte der Karthager,* München 1985
Polybios: *Historien,* Gesamtausgabe in zwei Bänden, eingeleitet und übertragen von Hans Drexler, Zürich 1978
Seibert, Jakob: *Hannibal,* Darmstadt 1993
Titus Livius: *Römische Geschichte,* hrsg. v. Joseph Feix, München 1974

Kampf um Rom – Das langsame Sterben einer Weltmacht

André, Jacques: *Essen und Trinken im Alten Rom,* Stuttgart 1998
Barceló, Pedro: *»Warum Christus?«,* in: Batsch, Christophe (Hrsg.): Zwischen Krise und Alltag, Stuttgart 1999
Brown, Peter: *Die letzten Heiden – Eine kleine Geschichte der Spätantike,* Frankfurt 1995
Christ, Karl: *Der Untergang des römischen Reiches,* Darmstadt 1970
Clauss, Manfred: *Konstantin der Große und seine Zeit,* München 1996
Couture, Thomas: *Sa vie, son oeuvre, son charactere, ses idees, sa methode, par lui-meme et son petit-fils,* Paris 1932
Demandt, Alexander: *Der Fall Roms,* München 1984
Demandt, Alexander: *Kleine Weltgeschichte,* München 2003
Gibbon, Edward: *The History of the Decline and the Fall of the Roman Empire,* London 1776. Deutsche Teilausgabe: *Verfall und Untergang des Römischen Reiches,* Nördlingen 1987
Kennedy, Paul: *The Rise and Fall of the Great Powers,* New York 1987
Livius: *Römische Geschichte,* Reclam Leipzig 1999
Lorenz, Richard: *Das Verdämmern der Macht,* Frankfurt 2000
Maier, Franz Georg: *Die Verwandlung der Mittelmeerwelt,* Frankfurt 1968 (Fischer Weltgeschichte 9)
von Schönburg, Alexander: *Tristesse royale,* Berlin 1999
Weeber, Karl-Wilhelm: *Luxus im Alten Rom,* Darmstadt 2003
Wolfram, Herwig: *Das Reich und die Germanen,* Berlin 1990

Namensregister

Ortsregister

Bildnachweis

Die Bilder der einzelnen Kapitel stammen, soweit nicht gesondert aufgeführt von:
Georg Graffe (Kapitel 3),
Michael Gregor (Kapitel 1 und 2)
und Günther Klein (Kapitel 4)

Archiv für Kunst und Geschichte, Berlin: 21, 29, 32, 33, 35, 43, 45, 54, 55, 56/57, 59, 73, 79, 80, 101, 121, 125, 214, 224, 234, 238, 251, 253, 258, 270, 276, 283, 284, 287, 289, 301, 302, 304/305, 311, 317, 322, 329, 336, 338, 349, 353, 376, 381, 386, 388

Corbis: 2, 6/7, 8, 116, 119, 122, 146, 151, 154, 156/157, 160, 161, 166, 168, 169, 178, 202, 206, 212/213, 217, 221, 260/261, 264, 267, 290, 292, 293, 306, 331, 332, 341, 342/343, 365, 391

Interfoto, München: 16, 31, 143, 144, 145, 147, 158, 164, 167, 171, 187, 188/189, 199, 218, 222, 227, 243, 244, 247, 263, 269, 277, 279, 286, 294, 297, 298, 308, 313, 316, 319, 324, 337, 351, 354, 370, 373, 383

Wir danken allen Rechteinhabern für die Erlaubnis zum Abdruck der Abbildungen. Trotz intensiver Bemühungen war es nicht möglich, alle Rechteinhaber zu ermitteln. Wir bitten diese, sich an den Verlag zu wenden.